民法研究

第5卷

梁 彰 洙 著

博 英 社

序　　文

1997년 이후에 쓴 글을 모아서 『民法硏究』의 제5권을 내기로 한다. 전과 같이, 判例評釋을 같이 실었고 또 後記를 붙여 글이 발표된 후의 사정 등을 덧붙였다.

우선 「부동산실명법」을 계기로 하여 그 私法的 規定의 解釋論을 시도하여 본 것이 세 편 있다(제3 내지 제5의 글). 저자는 名義信託에 대한 종전의 논의에 여러 가지로 의문을 느끼고 있었다. 이는 기본적으로 부동산물권변동에 관한 일반법리가 이 판례법상의 제도를 설명하기에 적절한 이론틀을 제공하지 못하고 있다는 인식에서 연유한다. 부동산물권변동은 한때 우리 민법학계의 가장 민감한 주제의 하나이었으나, 여전히 충분히 구명되지 아니한 많은 難問을 남기고 있다(이에 대하여는 이미 "韓國 民事法學 50년의 成果와 21세기적 課題", 民法硏究 제4권(1997), 14면 이하에서 언급한 바 있다). 이 과제는 결국 우리 민법의 체계 전반에서 處分行爲와 義務負擔行爲의 구분을 어느 만큼 실질적으로 관철할 것인가 하는 기본태도의 선택과 연결되어 간다. 저자는 부동산실명법의 기초과정에 잠시 관여한 것을 계기로 그 법규정의 해석론을 제시할 책임을 느꼈고, 결국 명의신탁이라는 「非正統的」 素材를 빌어 지금까지 생각하여 온 바를 피력하게 되었다.

나아가 헌법적 관점에서 음미하여 본 민법에 대하여 論及한 것이 세 편이다(제1, 제9, 제11의 글 참조). 민법은 개인을 중심으로 하지만 여전히 국가의 법인 이상에는, 개인과 국가의 관계, 즉 私와 公의 문제를 다루는 헌법 또는 헌법학으로부터 그 논변을 풍요롭게 할 수 있는 의미 있는 관점을 획득할 수 있다고 여겨진다. 그럼에도 종전에 이러한 시각은 별로 주목받지 못하였고 오히려 말하자면「사이에 걸치는」태도로서 배척되어 온 느낌이 있다. 이러한 상태는 빨리 청산되어야 할 것이나, 저자로서는 아직 공부가 충분하지 못하여 본격적인 성과는 장래의 일이다.

한편 그 사이에 끝까지 완성되었다고 하기 어려운 것(제6, 제10의 글)을 발표하기도 하였다. 이는 경계하여야 할 성급함의 잘못을 저지르는 것이나 아닌지 반성하고 있다.

본서의 간행에 도움을 주신 박영사의 여러분들, 특히 편집부의 김선민 씨에게 감사를 드린다.

1999년 5월 24일

서울대학교 법과대학 연구실에서

梁 彰 洙

再刷는 저자에게는 물론 기쁜 일이나 동시에 마음무거울 수도 있다. 법문헌은 항상 오늘날의 법상황을 반영한다는「현재성」의 요구를 충족해야 하는 것이다. 그 요구를 조금이라도 메우고자, 제3, 제4논문과 관련하여 명의신탁의 형사적 처리에 관한 재판례들을 공백인 456면에 들어 두었다. (4쇄의 기회에. 2009년 4월 10일)

차　　례

1. 憲法과 民法
──民法의 觀點에서──

2. 獨逸民法典 制定過程에서의 法律行爲規定에 대한 論議
──意思欠缺에 관한 規定을 중심으로──

3. 不動産實名法 제 4 조에 의한 名義信託의 效力
——소위 登記名義信託을 중심으로——

4. 不動産實名法의 私法的 規定에 의한 名義信託의 規律
——소위 契約名義信託을 중심으로——

5. 名義信託財産의 登記還元 181

6. 不動産所有權의 讓渡에 관한 條件과 登記

7. 獨占規制法에서의 損害賠償

8. 민법 제756조――잊혀진 규정?

9. 自動車損害賠償保障法 제 3 조 단서 제 2 호의 合憲性

10. 相續缺格制度 一斑
──우리 나라와 프랑스의 경우──

11.「義務의 負擔」에 管轄權의 許可를 요하는 法規定에 대하여
──私立學校法 제28조 제 1 항의 解釋──

12. 建物의 所有와 敷地占有

── 大法院 1993년 10월 10일 판결 93다2483사건 ──

13. 內容이 變動하는 集合的 動産의 讓渡擔保와 그 産出物에 대한 效力
―大法院 1996년 9월 10일 판결 96다25463사건―

14. 債權假押留 후 債務者와 第3債務者 간의 契約關係 消滅에 관한 合意의 效力
―大法院 1998년 1월 23일 판결 96다53192사건―

1. 憲法과 民法

——民法의 觀點에서——

I. 序　　說

1. 오늘 심포지엄은 헌법 제정 50주년을 기념하기 위한 것으로서, 각 분야에서 헌법과 관련되는 주제가 다루어진다. 그런데 보고자가 전공하는 민법학은 종전부터 헌법에 대하여 별다른 관심을 보이지 아니하여 왔고, 현재도 적어도 우리 나라에 관한 한 이러한 상황은 크게 달라지지 아니하였다. 한편 이러한 무관심은 헌법학측에서도 거의 다를 바 없지 않은가 여겨진다.[1]

그러나 이제 이와 같은 헌법과 민법의 隔絶狀態는 더 이상 유지될 수 없으며 유지되어서는 안 된다고 생각한다. 오늘 내가 말하고자 하는 것은 헌법은 민법에 대하여, 민법은 헌법에 대하여 어떠한 의미를 가지는가 또는 가질 수 있는가 또는 가져야 하는가에 대하여서이다. 이것은 특히 헌법재판소제도가 채택된 이후로 민법에 대한 헌법통제

---

1) 이러한 狀態는 우리 나라 법학의 일반적 단점 중의 하나인 「領域主義」의 한 표현이라고도 할 수 있다. 즉 각자는 자기 영역의 고유한 문제에 대하여만 발언하고, 다른 분야와의 접점에 놓인 문제는 소홀히 하고 나아가 자기 영역 안에 「웅크려」 다른 영역과의 대화를 도모하지 않는다. 그리하여 여러 분야에 두루 걸치는 素材(가령 土地, 言論, 醫療, 教育, 環境 등)에 대한 「종합적」인 법적 고찰은 거의 행하여지지 않는다.

가 종전에 볼 수 없을 만큼 강화되었다는 점과도 관련이 없지 않다.[2] 그러나 그러한 말하자면 「외재적」 요인보다는 오히려 「민법이란 어떠한 성질의 법인가」 또는 「민법학은 어떠한 대상을 어떻게 다루어야 하는가」 하는 민법학 내부의 모색 내지 반성으로부터 절박하게 제기되는 문제라고 생각된다.

2. 이하에서는 우선 주로 민법에 시점을 고정하여 민법에서 헌법이 문제되고 있는 몇 가지 주제를 들어보기로 한다(Ⅱ.). 이로써 민법에서 헌법적 시각 내지 문제의식의 빈약함에 대하여 주의를 환기시키고자 한다. 다음으로 민법을 「사회의 기본법」이라는 관점에서 파악할 때 민법이 헌법에 대하여 어떠한 의미를 가질 수 있는지에 대한 보고자의 생각을 피력해 보고자 한다(Ⅲ.). 그것을 통하여 민법과 헌법과의 관계를 다시 한 번 더 생각하여 보고, 민법과 헌법의 대화 또는 협동이 필요하다는 것을 강조하고 싶다.[3]

---

2) 주지하는 대로 근자에 親生否認의 訴의 제기기간을 제한하는 민법 제847조 제1항과 同姓同本인 血族 간의 혼인을 금지하는 민법 제809조 제1항, 나아가 법정기간 내에 상속의 한정승인 또는 포기를 하지 아니한 경우에 單純承認으로 看做하는 민법 제1026조 제2호에 대하여 헌법불합치의 결정이 있었다(각각 憲裁決 97.3.27, 95헌가14등(憲集 9-1, 193); 同 97.7.16, 95헌가6등(憲集 9-2, 1); 同 98.8.27, 96헌가2등(헌재공보 29, 693)). 그 외에도 여자의 재혼금지기간(「待婚期間」)을 정하는 민법 제811조에 대하여도 위헌 시비가 있다. 또한 민법 제764조에서 정하는 「명예회복에 적당한 처분」에 사죄광고를 포함시키는 것은 헌법에 반한다는 憲裁決 91.4.1, 89헌마160(憲集 3, 149), 국유재산에 대하여 취득시효의 성립을 부인하는 국유재산법 제5조 제2항이 雜種財産에 관한 한 헌법에 반한다는 憲裁決 91.5.13, 89헌가97(憲集 3, 202)(그 후 1994년 1월에 위 조항은 잡종재산의 시효취득을 허용하는 것으로 개정되었다)도 민법의 관점에서 극히 중요하다.

3) 종전에 보고자는 다음과 같은 발언을 한 바 있다. 梁彰洙, "韓國 民事法學 50년의 成果와 21세기적 課題", 民法研究 제4권(1997), 40면: "민법의 「기본원리」와 관련하여 더욱 중요한 것은, 우리 법질서 전체의 뼈대를 이루는 「自由民主的 基本秩序」(憲法 前文)의 일부로서의 私法秩序는 어떠한 내용을 가져야 하는가, 어떠한 내용의 私法秩序가 보다 더 잘 憲法의 理念을 실현할 것인가 하는 점이다. 앞서 본 민법의 「기본원리」에 대한 견해의 대립은 결국 國家權力이 私

이하는 기본적으로 민법을 전공하는 사람이 민법학의 시각에서 민법의 문제를 말하는 것이다. 그것은 동시에 어떤 의미에서는 가장 중요한 법영역의 하나가 헌법을 일정한 자기인식의 관점에서 「내면화」할 필요를 제기하는 것으로서, 혹 헌법 또는 헌법학의 시각에서도 흥미를 끌지도 모른다는 생각이다. 다만 아직 공부가 부족한 점이 많은 것이 두려울 뿐이다.

3. 그러므로 이하는 원래 이 심포지엄에서의 발표주제로 예정되어 있던 「헌법상 재산권의 보장과 私法制度」라는 주제와는 초점이 다른 것이라고 하겠다. 그러나 헌법상 재산권 보장의 문제는 기본권 또는 국가제도로서의 「재산권」을 다루는 것으로 이는 일차적으로 헌법학자의 몫이고 사법을 전공하는 사람이 다루기에는 적절하지 않고 불충분할 수밖에 없다고 생각하게 되었다.

민법 나아가 사법은 헌법이 설정하는 재산권·경제질서 등의 경계 안에서 비로소 그 내용을 구체적으로 형성하는 법이라는 이해, 예를 들면 헌법 제23조 제1항이 "모든 國民의 財産權은 保障된다. 그 內容과 限界는 法律로 정한다"고 할 때 그 「내용」을 정하는 「법률」이 바로 민법을 위시한 사법이고 또 헌법 제10조 제1문에서 정하는 「人間으로서의 尊嚴과 價値」나 幸福追求權을 사법적으로 구체화한 것이 인격권의 개념이라는 등등의 관념은 특히 공법학자 사이에서 쉽사리 찾아볼 수 있고 민법학자들도 그렇게 생각하는 경향이 없지 않다. 이러한 생각에 따른다면 민법은 헌법의 授權에 기초하여 비로소 자신을 형성하여 갈 수 있는 被動的 존재인 셈이다. 그러나 보고자는 이러한 생

法上의 法律關係에 어느 만큼 介入할 수 있는가, 또는 어떠한 모습으로 개입하여야 할 것인가 하는 문제로 환원될 수 있고, 이와 같은 국가권력과 개인(의 자유)과의 갈등이야말로 憲法의 原初에 놓인 문제이기 때문에 민법학도 헌법논의로부터 많은 示唆와 滋養을 얻을 수 있다고 생각된다." 이 글은 이러한 생각을 다른 측면에서 구체화해 본 것이라고도 할 수 있겠다.

각에 의문을 가지고 있다. 이 점에 대하여는 뒤에 다시 보기로 한다(Ⅲ. 3. 참조).

Ⅱ. 民法에서 문제되는 憲法的 主題

1. 一般條項의 價値補充으로서의 基本權規範

민법이 헌법에서 가장 중요한 문제로 대두하는 장면은 주지하는 대로 「기본권의 私人間의 效力」에 관련하여서이다.

(1) 통설은 이에 대하여 소위 間接適用說(또는 間接的 私人效力說)을 취하고 있다. 예를 들면 許營은 다음과 같이 말한다.

> "생각건대 直接的 私人效力說은 기본권규정을 포함한 헌법규범이 관념적인 규범이 아니고 모든 국가생활을 직접 규율하는 '直接效力規範'이라는 것을 강조하고 있다는 점에서는 이론상 타당성이 있어 보이지만, 사인 상호간의 법률관계는 원칙적으로 대등한 기본권주체간의 법률관계이기 때문에 국민과 공권력간의 법률관계에서처럼 어느 한 쪽의 基本權이 다른 쪽을 완전히 기속할 수 있는 관계가 아니라는 점을 간과하고 있다는 점에 그 이론상의 문제점이 있다고 느껴진다. 사인간의 사적인 법률관계는 법형식상으로는 일단 私法上의 분쟁형식으로 나타나게 되고 그것을 해결하기 위해서는 제 1 차적으로 사법규정을 적용할 수밖에 없다는 점을 잊어서는 아니된다고 생각한다. 공·사법의 2원체계를 인정하고 私法의 분야에서 '私的 自治'를 중요시하는 이유도 '私的 自治'의 보장이 바로 '法律的 責任'과 '自由'의 신장을 돕는 길이기 때문이라는 점을 생각할 때 공·사법의 2원체계와 사적자치의 완전한 배제효과를 가져오는 직접적 사인효력설은 일반적인 지지를 받을 수 없는 이론구성이라고 할 것이다."[4]

---

4) 許營, 韓國憲法論, 新訂10版(1998), 254면.

이러한 설명은 헌법과 민법의 관계에 대한 어떠한 생각의 적어도 端緖가 잘 드러나 있다고 생각한다.

어쨌든 간접적용설에 의하면, "기본권은 우선 '국가권력에 대한 국민의 防禦權'이지만 또한 공동생활의 기초가 되고 국가존립에 정당성을 부여해 주는 '客觀的인 價値秩序'를 뜻하기 때문에 모든 생활영역에 이른바 '波及效果'(放射效果)를 미치게 된다 … 기본권의 '파급효과'가 사적인 법률관계에 뚫고 들어가는 창구가 바로 私法上의 일반원칙이라고 한다. 결국 기본권의 '파급효과' 때문에 '信義誠實'·'權利濫用'·'公序良俗'·'公正性'·'不法行爲禁止' 등 사법상의 일반원칙을 해석·적용하는 경우에는 **반드시** 기본권적인 가치의 실현에 그 초점이 맞추어져야 된다"(강조는 引用者. 점선은 引用者에 의하여 생략된 부분을 가리킨다. 각 이하 같다)고 한다.[5]

(2) 그런데 민법에서 「신의성실」(민법 제2조 제1항)이나 「공서양속」(민법 제103조)를 설명하는 곳을 보면, 그 성질과 관련하여 "기본권의 '파급효과'가 사적인 법률관계에 뚫고 들어가는 창구"라는 점을 부각시키는 입장은 전혀 보이지 않으며, 나아가 "기본권적인 가치"에 좇아 그 내용을 설명하고 있지도 않다.

예를 들어 郭潤直은 "一般條項으로서의 [민법] 제103조의 具體的 內容은 개개의 경우에 裁判을 통하여 賦與되는 것이지만, 그것은 法官의 個人的·主觀的인 正義觀이나 倫理觀에 의하는 것은 아니다. … 理性的이며 公正·妥當한 것에 대한 國民 總體의 건전한 觀念에 따라 결정하여야만 한다. 바꾸어 말하면, 개개의 法律行爲가 法의 理想 내지 理念에 비추어 볼 때에 시인되느냐 않느냐의 판정은 共同社會로서의 國家의 立場에서 국가·사회의 秩序意識에 의하여 실현되는 것이다"라고 한다.[6] 그러나 여기서는 그와 같은 「국가·사회의 질서의식」을 객

5) 許營(前註), 253면.

6) 郭潤直, 民法總則, 新訂版(1992), 369면.

관적으로 표현하는 성문으로서의 헌법, 소위「객관적 가치질서로서의 헌법」에 대하여는 일절 언급이 없다.[7] 나아가「공서양속」의 구체적 예를 설명함에 있어서도, 대체로 이를 (i) 정의의 관념에 반하는 행위, (ii) 윤리적 질서에 반하는 행위, (iii) 개인의 자유를 매우 심하게 제한하는 행위, (iv) 생존의 기초가 되는 재산의 처분행위, (v) 지나치게 사행적인 행위, (vi) 폭리행위 등등으로 분류되고 있을 뿐이다.

이는 가령 독일의 민법해석학과 현저한 대조를 이루는 점의 하나이다. 보고자는 전에 민법 제2조 제1항의「신의성실」에 관하여 注釋하면서, "특히 헌법이 보장하는 기본권의 이념과 내용은 비록 사법관계에 직접 적용되는 것은 아니라고 하더라도 민법 제2조의 信義則이나 민법 제103조의「사회질서」등의 일반조항을 통하여 간접적으로 적용된다(소위 間接適用說). 그러므로 가령 평등권(헌법 제11조), 직업선택의 자유(헌법 제15조), 사생활의 비밀과 자유(헌법 제17조), 양심의 자유(헌법 제19조), 표현의 자유(헌법 제21조) 등은, 비록 당사자들의 의사에 기한 자유제한이 허용되는 사법관계에서이기는 하더라도, 신의칙을 적용함에 있어서는 그 불필요한 制約 나아가서는 실질적인 剝奪이 일어나는 일이 없도록 유의하여야 할 것이다. 다시 말하면, 신의칙을 적용함에 있어서 반드시 요구되는 利益衡量을 실제로 수행하는 과정에서는 헌법에서 보장되는 基本權이라는 시각도 고려되어야 한다는 것이다"라고 말한 바 있다.[8] 물론 이러한 주장은 思考上의 端緖에 불과한 것이고, 그 내용을 신의칙의「유형화」의 차원에서 구체적으로 전개하고 있지는 못하다.

---

7) 이 점은 가령 李英俊, 民法總則, 全訂版(1995), 210면 이하에서도 다를 바 없다.

8) 民法注解[I](1992), 95면(梁彰洙 집필).

2. 人 格 權

한편 인격권 내지 인격적 법익은 종래의 우리 민법학에서 현저한 지위를 차지하고 있지 못하다. 그런데 이에 대하여 우리는 헌법 또는 헌법학으로부터 많은 자극과 시사를 얻을 수 있으리라고 생각한다.

(1) 민법에서 인격적 법익이 명문으로 다루어진 것은, 생명(민법 제752조), 신체, 자유, 그리고 명예(민법 제751조, 제764조)이다. 그리고 이는 모두 不法行爲와 관련하여서, 즉 손해배상청구권의 발생요건과 관련하여서이다.[9] 그 외에 가령 姓名權(독일민법 제12조 참조)이나 肖像權, 나아가 미국에서 극히 중요시되고 있는 프라이버시 등과 같은 소위「정신적 인격권」에 대하여는 앞서 본 명예를 제외하고는 별도의 규정이 없다.

물론 이는 우리 민법이 불법행위에 대하여 취하고 있는 一般條項主義와도 관련이 있다. 즉 민법 제750조는 불법행위의 일반적 성립요건에 대하여 "고의 또는 과실로 인한 위법행위로 타인에게 손해를 가한 자"라고만 정하여, 어떠한 권리 또는 법익을 들어 그것이 침해된 것을 불법행위의 요건으로 정하고 있지 않다. 그러므로 프라이버시 기타 등의 침해도 그것이 일반적으로「위법행위」에 해당한다고 평가된다면, 적어도 불법행위의 면에서 보호가 소홀하다고는 할 수 없겠다.

참고로 말하면, 프랑스에서는 1970년 7월 17일의 법률로 민법 제9조를 전면개정하여 "各人은 그의 私生活을 존중받을 권리(droits au respect de sa vie privée)를 가진다. 법관은, 손해의 배상과는 별도로, 係爭物保管, 押留 기타 사생활의 隱密에의 침해를 방지하거나 중지시키기에 적절한 모든 조치를 명할 수 있다. 이들 조치는 긴급한 경우에

9) 예외는 명예침해의 경우에 "法院은 被害者의 請求에 기하여 損害賠償에 갈음하거나 損害賠償과 함께 名譽回復에 適當한 處分을 명할 수 있다"고 정하는 민법 제764조이다. 그러나 이 역시 不法行爲의 영역을 벗어나는 것이 아니다.

는 긴급심리(référé)에 의하여 명할 수 있다"고 정하고 있다. 또 1983년 12월 16일의 법률에 의하여 새로이 마련된 스위스민법 제28조 이하는 "인격이 위법하게 침해된 사람(Wer in seiner Persönlichkeit widerrechtlich verletzt wird)"이 있는 경우에 대하여 별도의 규정을 두고 그 구제수단을 망라적으로 정하고 있다.[10]

(**2**) 그런데 우선 인격권은 그 침해가 불법행위가 될 수 있다, 즉 손해배상청구권을 발생시킬 수 있다는 측면을 제외하고는 별로 문제되고 있지 않다. 말하자면 인격권의「一般法理」라고 부를 수 있는 것은 적어도 이론적으로는 아직 구상조차 되고 있지 아니한 것이라고 생각된다.

(**a**) 예를 들면 인격권이 침해되거나 침해될 우려가 있는 경우에 그 효과로서 소유권의 경우에서와 같이(민법 제214조 참조) 방해배제 또는 방해예방의 청구권이 인정되는가 또는 어떠한 요건 아래서 인정되는가 하는 것은, 가령 방해배제 등의 내용이 출판·배포·방송 등 표현행위의 금지를 담을 수 있고 따라서 언론출판의 자유를 현저히, 그것도 事前的으로 제한할 수 있다는 점만 보아도 심중한 의미가 있다고 하겠다.

실무는 일반적으로 이러한 방해배제 및 방해예방의 청구권을 인정하고 있다. 이미 大判 88. 10. 11, 85다카29(集 36-3, 1)은 "헌법 제9조 후단에서는 '모든 국민은 … 행복을 추구할 권리를 가진다'라고 하여 생명권, 인격권 등을 보장하고 있어 어떤 개인이 국가권력이나 공권력 또는 타인에 의하여 부당히 인격권이 침해되었을 경우에는 인격

10) 가령 同法 제28조의a 제1항은, (i) 우려되는 침해의 금지, (ii) 존속 중인 침해의 배제, (iii) 어떠한 침해의 위법성의 확인 등을 그 구제수단으로 정하고 있고, 나아가 同條 제2항은 (iv) 訂正이나 判決이 제3자에게 알려지거나 공표될 것을 청구할 수도 있다고 정한다. 同條 제3항에 의하면, 이러한 구제수단은 손해배상 등 통상의 구제수단과는 별도로 인정되는 것이다.

권의 침해를 이유로 그 **침해행위의 배제**와 손해배상을 청구하여 그 권리를 구제받을 수 있도록 하고 있다"고 판시하였고, 大判 96. 4. 12, 93다40614등(集 44-1, 323)은, "인격권은 그 성질상 일단 침해된 후의 구제수단(금전배상이나 명예회복처분 등)만으로는 그 피해의 완전한 회복이 어렵고 손해전보의 실효성을 기대하기 어려우므로, 인격권 침해의 대하여는 **사전(예방적) 구제수단으로 침해행위 정지·방지 등의 금지청구권**도 인정된다"고 판시한 바 있다.[11]

(b) 그런데 이와 같이 인격권의 침해에 대한 각종의 구제수단(손해배상청구권, 방해배제청구권, 방해예방청구권 등)을 어떠한 요건 아래서 인정할 것인가를 생각함에 있어서는 많은 경우에 각자의 기본권 간의 충돌이라는 문제가 제기된다.

이미 앞서 본 大判 88. 10. 11, 85다카29(集 36-3, 1)에서도 "우리가 민주정치를 유지함에 있어서 필수불가결한 언론, 출판 등 표현의 자유는 가끔 개인의 명예나 사생활의 자유와 비밀 등 인격권의 영역을 침해할 경우가 있는데 표현의 자유 못지 않게 이러한 사적 법익도 보호되어야 할 것이므로 인격권으로서의 개인의 명예의 보호(헌법 제9조 후단)와 표현의 자유의 보장(헌법 제20조 제1항)이라는 두 법익이 충돌하였을 때 그 조정을 어떻게 할 것인지는 구체적인 경우에 사회적인 여러 가지 이익을 비교하여 표현의 자유로 얻어지는 이익, 가치와 인격권의 보호에 의하여 달성되는 가치를 형량하여 그 규제의 폭과 방법을 정해야 할 것이다"라고 판시하여,[12] 이 문제를 의식하고 있다.

---

11) 그 후의 大判 97. 10. 24, 96다17851(공보 97하, 3574)도 같은 취지로 판시하였다.

12) 그리고 이어서 "위와 같은 취지에서 볼 때 형사상이나 민사상으로 타인의 명예를 훼손하는 행위를 한 경우에도 그것이 공공의 이해에 관한 사항으로서 그 목적이 오로지 공공의 이익을 위한 것일 때에는 진실한 사실이라는 증명이 있으면 위 행위에 위법성이 없으며 또한 그 증명이 없더라도 행위자가 그것을 진실이라고 믿을 상당한 이유가 있는 경우에는 위법성이 없다고 보아야 할 것이다. 이렇게 함으로써 **인격권으로서의 명예의 보호와 표현의 자유의 보장과의 조화**를 꾀할 수 있다 할 것이다"라고 판시하고 있다.

이와 같이 인격권 침해에 관하여 이익의 형량에 의하여 그「違法性」여부가 판단되어야 한다면, 이에 대하여는 기본적으로 헌법학에서「基本權의 相衝」에 대하여 논의되고 있는 바로부터[13] 많은 시사를 얻을 수 있다고 생각될 수 있겠다. 그러나 민법학은 이에 별다른 주의를 기울이지 않고 있다.

(c) 나아가 인격적 법익 내지 인격권에 대하여는 우선 앞서 본 생명·신체·자유·명예 등과 같이 옛부터 보호를 받아오던 개별적 권리들을 포함하여 사법상으로 보호되는 여러 가지의 인격적 징표를 통일적으로 이해하기 위한 노력이 그다지 행하여지지 않고 있다.「인격권」에 관한 논의는 한결같이 이 개념이 아직 윤곽이 뚜렷한 확정적 내용을 획득하지 못하고 있음을 지적하고 있다. 그리하여 가령 독일에서는「一般的 人格權(allgemeines Persönlichkeitsrecht)」의 원용을 가능하면 억제하려는 경향이 명백하게 간취되고 있다.

그러나 법개념의 역사가 일반적으로 그러하듯이, 애초에는 명확한 내용을 가진 어떤「핵심」으로부터 출발하여서 점차로 이에 類比되는 또는 模倣되는 事案類型들을 집적하여 감으로써, 한편으로 그와 구별되는 다른 種概念과의 경계를 획득하고 다른 한편으로 그 개념에 포섭되는 대상의 공통된 징표들을 명확하게 인식하게 되는 것이다. 그러한 작업에 있어서 우선 하나의 준거점으로 고려될 수 있는 것으로 바로 헌법 제10조에서 정하는「人間으로서의 尊嚴과 價値」나「幸福을 追求할 權利」, 헌법 제17조에서 정하는「私生活의 秘密과 自由」라는 개념에 대한 헌법학에서의 논의가 아닌가 여겨진다. 물론 이들 논의가 민법에서 요구되는 바를 훨씬 뛰어넘는 차원에서 행하여진다고 하더라도, 바로 그러한 논의가 뒤에서 보는「思想으로서의 民法」과도 관련하여 의미가 있지 않을까 하는 생각도 해 보는 것이다.

---

13) 우선 許營(註 4), 260면 이하 참조.

(3) 우리의 교과서를 보면, 소위「근대민법의 3대원칙」으로 소유권 존중의 원칙, 계약자유의 원칙, 과실책임의 원칙을 들고 있다. 이들은 모두 일차적으로 사람의 재산관계에 관한 원칙으로서, 여기에는 인격의 보호라는 가치는 부각되지 않고 있다.

(a) 그런데 가령 소유권 존중의 원칙만을 놓고 보더라도, 과연 우리 민법에서 소유권 이상으로 그 실현이 추구되고 보호되어야 할 가치는 없는가, 생명이나 신체의 완전성은 물론이고 자유나 명예나 프라이버시 등도 그에 못지않지 않은가 하는 의문이 든다. 물론 민법은 그 編別에서도 알 수 있는 대로 물권과 채권과 같은 재산관계나 혼인·친자관계와 같은 가족관계를 규율의 주된 대상으로 하고 있다.

그러나 소유권이 보호되어야 하는 이유는 무엇인가, 계약자유나 과실책임의 원칙은 그 자체로서 유의미한 것인가 등으로 문제를 다시 한 번 생각하여 보면, 결국 이것들은 인간으로서의 존엄과 가치를 실현하고 추구하는 바의 행복을 실현하는 기본도구라는 점에서 찾을 수 있으리라는 생각도 든다. 라렌츠가 가장 기본적인 법원칙으로 칸트나 헤겔을 인용하면서「상호 존중」또는「타인을 인격으로 존중하는 것」을 들고 있는 것도 전혀 근거가 없다고는 할 수 없을 것이다.[14] 그렇다면 민법에서도 인격의 존중을 종국적인 가치이념으로 설정할 수는 없을까?

(b) 인격권의 논의에 있어서 개별적 인격권들에 대한 말하자면 各論的 考察을 더욱 심화하는 것도 물론 필요하겠다. 특히 최근에 문제되는 일정한 인격적 법익의 營利化(Kommerzialisierung) 경향(가령 광고모델료를 생각하여 보라)은, 고도자본주의의 새로운 양상과도 관련하여「인격권의 보장으로 인한 人格의 物化」라고도 부를 수 있는 소외현상의 위구심을 불러 일으킨다. 그럼에도 여전히 특히 가족이나 같은

---

14) 라렌츠, 梁彰洙 譯, 正當한 法의 原理, 36면 이하 참조.

공동체에 개인이 매몰되는 우리 사회에서는 인격권의 이념을 고취할 필요가 있다는 것이 보고자의 생각이다.

3. 個人의 尊嚴과 兩性의 平等에 기한 家族法

또 하나 헌법이 민법에서 특히 문제되는 영역은 친족법이다.

(1) 우리 헌법 제36조 제1항은 "婚姻과 家族生活은 個人의 尊嚴과 兩性의 平等을 기초로 성립되고 유지되어야 하며, 國家는 이를 保障한다"고 정한다.

원래 제헌헌법은 제20조에서 "婚姻은 男女同權을 기본으로 하며, 婚姻의 純潔과 家族의 健康은 국가의 특별한 보호를 받는다"고 정하고 있었다. 이 규정에 대하여 兪鎭午는 "이미 憲法 제8조에서 모든 국민은 性別에 의하여 차별을 받지 아니한다 하여 남녀평등을 선명하였으므로 불필요한 규정 같으나, 우리 나라에는 從來로부터 蓄妾風習과 같은 여자의 인격을 무시하는 惡習이 존재하고 있으므로 그 惡習을 단연 배제하기 위하여 本條를 둔 것"이라고 하고, 나아가 "婚姻의 純潔도 남녀평등을 기본으로 한 남녀의 합의에 의한 혼인을 하는 것을 의미하므로 前記한 축첩풍습은 물론 尙今 農村地方에 그 자취를 남기고 있는 早婚制度라든가 人身賣買的 婚姻 같은 弊習도 국가가 이를 소멸시키도록 노력하여야 할 것"이라고 설명하고 있다.[15] 민법의 제정과정에서도 여기서 지적된 축첩, 조혼, 인신매매적 혼인은 허용되지 않는 것으로 규정이 마련되었다(중혼의 금지에 관한 제810조, 이혼사유로서의 부정행위에 관한 제840조 제1호, 혼인연령에 관한 제807조, "당사자 간에 혼인의 합의 없을 때"를 혼인무효사유로 정하는 제815조 제1호 등). 그러나 헌법이 요구하는 「남녀평등」의 이상이 민법의 실정규정에 발현되기에는 앞에서 본 대로 한계가 있었다. 그나마 소위 제3공화국헌법에서는 혼

15) 兪鎭午, 憲法解義(1949), 55면.

인이 「남녀동권을 기본으로」 한다는 부분은 채택되지 아니하였었다(同法 제31조 참조). 그러다가 소위 제5공화국헌법이 이를 부활시켰다.

(2) 그런데 헌법이 특별히 혼인과 가족생활에서의 「個人의 尊嚴」과 「兩性의 平等」을 요구하고 있는 것은 우리 친족법을 이해하고 구상함에 있어서 적지 않은 의미를 가진다고 할 것이다. 이 점에 관하여 日本의 經驗은 우리에게 많은 시사를 준다.[16]

1946년 11월에 제정된 일본헌법 제24조는 "① 혼인은 양성의 합의만에 기하여 성립하고, 부부가 동등의 권리를 가지는 것을 기본으로 하여, 상호의 협력에 의하여 유지되어야 한다. ② 배우자의 선택, 재산권, 상속, 주거의 선정, 이혼 및 혼인이나 가족에 관한 기타의 사항에 관하여 법률은 개인의 존엄과 양성의 본질적 평등에 입각하여 제정되어야 한다"고 정하고 있다. 주지하는 대로 이 새로운 헌법의 정신에 입각하여 일본은 1947년에 민법의 친족편·상속편을 전면적으로 개정하였다.[17] 그런데 그 가장 핵심적인 내용의 하나는 家·戶主 및 家督相續에 관한 제도를 아예 폐지하는 것이었다.

이 민법개정작업에서 주도적인 역할을 한 我妻榮이 그 경과에 대하여 다음과 같이 말하고 있다.

> "이 규정은 우리가 共同生活을 하는 親族的 集團에 속하는 사람들, 부부나 친자 기타의 혈족·인척 상호 간의 신분관계를 규율하는 법

16) 이미 鄭光鉉, "親族相續編의 要綱과 草案에 대한 分析과 管見", 韓國家族法研究(1967), 351면 이하(원래는 法政 1957년 3월호)가 이 점을 지적하고 있다. 또한 독일의 戰後 男女同權改革에 대하여는 全鳳德, "兩性平等의 憲法理念과 身分法上의 實現에 관한 比較法的 考察", 서울대 法學 4권 1·2호(1962), 229면 이하 참조.

17) 당시 새로이 추가된 민법 제1조의2가 "本法은 個人의 尊嚴과 兩性의 本質的 平等을 바탕으로 하여 이를 해석한다"고 정하고 있는 것이 그 간의 事情을 잘 말하여 준다고 하겠다.

률도 民主主義의 基本原理인 개인의 존엄과 양성의 본질적 평등의 원칙에 따라 정하여져야 함을 선언한 것이다. 그런데 1898년에 시행되어 終戰 당시까지 효력을 가지고 있던 민법은 그 基本構造에 있어서 이와 모순된다. 왜냐하면 그 민법에서는 戶主權에 의하여 統轄되는 「家」라는 一團으로써 친족공동생활의 단위로 하고, 부부관계도 친자관계도 모두 이 「家」의 制度에 의하여 제약되는 것으로 하고 있기 때문이다."[18]

"條文의 草案도 대체로 만들어진 쯤에 「가족제도」를 존치하여야 한다는 반대론이 제기되어 … 執拗하게 반복되었다. 이들의 주장은 이러하다. 「忠」과 「孝」는 我國의 存立의 精神的 基盤이고, 「천황제」와 「가족제도」에 顯現하고 있다. … 起草委員은 이에 대하여, 민법의 가족제도는 헌법초안 제24조와 兩立되지 않는다, 이것을 削除함은 당연한 것이다, 그리고 그 개정의 내용은 明治民法이 시행된 후에 있어서의 學說과 判例의 진전과 方向을 같이하고 있다, 물론 草案은 이 方向에의 一大躍進이다, 그러나 결코 틀린 방향으로 나가는 것이 아니다, 등등으로 응수하였다."[19]

이와 같이 헌법의 규정에 비추어 「가」 또는 호주의 제도가 폐지된 것과 아울러, 최근에는 친족편의 개별규정의 합헌성이 논의되는 경우가 많아졌다.[20] 가령 혼인적령을 남 18세, 여 16세로 하여 차이를 둔 것(일본민법 제731조 = 우리 민법 제807조)을 「남녀의 육체적·생리적 조건에 기한 것」이라고 설명하는데, 과연 육체적·생리적인 성숙도에 진정 차이가 있는가, "여자는 일찍 시집가는 것도 좋다"는 관념이 깔려 있는 것은 아닌가가 문제된다. 또 여자에게만 혼인관계의 종료 후

18) 我妻榮, 法學槪論(1974), 309면.

19) 我妻榮(前註), 317면.

20) 우선 初宿正典, "家族をめぐる憲法問題——とくに最近の裁判例を中心に", 法學教室 160호(1994. 1), 61면 이하; 植野妙實子, "憲法からみた「家族」", 比較法雜誌 27권 2호(1993), 1면 이하; 佐藤隆夫, 離婚と子どもの人權(1988), 161면 이하; 米澤廣一, 子ども·家族·憲法(1992) 등 참조.

6개월 간 혼인하지 못한다는 소위「待婚期間」의 규정(일본민법 제733조 = 우리 민법 제811조)에 대하여도, 그것이 父性確定의 곤란을 방지한다는 취지라고 하면 우선 적어도 소위 過剩禁止가 아닌가(일본민법 제772조 = 우리 민법 제844조 제 2 항에 의한 嫡出推定이 중복되는 기간, 즉 101일만 혼인할 수 없게 하면 족하지 않은가), 나아가 적출추정이 중복되더라도 의학의 진보에 의하여 부친의 확정이 용이하므로 과연 그러한 제한은 적절하지 않다는 주장도 제기되고 있다. 또 호적부에 자를 婚姻中의 子와 婚姻外의 子를 구분하여 기재하도록 하는 규정(일본호적법 제49조 제 2 항 제 1 호 = 우리 호적법 제49조 제 2 항 제 2 호)도 본인이나 나아가 사실혼관계를 의식적으로 선택한 부모에게는 비합리적인 차별이 아닌가 하는 것도 논의되고 있다. 한편 비적출자의 상속분을 적출자의 2분의 1로 정한 일본민법 제900조 제 4 호 단서를 평등권에 반하는 것으로서 무효라고 한 하급심재판(東京高裁 1993년 6월 23일 결정(判例時報 1465, 55))도 흥미롭다.[21]

(3) 위헌법률심사의 제도가 실질적으로 기능하는 오늘날의 국면에서는 특히 친족법의 제도와 규정을 헌법에 비추어 재음미할 현실적인 필요도 있다.[22] 동성동본금혼을 정하는 민법 제809조 제 1 항의 위

---

21) 그러나 日本의 最高裁(大法廷) 1995년 7월 5일 결정(民集 49-7, 1789)의 多數意見은, 민법이 법률혼주의를 취하는 결과 "법률상의 배우자와의 사이에 출생한 嫡出子의 입장을 존중함과 동시에 다른 한편으로 피상속인의 非嫡出子에도 배려하여 비적출자에게 적출자의 2분의 1의 법정상속분을 인정함으로써 비적출자를 보호하려고 한 것으로서, 법률혼의 존중과 비적출자의 보호의 조정을 도모한 것"으로서 위 규정이 합리적 이유가 없는 差別이라고 할 수 없다고 하여 合憲의 입장을 취하였다. 1994년 7월 공표된 日本 法務省 民事局 參事官室의「婚姻制度 등에 관한 民法改正要綱試案」에는 상속분을 동등한 것으로 하고 있다. 우리 민법이 애초부터 비적출자의 상속분을 적출자와 동일하게 한 것(民議院 法制司法委員會 民法案審議小委員會, 民法案親族編·相續編 審議要綱審議錄(1957), 73면: "庶子는 죄가 없으므로 嫡子와 그 相續分을 같이하였다")은 그 당시의 다른 여러 나라에 비하여 보면 가히「劃期的」이라고 할 만하다.

22)「兩性의 平等」의 문제는 비단 친족법의 영역에서만 제기되는 것은 아니고, 특히 雇傭契約에서도 관철되어야 한다. 우리 나라의 男女雇傭平等法(1987년 제정) 참

헌성 여부를 둘러싸고 행하여졌던 종전의 攻防은 그 전에는 쉽사리 찾아볼 수 없던 것이다.

독일기본법 제3조 제2항은 "남자와 여자는 동권이다(gleichberechtigt)"라고 하여,[23] 우리 헌법과 마찬가지로 「양성의 평등」을 일반적인 「법 앞의 평등」과는 별도로 정하고 있다. 이는 독일헌법재판소의 이해에 의하면 "제3조 제2항과 제3항은 일반적 평등원칙을 구체화하고 있으며, 이로써 거기서 인정되는 입법자의 내용형성의 자유에 확고한 경계(feste Grenzen)를 설정하고 있다"고 하여(BVerfGE 21, 329(343) 참조), 일반적 평등원칙보다 엄격한 제한 아래서만 차별대우가 긍정될 수 있다고 한다. 그러한 「확고한 경계」로서는 "성별에서 유래되는 생물학적 또는 기능적 차이(der biologische oder funktionale Unterschied)가 규율이 되는 생활관계에 있어서 결정적인 것이어서 그것을 제외하고는 공통적 요소가 아예 없거나 아주 미미한 경우"를 든다(BVerfGE 3, 225(242); 5, 9(12); 6, 389(422); 10, 59(74); 21, 329(344) 등 참조). 그러므로 親權을 부모가 공동으로 행사하되 의견이 다를 경우에는 父가 행사한다는 1957년 6월 18일의 同權法의 규정은 이미 1959년 7월 29일의 판결에서 위헌이라고 판단되었고(BVerfGE 10, 59), 남자만이 상속인이 될 수 있다고 한 世襲農場法(Höfeordnung)의 규정도 위헌이며(BVerfGE 15, 337), 혼인 후 妻의 姓을 夫의 그것에 따르도록 한 독일민법 제1355조 제1문(개정전)의 규정도 위헌이라고

조. 독일에서는 민법전상의 고용계약에 관한 규정 중에 性別에 의한 差別의 禁止를 명문으로 정하고(제611조의a), 이에 위반한 사용자에 대하여 민사상의 손해배상책임을 부과하고 있다(다만 상대방의 採用請求權은 인정되지 않는다). 이 규정은 1998년 6월에 개정되었는데, 그에 의하면 종전에 최고 3개월분의 급료에 해당하는 금전을 손해배상으로 지급하도록 하던 것을 고쳐서, 그와 같은 制限 있는 損害賠償은 性差別이 없더라도 채용되지 아니하였을 경우에 한정하고(제3항), 원칙적으로는 「적절한 금전배상(eine angemessene Entschädigung in Geld)」을 하도록 하였다.

23) 독일에서는 이 기본법규정을 "여자와 남자는 同權이다"로 개정하여야 한다는 주장조차 제기되고 있다고 한다.

하였다(BVerfGE 48, 327).

나아가 “혼인과 가족은 국가의 특별한 보호를 받는다”, “母는 누구나 공동체의 보호와 배려를 청구할 권리를 가진다”, “혼인외의 자에 대하여는 입법에 의하여 그 육체적·정신적 성장을 위한 조건과 사회적 지위가 혼인 중의 자와 같이 마련되어야 한다”고 정하는 독일기본법 제64조 제1항, 제4항, 제5항에 기하여서, 그리고 “인격의 자유로운 전개”에 대한 권리를 정한 同法 제2조 제1항에 기하여서, 憲法的 基準은 親族法의 모든 부분에 침투하고 있다.[24]

Ⅲ. 憲法에 대한 民法의 意味──民法의 自己同定의 모색

1. 民法의 意義에 대한 論議

민법 교과서의 첫머리에는 대체로 「민법이란 무엇인가?」 또는 「민법의 의의」가 다루어지고 있다. 이에 대한 통상의 대답은, 민법이란 형식적으로는 민법이라는 이름의 법률, 즉 민법전을 말하고, 실질적으로는 사법의 일반법을 의미한다는 것이다.

그러나 이러한 대답은 보고자에게는 별로 내용이 없는 것으로 들린다. 민법전 안에 어떠한 내용의 규정이 들어가더라도 이를 여전히 「민법」이라고 할 것인가? 민법전을 하나의 단일한 법률로서 존립할 수 있게 하는 이념적 기초, 기본원리 또는 편성원칙을 제시함이 없이 단지 「민법」이라는 이름이 붙었다는 것만으로 「민법의 의의」를 말하

24) 이상에 대하여는 우선 Benda et al.(Hrsg.), *Handbuch des Verfassungsrechts*, 2. Aufl.(1994), § 8(Ingwer Ebsen, Gleichberechtigung von Männern und Frauen, S.263ff.) u. § 9(Eva Marie von Münch, Ehe und Familie, S.293ff.); Helmut Lecheler, Schutz von Ehe und Familie, in: Isensee u. Kirchhof(Hrsg.), *Handbuch des Staatsrechts*, Bd. Ⅵ(1989), S.211ff., bes. S.242ff. 참조.

는 것은 그야말로 지나치게 형식적이다.

그러나 이러한 의문은 실질적 의미의 민법이라고 하여 크게 달라지지 않는다. 도대체「私法」이란 무엇인가? 민법 교과서는 대체로 그 對概念로서의 공법과의 구분기준에 대하여 약간의 논의를 소개하고 있다. 그리고 예를 들어서 郭潤直은 "公法은 국가 기타의 공공단체와 개인과의 관계 및 공공단체 상호간의 관계를 규율하는 법이며, 그것은 원칙적으로 垂直關係 내지 上下의 關係(Über- und Unterordnung)를 정하는 법이다. 이에 반하여, 私法은 私人 상호간의 관계를 규율하는 법이며, 그것은 원칙적으로 水平關係 내지 平等·同位의 關係(Gleichberechtigung; Gleichordnung)를 정하는 법이다"라고 결론짓는다.[25] 그런데 이러한 공법과 사법 사이에는 어떠한 관계가 있는지, 수평관계인지 수직관계인지, 사법과 공법은 애초 원리나 규율대상을 달리하는 별개의 영역으로 서로 아무런 연관이 없는지 등에 대하여는 별다른 언급이 없다. 만일 사법이 공법에 대하여「상하의 관계」에 있다면, 이는 이미 사법은 공법의 한 분야에 불과하다는 말이 되지 않을까? 만일 사법이 공법에 대하여「평등·동위의 관계」에 있다면, 가령 同姓同本禁婚을 정하는 민법 제809조 제 1 항에 대한 憲法審査(憲裁決 97. 7. 16, 95헌가6등(憲集 9-2, 1) 참조)는 어떠한 논리에 의하여 가능한 것일까?

덧붙이자면, 위의 공법·사법의 구별에 이어서 민법 교과서는, 실질적 의미의 민법은 그러한 의미의 사법의「일반법」을 가리키는 것이라고 하고, 상법 등과 같은 특별사법, 즉 "사람·場所·事項 등에 限定"이 있는 사법과 구별된다고 한다. 그리고 특별사법에 다른 규정이 없으면 민법의 규정이 적용된다는 점에서 민법은「일반법」이라고 한다. 그런데 이러한 補充性만으로는, 민법이 개개의 특별사법의 바탕을 이루는 법원리 또는 구성틀이나 적어도 가치지향을 내포하고 그리하

---

25) 郭潤直(註 6), 9면 이하.

여 특별법의 내용 자체에 일정한 방향을 준다는 매우 중요한 측면을 충분히 표현하지 못하는 것이 아닌가 하는 생각도 든다. 즉 민법을 사법의 일반법이라고 정의하는 것은, 민법과 다른 규율을 하는 특별법이 민법에 우선하여 적용된다는 말하자면 그「逸脫」의 면만이 지적되고, 특별사법의 배후에 민법이 존재하여 이를 제약하고 규정한다는 그「適應」의 면은 부각되지 않고 있지 않은가 하는 것이다.

2. 民法의「基本原理」에 대하여

한편 민법 교과서 중에는「민법의 기본원리」를 다음과 같이 설명하기도 한다. 길더라도 인용하여 보기로 한다.

> "요컨대, 自由를 公共福利의 原理로 調節하여「自由」는 물론이며 實質的·具體的「平等」도 아울러 달성하려는 것이 우리 憲法의 理念인 것이다. / **이와 같은 憲法精神을 이어받아서**, 民法도 自由·平等을 그 理念으로서 강조하고, 한편으로는 그것을 公共福利의 原則으로써 調節하고 調和하려고 한다. … 바꾸어 말하면, 民法은 **우리의 憲法과 마찬가지로** 公共福利를 그의 最高原理로 하면서, 그의 行動原理를 앞에 내세워 이른바 3大原則[사유재산권 존중·사적 자치·과실책임의 각 원칙]은 이들 行動原理의 制約內에서 승인된다는 것을 명백히 하고 있는 것이다."(/는 단락 바꿈을 표시한다)[26]

이 敍述은 당혹하게 하는 점이 있다. 만일 민법의 기본원리가 헌법의 그것과 같고 또는 심지어 헌법정신을 이어받아 마련된 것이라면, 사법의 일반법인 민법은 어떠한 의미에서 헌법이 속하는 바의 公法과

---

26) 郭潤直(註 6), 78면. 同所, 79면은 다음과 같이 말하기도 한다. 즉 "公共福利는 위와 같이 現代國家가 지향하는 福祉國家의 이념이며, 오늘날 그것은 公·私法의 각 領域**에서** 國民의 自由와 **權**利를 制約하는 原理로서 作用하고 있다." 「국민의 자유와 권리를 **제약하는**」 바의 원리가 민법의「最高原理」또는 "最高의 存在原理"(!)이고, 또 그러한 원리는 공·사법 모두에 인정된다는 것이다(!).

구분되는 영역일 수 있는 것인가? 도대체 민법의 自己同定은 어디서 구할 것인가?

3. 民法과 憲法의 關係

민법과 헌법의 관계에 대하여 다음과 같이 생각할 수는 없을까?

(1) 민법의 기본단위 또는 기본적 규율대상은 결국 인격, 소유권, 계약 그리고 가족이다. 그런데 이들은 모두 삶의 기본적 양상이다. 어느 누구로부터 태어나서 남의 돌봄을 받지 아니하고 자란 사람은 없으며, 외계의 물자를 소비하지 아니하고 살 수 있는 사람도 없다. 또 공동생활을 하는 한 누구나 약속을 한다. 그 한에서 이러한 양상은 국가 이전의 것이다. 그러므로 「법」을 국가와 관련지어서만 定義하는 태도를 취한다면, 이들은 헌법을 포함한 법의 영역 저편에 있는 것이다. 이들 「기본생존양상」의 법적 존재형식을 민법이 정한다는 의미에서 민법은 국가의 기본법(constitution d'État), 즉 헌법과는 다른 관점에서 역시 하나의 기본법, 말하자면 「사회의 기본법(constitution sociale)」인 것이다.

뿐만 아니라 민법이 위와 같은 기본단위의 규율원리로서 인격 존중과 사적 자치를 말하는 경우에는, 각 개인이 자신의 아이덴티티를 추구하면서 스스로 「좋은 것」이라고 믿는 삶의 방식을 누구나 자신의 의지로 실현하는 것이 무엇보다도 먼저 보장되어야 한다는 생각, 다시 말하면 무엇이 좋은가(「幸福」)를 다른 누가 미리 결정하지 아니하고 각자가 남 또는 공동체의 결정에 좇을 필요 없이 이를 스스로 결정하며 또 이를 추구하기 위한 수단의 선택도 개인에 맡겨진다는 생각, 즉 「自由의 理念」을 밑바탕에 깔고 있는 것이다. 결국 민법에서도 헌법에서와 같이 자유가 추구되는 것이고, 민법의 이러한 측면을 혹은 「思想으로서의 民法」이라고 부를 수도 있을 것이다.

다만 그것은 일차적으로 私人과의 관계에서의 자유라는 점에서, 일차적으로 國家 내지 公權力과의 관계에서의 개인의 자유를 다루는 헌법과 다를 뿐이다. "우리의 헌법, 그것은 민법전이다"라는 전통이 형성되어 있다고 하는 프랑스의 민법 교과서를 들추다 보면 「민사적 자유(liberté civile)」[27] 또는 「민사적 평등(egalité civile)」이라는 말에 자주 부딪히게 되는 것도 우연한 일은 아니라고 생각된다.[28]

(2) 한 걸음 더 나아가 생각하면, 굳이 사회와 국가와의 분리를 이론적 전제로 하지 않더라도, 헌법이 「자유의 헌장」인 이상에는 그것은 민법이 자유로운 개인 사이의 법형식으로 오랜 기간에 걸쳐 조탁되어 온 인격, 계약, 소유권 등 각종의 기본적 사법제도를 헌법도 존중하지 않을 수 없고, 과격하게 말하면 개인의 자유와 안전을 보장하는 것이 국가의 존재이유인 것과 같이 국가의 기본법인 헌법의 존재이유도 결국은 위와 같은 사법적 개념·제도를 옹호하는 데서 찾을 수 있다고 하는 생각은 지나친 것일까.[29]

그렇게 보면, 예를 들면 민법 또는 사적 자치를 헌법에 의하여 비로소 일정한 경계 안에서 그 권한이 부여된 자율의 공간이라고 하거나 헌법이 언제든지 간섭을 재개할 수 있는 일시적 특혜영역이라고 하는 消極的 把握은 배척되어야 한다. 오히려 위와 같은 헌법의 「민법화(civilisation)」야말로 가령 켈젠류의 법단계론를 벗어나서 헌법의 의미

---

27) 예를 들면 Carbonnier, *Droit civil*, t.1: Introduction, 15e éd.(1985), n° 72: "본질적으로 민사적 자유는 공적 자유(liberté publique)와는 대조적으로 특정인의 다른 특정인(국가가 아니라)에 대한 자유라고 정의된다. … 왜냐하면 '자유는 단지 국가의 불개입뿐만 아니라, 사적 권력의 배제도 요구하기 때문이다'(리뻬르)."

28) 우선 Cornu, *Droit civil. Introduction, Les personnes, Les biens*, 6e éd.(1993), n° 274은, 프랑스대혁명은 私法의 영역에 다음과 같은 3개의 대원칙을 도입하였는데, 이는 1791년 헌법의 前文이 된 人權宣言에 표현되어 있다고 한다. 즉, 민사적 평등의 원칙(인권선언 제1조), 개인적 자유(liberté individuelle)의 원칙(동 제19조, 제4조, 제5조), 사적 소유권 존중의 원칙(동 제17조)이 그것이다.

29) 민법에서 위헌의 문제가 제기되는 조항들은 사실 민법 내부의 矛盾으로서, 이에 대한 違憲審査는 그 自己淨化로서 파악될 수도 있다.

에 대한 새로운 조명을 가능하게 하는 것일는지도 모른다.

그리고 헌법에 포함되어 있는 「인권선언」, 가령 기본권 조항 중 기초적·핵심적인 것(가령 헌법 제10조 제1항이나 제11조 등)은 말하자면 인류사회의 보편적 가치원리를 선언하는 그야말로 「자연법적」 성질의 규정으로서, 공법·사법, 나아가 헌법과 민법의 구분을 초월한 곳에 자리잡고 있다고 하겠다. 그러한 의미에서 민법은 바로 「인간으로서의 존엄과 가치」의 실현을 지향하는 법인 것이다.

(3) 물론 민법도 법률로서 國法의 하나인 이상 국가의 기본법인 헌법에 의하여 통제를 받는다.[30] 그리하여 위헌법률심사를 받으며, 국회의 결의에 의하여 다른 법률과 같이 개폐될 수 있다. 그러나 이러한 측면이 있다고 하여도, 우리 법질서 전체가 「인권선언」의 실현을 지향하는 한, 민법은 앞서 본 의미에서의 「사회의 기본법」으로서의 의미를 잃지 않는다.

[尹眞秀 교수의 討論에 대하여]

1. 저는 이와 같은 종전의 일반적 이해에 기한 의문이 제기될 수 있다고 생각하고 있었습니다. 요컨대 윤 교수님의 의문은, 한 나라의 법질서 안에 존재하는 다양한 모습의 「법」 사이에 순위를 부여하는 법체계론(Rechtssystematik)의 관점에서, 윤 교수님의 표현대로 한다면 「법질서의 통일성」의 관점에서 제기되는 것입니다.

---

30) 한편 「헌법과 민법의 관계」와 관련하여 독일에서 민법의 헌법에 대한 獨自性 및 민법에 대한 위헌통제의 근본적·방법적인 制限을 주장하는 디데릭센의 견해는 여러 모로 흥미롭다. Diederischsen, Das Bundesverfassungsgericht als oberstes Zivilrecht—ein Lehrstück der juristischen Methodenlehre, in: *AcP* 198 (1998), S. 171ff.; ders., Die Selbstbehauptung des Privatrechts gegenüber dem Grundgesetz, in: *Jura* 1997, S. 57ff.; ders., Die Rangverhältnisse zwischen den Grundrechten und dem Privatrecht, in: Ch. Starck(Hrsg.), *Rangordnung der Gesetze*(1995), S. 39ff. 등 참조.

그러나 오늘 저의 발표의 기본적 문제의식은, 그러한 관점, 즉 제가 발표문 Ⅲ. 3. (2)에서 쓴 표현에 의하면 "켈젠류의 法段階論(Stufentheorie)", 우리 법학에는 2차대전 전부터의 일본법학의 영향으로 이러한 켈젠류의 이해가 은연중에 풍미하고 있는데, 그러한 법단계론의 관점이 가지는 한계를 명확하게 하는 데 있습니다. 윤 교수님이 말하는 「憲法의 優位」라는 것도 결국 그러한 관점에서 말씀하는 것이 아닌가 생각합니다. 그러한 법단계론에서는 그 最上位에 있다고 지칭되는 헌법에 대하여 그렇다면 그 헌법의 타당근거는 과연 어떠한 상위규범인가의 물음에 대하여 이론상 여러 가지 어려움이 놓여 있음은 주지의 사실입니다.

여기서 저는 그러한 형식적 차원을 벗어나 헌법의 실질적 가치이념 내지 이념적 존재근거를 민법과의 관계에서 새로이 묻고자 하는 것입니다.

2. 제 생각으로는, 한편으로 민법은 제가 Ⅲ. 3. (3)에서 말씀드린 대로 國家法에 속하며, 덧붙이자면 이러한 측면에서는 무엇보다도 그 중에서 裁判規範으로서의 민법이 보다 부각된다고 하겠습니다. 윤 교수님이 묻는 「민법에 대한 위헌심사」의 근거—윤 교수님이 이 글에서 그 근거가 명확하지 않다고 한 점은 저로서는 유감입니다—, 그 근거도 바로 이러한 국가법으로서의 민법이라는 측면에 있다고 생각합니다.

그런데 다른 한편으로, 표현의 문제점을 충분히 의식하면서 사용한다면, 민법은 하나의 「歷史的 自然法」, 「人權宣言의 具體化·制度化」로서의 측면을 가진다는 것이 저의 생각입니다. 그 이유, 즉 「자유이념의 실현으로서의 사법제도」라는 생각을 발표문 Ⅲ. 3. (1)에서 매우 소략하게 밝힌 것입니다. 그러한 측면을 저는 「思想으로서의 민법」

이라는 지금까지 별로 써오지 아니한 용어로 표현해 보았습니다. 「자연법」이라고 하니까 "오늘날에는 헌법이 바로 자연법"이라는 말도 想起됩니다마는, 그러한 자연법으로서의 「헌법」이 각국의 개별적인 실정법으로서의 憲法典을 지칭하는 것이 아닌 것과 마찬가지로, 여기서 제가 말하는 민법도 각국의 개별적 실정법으로서의 민법전을 말하는 것은 물론 아닙니다.

제가 말하는 의미의 「사상으로서의 민법」은, 윤 교수님이 말하는 것처럼 "민법 내지 사법의 특수성은 이른바 사적 자치의 원리가 헌법상 어느 정도 존중되어야 할 것인가 하는 점에 있다"라는 식으로 「① 헌법질서 내에서의 ② 그것에 의한 正當化(Berechtigung)」의 관점에서 접근되어서는 안 되며, 오히려 그것이야말로 헌법의 정당화근거가 될 수 있지 않은가,라는 것이 오늘 제가 미숙한 端緖의 형태로나마 표현해 본 생각입니다.

물론 민법은 로마법 이래 인권선언을 전제로 하지 아니하고 발전하여 왔습니다마는, 자유롭고 평등한 개인 간의 규범으로서 인류가 장기간의 역사를 통하여 닦아온 것입니다. 그렇다면 國家가 자유롭고 평등한 개인, 즉 市民의 結合體(societas civilis)로 이해되는 오늘날에 있어서 그 「자유의 규범」이란 오히려 다름아닌 그러한 국가의 근본규범, 즉 인권헌장 또는 위와 같은 이해된 「자연법」으로서의 헌법에 당연히 내재적인(immanent) 규범이 아닌가 하는 생각도 해 보게 되는 것입니다. 바꾸어 말하면, 민법의 원리, 가령 私的 自治가 존중되지 않는 헌법은 이미 헌법이 아니라는 것입니다.

나아가 당돌하게 말한다면, 오히려 헌법은 민법의 보장질서로서 존재한다고까지도 말할 수 있을 것입니다. 이 점에 한정하여서는 근대국가를 사적 소유권의 관철을 위한 강제기구로 보는 마르크스의 견해도 인용해 볼 수 있습니다.

3. 한편 국가의 「기본권보장의무」에 대하여 물으셨습니다. 이에 대하여 저는 공부가 별로 없지만, 제가 이해하는 한도에서 저의 의견을 피력하여 보고자 합니다.

이것은 독일의 연방헌법재판소가 인정하고 있는 개념인데, 그 내용은 주지하는 대로 헌법상의 기본권규정은 국가의 간섭에 대한 방어권으로서의 기능을 할 뿐 아니라 국가에 대하여 개인을 제 3 자에 의한 기본권의 침해로부터 보호할 적극적 의무를 부과하고, 따라서 개인에게 그에 상응하는 보호청구권을 부여한다는 것입니다. 즉 이에 의하여 「국가로부터의 자유」와는 별도로 「국가에 의한 자유」를 확보하려는 것입니다. 우리 헌법의 해석론으로 보자면, 굳이 憲裁決 97. 1. 16, 90 헌마110등(憲集 9-1, 90)(이 사건에서는 국가의 적극적 입법행위(불처벌의 특례 규정)에 의한 기본권보장의무의 침해를 문제삼고 있는데, 당해 사건의 내용으로 볼 때 기본권보장의무의 위반이 아니라 국가의 기본권(평등권 등) 침해 여부 자체만을 논의하였어야 하지 않았나 생각됩니다)를 들지 아니하더라도, 이미 제10조 제 2 문의 명문("國家는 개인이 가지는 不可侵의 基本的 人權을 확인하고 이를 보장할 義務를 진다")이나 연혁에 비추어 이것이 인정됨에는 의문이 없다고 생각합니다.

윤 교수님은 이러한 保障義務가 기본권의 私人間의 效力에 관한 間接適用說과 어떠한 관계가 있느냐에 대하여 저의 의견을 물으시는데, 국가, 특히 법원이 민법상의 일반규정을 해석·적용함에 있어서 「객관적 가치질서」로서의 기본권 조항을 항상 시야에 넣어 기본권적 가치가 실현되도록 하는 것이야말로 바로 그 보장의무의 중요한 내용이라고 하겠습니다(우선 Stern, *Staatsrecht*, Bd. 3, Hbbd. 1(1988), § 76 Ⅲ 4 b(S. 1560f.) m.w.N. 참조). 그러므로 제 생각에는 그렇게 보면 「기본권보장의무」는 종래의 간접적용설의 "약점을 제거하였다"고 하기보다는 오히려 간접적용설에 대한 ──**방법론적**으로 보다 의식된── **헌법**

내적 설명방식이라고 이해할 수 있지 않을까 여겨집니다. 그러므로 이는 윤 교수님이 말하는 「헌법의 우위」와는 관계가 없지 않을까 하는 생각도 듭니다.

(서울대학교 法學 39권 4호(1999.2), 61면 이하 所載)

[後 記]

本稿는 서울대학교 법과대학과 서울대학교 법학연구소가 헌법 제정 50주년을 기념하여 1998년 10월 16일에 개최한 「대한민국 헌정 50년」이라는 주제의 學術大會에서 발제문의 하나로 발표한 글에 사소한 수정을 가한 것이다. 글 중에서 "오늘 심포지엄", "보고자", "발표문" 운운은 이러한 사정에 기한 것이다.

한편 글 끝에, 위의 학술대회에서 「토론자」로서 행한 尹眞秀 교수의 토론(이는 위 法學, 同所, 76면 이하에 수록되어 있다)에 대하여 한 답변을 수록하였다. 마땅히 尹 교수의 「토론」을 아울러 실어야 하겠으나, 저자의 글을 모은 것이라는 本書의 성격에 비추어, 또 여기 옮긴 답변으로부터 그 토론의 내용을 어느 정도는 추측할 수 있지 않을까 하는 생각에서, 부득이 위와 같이 하기로 된 것이다. 諒解를 바란다.

2. 獨逸民法典 制定過程에서의 法律行爲規定에 대한 論議
——意思欠缺에 관한 規定을 중심으로——

I. 序　　論

1. 독일민법전에서 法律行爲는 제 1 편「總則」중 제 3 장(제104조 내지 제185조)에서 규정되고 있다. 이는 다시 여섯 개의 節로 나누어지는데, 各節에는 각각「행위능력」(제104조 내지 제113조),「의사표시」(제116조 내지 제144조),「계약」(제145조 내지 제157조),「조건·기한」(제158조 내지 제163조),「대리·임의대리권」(제164조 내지 제181조),「동의·추인」(제182조 내지 제185조)이라는 제목이 붙어 있다. 이하의 글은 이 중에서 의사표시, 특히 意思欠缺(Willensmangel)에 관한 규정(제116조 내지 제122조)을 중심으로 하여 독일민법전의 제정과정에서 논의된 바를 살펴보고자 한다.

그것은 이 부분이 가장 논의가 많았었기도 하거니와,「法律行爲理論의 史的 展開와 課題」라는 本論文集의 주제와 가장 밀접하게 관련이 되어 있기 때문이다. 즉「법률행위의 이론」은 다른 어느 부분보다 意思欠缺을 어떻게 규율할 것인가를 둘러싸고 주장되고, 또한 검토·판단되었던 것이다.

2. 주지하는 대로 독일민법전은 19세기 普通法學의 產物이다. 그런데 법률행위에 관하여 보통법학은 해결하여야 할 많은 문제를 안고 있었다. 독일민법전의 기초작업이 시작된 1870년대 중반부터 그것이 종결된 1890년대 후반까지도 그 문제의 상당 부분은 학자들의 엄청난 노력에도 불구하고 종국적인 해결을 보았다고 하기는 어려운 상태에 있었다.

그래도 법률행위 또는 그 구성요소로서의 의사표시의 개념이나 체계적 지위에 대하여는 대체로 사비니의 견해에 좇은 이해가 관철되어 있었다.[1] 즉 법률행위는 법적 이론체계의 전체구성에 있어서 우선 법적 행위(Rechtshandlung)의 일종으로서의 위치를 가지는데, 그것이 다른 법적 행위, 가령 불법행위와 구별되는 징표는, 그 법률효과가 바로 그것이 의욕되었기 때문에 발생한다는 점에 있다. 그리고 법률행위에는 그 下種으로 무엇보다도 계약이 포함되며, 나아가 유언 기타의 단독행위도 이에 속한다. 그리하여 법률행위는 가령 "어떠한 법률효과의 발생을 내용으로 하는 私的 意思表示"라고 정의된다.[2] 이와 같이 법률행위와 의사표시는 일반적으로 의미를 가지는 것으로 이해되었다. 다른 한편 그와 같은 법률행위 또는 의사표시의「本質」에 관한 논의는 19세기 후반의 보통법학을 소위 의사주의와 표시주의의 대립으로 양분하였다. 이 논의는, 비단 법률행위가 그 내용에 따르는 법률효과를

1) Flume, *Das Rechtsgeschäft*, 3. Aufl.(1979), § 2, 4(S.30): "법률행위의 이론은 사비니에 의하여 그의『現代로마法體系』제 3 권에서 古典的인 面貌를 갖추게 되었다." 또한 Horst Hammen, *Die Bedeutung Friedrich Carl v. Savignys für die allgemeinen dogmatischen Grundlagen des Deutschen Bürgerlichen Gesetzbuches* (1983), S.82ff.도 참조.

2) Windscheid, *Lehrbuch des Pandektenrechts*, Bd.1, 3. Aufl.(1873), § 69(S.186). 또한 Motive I, S.126 = Mugdan I, S.421에서의「법률행위」의 定義 참조: "어떠한 법적 효과의 발생을 내용으로 하는 사적 의사표시로서, 법질서에 의하여 그것이 의욕되었기 때문에 그 효과가 발생하는 것(eine Privatwillenserklärung, gerichtet auf die Hervorbringung eines rechtlichen Erfolges, der nach der Rechtsordnung deswegen eintritt, weil er gewollt ist)"

가지는 근거는 무엇이며 가령 의사흠결을 어떻게 체계적으로 이해할 것인가 하는 理論的인 문제와 관련될 뿐만 아니라, 특히 이를 어떠한 유형으로 구분하고 그 각각에 대하여 어떠한 실정적 규율을 마련할 것인가 하는 實踐的인 내용을 가지는 것이었다. 그런데 위 두 견해는 기본적 출발점에서부터 쉽사리 화해될 수 없는 심중한 차이를 안고 있어서, 종국에 이르기까지 그 대립은 해결을 보지 못하였다.

그러나 包括的 立法(Kodifikation)을 행함에 있어서는, 그것이 법의 규정을 필요로 하는 한, 어떠한 형태로든지 이에 대한 결론을 내야만 했다. 그리하여 그 과정에서는 대부분의 학자들이 적어도 반대하지 않을 것을 일종의 「妥協」으로서 발견하지 않으면 안 되었던 것이다. 결국 독일민법의 제정과정에서 행하여진 법률행위 규정에 대한 논의는 이를 둘러싼 입장 선택으로부터 출발하였다.

이하에서는 우선 이 문제에 대한 입장 선택과 그에 따른 의사흠결에 관한 규정체계의 구조를 살펴보고(Ⅱ.), 이어서 개별 규정의 심의과정에서의 논의를 독일민법전상의 규정순서에 따라 心裡留保, 假裝行爲, 諧謔表示, 錯誤의 순으로 살피기로 한다(Ⅲ. 내지 Ⅵ.).[3]

3. 本稿는 독일민법전의 제정과정에 관한 자료로서 주로 『審議錄(Beratung)』, 『理由書(Motive)』 및 『議事錄(Protokolle)』의 셋을 주로 사용하였다.[4] 이 중 『이유서』와 『의사록』은 독일민법 제정 당시 출판

3) 그 외에 不合意(Dissens)(독일민법 제154조, 제155조)도 문제될지 모르고 또 註 79에서 보는 대로 실제 立法過程에서도 의사흠결에 관한 규정과 함께 논의되었던 단계가 없지 않았다. 그러나 이는 성질상으로도 일단 성립한 법률행위의 유효 여부가 문제되는 意思欠缺의 경우와는 달리 법률행위의 성립 자체가 문제되는 것이고, 또 독일민법전의 규정체계상으로도 의사흠결에 대한 규정과는 거리를 두고 있어, 本稿에서는 제외하기로 한다.

4) 뒤의 두 자료는 이하 각각 「Motive」, 「Protokolle」라고만 하여 인용한다. 이들 자료로부터의 引用에 대하여는, 便宜를 위하여 Benno Mugdan(Hrsg.), *Die Gesamten Materialien zum Bürgerlichen Gesetzbuch für das Deutsche Reich*(1899)의 該當面數를 倂記하기로 한다.

된 公的 編纂의 간행물로서 우리 나라에서도 잘 알려져 있으므로, 별도의 설명이 필요하지 않을 것이다. 그러나 『심의록』은 그렇게 귀에 익지 않다고 생각되어서, 최소한의 설명을 가하기로 한다.

이는 야콥스와 슈베르트의 두 교수의 편집으로 叢書 형식으로 출판되었는데,[5] 그 제목에서도 알 수 있는 것처럼 독일민법의 제정과정에서의 각종 자료를 특히 공간되지 아니한 것을 중심으로 체계적으로 종합한 것이다. 이 총서는, 역시 슈베르트 교수가 편집한 『제1위원회에 대한 起草委員들의 提出案』과[6] 함께, 그 동안 "개략적으로만 알려져 있던" 독일민법의 제정과정을 상세하고 보다 생생하게 추적할 수 있는 귀중한 제1차 자료로서, 앞으로의 연구에 不可缺의 礎石이 될 것으로 평가되고 있다.[7] 한편 구체적인 자료집의 출간에 앞서서 슈베르트 교수는 그 총서의 하나로 『獨逸民法의 成立史에 대한 資料』라는 저서를 출판하여,[8] 독일민법의 제정과정(S.27-68) 및 그에 참여한 인물들의 전기(S.69-124)와 함께, 1869년부터 1896년까지 사이의 성립사에 관련된 자료를 비교적 알려지지 아니한 것을 중심으로 일일이 설명하고 있다(S.125-414).

---

5) Hirst Heinrich Jakobs u. Werner Schubert(Hrsg.), *Die Beratung des Bürgerlichen Gesetzbuchs in systematischer Zusammenstellung unveröffentlicher Quellen* (1978-1985). 민법 외에 不動產登記法(Grundbuchordnung)과 強制執行法(Gesetz über die Zwangsversteigerung und die Zwangsverwaltung)에 대한 자료를 포함하고 있다.

6) Werner Schubert(Hrsg.), *Die Vorlagen der Redaktoren für die erste Kommission zur Ausarbeitung des Entwurfs eines Bürgerlichen Gesetzbuches. Unveränderter photomechanischer Nachdruck der als Manuskript vervielfältigten Ausgabe aus den Jahren 1876-1883*(1980-1984). 그 詳細는 다음과 같다. A. Gebhard(이하 각 部分草案의 起草委員), Allgemeiner Teil, Teile 1 u. 2(1981); F. Ph. von Kübel, Recht der Schuldverhältnisse, Teile 1-3(1980); R. Johow, Sachenrecht, Teile 1-3 (1982); G. Planck, Familienrecht, Teile 1-3(1983); G. von Schmitt, Erbrecht, Teile 1 u. 2(1984).

7) 우선 Karl Kroeschell, in: Besprechung, *JZ* 1985, S.569f. 참조.

8) Werner Schubert, *Materialien zur Entstehungsgeschichte des BGB. Einführung, Biographien, Materialien*(1978).

本稿에서 이용한 것은 그 叢書 중에서 民法總則에 대한 것으로서,[9] 주로 초안(제 1 초안)을 작성하기 위하여 행하여진 소위 「제 1 위원회」의 회의의 내용을 기록한 것이[10] 주요한 부분을 이룬다. 거기에는 各編의 起草委員(총칙의 경우는 알베르트 게프하르트)이 제안한 部分草案(Teilentwurf)과 기타의 위원들이 제출한 제안이 適所에 기재되어 있다.

Ⅱ. 基本原則——「愼重한 意思主義」

1. 제 1 위원회에서 의사흠결에 관한 규정을 심의함에 있어서 최초로 논의된 것은 「意思主義(Willensdogma)」에 대한 것이었다. 이 내용에 대하여 『審議錄』은 다음과 같이 전한다.

> "의사주의나 이에 대립하는 주의[즉 표시주의]나 모두 매우 광범위하게 변경되지 아니하고서는 관철될 수 없으며, 따라서 개별적으로 문제되는 경우들을 각각 별개로 다룰 것이 요구된다는 점에 의문이 없다. 나아가 모든 提案들이 의사주의를 출발점으로 하고 있기는 하지만, 개별적인 경우를 논의하기 전에 기본원칙으로서의 의사주의를 출발점으로 삼기로 한다거나 그것을 법전에 기본원칙으로 선언한다거나 할 필요는 없다는 점에 대하여도 전원은 같은 의견이었다. 그러나 이는 개별적으로 처리되지 아니한 경우에 대한 판단의 근거(Entscheidungsquelle)가 없지 않도록 하기 위하여 나중에 [법전 안에] 의사주의를 천명하는 일정한 표현을 두는 것을 배제하는 것은 아니다."[11] (꺾음괄호 안은 引用者가 부가한 것이다. 이하 같다)

9) Werner Schubert(Bearb.), Allgemeiner Teil, 1. Teilband: §§1-240(1985). 이하 「Beratung AT I」이라고 하면 이를 가리킨다.

10) Protokolle der [ersten] Kommission. 그 상세에 대하여는 Beratung AT I, S. XIII 참조.

11) Beratung AT I, S.588(1881년 11월 21일의 제23차 회의).

이와 같이 「도입부에서의 논의」에서부터 명확하게 되는 대로, 독일민법은 당초부터 (i) 기본적으로 의사주의를 출발점으로 삼으면서도, (ii) 그것의 실제적 귀결을 어느 경우에나 관철하는 것이 아니라, 수정, 그것도 「매우 광범위한 수정」을 받아야 하며, (iii) 따라서 개별적으로 문제가 되는 경우를 서로 분리하여 각각 고찰하기로 하는 기본입장을 채택하였으며, 이는 입법작업이 결실을 맺기까지 유지되었다.[12]

여기서 우선 「의사주의」란 무엇을 의미하는가? 『理由書』에 의하면, "어떠한 표시가 법적 효과를 발생시킴에 있어서 결정적 사정은 그 표시에 의하여 외부에 표명된 바의 그러한 효과의 의욕(Wollen dieser Wirkungen)이라는 기본관념"이 바로 의사주의이다.[13] 또 다음과 같이 말하여지기도 한다. "법률행위의 본질은, 법적 효과의 발생을 내용으로 하는 의사가 발동하고 법질서가 이 의사를 승인하여 **의욕된 바**의 법적 모습을 법의 세계 안에 실현하는 데에 있다"(고딕체에 의한 강조는 다른 언급이 없는 한 引用者에 의한 것이다)는 이해가 그것이다.[14]

의사주의는 어떠한 이념에 의하여 뒷받침되는가? 그것은 한 마디로 하면 私的 自治, 즉 「자신의 법률관계를 자유롭게 형성할 가능성(die Möglichkeit, … seine rechtlichen Verhältnisse frei zu gestalten)」의 보장이다. 즉 법률행위는 사적 자치 원칙을 법적으로 표현하고 실현하는 법장치인 것이다. 이에 대하여 『理由書』는 다음과 같이 설명한다.

"法秩序는 개개인에게 보다 고차원의 관점에 의하여 정하여진 일

---

12) 가령 Protokolle I, S. 94 = Mugdan I, S. 710에서 보는 대로, 제 2 위원회에서도 "[의사흠결에 관한 규정의 심의에 들어감에 있어서] 보고자 및 일반보고자의 서론적 입장표명이 있은 후, 위원들은 意思主義도 그에 대립되는 信賴主義(表示主義)도 현저한 변경 없이는 관철될 수 없으며, 따라서 어느 하나의 主義에 적극적인 입장을 표명하지 아니하고 개별적으로 문제되는 경우들을 따로따로 파악하여야 한다는 데 의견을 같이하였다"고 한다.

13) Motive I, S. 189 = Mugdan I, S. 457. 또 그에 앞서서 Motive I, S. 126 = Mugdan I, S. 421도 참조.

14) Motive I, S. 126 = Mugdan I, S. 421.

정한 경계 안에서 자신의 법률관계를 자유롭게 형성할 可能性을 부여한다. 어떠한 법률효과의 발생을 지향하는 意思에 대하여는 그 의사를 승인하여 효과가 주어진다. 의도된 바의 법적 형성은 그것이 의욕되었다는 이유(weil sie gewollt ist)에 의하여 발생하는 것이다. 이는 필연적으로 다음과 같은 귀결을 낳는 것으로 보인다. 즉 의사와 표시의 불일치(Zwiespalt zwischen Wille und Erklärung)가 있는 경우에 법률은 表示에 나타나 있는 외견상의 意思에 좇지 아니하며 오히려 표의자의 의사가 실제로 그 법률효과의 실현을 지향하는 때에만 법률효과가 발생되도록 하여야 한다는 것이다."[15]

이와 같이 하여 의사표시에 대한 규정을 마련함에 있어서의 기준점 또는 체계구성의 바탕으로 "표시된 의사의 실제의 의사와의 불일치(Nichtübereinstimmung des wirklichen Willens mit dem erklärten Willens)", 즉 意思欠缺이라는[16] 기본개념이 자리잡게 된다. 사실 다른 나라의 예를 보면 바로 알 수 있듯이, 계약의 체결과정에서 발생한 「흠」(넓은 의미의)이 계약의 효력에 어떠한 영향을 미치는가에 대하여 법률에 규정을 두거나 이를 체계적으로 파악함에 있어서 意思欠缺의 개념을 출발점으로 하는 태도는 결코 일반적이라고 할 수 없다.[17]

---

15) Motive I, S. 190 = Mugdan I, S. 457.

16) 意思欠缺을 「의사와 표시의 불일치」로 定式化하는 것은 보통법학에서 일반적으로 인정되는 것인데, 입법과정에서도 그 가장 초기부터 이미 나타난다. 가령 Beratung AT I, S. 588 참조.

17) 가령 스위스의 경우를 보더라도, 스위스채무법은 제 1 편 제 1 장에서 「채무의 성립」이라는 제목 아래 채무의 발생원인에 대하여 정하고 있는데, 그 중 「계약에 의한 성립」을 정하는 제 1 절에서는 「계약체결의 흠(Mängel des Vertragsabschlusses)」이라는 欄外表題 아래 착오·사기·강박에 대하여 정하고 있을 뿐이고(제23조 내지 제31조), 허위표시나 비진의의사표시는 여기에서 다루어지지 않고 있다. 後者의 「의사흠결」의 전형적 유형들에 대하여는 계약의 해석에 관하여 정하는 제18조에서 "① 방식 및 내용에 따라 계약을 판단함에 있어서는 합치된 실제의 의사를 기준으로 하여야 하며, 당사자가 착오로 또는 계약의 진정한 성상을 은폐할 의도로 사용한 잘못된 표시나 표현방법을 기준으로 하여서는 아니된다. ② 채무자는 서면의 채무승인을 신뢰하여 채권을 취득한 제 3 자에 대하여 가장행위(Simulation)의 항변으로 대항할 수 없다"고 정하는 것 등으로부터,

한편 이와 같이 법률행위제도의 이념적 기초로부터 「필연성」을 가지고 요청되는 것처럼 보이는, 의사흠결의 구체적 처리에 관한 그 귀결은, 그러나 「중요성이 결코 적지 않은」 다른 考量에 의하여 수정되어야 한다. 이러한 고량이란 바로 「經濟的 活動의 安全과 自由(Sicherheit und Freiheit wirtschaftlicher Bewegung)」, 즉 「去來利益(Verkehrsinteresse)」이다. 『理由書』는 위에서 인용된 설명에 이어서 다음과 같이 말한다.

> "다른 한편 意思表示는 거래를 성립시키는 매개자인데, 그러한 의사표시가 그 안에 법적 존립에 대한 아무런 보장을 포함하지 않는다고 하면 이는 거래를 저해하게 된다는 점도 고려되어야 할 것이다. 표의자의 상대방이 표의자의 말을 신뢰할 수 없다면, 그리하여 그 외부적 모습으로는 의심의 여지 없이 명백한 어떠한 표시가 밖에서는 인식될 수 없는 그 표의자의 내부적인 의사와 다른 것임이 나중에 증명됨으로써 무효가 될 수 있음을 상대방이 걱정하여야만 한다면, 經濟的 活動의 安全과 自由가 해쳐지는 것이다. … 去來利益으로부터 우러나오는 이러한 考量의 중요성은 결코 적지 않다."[18]

이와 같이 어떻게 보면 독일민법의 입법자의 선택은, 독일의 知性史 자체가 수많은 예를 보여 주고 있는 것처럼, 理念과 現實의 要請의 가운데에 자신을 위치시키고 그 사이에서 위험한 曲藝를 감행하기로 하는 태도를 처음부터 또 의식적으로 취하고 있다고 할 수 있다. 이러한 경우에 항상 문제되는 것은, 「이념」이 현실로부터 우러나와 이를 설명하고 뒷받침하거나 아니면 이를 개변하려는 것이 아니라, 즉 現實

학설과 판례가 이를 인정하고 있는 것이다. 사실 스위스법은 주지하는 대로 적어도 法典上은 법률행위 또는 의사표시의 개념을 채택하지 아니하므로, 의사표시의 두 요소인 의사와 표시 사이의 불일치, 즉 의사흠결이라는 思考形象도 역시 이를 법전에서 규정하기는 어려울 것이고, 이를 明定하는 것은 오히려 首尾一貫하지 아니한 태도라고 생각된다.

18) Motive I, S. 190 = Mugdan I, S. 457.

關聯 위에서 파악된 것이 아니라, 선험적으로 주어진 客觀的 即自體라는 점이다.

그러나 立法은 대립되는 원리 또는 지도이념을 제시하는 것만으로는 종결되지 않으며, 구체적 선택에 있어서 적용될 수 있는 價値의 系列化 내지 階層化가 필요하다. 그리하여 『理由書』는 다시 이어서 말한다.

> "그러나 그렇다고 해서 그러한 考量에 기하여 원칙적으로 정당한 바의 意思主義를 포기하여야만 하는 것은 아니며, 그러한 고량은 의사주의를 실행함에 있어서 신중하게 처신하여 문제가 있는 귀결에는 그 인정을 거부한다는 결과를 낳을 수 있을 뿐이다. 외관상 흠결이 없는 표시는 그것이 진정한 의사의 표현임을 선의로 믿은 자를 위하여 진정한 의사에 기한 것으로 다루어져야 한다는 명제를 세우는 것은 지나친 일이다. 근자의 立法이 거래의 요구를 고려하여 가능한 한 선의를 보호하려는 경향이 있음은 사실이고, 또한 草案도 상당한 범위에서 그러한 태도를 취하고 있다. 그러나 그러한 보호는 예외적으로 또한 특별한 사정 아래서만(ausnahmsweise und unter besonderen Umständen) 정당화된다. … 표의자의 사정에 대하여 고려하지 아니하는 信賴主義(Vertrauensmaxime)는 이를 무차별적으로 적용하면 그것이 예방하고자 하는 불공평보다도 현저히 중대한 불공평을 가져온다."[19]

그러나 『理由書』 스스로가 말하는 대로, 이러한 「예외」는 매우 다양한 모습을 가지며, 대상의 다양성으로 말미암아 그 예외도 「단일한 형상」을 가질 수 없다("keine einheitliche Gestaltung").[20] 결국 개별규정으로 들어가 보지 않으면 안 되는 것이다.

결국 독일민법에서 의사흠결에 관한 규정을 구체적으로 마련함에

---

19) Motive I, S. 190f. = Mugdan I, S. 457.
20) Motive I, S. 191 = Mugdan I, S. 457.

있어서는 이와 같이 「신중한 意思主義」 또는 「신뢰주의(또는 표시주의)에 의하여 수정된 의사주의」를 취하는 것으로 미리 措定되었다.

2. 한편 의사흠결의 여러 유형들은 어떻게 분류되어야 할 것인가? 이 문제는 개별적인 규정을 두어야 하는 대상이 이에 의하여 정하여진다는 의미에서도 극히 중요한 사항이다.

의사표시에 관한 규정에 대하여 審議를 개시함에 있어서, 앞서 본 의사주의의 採否에 관한 논의에 이어서, 이를 「표의자가 의사흠결을 알고 있는 경우」(I)와 「표의자가 이를 알지 못하고 있는 경우, 즉 착오에 빠져 있는 경우」(II)로 나누어 심의를 진행할 것에 의견이 일치하였다. 이러한 분류는 "심의를 쉽고 간략하게 하기 위하여" 채택되었다고 『審議錄』은 전하고 있으나, 실제로 이는 普通法學에서의 일반적 분류에 좇았을 뿐이다.[21] 나아가 전자의 경우는 다시 표의자가 의사흠결을 隱秘할(verhehlen) 의도, 즉 欺罔할(täuschen) 의도가 있는 경우(I-1)와 그러한 의도가 없는 경우(I-2)로 나누어 심의하기로 결정하였다.

이와 같이 의사흠결에 관하여 규정의 대체적인 骨組가 확정되었고, 그 후 제 1 초안은 의사흠결에 관한 규정을 다음과 같은 구조로 마련하였다.

A. 의사흠결

I. 표의자가 의사흠결을 인식하고 있는 경우(제95조 내지 제97조)

1. (i) 의사흠결을 은닉할 의도가 있는 경우(心裡留保. 제95조)

(ii) 특히 표시의 상대방 이외의 자에 한정하여 의사흠결

---

21) 가령 Windscheid, *Lehrbuch des Pandektenrechts*, Bd. 1, 9. Aufl.(1906), §§ 75ff. (S. 376ff.) 참조.

의 은닉 및 기망의 의도가 있는 경우(虛僞表示. 제96조)

2. 의사흠결의 은닉 및 기망의 의도가 없는 경우(諧謔表示. 제97조)

Ⅱ. 표의자가 의사흠결을 인식하지 않고 있는 경우(錯誤. 제98조 내지 제101조)

B. 동기(의사의 하자)

Ⅰ. 動機 不考慮의 원칙(제102조)

Ⅱ. 예외로서의 사기·강박(제103조, 제104조)

Ⅲ. 心裡留保

1. 제 1 초안 제95조는 다음과 같이 정한다.

"실제의 의사와 표시된 의사가 일치하지 아니하는 의사표시를 한 자가 그 일치의 흠결(Mangel der Übereinstimmung)을 알고 있는 경우에 표의자가 그 흠결을 은비한 때에는 그 의사표시는 유효하다. 그러나 그 상대방이 그 흠결을 알고 있으면 그 의사표시는 무효이다."

이는, 앞의 Ⅱ.2.에서 본 분류에 좇아, 「진의에 부합하지 않는 표시」를 알면서 또 眞意를 秘匿하여서(wissentlich und unter Verschweigung des wirklichen Willens) 한 경우를 규정하고 있다. 이 규정은 세 가지 징표로 구성되어 있는데, ① 의사흠결, ② 이에 대한 표의자의 인식, 그리고 ③ 은비의 의도가 그것이다. 이 규정이 적용되는 「주요한 경우」는 心裡留保(Mentalreservation)이다. 그러나 그 외에도 나아가 소위 「惡意的 諧謔(böser Scherz)」, 즉 해학표시 중에서[22] 표의자가

22) 諧謔表示 일반에 대하여는 뒤의 V.에서 보기로 한다.

해학임을 은비할 것을 의도하는 경우도 이에 포함된다고 이해하였다.[23]

이 의사표시에는 의사의 흠결이 있음에도 불구하고 이는 원칙적으로 고려되지 않으며, 따라서 유효하다. 그 이유를 『理由書』는 "숨겨진 유보를 고려하는 것은 일반적 법의식에도 거래의 원활[의 요구]에도 맞지 않기 때문"이라고 설명한다.[24] 이는 계약뿐만 아니라 다른 법률행위에도 적용된다. 그러나 유언의 경우에는 예외이다(제 1 초안 제1779조 참조). 그리고 명시적 의사표시뿐만 아니라 묵시적 의사표시에 대하여도 적용이 있다.[25]

그러나 그 의사표시가 상대방 있는 것이고 또한 상대방이 의사흠결을 안 때에는 이는 無效라고 하여야 한다.[26] 왜냐하면 "상대방이 기망당하거나 손해를 입을 가능성은 존재하지 아니하"기 때문이다.[27] 나아가 ──우리 민법 제107조 제 1 항에서와 같이── 상대방이 의사흠결을 알았어야 했을 때에도 無效라고 하여야 하지 않을까 하는 점도 역시 검토되었다. 그러나 이는 부정되었다.[28] 이는 "여기서 문제되고 있는 것은, 표의자가 정당한 의사표시로 받아들여질 것을 의도하고

---

23) Beratung AT I, S. 588. Motive I, S. 191 = Mugdan I, S. 458이 심리유보를 이 규정이 적용되는 「주요한 경우(Hauptfall)」라고 하여 그 외의 경우도 이에 해당하는 것이 있음을 含意하는 것도 이러한 이유에서일 것이다. 그러나 이 악의적 해학표시는 "心裡留保의 下種으로 다루어지는 일도 적지 않다"고 이해되고 있었다. 가령 Motive I, S. 191 = Mugdan I, S. 458 참조. 제 2 초안 이후에 정면으로 「심리유보」가 정면으로 규정되기에 이른 것은 아마도 이러한 이해에 바탕을 두었을 것이다.

24) Motive I, S. 191 = Mugdan I, S. 458.

25) 다만 개념적으로 묵시적 의사표시에서 어느 정도로 심리유보가 가능한가의 문제는 다루지 않고 두기로 하였다. Motive I, S. 191f. = Mugdan I, S. 458; Beratung AT I, S. 589 참조.

26) 그러나 婚姻의 경우에는 일방의 이러한 의사흠결을 상대방이 알고 있었다고 하여도 無效가 아니라고 한다(제 1 초안 제1250조의 反對解釋).

27) Motive I, S. 192 = Mugdan I, S. 458.

28) 한편 Beratung AT I, S. 589에 의하면, 적어도 악의적 해학표시에 있어서는 상대방이 의사흠결을 알았어야 했을 경우에도 의사표시를 무효로 하자는 提案이 있었으나, 이는 거부되었다고 한다.

있는 바의 의사표시이며, 그러한 의도에 대한 상대방의 調査義務(Prüfungspflicht)는 성립하지 않는다"는 것에 의하여 설명되고 있다.[29]

한편 위와 같은 규정은 당시 시행되던 법률들 중에서 별로 그 예를 찾아볼 수 없음이 지적되고 있다. 단지 의사표시 일반 또는 계약체결에서 「진지성(Ernstlichkeit)」을 요구하는 프로이센일반란트법(이하 「ALR」이라고 한다), 나아가 작센민법이나 오스트리아민법에서는 아마도 비진지성을 알 수 있었을 경우에는 의사표시의 유효를 거부하였을 것이고, 또 드레스덴초안 제56조가 계약체결에서 상대방이 제반 사정으로 보아 의사표시가 진지하지 아니함을 알았어야 했을 경우에는 비진지성의 주장을 허용하고 있을 뿐이라는 것이다.[30]

2. 제 2 위원회에서는 제 1 초안 제95조에 대하여 "내용적으로(sachlich)" 별다른 이의가 없었다. 다만 여기서는 心裡留保가 의사표시의 효력에 영향을 미치지 않는 근거에 대하여 다음과 같은 설명이 행하여지고 있다. 즉 "누구도 자기 자신의 악의(Arglist)를 주장하여 의사표시의 효력을 부정할 수는 없다"는 것이다.[31]

그런데 제95조에 대하여는 이를 허위표시에 관한 제96조와 합하여 하나로 정하자는 수정제안이 행하여졌는데(이에 대하여는 뒤의 Ⅳ. 2. 참조), 제 2 위원회는 이 제안에 대응하려는 의도도 포함하여 위와 같은 내용의 條文化를 어떻게 할 것인가를 「편집위원회(Redaktionskommission)」에 위임하였다. 그리하여 제 2 초안의 제91조로 成案된 것은 다음과 같은 것이었다.

"표의자가 표시된 것을 의욕하지 않음을 비밀로 유보하였던 경우에도 의사표시는 유효하다. 그러나 그 의사표시가 타인에 대하여 행

29) Motive I, S. 192 = Mugdan I, S. 458.
30) AaO.
31) Protokolle I, S. 94 = Mugdan I, S. 710.

하여졌고 또 그 타인이 그 유보를 알았던 경우에는 그 의사표시는 무효이다."

그 후 이 규정은 사소한 수정(時制를 현재형으로 바꾸고, 本文에서 "… 경우에도 … 유효하다"를 "…라는 이유로 무효가 되지 아니한다"로 바꾸는 등)을 거쳤을 뿐 그대로 독일민법 제116조가 되었다.

Ⅳ. 假裝行爲

1. 제1초안의 제96조는 다음과 같이 정한다.

"① 假裝으로(zum Scheine) 행하여진 법률행위는 무효이다.

② 가장행위를 함에 있어서 당사자들이 다른 법률행위를 의도한 경우에는 이 다른 행위의 유효성은 그에 대하여 적용되는 규정에 의하여 정하여진다."

가장행위(Simulation)란 우선은, 앞서 본 심리유보의 요건 중에서 ③「은비의 의도」에 관하여 다음과 같은 특이성이 있는 경우, 즉 그 의도가 의사표시의 상대방(수령자)에 대하여는 존재하지 않으며 오히려 표의자가 상대방에게 그 의도를 알리고 또 상대방도 이에 동의한 점에서 특이한 경우를 말한다.[32)]

가장행위가 무효인 것은, 입법례가 그러할 뿐만 아니라(ALR, 작센민법 및 드레스덴초안이 인용되고 있다), "실제의 의사만이 법을 창출하는 힘을 가지고 있다는 原則"으로부터[33)] 이미 自明하다. 왜냐하면 "가

32) Beratung AT I, S.589.

33) 이「原則」은 제1초안이 명문으로 규정은 하지 않으나 입법의 출발점으로 채택한 意思主義에 의하여 설명된다. 가령 Motive I, S.126 = Mugdan I, S.421은, 의사주의를 출발점으로 한다는 입장을 명문의 규정으로는 표현하지 아니하더라도 "개별 규정들이 ──통설에도 부합하는── 여기서 채택한 입장을 충분히 인

장행위에서는 의욕되었다고 표시된 것이 명백하게 그리고 의사표시의 상대방과의 합의 아래서 의욕되지 아니하였"기 때문이다.[34] 이와 같이 자명한 바에 대하여 굳이 규정을 두는 이유는, 단지 앞서 본 원칙이 초안에 규정되어 있지 않으며 또한 가장행위는 실제적으로 적지 않은 중요성을 가지고 있기 때문이다.[35]

오히려 문제는 가장행위(의 무효)의 제 3 자에 대한 효력에 대하여 규정을 둘 것인가 하는 점이었다. 그러나 이는 부정되었다. 선의의 제 3 자를 보호할 필요가 없기 때문이 아니라, 그러한 필요는 일단 선의보호에 관한 일반규정들(allgemeine Grundsätze über den Schutz des guten Glaubens)에[36] 의하여 충족되고 또한 가장행위에 있어서도 그 규정들이 정하는 것 이상으로 선의의 제 3 자를 보호할 것은 없으므로,[37] 별도의 규정을 둘 이유가 없다는 것이다.[38] 그러므로 가장행위의 무효는 당사자 사이에서뿐만 아니라, 제 3 자에 대하여도 또 제 3 자에 의하여도 주장될 수 있는 것으로 이해되었다.

식할 수 있게 한다"고 하는데, 아마도 假裝行爲에 관한 이 규정이 이러한 立場에 들어맞는 것으로 의식되고 있었을 것으로 추측된다.

34) Motive I, S. 192f. = Mugdan I, S. 459.

35) AaO. 또한 제 1 위원회에서는, 후에 法典에 의사주의를 원칙으로 한다는 규정을 두게 되는 경우에도 "가장행위의 실제적 중요성과 종전의 입법에 비추어 가장행위에 있어서 실제의 의사의 결정적 의미를 강조하는 것이 요청된다"는 것이 決議되었다(Beratung AT I, S. 589f.).

36) 즉 登記簿의 公信力에 관한 규정, 動產의 善意取得에 관한 규정, 債權의 假裝讓渡에서의 債務者의 보호에 관한 규정, 代理權의 假裝授與에 적용될 수 있는 규정 등.

37) 가령 假裝으로 성립한 債權의 讓受人은 선의라도 보호할 여지가 없음을 든다. 독일민법에서는, 동산이나 부동산에서와는 달리, 부존재하는 채권에 대하여는 선의의 양수인이라도 보호되지 아니한다. 그 이유는 가령 "채권에 있어서서는, 동산에서의 점유나 부동산에서의 등기와는 달리, 權利의 外的 標識(ein äußeres Kennzeichen der Berechtigung)가 결여되어 있"으며, 또 그렇게 하지 아니하면 채권양도의 당사자도 아닌 사람이 그 자신의 관여가 없었음에도 채무자가 되는 결과를 인정하게 되어서 부당하기 때문이라고 설명된다. 가령 Larenz, *Lehrbuch des Schuldrechts*, Bd. 1, 14. Aufl.(1987), § 34 Ⅰ(S. 576) 참조.

38) Motive I, S. 193 = Mugdan I, S. 459.

한편 가장행위에 있어서 진지하게 의욕된 다른 행위가 행하여진 경우, 즉 隱匿行爲의 경우에 대하여도 논의되었다. 이는 불법한 목적으로 행하여질 수도 있고, 나아가 법률에 위반될 수도 있다. 그러나 항상 그러한 것은 아니며, 은닉 그 자체가 법률행위의 효력 발생을 막는 것은 아니라고 생각되었다. 그리하여 위의 제2항과 같은 규정이 마련되었다.[39]

2. 제2위원회의 심의과정에서 다양한 提案이 행하여졌다. 그러나 주로 표현 또는 문장화에 관련한 제안의 처리를「편집위원회」에 위임하는 외에, 내용적으로는 제1초안의 태도가 그대로 유지되었다.

우선 심리유보와 가장행위를 통합하여 하나의 규정을 둠으로써 족하다는 의견은 채택되지 아니하였다. 이는 주로 兩者가 "전혀 다른 구조"를 가진다는 데 근거를 둔다. 즉 필연적으로 수령을 요하는 의사표시를 전제로 하는 가장행위에서 기망의 의도는 단지 외부를 향하여 제3자에 대하여만 존재하고 가장에 대한 상대방의 인식은 본질적 요건으로서, 그것을 무효로 하는 것은 원칙으로서의 의사주의의 발현으로 인정되는 것임에 반하여, 심리유보는 수령을 요하지 아니하는 의사표시에서도 인정되며 또 이는 원칙적으로 유효이나 단지 상대방이 이를「우연히」알게 된 경우에 한하여 예외적으로 무효가 된다는 것이다. 나아가 별도의 규정을 두는 것이 법률을 이해하기 쉽게 하는 데도 보탬이 되며, 또 은닉행위에 관한 규정을 두려면 그 전제로 가장행위에 대한 규정을 두지 않을 수 없다고 한다.[40]

나아가 선의의 제3자에 대하여 가장행위의 무효를 주장할 수 없음을 명문으로 정하자는 意見이 적지 않았다.[41] 이는 결국, 선의보호

39) Motive I, S. 193 = Mugdan I, S. 459. 한편 Beratung AT I, S. 590도 참조.

40) Protokolle I, S. 96f. = Mugdan I, S. 711.

41) 가령 "의사표시의 진지성을 신뢰한 제3자에 대하여는 그 무효를 대항할 수

에 관한 다른 일반규정들로써는 가장행위에서의 선의의 제3자를 충분히 보호할 수 없으므로 일반적으로 이를 정하자는 것이다. 그러나 결국 이는 채택되지 아니하였다. 이를 거부하는 다음과 같은 이유는 여러 모로 우리의 흥미를 끈다.

> "그와 같이 일반적인 거래상 보호의 필요는 인정될 수 없다. 가장행위에서 **모든**[原文에서는 隔字體] 제3자를 위하여 그와 같은 광범위한 배려를 할 內的 理由가 없다. 즉 당사자들의 기망의 의도가 특정한 사람에 대하여서만 존재하는 일이 빈번하다. 그런데도 모든 사람을 위하여 그 자체 효력 없는 행위를 유효하게 취급할 권리는 도출되지 않는 것이다. [또한] 선의보호를 하나의 일반적 법원칙으로 고양시키는 것은 바람직하지 않다. 특히 그것은 **가급적 회피되어야 할 상대적 법률관계**(relative Rechtsverhältnisse)[의 인정]에 유리하게 작용할 것이다. 비록 보통법학에서 [수정안의] 제안자들과 같이 선의보호의 확대를 주장하는 견해가 개별적으로 주장되기는 하였어도, 학문이 그 방향으로 발전할 것이라거나 그러한 법명제의 수립이 오늘날의 법의식에 좇는 것이라고는 인정될 수 없다."[42]

그리하여 제2초안의 제92조는 다음과 같은 내용으로 마련되었다.

> "① 타인에 대하여 행하여진 의사표시가 그 타인과의 了解(Einverständnis) 아래 단지 假裝으로 행하여진 때에는 그 의사표시는 무효이다.
>
> ② 가장행위에 의하여 다른 법률행위가 은닉된 경우에는 그 유효여부는 은닉된 행위에 적용되는 규정에 의하여 정하여진다."

없다(Einem Dritten … kann die Nichtigkeit nicht entgegengesetzt werden)"고 하거나 "가장으로 행하여진 의사표시의 무효는 제3자에 대하여는 그가 의사표시가 가장으로 행하여졌음을 안 때에만 이를 대항할 수 있다"거나 하는 修正提案이 그것이다. Protokolle I, S.96 = Mugdan I, S.710f.(Antrag 4 Satz 2 및 Antrag 7) 참조.

42) Protokolle I, S.97 = Mugdan I, S.711f.

이 규정 역시 그 후 문장구조상의 사소한 수정을 제외하고는 그대로 독일민법 제117조가 되었다.

V. 諧謔表示

1. 제 1 초안의 제97조는 다음과 같이 정한다.

"① 실제의 의사가 표시된 의사와 일치하지 아니함을 아는 표의자가 의사표시에 있어서 기망을 의도하지 아니한 때에는 그 의사표시는 무효이다.

② 그러나 표의자에게 중대한 과실이 있는 경우에는 그 의사표시는 유효하다.

③ 표의자가 중대하지 아니한 과실이 있는 경우에는, 그는 수령자에 대하여 손해배상의 책임을 지나, 그 액은 그 의사표시가 유효한 경우에 그로부터 발생하는 의무의 불이행을 이유로 배상하여야 했을 액을 넘지 못한다.

④ 제 2 항 및 제 3 항은 의사표시의 수령자가 실제의 의사가 표시된 의사와 일치하지 아니함을 알았거나 알았어야 했을 경우에는 적용되지 아니한다."

여기서 정하여지고 있는 諧謔表示(Scherzerklärung)는 소위「善意的 諧謔(guter Scherz)」에 해당하는 것만을 가리킨다. 즉 표의자가 그것이 진지하게 의도된 것(다시 말하면 법률행위적 의욕의 표명으로 행하여진 것)이 아님이 이해될 것이라고 믿고 행한 의사표시를 말한다.[43] 그러므로 이 경우에는 비록 표의자가 의사흠결을 스스로 알고 있기는 하여도 기망의 의도가 없는 것이다("bewußte Nichtübereinstimmung,

43) Motive I, S. 193 = Mugdan I, S. 459.

aber keine Täuschungsabsicht"[44]).

이에는 弄談뿐만 아니라, 儀禮上의 表現이나 教育用의 例示, 나아가 어떤 사람이 假裝行爲를 하려고 의도하였으나 상대방이 이를 인식·요해하지 못하였음에도(따라서 가장행위가 성립하지 아니하였는데도) 이를 인식·요해하였다고 잘못 알고 있는 경우를 포함한다.[45]

이러한 해학표시가 무효임(제 1 항)은 意思主義의 원칙으로부터 도출된다고 한다. 그런데 이 규정에 있어서 중요한 것은, 표의자에게 過責이 있는 경우와 없는 경우를 구별하여 다른 법률효과를 귀속시키고 있으며,[46] 나아가 이러한 취급은 그 뒤에 오는 錯誤規定에도 연장된다는 점이다. 즉 前者의 경우에는[47] 의사표시의 무효 이외에 달리 정함이 없다. 그런데 後者는 다시 이를 重過失과 輕過失로 나누어, 중과실에서는 의사표시의 유효를, 경과실에서는 신뢰이익의 배상을[48] 정하는 것이다. 표의자의 중과실의 경우에는 의사표시를 유효로 하는 것(제2항)이 "正義와 實際的 必要에 맞는다." 왜냐하면 "그러한 방식으로 부주의하게 말을 가지고 놀이를 한 사람은 모험을 한 것이며, 모험은 그의 위험부담 아래 행하여진다(das Wagen geschieht auf seine Gefahr)"고 할 것이므로. 또한 여기서 중과실 있는 표의자는 법률효과의 점에서 기망의 의도가 있는 경우, 즉 심리유보의 경우와 同視되어야 한다. 그러나 중대하지 아니한 과실이 있는 경우에는 의사표시를 무효로 하

44) Beratung AT I, S. 590.

45) Motive I, S. 193f. = Mugdan I, S. 459.

46) 제 1 위원회에서는 이 점(제 2 항 내지 제 4 항)에 관하여서 "매우 다양한 견해"가 제시되었다고 보고되고 있다. Beratung AT I, S. 590 참조. 이는 錯誤의 規律에 관련한 「周到한 論議(eine ausführliche Debatte)」(同所, S. 591)를 先取하는 것이라고 하겠다.

47) 연극에서 또는 교육목적으로 행하여진 해학표시에 대하여는 항상 過失이 없다고 한다. Motive I, S. 194 = Mugdan I, S. 459.

48) 제 1 초안의 규정 자체는 「信賴利益」을 명정하지 않으나, 입법자의 의사는 명백히 이를 내용으로 한다. Beratung AT I, S. 590; Motive I, S. 194 = Mugdan I, S. 459 참조.

면서도 다른 한편으로 표의자에게 신뢰이익에 관한 손해의 배상책임을 지우는 것이 타당하다(제 3 항). 그런데 이상과 같이 표의자에게 불리한 제 2 항 및 제 3 항의 법률효과는, 상대방이 의사흠결을 알았거나 알았어야 했을 경우에는 발생하지 않는다(제 4 항). 그 이유는 "표의자 측에 기망의 의도가 없으므로, 상대방이 단지 표시의 진정한 의미를 알지 못하였다는 것만으로는 충분하지 아니하다. 표의자에게 불리한 법률효과는 … 상대방이 선량한 家父의 주의를 하였어도 표시를 진정한 의사표명이라고 볼 수 있었을 때에만 발생하여야 한다"는 것이다.[49]

2. 제 2 위원회에서는 제 1 초안 제97조에 대하여 현저한 변경이 가하여졌다.[50]

(1) 내용적으로 보면, 우선 그 제 1 항에는 찬동하였으나, 제 2 항은 받아들일 수 없다고 결의하였다. 진지하지 아니한 의사표시를 표의자의 중과실의 경우에 유효하다고 하는 것은「하나의 畸形(eine Anomalie)」이라는 것이다. "심적 태도(Gesinnung)라는 관점에서 보면 고의와 중대한 과실 사이에는 역시 커다란 차이가 있기 때문이다. 고의가 있는 사람에게는 그가 한 말에 구속되더라도 지나치다고 할 수 없으나, 기망의 의도가 없는 경우에 그처럼 적극적인 효과를 부여하는 것은 적합하지 않다." 또한 부가적으로, 중대한 과실과 그렇지 아니한 과실의 구분도 쉽지 않다는 것이다.[51] 이리하여 결국 해학표시는 예외 없이 무효인 것으로 정하여졌다.

나아가, 표의자의 손해배상의무는 그에게 過責이 없는 경우에도 긍정되는 것으로 확장되었다. 그렇게 하는 것이, 해학표시를 전면적으

49) 이상 Motive I, S. 94 = Mugdan I, S. 459.

50) 다른 한편으로, 이는 제 2 위원회가 錯誤에 관한 규정에 가한 심중한 변경에 대응하는 것이다.

51) 이상 Protokolle I, S. 99 = Mugdan I, S. 712.

로 무효로 하는 것에 대한 平衡錘로 생각되었기 때문이다. 즉 "진지하지 아니한 의사표시의 무효를 전제로 한다면, 다른 한편으로 법률행위에의 단서를 제공한 사람에 대하여 그에게 과책이 있는지 여부를 불문하고 … 손해배상의무를 지우는 것이 형평에 맞는다."[52] 그러나 상대방이 진지성의 결여를 알았거나 알았어야 했을 경우에는 여기서도 손해배상책임은 인정되지 아니한다.

(2) 형식적으로 보면, 위 규정은 일단 다음과 같이 변경되었다.

"① 진지하게 의도되지 아니한 의사표시는 진지성의 결여가 오해되지 않으리라는 기대 아래 행하여진 때에는 무효이다.

② 표의자는, 의사표시가 타인에 대하여 행하여진 경우에는 그 타인에 대하여, 기타의 경우에는 모든 제 3 자에 대하여, 그가 유효를 믿었음으로 인하여 입은 손해를 배상할 의무가 있으나, 그 액은 그가 의사표시의 유효에 대하여 가지는 이익의 액을 넘지 못한다."

우선 제 1 항은, 이는 앞의 1.에서 든 바 있는 소위「실패한 가장행위」의 경우, 즉 가장행위가 의도되었으나 표의자가 상대방이 假裝意圖를 인식·요해하였다고 잘못 이해한 경우를 오해의 여지 없이 포함시키기 위한 것이다.

나아가 표의자의 손해배상책임에 대한 제 2 항은, (i) 상대방 없는 의사표시도 상대방 있는 의사표시와 달리 취급할 이유가 없으므로 이를 포함시키도록 하고, (ii) 또한 신뢰이익은 반드시 급부의무를 발생시키는 것이 아닌 의사표시에서도 문제될 수 있다는 점이[53] 지적되었기 때문이었다.[54]

52) AaO.

53) 이는, 제 1 초안 제97조 제 3 항이 "… 의무의 불이행을 이유로 배상하였어야 할 액" 운운하여, 표의자의 손해배상책임이 급부의무를 발생시키는 의사표시에 있어서만 인정되는 것으로 오해될 소지가 있다는 점을 가리킨다.

54) AaO.

그러나 뒤에 錯誤에 관한 規定을 심의하면서 채택된 견해에 좇아, 착오자의 손해배상책임도 위와 같은 내용으로 정하여지자, 이들 두 경우의 표의자의 손해배상책임에 관한 규정은 합쳐져서 별도로 한 개의 條를 이루게 되었다(이에 대하여는 뒤의 Ⅵ.4.(2) 참조).

(3) 이와 관련하여『理由書』가 契約締結上의 過失責任 일반에 대하여 하는 다음과 같은 설명은 흥미롭다. 제1초안의 의사흠결에 관한 규정 중에서도 해학표시와 착오의 두 경우에 이 책임은 긍정되고 있었던 것이다.

> "[제1초안 제97조] 제3항 및 다른 규정(제99조 제2항, 제101조[이상 錯誤], 제345조[原始的 不能], 제347조[強行法規違反])에서 인정된 바의, 법률행위를 함에 있어서의 과실(계약체결상의 과실)에 대한 책임은 이미 종전의 법률(ALR 제1부 제4장 제56조, 제79조 및 제5장 제53조, 제284조, 제285조, 작센민법 제844조, 오스트리아민법 제878조, 스위스채무법 제23조 참조)에서도 없었던 것은 아니며 또 근자의 보통법학에서 실체적 정의의 명령으로서 반복해서 요청되었다. 그에 있어서 책임을 발생시키는 加害事實은 법률행위의 불성립이 아니라 신뢰할 수 없는 의사표시의 전달이다. 그리고 그 의사표시가 없었다면 발생하지 아니하였을 불이익만이 배상을 받는다. 이러한 소위 消極的 利益은 많은 경우에 이행이익과 일치하며, 다른 경우에는 그에 미치지 못한다. 그러나 사정에 따라서는 이를 넘을 수도 있다. 이 마지막 경우에 대하여는 제한이 가하여져야 한다. 즉 법률행위가 [유효하게] 성립한 경우에 불이행을 이유로 상대방에게 배상하여야 할 것 이상을 그 불성립의 경우에 의무지거나 청구할 수는 없다([제1초안 제97조] 제3항). 소극적 이익에 대한 책임을 인정하는 것에 대하여는, 입증의 어려움으로 인하여 그러한 청구권은 실제의 거래에서는 별로 도움이 되지 않는다는 반론이 있고, 이에는 어느 정도 타당성이 있다. 초안은 이에 대하여 여러 가지 관련에서 고려를 베풀고 있다. … 그리고 이러한 책임이 인정되는 경우는 모두 그 이상으

로 나아가 **표의자를 의사표시에 구속시킬 수 없는 유형에 한정**되고 있다. 제345조, 제347조의 경우에는 이[표의자를 의사표시에 구속시키는 것]는 애초 불가능하며, 기타의 경우에는 그렇게 하면 형평의 한계를 넘게 될 것이다. 계약체결상의 과실책임을 개념적으로 타인의 권리영역에 대한 침해이어서 불법행위에 돌릴 것인가, 아니면 법률행위적 의무의 위반에 돌릴 것인가는 하나의 構成問題로서, 그 해결은 학설에 맡겨도 될 것이다."[55]

Ⅵ. 錯　　誤

1. 『審議錄』은, 착오, 즉 표의자가 의사흠결을 알지 못하는 경우를 어떻게 규율할 것인가에 대한 심의경과를 전하면서, "개별 제안들의 기초를 이루고 있는 다양한 원칙들을 명확하게 하기 위하여 周到한 論議가 행하여졌다"라는 말로 시작하고 있다.[56] 입법자료를 읽어 보면, 이 규정의 심의가 그 이론적·실제적 중요성에 비추어 매우 착잡하게 행하여졌음을 쉽사리 알 수 있다.

(1) 우선 문제된 것은, 착오에 의한 의사표시를 어느 경우에나 무효로 할 것인가 아니면 착오의 대상의 성질에 따라 달리 취급할 것인가, 즉 법률행위의 효력에 영향을 미치는("고려되는" beachtlich) 本質的 錯誤와 고려되지 아니하는 非本質的 錯誤를 구분할 것인가의 선택이었다.

전자의 견해를 취하는 입장에서는 다음과 같이 주장하였다. 意思主義는 의욕되지 아니한 것을 무효로 취급할 것을 요구하며, 그 점에서 의사표시의 어떠한 부분도 동일한 가치를 가진다. 다만 어느 한 부

55) Motive I, S. 195 = Mugdan I, S. 460.

56) Beratung AT I, S. 591.

분의 효력불발생이 의사표시 전체의 효력불발생을 가져온다고 할 것인가, 아니면 표의자의 假定的 意思에 비추어 그 부분의 탈루가 있어도 나머지로써 의사표시를 유지할 것인가가 문제될 수 있을 뿐이라는 것이다. 나아가 이러한 입장에서는 본질적 착오와 비본질적 착오를 구별할 명확한 기준을 설정할 수 없다는 점을 든다. 지금까지 행하여진 그러한 시도는 모두 실패하였다는 것이다.

한편 후자의 견해를 취하는 입장에서는, 이것이 현재의 법상태와 근자의 입법례에 맞으며 또한 보통법학상의 통설이기도 하다고 주장하였다. 그러므로 이와 다른 규정을 두는 것은 그 素材의 중요성에 비추어서도 허용될 수 없다. 또 제한된 경우에만 착오를 고려하는 것이 법적 안정성(Rechtssicherheit)의 요구를 충족한다. 한편 판례는 고려되는 착오와 그렇지 아니한 착오를 성공적으로 구분하여 왔다는 것이다. 다만 이 견해에서도 양자의 적절한 구분기준을 제시하기는 어려움은 스스로 인정하고 있다.[57)]

논의의 결과 이는 後者의 방향으로 결의되었다. 『理由書』는 이를 역사적 법발전의 귀착점이라고 한 다음, 前者의 입장에 대하여 다음과 같이 반론하고 있다. 즉 "이를 관철한다면 참을 수 없는 결과를 수반하게 되고, 거래에 이익이 되도록 가능한 한에서 법률행위[의 효력]를 유지하는 것과 걸맞지 않게 된다"는 것이다. 물론 이는 "엄격하게 말하면 의사주의를 벗어나는 것인지도 모른다. 그러나 [이에 의하여] 의사를 교정하는 것이 [착오라면 모두「고려되는」것에 비하여] 數的으로 적으며, 그것만이 표의자의 이익에도 거래이익에도 맞는다."[58)]

(2) 본질적 착오를 분별해 내는 기준을 마련한다는「難問」과 관련하여서는 대개 4개의 견해가 제시되었다고 한다.[59)]

---

57) 이상 Beratung AT I, S. 592.
58) Motive I, S. 197 = Mugdan I, S. 461.
59) Beratung AT I, S. 592.

첫째, 이를 학설 또는 재판실무에 맡기자는 견해.

둘째, 표의자가 구체적으로 착오가 일어난 점을 제외하고도 문제의 의사표시를 하였을 것인지 여부에 의하자는 견해.

셋째, 둘째의 견해를 이는 법관에게 아무런 기준을 제시하는 것이 되지 못하여 그의 恣意에 맡기는 결과가 된다고 비판하고, 본질적 착오를 行爲의 要素(essentialia negotii)와 기타의 특별히 열거된 사항에 관한 것으로 한정하자는 견해.

넷째, 행위의 요소에 대한 착오는 본질적 착오가 되어야 하나, 그와 아울러 앞의 둘째의 견해에서 본 주관적 관점도 유지되어야 한다는 견해.

논의의 결과로 이에 대하여는 다음과 같은 立場을 취하기로 결의되었다.[60] 즉, "표의자가 진정한 사정을 알았으면 표시된 바를 의욕하지 아니하였을 것이라고 인정되는 경우에는, 그 착오는 본질적이고 또 고려되어서, 의사표시는 무효"라는 것이다. 『理由書』에 의하면, 그 전의 입법례에서 자주 나타나는, "어떠한 법률행위의 통상적인 구성부분들을 客觀的으로 구분해 내서 그 중 어떤 것에 대한 착오는 본질적이고 다른 것은 그렇지 않다"는 규정방식은, 비록 실무에 적지 않은 편의를 주기는 하지만, 구체적으로 행하여진 법률행위에 주목하는 대신 의도된 법률행위의 추상적 개념에 고착하게 하는 「實體的 法의 毁損」을 일으킨다는 것이다.[61]

한편 이러한 「主觀的 立場(subjektiver Standpunkt)」은 다시 객관적 관점에 의하여 보충된다. 즉 위의 기준에 추가하여, 착오의 본질성은 "특히 다른 종류의 법률행위, 다른 대상에 대한 법률행위 또는 다른 사람과의 사이의 법률행위가 의욕된 때에는 의심스러운 경우에는 인정된다"라는 정함을 두자는 제안도 채택된 것이다.[62] 이 추가조항은

---

60) Beratung AT I, S. 593.

61) Motive I, S. 198 = Mugdan I, S. 462.

62) 한편 법률행위의 목적물이나 사람을 混同한 경우에 대하여는 이 규정에 넣지

종래부터 행위를 무효로 하는 것으로 인정되어 온「행위의 요소」에 관한 착오 중 중요한 것을[63]「원칙적으로」본질적 착오로 본다는 의미이다. 이상은 결국 위의 네 견해 중 最終의 것이 채택되었음을 말하여 주는 것이다.

한편 착오가 事實에 대한 錯誤인지 法錯誤(Rechtsirrtum)인지 여부는 고려되는 착오인지 여부에 아무런 영향을 주지 아니한다. 왜냐하면 "착오가 아니라 그에 의하여 야기된 실제 의사의 표시된 의사와의 불일치가 무효의 근거"이기 때문이다.[64] 그러나 제 1 위원회는 원래 논의가 많았던 性狀錯誤(Eigenschaftsirrtum)는 고려되는 착오에서 배제된다는 태도를 취하였다. "이를 같이 취급할 충분한 이유가 없다. 그러한 규정은 그 적용의 징표를 명확하게 정하는 것이 불가능함에 비추어 보면 다툼의 씨앗이 될 것이다. 나아가 물건의 성상에 대하여 착오한 사람을 보호할 필요가 있는 경우에는 다른 구제수단이 충분히 마련되어 있다는 것도 덧붙일 필요가 있다. 즉 매도인의 하자담보책임, 사기로 인한 취소와 사기자의 책임, 묵시적 조건 등에 관한 규정이 그것이다."[65]

이상과 같은 태도를 취한 이유에 대하여『審議錄』은 "多數意見은 지극히 어려운 소재에 대한 이러한 결의에 의하여, 이론의 요구에 적

않기로 하였다. Motive I, S. 199 = Mugdan I, S. 462.

63) 중세 보통법학 이래 여기서 정하는 행위의 種類(error in negotia), 目的物(error in objecto), 相對方(error in persona)에 대한 착오는,「본질 내지 성질에 대한 착오(error in substantia sive in materia)」와 함께, 법률행위를 무효로 한다고 인정되어 왔다. 이에 대하여는 우선 梁彰洙, "主債務者의 信用에 관한 保證人의 錯誤", 民法硏究 제 2 권(1991), 25면 註 13도 참조. 한편 제 1 위원회는, "착오가 법률에 좇을 때 행위의 본질에 속하는 점(行爲의 要素 essentialia negotii)에 대한 것인 때에도 그 착오는 본질적이고 또 고려된다"는 제안, 즉 보충적으로, 그러나 일반적으로「행위의 요소」에 관한 착오를 고려하자는 제안은 이를 명백하게 거부하였다. 이에 대하여는 Beratung AT I, S. 593 참조.

64) Motive I, S. 200 = Mugdan I, S. 462f.

65) Motive I, S. 199 = Mugdan I, S. 462.

정한 고려를 베풀고, 또한 실제의 필요에도 적절하게 배려하며, 나아가 현행법과의 조화를 충분히 도모한 것이라고 믿었다"고 덧붙이고 있다.[66]

(3) 나아가 당사자들의 過責이 착오가 고려되는지 여부에 어떠한 영향을 미칠 것인가가 논의되었다.[67]

출발점은, 위에서 본 기준에 의하여 고려되는 착오에 해당하는 경우에 그로 인한 무효를 예외 없이 관철하게 되면, "부당한 점이 없지 않다"는 것이다. 그리하여 우선 이와 같이 "지나친 점을 교정하기 위하여" 다른 나라의 입법례가 마련하고 있는 장치가 조사되어, 착오자에게 과책 있는 경우를 제외하는 방법(오스트리아민법, 바덴란트법 등)과 손해배상책임을 과하는 방법(ALR, 스위스채무법)이 확인된다.[68]

구체적으로 독일민법에서는 어떠한 장치를 둘 것인가에 들어가서는, 이 문제에 대하여 諧謔表示에 있어서와 같은 규정이 마련되어야 할 것인가에 대하여 견해가 대립되었다. 이에 찬성하는 입장에서는 관련되는 고려요소가 동일하다는 점을 드는 데 반하여, 반대하는 입장에서는 해학표시에서는 표의자가 의사흠결을 알고 있고 착오에서는 의사흠결을 모르며, 따라서 해학표시의 경우에는 누구나 자신이 모험을 하고 있음을 알고 있어야 함에 반하여 착오자에게는 그것을 요구할 수 없다는 점에서 해학표시와 착오를 같이 취급할 수 없다고 주장하였다. 그러나 결국에는 前者의 입장이 다수를 점하여, 다음과 같이 결의되었다.

첫째, 상대방이 착오를 알았거나 알았어야 했던 경우에는 고려되는 착오는 여전히 고려되나 그렇다고 해서 착오자에게 어떠한 책임이 발생하는 것도 아니다.

둘째, 그러나 표의자에게 重大한 過失이 있다면, 고려되는 착오라

66) Beratung AT I, S. 594.
67) Beratung AT I, S. 595f.
68) Motive I, S. 200 = Mugdan I, S. 463.

도 이제는 고려될 수 없으며, 따라서 의사표시는 유효하다. "극히 사소한 주의를 결한 결과로 자신의 의사에 상응하지 아니하는 표시를 한 사람은, 그 표시가 자기 의사의 표현으로 다루어지더라도 이에 대하여 異議할 수 없다"는 것이다.[69] 이러한 태도를 중대한 과실은 고의와 同視된다는 점에 의하여 정당화하든지 아니면 거래이익에 결정적 비중을 두든지 간에, 상대방이 있는지 여부에 따라 달라지지는 않을 것이므로, 이는 상대방 없는 의사표시에도 적용된다.[70] 그러므로 이 규정은 현상광고, 무기명채권증권의 발행, 토지에 대한 소유권이나 선매권 기타 권리의 포기, 상속의 포기 등에도 적용된다.[71] 나아가 이 규정은 無償行爲에도 적용된다. 무상행위에서는 표의자를 덜 엄격하게 다루어야 한다는 입장도 없지 않으나, 유상행위와 무상행위를 구별하는 것은 용이한 일이 아니므로 "만일 이를 구별하면 규정의 적용성에 불안정을 가져와서 그 실제적 가치를 현저하게 훼손할 것"이기 때문이다.[72] 또한 ──특히 우리 나라의 현재의 학설상황에 비추어── 주목하지 않을 수 없는 것은, 이 규정은 婚姻을 제외하고는 친족법상의 법률행위에도 적용된다고 이해하는 점이다. 夫婦財産契約의 경우는 물론이고, 기타 친족법상의 법률관계를 설정·변경·소멸시키는 법률행위, 가령 認知나 入養 등에도 마찬가지라는 것이다. 그 이유는 다음과 같이 설명된다. "지속적인 친근관계를 발생시키는 이러한 친족법상의 관계에서는 그 원만한 전개 여부가 당사자의 정신적 태도와 선의에 달려 있으므로, 일방이 자신의 과책으로 말미암아 그에 의하여 표시되었으나 진의

69) AaO.

70) 다만 상대방 있는 의사표시에 있어서는 상대방이 착오를 알지 못하였고 알았어야 했던 것도 아닌 경우에 한정된다(제 1 초안 제99조 제 3 항). 앞의 "첫째"에서 본 대로, 상대방이 착오를 알았거나 알았어야 했던 경우에는, 고려되는 착오는 착오자의 과책에도 불구하고 여전히 고려되어야 하는 것으로 결의되었던 것이다.

71) 다만 遺言의 경우는 예외이다. 제 1 초안 제1779조 참조.

72) Motive I, S. 201 = Mugdan I, S. 463.

가 아닌 의사에 구속되어야 한다면, 경우에 따라서는 不美한 일이 생길 수 있다. 그러나 유일하게 결정적인 것은 이들 경우에도 중대한 去來利益(Verkehrsinteresse)이 문제되고 있다는 점이다. 이들 법률행위는 그와 관련되는 재산법적 효과를 고려할 때 제3자와의 거래에 있어서 중요한 의미를 가진다."[73]

셋째, 상대방이 착오를 알지 못하였고 알았어야 했던 것도 아닌 경우에 표의자에게 輕過失이 있다면, 고려되는 착오는 여전히 고려되나, 표의자는 신뢰이익의 배상책임을 진다. 한편 표의자에게 경과실이 없는 경우에도 배상책임을 져야 한다는 제안은 거부되었다.

(4) 그 외에 논의된 것으로서 중요한 점은 다음과 같다.

첫째, 일부착오(Teilirrtum)의 경우를 어떻게 처리할 것인가. 이는 "의사표시의 일부만이 고려되는 착오로 인하여 무효인 때에는 착오로 인하여 무효인 부분을 제외하더라도 그 행위를 하였을 것으로 밝혀지지 아니하는 한 행위 전체가 무효이다"라고 결의되었다.[74]

둘째, 使者에 의한 의사표시에 있어서[75] 사자가 상대방에게 의사를 잘못 전달한 경우에도 착오가 있는 경우와 마찬가지로 다루어져야 한다.[76] 한편으로 사자가 본인의 의사를 잘못 전달한 경우에는 이를 본인의 의사표시를 볼 수 없다는 견해도 주장되었으나, 多數意見은 "[사자에 의한 의사표시와 본인이 직접 한 의사표시를] 동일하게 취급하는 것은, 비록 이론적 견지에서는 다툼의 여지가 있다고 하여도, 거래안전의 이익을 위하여 요청되는 바"라고 하여 이를 물리쳤다.[77]

---

73) Motive I, S. 201 = Mugdan I, S. 463.

74) Beratung AT I, S. 592f. u. S. 594 am Anfang.

75) 이 문제를 심의함에 있어서는 使者가 구두로 본인의 의사표시를 전달하는 경우와 함께 電報의 경우가 想定되었다. Motive I, S. 202 = Mugdan I, S. 464.

76) 그러므로 본인에게 가령 使者를 선임하거나 그에게 지시함에 있어서 중과실이 있었다면, 비록 본질적으로 중요한 점이 잘못 전달된 경우에도, 의사표시는 여전히 유효하다고 하여야 한다는 것이다.

77) Beratung AT I, S. 597. 한편 Motive I, S. 203 = Mugdan I, S. 464도 참조.

다른 한편으로 논의의 과정에서, "의사표시를 하는 사람은, 상대방이 그 의사표시의 유효성에 대한 신뢰를 배신당하여 손해를 받지 아니할 것에 대하여 책임을 지도록 하여야 한다. 이러한 책임은 법질서가 의사표시의 외적 신뢰성을 보장할 수 없는 것에 대한, 거래이익에 의하여 요청되는 교정수단이다. 이는 귀책사유 없이도 인정되는 책임이다. … 그러므로 의사표시의 전달을 위하여 타인을 사용한 사람은 그것이 잘못 전달된 경우에는, 비록 그에게 아무런 과실이 없더라도, 잘못된 전달이 어떠한 예상도 벗어나는 사정에 원인이 있지 아니한 한, 그에 대하여 책임을 져야 한다"는 의견도 주장되었었다. 그러나 多數意見은 "그와 같이 광범위한 책임은 일반적으로 정당하다고 인정되지 아니하며, 또 지금 논의되고 있는 특수한 경우에 대하여도 달리 판단되어야 할 것은 없다"고 하여, 앞서의 결의를 고수하였다.[78]

2. 그리하여 제 1 초안에서 착오에 대하여 규정하는 제98조, 제99조, 제101조, 제102조의 4개조는 다음과 같이 규정하고 있다.[79]

> 제98조: "실제의 의사와 표시된 의사의 불일치가 표의자의 착오에 기한 경우에, 표의자가 사정을 알았다면 그 의사표시를 하지 아니하였을 것이라고 인정되는 때에는, 그 의사표시는 무효이며, 그렇지 아니한 때에는 유효이다. 다른 종류의 법률행위, 다른 대상을 목적으로 하는 법률행위 또는 다른 사람과의 법률행위가 의도된 경우에는,

78) Beratung AT I, S. 597f. 또한 Motive I, S. 203 = Mugdan I, S. 464도 참조.

79) 한편 제 1 초안 제100조는 一部의 不合意(Dissens)에 관한 규정으로서, "계약체결에 있어서 계약의 일부에 관하여 당사자들의 의사가 일치하지 아니하는 경우에, 그 부분에 관한 정함이 없어도 계약을 체결하였을 것임이 밝혀지지 아니한 한, 계약 전부가 무효이다"라고 정한다. 『理由書』에 의하면, 계약당사자 각각의 의사표시는 의사와 표시가 일치하나 그들 사이에서는 표시가 서로 불합치하는 경우(즉 狹義의 不合意)에 대하여도 의사표시의 일부무효에 관한 원칙규정인 제 1 초안 제114조(후의 독일민법 제139조. 우리 민법 제137조와 동일한 내용을 정한다)와 같은 규율이 행하여져야 한다는 생각에서 위의 규정이 마련되었다. Motive I, S. 202 = Mugdan I, S. 464 참조.

의심스러운 때에는 그 의사표시를 하지 아니하였을 것으로 인정된다."

제99조: "① 제98조의 규정에 의하여 무효가 될 의사표시라도 그 표의자에게 중과실이 있으면 유효이다.

② 그 표의자에게 중대하지 아니한 과실이 있으면, 그는 수령자에 대하여 제97조 제3항에[80] 의하여 손해배상의 책임을 진다.

③ 제1항, 제2항의 규정은 수령자가 착오를 알았거나 알았어야 했을 때에는 적용되지 아니한다."

제101조: "제98조 내지 제100조는 표의자가 의사표시를 수령자에게 전달하기 위하여 사용한 중개자(Mittelsperson)가 그 의사를 잘못 전달한 경우에 준용된다."

제102조: "동기의 착오(Irrtum in den Beweggründen)는 법률에 다른 정함이 없는 한 법률행위의 유효성에 영향을 미치지 아니한다."

이는 결국 다음과 같이 요약될 수 있다.

첫째, 행위착오가 본질적인 경우에, 의사표시는 무효이다.

둘째, 동기착오는 애초 고려되지 않는다.

셋째, 착오자에게 과실이 있으면 이에 대하여 착오자는 책임을 져야 한다. 그 책임의 내용은 과실의 정도에 따라 나누어진다. 즉 그것이 중대하면 의사표시는 유효이며, 그렇지 아니하면 상대방에 대한 손해배상책임(이행이익을 한도로 하여 소극적 이익에 관하여)을 진다. 다만 어느 경우에나 상대방은 선의무과실이어야 한다.

넷째, 행위착오의 「본질성」은 주관적으로 표의자를 기준으로 하여 "그가 사정을 알았다면 그 의사표시를 하지 아니하였을 것인지"의 여부에 의하여 판단된다. 그러나 이는 부가적으로 역사적으로 전하여진 「고려되는 착오」의 유형에 좇아 다시 객관화되어, 법률행위의 종류·목적물·상대방에 대한 착오는 본질적인 것으로 추정된다.

다섯째, 使者를 의한 의사표시에서의 착오도 이상과 같이 처리

80) 이에 대하여는 앞의 V.1. 참조.

된다.

3. 그러나 제2초안의 착오규정은 여러 가지 점에서 이와는 내용을 달리한다.

첫째, 행위착오가 본질적인 경우에, 의사표시는 제1초안에서와 같이 무효인 것이 아니라, 표의자가 그 의사표시를 취소할 수 있는 것으로 한다.

둘째, 동기착오도 그것이 "거래상 본질적으로 인정되는 사람이나 물건의 성상에 관한 것"인 경우에는, 고려될 수 있다.

셋째, 착오의 「본질성」은, 표의자가 사정을 알았고 "또한 사안을 합리적으로 평가하였다면" 그 의사표시를 하지 아니하였을 것인 경우에만 긍정된다. 한편 법률행위의 종류·목적물·상대방에 대한 착오는 별도로 규정되지 아니한다.

넷째, 착오자에게 과실이 있는지 여부는 그의 책임에 영향을 미치지 않는다. 重過失 있는 착오자도 취소할 수 있다. 한편 착오자는 그의 과실 유무를 불문하고 선의무과실의 상대방에 대하여 이행이익을 한도로 하는 소극적 이익에 관하여 손해배상책임을 진다.

다섯째, 使者를 의한 의사표시에서의 착오도 위와 같이 처리된다.

그리하여 제2초안 제94조 내지 제96조는 다음과 같이 정한다.

> 제94조: "① 의사표시를 함에 있어서 그 내용에 관하여 착오가 있거나 애초 그러한 내용의 의사표시를 하려고 의욕하지 아니하였던 사람은, 그가 사실을 알았다면 그리고 사안을 합리적으로 평가하였다면 그 의사표시를 하지 아니하였을 것으로 인정되는 경우에는, 이를 취소할 수 있다.
>
> ② 거래상 본질적으로 인정되는 사람이나 물건의 성상에 관한 착오는 의사표시의 내용에 관한 착오로 본다."
>
> 제95조: "전달을 위하여 사용한 사람 또는 설비가 잘못 전달한

의사표시는 제94조에 의하여 착오로 행하여진 의사표시와 동일한 요건 아래서 취소될 수 있다."

제96조: "제94조, 제95조의 경우에 취소권자는 취소권을 발생시키는 사실을 알게 된 후에 지체없이 취소하여야 한다. 격지자에 대하여 행하는 취소는 취소의 의사표시가 지체없이 발송된 경우에는 적시에 행하여진 것으로 본다."

한편 착오를 이유로 취소한 사람의 損害賠償責任에 대하여는 해학표시로 인한 무효의 경우와 함께 제 2 초안 제97조에서 규정되었다.

"① 의사표시가 제93조에 의하여 무효이거나 제94조, 제95조에 기하여 취소된 때에는, 표의자는 의사표시가 타인에 대하여 행하여진 경우에는 그 타인에 대하여, 기타의 경우에는 모든 제 3 자에 대하여, 그가 의사표시의 유효를 믿었음으로 인하여 입은 손해를 배상하여야 하나, 그 액은 그가 의사표시의 유효에 대하여 가지는 이익의 액을 넘지 못한다.

② 피해자가 무효 또는 취소가능성의 원인을 알았거나 과실로 인하여 알지 못한(알았어야 했을) 때에는 손해배상의무는 발생하지 아니한다. 제95조의 경우에 전달이 잘못된 원인이 불가항력에 있는 때에도 손해배상의무는 배제된다."

4. 제 1 초안이 발표된 후에 그 중 의사흠결, 특히 착오에 대한 규정에 대하여 의사주의측으로부터도, 표시주의측으로부터도 무수히 많은 批判意見이 쏟아져 나왔다. 이를 일일이 살펴보는 것은 本稿의 범위를 훨씬 넘어서는 것이므로,[81] 여기서는 『議事錄』을 자료로 하여, 제 2 위원회에서 논의된 바에 한정하여 다루기로 한다.[82]

---

81) 이들 비판의견에 대하여는 우선 中田邦博, "ドイツ民法典における意思表示法の形成過程(二)──第一草案に對する諸批判を中心に", 立命館法學 195號(1987), 670면 이하 참조.

82) 제 2 위원회가 이에 대한 심의에 들어가는 단계에서도 위의 비판의견 등을 반

(1) 제 2 위원회는「본질적 착오」를 어떻게 규정할 것인가는 일단 보류하고, 고려되는 착오의 효과에 대하여 우선 심의하였다. 그리고 이를 취소권의 부여로 하는 데 의견이 일치하였다. 그 이유는 다음과 같다.

> "취소를 규율의 기초로 하는 것이 사태에 가장 적합하다. 의사표시를 일단 유효한 것으로 보되 별도의 의사표시에 의하여 이를 효력 없도록 할 수 있다고 하여도, 이를 가지고 표의자를 부당하게 다루는 것이라고는 결코 말할 수 없다. 상대편의 입장에서도 그가 유효하다고 생각하였던 의사표시를 착오자측에서 착오를 주장하지 아니하는 한은 유효하다고 해서 무슨 불법이 행하여지는 것은 아니다. 상대방, 나아가서는 당사자가 아닌 제 3 자라도 누구나 시간적 제약 없이 효과불발생(Ungültigkeit)을 주장할 수 있다고 할 이유가 무엇인지, 특히 착오자가 착오에도 불구하고 의사표시의 유지에 전적으로 동의하고 있는 경우에도 그렇다고 하여야 할 이유가 무엇인지, 납득이 되지 않는다. 의사표시의 유효를 믿은 제 3 자가 취소가 행하여진 때 어떻게 보호되어야 하는가는 별개의 문제이다."[83]

(2) 나아가 취소권이 발생하는 요건에 관련하여서는, 먼저「고려되는 착오」라는 요건 외에도 상대방이 착오를 알았거나 알았어야 하는 경우에만 이를 긍정하여야 한다는 提案이 다루어졌다. 그러나 제 2 위원회는 이를 받아들이지 않았다. 그리고 그 논의의 과정에서, 착오를 이유로 하여 취소가 행하여진 경우에는 착오자의 過責 유무를 불문하고 그의 손해배상책임이 인정되어야 한다는 견해가 채택되었다.

영하여 제 1 초안의 착오규정에 대하여 이미 7 개의 修正案이 제시되어 있었다. 이들은 Protokolle I, S. 102ff. = Mugdan I, S. 713f.에 수록되어 있다. 한편 宋德洙, 錯誤論(1991), 19면 이하는 제 2 위원회에서의 착오규정의 성립과정을 간략하게 다루고 있는데, 거기서의『議事錄』인용은 전부 그 面數가 정확하지 아니하다.

83) Protokolle I, S. 106 = Mugdan I, S. 715.

위 제안의 입장에 대하여는, 우선 受領을 요하지 아니하는 일방적 의사표시에 대하여는 착오취소가 전적으로 배제된다는 점에서 부당할 뿐만 아니라, 나아가 더욱 중요한 것은 그것이 상대방의 이익만을 중시하여 착오자 자신의 이익을 무시하는 「重大한 不公平」을 포함한다는 반론이 가하여졌다. "상대방에게 아무런 손해가 발생하지 아니한 경우나 무상행위의 경우에도 착오자를 의사표시에 구속시키는 것은 부당하다. 상대방이 착오에 의하여 손해를 입지 않도록 함으로써 근자의 법발전에 대한 고려는 충분히 행하여지는 것이다."[84] 위 제안의 기초에는 表示主義가 자리잡고 있으나, 의사주의와 표시주의 중 어느 한 편에 전적으로 좇는 것이 아니라 착오자와 상대방 또는 제3자의 각각 대립하는 이익을 가장 공평하게 균형잡는 것을 도모한다는 基本立場에 선다면, 위 제안은 채택될 수 없다는 것이다.[85]

한편 착오자의 과책 유무에 불구하고 손해배상책임을 인정하는 것에 대하여 다수의견은, 해학표시에 대한 규정에서의 방향전환의 이유(이에 대하여는 위의 V. 2. (1) 참조)를 원용함과 아울러서, "착오를 이유로 취소할 수 있는 의사표시임을 알지 못하여 그 유효를 믿은 사람이 손해를 입어서는 안 됨은 선의적 거래의 불가피한 요구(unausweisliche Forderung des gutgläubigen Verkehrs)라고 일반적으로 생각되고 있다"고 설명하고 있다. 또한 손해배상의 범위나 상대방이 착오를 알았거나 알았어야 하는 경우에는 착오자의 배상책임은 배제된다는

84) Protokolle I, S. 107 = Mugdan I, S. 715f.

85) 한편 위 수정안은, 상대방이 착오를 알았거나 알았어야 하는 것이 아닌 경우(따라서 취소를 할 수 없는 경우)에는 착오자가 不當利得의 규정에 좇아서 상대방에 대하여 이득의 반환을 청구할 수 있다고 정할 것을 제안한다. 그러나 多數意見은, 착오는 대개의 경우 이행에 착수하기 이전에 발견되는데, 그 경우에도 상대방이 착오를 알았거나 알았어야 하는 때에만 착오자가 취소할 수 있다고 정하는 것은 부당하다고, 즉 이행의 착수 전에는 그러한 제한 없이 착오취소가 인정되는 것이 타당한 경우가 있다고 주장한다. 이에 대하여는 Protokolle I, S. 107 = Mugdan I, S. 716 참조.

점에 대하여도 해학표시에서의 심의가 원용되고 있다. 이와 관련하여서는 착오자에게 과책이 있는지 여부에 따라 배상범위를 달리하여야 한다는 提案도 행하여졌으나,[86] "책임의 발생이 과책 유무와 무관하다면, 그 범위에 대하여도 이를 구별할 필요가 없"으며 이를 구별한다면 법이 착잡하게 된다는 이유로 채택하지 아니하였다.[87]

한편 뒤의 (5)에서 보는 대로, 使者에 의한 의사표시와 관련하여서는 제1초안과 같은 태도가 취하여졌는데, 그 논의과정에서 잘못된 전달이 不可抗力에 의한 경우에도 손해배상책임이 인정되어야 하는가 하는 문제가 제기되었다. 이러한 예외를 인정하는 것에 반대하는 견해는, 우선 "착오자로 하여금 어떠한 예상의 범위도 넘는 偶然事(Zufall)에 대하여 책임을 지도록 하는 것에 따르는 가혹함을 그 사건을 역시 예상할 수 없었던 제3자의 희생으로 구제하는 것은 부당하다"고 주장하였다. 나아가 「不可抗力(höhere Gewalt)」이라는 개념은 내용이 불명확하며, 학설상으로도 실무상으로도 법률에 적정한 기준을 마련할 수 있을 정도로 확고한 지위를 차지하지 못하고 있다는 점을 들었다. 그러나 多數意見은 불가항력에 의한 誤傳達의 경우에 본인의 손해배상책임을 배제하는 예외규정을 두는 것에 찬성하였다. 이는 무과실책임을 정하는 근자의 帝國法律들에 있어서도 불가항력을 그 예외사유로 하고 있을 뿐 아니라, 불가항력은 "인간의 삶의 본성에 자리잡은 必要惡"으로서 이를 당한 사람이 감수하여야 하는 것이므로 위와 같은 예외규정은 "內的으로도 正當하다"는 것이다. 한편 불가항력개념의 모호성과 관련한 反論에 대하여는, 실무가 그 점에 대하여 만족할 만한 해결에 도달할 것이라고 한다.[88]

86) 이 수정안은, 과책 없는 착오자에게 相對方의 逸失利益(lucrum cessans)까지 배상시키는 것은 부당하다는 입장을 전제로 한다.

87) 이상 Protokolle I, S.107f. = Mugdan I, S.716.

88) 이상 Protokolle I, S.117f. = Mugdan I, S.720f. 뒤의 註 105도 참조. 이는 뒤의 5.에서 보는 대로 뒤의 帝國議會의 심의과정에서 삭제되었다.

(3) 이어서 심의는 가장 중요하고 또한 어려운 문제, 즉 고려되어야 하는 착오를 획정하는 문제로 넘어갔다.

(**a**) 착오는 일반적으로 고려되어야 한다는 提案을 배척한 후, 다수의견은 법문이 소위 內容錯誤와 表示錯誤를 표현하도록 하는 제안("의사표시를 함에 있어서 그 내용에 관하여 착오가 있는 경우[즉 내용착오] 또는 애초 그러한 내용의 의사표시를 하려고 의욕하지 아니하였던 경우[즉 표시착오]")을 채택하였다. 이는, 특히 內容錯誤가 의사표시의 유효를 배제할 수 있는가, 즉 동기착오에 불과한 것이 아닌가에 대하여 열띤 견해의 대립이 있으므로, "동기착오에서와는 달리 [이 경우에는] 착오로 인한 의사흠결을 인정할 수 있지 아니한가 아니면 오히려 이 모든 경우가 동기착오에 해당하는 것이 아닌가 하는 본질적으로 心理學的인 問題에 대하여 미리 결정을 내리지 말고 학설이 이를 자유롭게 판단할 수 있도록 하는 표현방법을 선택하는 것이 적절하다"는 이유로 제안된 것이었다. 이러한 제안은 나아가, 제1초안 규정의 바탕에 있는 생각을 더욱 명확하게 표현한다는 이유 외에도, 특히 위와 같은 문언에 의하여 내용착오에 있어서 心理가 탐색되는 것이 아니라 實際的·法的 觀點에서 판단되어야 함을 표현한다는 이유에 기하여 찬성을 얻었다. 즉 무엇이 「법률행위의 내용」이 되는가가 문제이고, 심리학적으로 動機에 속하는 것은 법적으로 법률행위의 「내용」에 속하는 경우에는 또 그 경우에 한하여 고려될 수 있음을 정한다는 것이다.[89)]

(**b**) 후에 행하여진 性狀錯誤에 관한 심의에서 제의된 제안을 받아들여, 소위 「本質的 性狀에 관한 착오」를 취소권을 발생시킬 수 있는 것으로 정하기로 하였다.

성상착오를 동기착오라고 하여 항상 고려되지 않는다고 하는 제1초안의 입장(이에 대하여는 위의 1.(2) 말미 참조)은 "거래의 필요와

---

89) 이상 Protokolle I, S. 108f. = Mugdan I, S. 716f.

형평"에 반할 뿐 아니라, "오늘날의 法發展의 傾向"과도 맞지 않는다. 즉 普通法에서는 물론이고, ALR이나 프랑스민법, 스위스채무법, 그리고 근자의 민법초안들, 나아가 제국법원의 판례까지도, 성상착오는 거래상 지배적 관념에 의하면 그것이 본질적으로 인정되는 경우에는 고려될 수 있다고 하는 것이다. 이러한 착오에 기한 행위는 거래의 목적물 자체에 관하여 착오를 일으킨 경우보다 착오자에게 불이익한 경우가 드물지 않다. 그런데 앞의 (a)에서 본 대로「내용」에 관한 착오가 고려될 수 있다고만 하면, 성상착오는 동기착오로서 이에 속하지 않는다고 해석될 여지도 없지 않으므로, 이를 명문으로 정하여야 한다는 것이다.[90)]

이에 대하여는, 그러한 착오도 고려될 수 있다고 하면 거래의 안전이 위태롭게 된다고 하여 반대하는 견해가 있었고, 또 이러한 견해의 연장으로 본질적 성상에 관한 착오는 상대방이 이를 알았어야 했을 때 비로소 고려될 수 있다고 하여야 한다는 提案이 행하여졌다. 그러나 이는 상대방의 인식가능성은 고려될 수 있는 착오의 기준으로 하지 않는다는 기본입장에 반하고, 또 목적물과 사람의 同一性에 관한 착오와 위와 같은 性狀錯誤는 실제로 구분하기 매우 어려운데 이 두 경우를 달리 취급하는 것은 바람직하지 않다고 하여, 결국 채택되지 아니하였다.[91)]

(c) 動機의 錯誤는 법률에 다른 정함이 없는 한 고려되지 않는다고 정하는 제 1 초안 제102조는 삭제하는 것으로 결의되었다.

이 규정은「동기의 착오」의 의미에 대한 보다 상세한 설명을 결하는데, 동기착오와 행위착오(Irrtum im Geschäftswillen)를 구별하는 것은 매우 어려운 일이어서, 위와 같은 규정은 우선 實務에 대하여 큰 보탬을 주지 않는다. 나아가 理論的으로도 착오의 개념을 모호하게 할

90) Protokolle I, S. 114f. = Mugdan I, S. 720.

91) Protokolle I, S. 115 = Mugdan I, S. 720. 한편「사람의 性狀」에 대하여도, 비록 실제로는 물건의 성상보다는 거래상 본질적인 것으로 여겨질 경우가 비교적 드물 것이라도, 물건의 경우와 같이 취급할 것이라고 한다.

우려가 있어서 바람직하지 않다. 사람이나 목적물의 동일성에 대한 착오, 특히 그 성질에 관한 착오라도 이를 동기착오라고 이해될 수 있는 여지를 학설에 남겨 두어야 한다는 것이다.[92]

(d) 이와 같이 하여 취소가능성이 인정되기에 적합한 착오의 범위를 우선 획정한 후, 나아가「본질적」착오, 즉 취소권을 발생시키는 착오의 판단기준(소위「本質性」Wesentlichkeit)을 어떻게 정할 것인가가 논의되었다.

이에 대하여 제 2 위원회에서는, ① 제 1 초안과 같은 견해, ② 제 1 초안의 기준에 맞는 착오 외에도 상대방이 알고 있는 모든 착오를 더하여야 한다는 견해, ③ 착오자가 "사실을 알았다면" 또한 "사안을 합리적으로 평가하였다면" 그 의사표시를 하지 아니하였을 것이라고 하여야 한다는 견해, ④ "사실을 알았다면" 그 의사표시를 하지 아니하였을 것과 함께, 그 착오가 상대방에게 인식될 수 있었거나 또는 수령을 요하지 아니하는 의사표시의 경우에는 "사안을 합리적으로 평가하였다면" 그 의사를 하지 아니하였을 것이라는 요건을 추가적으로 요구하여야 한다는 견해가 제시되었다. 결국 이 중 ③의 견해가 채택되었다.[93] 그 이유는 신중하게 읽을 필요가 있다.

> "어떠한 착오의 본질성을 단지 착오자의 주관적 관점에서만 판단하는 것은 착오자의 상대방의 이익을 공평하게 고려하는 것이 되지 못한다. 착오의 효과에 있어서와 같이 여기서도 대립하는 이익의 공평한 조정(ein billiger Ausgleich der sich widerstreitenden Interessen)이 추구되어야 한다. 법은 착오자의 단순한 주관적 기분 ——이를 상대방에게 손해를 가하면서 주장하는 것은 비도덕적이라고 하여야 할 경우가 드물지 않다—— 이 아니라 그의 합리적인 이익만을 보호하여야 한다. 다른 한편 제20회 독일법률가대회에서 제안된 것처럼 去來

92) Protokolle I, S. 118 = Mugdan I, S. 722f.
93) Protokolle I, S. 110 = Mugdan I, S. 717.

慣行(Verkehrssitte)이라는 순전히 객관적인 기준에 의하여 착오의 본질성을 판단하여서도 아니된다. 착오자에게 그 주관적 관점에서 본질적으로 보이는 사항을 타인의 관념에서 나오는 바인 거래관행을 고려하는 것만에 의하여 비본질적으로 다루는 것은, 착오자 자신에게 비본질적인 사항에 그와 다른 거래관행을 이유로 본질적인 것으로서의 의미를 부여하는 것과 마찬가지로, 채택할 만한 것이 못 된다. 가령 이행장소나 이행기와 같은 많은 사항이 거래관념이라는 기준에 따르면 곧바로 소용이 없게 될 것이다. 이들 경우에도 그 외의 다른 관계에 있어서와 마찬가지로 표의자의 개별적인 제반 사정이 고려되어야 한다. 이러한 考量에 기하여 주관적 기준과 객관적 기준의 統合(Vereinigung)이라는 제안에 도달한 것이다."[94]

이 설명은, 제2초안이 채택한 것이, 착오자의 주관적 관점에서는 물론이고 거래관념에 비추어서도 그것이 본질적이라고 인정되어야만 비로소 착오의 「본질성」이 긍정되어야 한다는 것이 아님을 알게 하여 준다. 그 판단은 어디까지나 표의자 자신의 제반 사정을 기준으로 하되, 그러나 표의자가 문제의 사항에 부여한 주관적 의미만이 유일한 기준이 될 수 없으며 나아가 그가 처한 개별적 사정 아래서 당해 사항을 합리적으로 평가하였을 때 주었을 의미에 비추어서도 그것이 본질적이라고 인정되어야 한다는 뜻이다. 그러므로 표의자의 개별적 사정과는 무관한 바인 客觀的인 去來慣行은 판단기준이 될 수 없다. 이와 같이 주관적 기준과 객관적 기준은 「統合」되는 것이지, 竝存的으로 적용되어 二重의 關門을 만드는 것이 아니다.

그 외에 ②나 ④의 견해는, 한편으로 지나치게 착오자에게 유리한 것이라고 하여, 다른 한편으로 착오의 인식가능성을 「본질성」의 판단기준으로 고려하지 않는다는 이미 이루어진 결의에 반한다고 하여, 채택되지 않았다.[95]

94) AaO.
95) Protokolle I, S. 111 = Mugdan I, S. 718.

(e) 한편 제 2 위원회는, 제 1 초안 제98조 제 2 문에서 행하여진 것과 같은 본질적 착오의 「例示」는 하지 아니하기로 결의하였다.

이를 그대로 두기로 하자는 反對意見은, 그 규정은 내용상으로 의심의 여지 없이 정당하고, 이에 의하여 보다 명확한 규율내용을 얻을 수 있으며, 또 현행법과의 일정한 연속성을 획득할 수 있다고 주장하였다. 이에 대하여 多數意見은, 이는 낡은 普通法理論의 잔재에 불과하고, 이러한 규정을 둠으로써 본질적 착오가 이 세 종류에 그친다는 오해를 불러일으킬 수 있으며, 특히 마지막 예, 즉 상대방의 동일성에 관한 착오가 과연 일반적으로 본질적 착오라고 할 것인지 의문이라고 반론하였다. 그리하여 구체적으로 무엇이 고려되는 본질적 착오인지는 학설과 실무에 맡기는 것이 낫다는 것이다.[96]

(4) 한편 使者에 의한 의사표시의 경우에 대하여는 제 1 초안의 규정(제101조)을 내용적으로 그대로 수용하였다. 다만 의사의 전달에 사용되는 것은 사람만이 아니라 設備(Anstalt)일 수도 있으므로,[97] 이를 명확하게 하는 표현이 채택되었다. 또한 본인이 사자의 선임이나 지시에 있어서 과책이 없는 경우에도 손해배상책임을 져야 한다는 데 의견이 일치하였다.[98] 다만 문제된 것은, 잘못된 전달이 不可抗力에 의한 경우에도 손해배상책임을 져야 하는가 하는 점이었는데, 이에 대하여는 앞서 (b)의 말미에서 본 바 있다.

(5) 이와 같이 하여 고려되는 본질적 착오의 기준을 확정한 후에 심의는 그 효과로서의 取消로 넘어 갔다.

우선, 취소권은 취소권자가 취소권을 발생시키는 원인사실을 알게 된 후에 「지체없이(unverzüglich)」 이를 행사하여야 한다는 提案이 채

---

96) Protokolle I, S. 112 = Mugdan I, S. 718.
97) 이는 앞의 註 75에서 본 대로 제 1 위원회의 견해이기도 하였다.
98) 이상 Protokolle I, S. 117 = Mugdan I, S. 720.

택되었다. 그 이유는, "착오자의 상대방의 지위를 고려한다면, 법률행위의 효력 유무에 관한 浮動狀態를 가능하면 짧게 할 것이 요청된다. 착오자에게도 착오를 알게 된 즉시 상대방에 대하여 법률행위를 용인하지 아니할 것인지에 대하여 태도를 밝힐 것을 요구하고 그렇게 하지 아니하면 취소권을 상실하게 된다고 하더라도 지나치지 아니하다. 착오자는 착오를 법률행위를 하기 전에 안 경우보다 나은 지위를 부여받을 수 없다. 그 경우에 착오를 주장하지 아니하고 법률행위를 하였으면 그에 구속되는 것과 같은 것이 사후에 인식된 착오를 즉시 주장하지 아니한 경우에도 적절하다고 여겨진다. [한편] 提案 6a와 같이 착오를 안 후 1개월의 기간을 부여하는 것은, 특히 가격변동이 심한 목적물의 경우에 착오자가 상대방의 손실로 투기하는 것을 가능하게 한다."[99] 한편 「지체없이」란 취소의 의사표시를 有責하게 지연하는 것만을 배제하는 것이다. 이러한 이해는, 특히 착오자가 상대방에게 착오의 사실만을 고지하여 그것이 취소의 의사를 포함한다고 해석되지 아니하는 경우에, 그 후 당사자들이 법률행위의 구속력의 유무나 변경 등에 관하여 교섭이 행하여졌다면, 이를 「유책한」 지연이 아니라고 인정될 가능성이 있다는 점에서 유익하다.[100] 또한 후에 제 2 위원회의 제 2 독회(zweite Lesung)에서 제기된 별도의 제안을[101] 심의하는 과정에서, "상대방이 즉시의 취소를 기대하지 않고 있다고 착오자가 인정하여도 좋은 경우"에도 지연의 유책성이 결여된다는 이해가 표명되고 있음을 지적하여 두기로 한다.[102]

99) Protokolle I, S. 113 = Mugdan I, S. 718f.

100) Protokolle I, S. 113 = Mugdan I, S. 719.

101) 이 수정안은 결국 채택되지 아니하였는데, 그 내용은 지체없는 行使가 요구되는 것을 債權關係를 발생시키는 법률행위에 한정하고, 또한 상대방이 착오를 알았던 경우 등에는 信義則이 허용하는 한 그 후에라도 취소권의 행사를 허용한다는 것이었다.

102) Protokolle Ⅵ, S. 123 = Mugdan I, S. 720.

나아가 위의 취지에 비추어 격지자에 대한 취소에서는 發送으로 족한 것으로 결의되었다. 그러나 이는 발송으로 취소권이 보존된다는 취지이지, 그 의사표시가 상대방에게 도달하지 아니한 경우에 재발송이 不要라는 의미는 아니라고 한다.[103)]

한편 제2독회에서 취소권은 의사표시가 있은 후 30년이 경과하면 소멸한다는 규정을 두자는 제안이 있었다. 이에 대하여는 아무런 異議가 제기되지 않았다.[104)]

5. 그 후의 심의과정에서도 착오에 관한 제2초안의 규정은 하나의 예외를 제외하고는 아무런 수정을 받지 않았다. 그리하여 현재의 독일민법 제119조 내지 제122조의 규정이 마련된 것이다.

여기서 「하나의 예외」에 해당하는 것은, 바로 使者에 의한 의사표시가 不可抗力에 의하여 잘못 전달된 경우에는 본인이 손해배상책임을 부담하지 않는다는 제2초안 제97조 제2항 제2문이다.[105)] 이 규정은, 帝國議會(Reichstag)로부터 민법안의 심의를 위임받은, 21명의 제국의회의원으로 구성된 별도의 위원회에서 삭제하기로 결의되었다. 삭제가 제안된 이유는, "피해자에 있어서는 잘못된 전달의 이유가 무엇이든 이는 전적으로 상관없는 일이며, 거래안전은 이 경우를 잘못된 전달의 다른 경우와 같이 취급할 것을 요구한다"는 것이었다. 이에 대하여는, 불가항력으로 인하여 발생한 誤傳達은 표의자에게 책임귀속되어서는 안 된다는 반대의견이 있었으나, 결국 위의 삭제제안이 채택된 것이다.[106)]

---

103) Protokolle I, S. 113 = Mugdan I, S. 719.

104) Protokolle Ⅵ, S. 123 = Mugdan I, S. 719.

105) 이 규정은 제2위원회에서도 贊成 9, 反對 8의 근소한 차이로 통과된 것이었다. Protokolle I, S. 117 참조.

106) 이상 Bericht der Ⅻ. Kommission v. 12. Juni 1896, S. 38f. = Mugdan I, S. 965.

Ⅶ. 小　　結

本稿의 성격상 結論이라고 할 것을 따로 드는 것은 어울리지 않을 것이다. 그러므로 착오에 관한 규정의 성립과정에 대한 학자들의 평가에 대한 所感으로 이에 대신하기로 한다.

크라머는 제2초안이 제1초안과 비교하여 “거래이익과 신뢰보호의 사상이 보다 강하게 전면으로 대두되었다”고 하면서, “이는 구체적으로는, 착오의 경우 의사표시가 제1초안에서와 같이 원칙적으로 無效라고 정하여진 것이 아니라 단지 取消할 수 있다고 정하여진 것, 그리고 취소는 제1초안에서와는 달리 착오자에게 과실이 없는 경우에도, 상대방이 착오를 알았거나 알았어야 하지 않은 한, 착오자의 손해배상의무를 정하는 데서 특히 명확하게 드러난다”고 한다.[107] 그런데 이에 반하여 플루메는 다름아닌 착오에 관한 규정의 성립과정을 살핀 후 “제2초안이 제1초안보다 더욱 강하게 意思主義의 영향을 받고 있다는 판단은 아마도 정당할 것”이라고 한다.[108]

그런데 위의 Ⅵ.에서 살펴본 대로, 한편으로 착오의 효과를 무효에서 취소로 전환한 것이나 착오자에게 과실 유무를 불문하고 손해배상책임을 인정한 것과 같이 착오주장의 요건이나 효과를 제1초안보다 제한한 측면이 있으나, 다른 한편으로 동기착오 중에서 소위「性狀錯誤」를 고려되는 착오로 인정하고 또한 중과실 있는 착오자에게도 착오주장을 허용하는 것은 오히려 착오를 이유로 하는 취소가능성의 범위를 보다 확장한 것이다. 그리고 착오의「본질성」에 대하여 보면, “事案의 合理的 評價”라는 제2의 보다 객관적인 기준이 다분히 착오주장을 제한한다는 방향을 시사하는 점이 있다. 그러나 다른 각도에서

107) Ernst A. Kramer, *Grundfragen der vertraglichen Einigung*(1972), S.121.
108) Flume(註 1), §22, 4(S.449).

보면, 종래 기본적으로 착오주장을 제한하여 예외적으로 그것이 허용되는 사안유형으로 인정되어 온 법률행위의 종류·목적물·상대방에 대한 착오에 관한 규정(제 1 초안 제98조 제 2 문)을 삭제한 것은 오히려 착오의 대상에 구애됨이 없이 착오주장을 허용하는 것으로서 이를 확장하였다고 이해될 여지도 있으며, 나아가 위의 제 2 의 기준도, 앞의 Ⅵ. 4. (3) (d)에서 본 대로, "착오자가 … 사안을 합리적으로 평가하였다면"이라는 것이어서 착오자가 본질적이라고 생각한 점을 단순히 거래관념상 본질적이 아니었다고 해서 착오취소를 배제한다는 의미는 아니다. 그러므로 제 2 초안의 태도를 제 1 초안에 비하여 「거래이익과 신뢰보호의 사상의 강화」라고 평가하는 크라머의 主張에는 반드시 수긍하기 어려운 점이 있다.

오히려 착오규정에 대한 입법과정에서의 논의를 보다 상세히 음미하면, 제 2 초안의 위와 같은 변화는 의사주의 아니면 표시주의의 배타적 선택 또는 그 어느 일방의 우선적 고려라는 理論的 兩者擇一이라기보다는 「對立하는 利益의 公平한 調整」이라는 보다 현실적인 관점에서 행하여진 것임을 알 수 있고, 이는 審議過程 전반을 통하여 반복하여 강조되고 있다. 물론 제 2 위원회에서는 제 1 위원회에서와는 달리 이제 의사주의를 출발점으로 한다는 언명이 정면에서 행하여지는 일은 없게 되었다고 하여도, 위와 같은 태도는 이미 제 1 초안을 마련함에 있어서도 출발점이 되었던 사고이었던 것이다.

(法律行爲論의 史的 展開와 課題: 李好珽 敎授 華甲記念論文集 (1998), 105면 이하 所載)

[後　記]

本稿는 李好珽 敎授 華甲記念論文集에 수록되었던 것인데, 저자도 그 위원의 한 사람이었던 위 논문집 간행위원회는 “종래 일반적으로 간행되던 回甲記念論文集의 형식을 탈피해서 主題를 정하여 주제 중심으로 논문집의 내용을 구성하고, 이에 맞추어 執筆要請을 하기로 결정하였다. … 刊行委員會는 이러한 기준에 따라 먼저 17개의 細部主題를 선정하고, 각 個別主題의 집필에 적임이라고 생각되는 분을 지정하여… 論文의 執筆을 부탁드렸다”(위 책, 刊行辭, i면). 그리하여 저자에게 배당된 주제가 바로 本稿의 제목이 되었다.

그 제목에 충실하려면 마땅히 독일민법전이 제정되는 과정에서 법률행위에 관한 규정에 대하여 행하여진 論議, 특히 제 1 초안상의 규정에 대한 각종의 意見을 망라적으로 살펴보아야 했을 것이다. 그러나 그것은 방대한 작업이 되지 않을 수 없고 이는 위 논문집의 편집의도를 훨씬 뛰어넘는 일이었으므로, 결국 『審議錄』, 『理由書』 및 『議事錄』를 중심으로 하여 말하자면 立法作業의 내부에서 행하여진 논의에 서술을 한정하지 않을 수 없었다.

3. 不動産實名法 제 4 조에 의한 名義信託의 效力

—소위 登記名義信託을 중심으로—

I. 序　論

1. 「不動産實權利者名義登記에 관한 法律」(이하 단지 「부동산실명법」이라고 줄여 부르기로 한다)은 1995년 3월 30일에 공포되어 같은 해 7월 1일부터 시행되었다. 이 법률은 종전에 판례가 인정하여 온 「명의신탁」의 대부분을[1] 禁壓하는 것을 주된 내용으로 한다.

同法 제 4 조에 의하면, "名義信託約定은 無效"이고(同條 제 1 항), "名義信託約定에 따라 행하여진 登記에 의한 不動産에 관한 物權變動"도 원칙적으로 無效이다(同條 제 2 항 本文). 그리고 이러한 무효는 어느 것이나 "第三者에게 對抗하지 못한다"고 한다(同條 제 3 항). 이 규정은 부동산실명법 중 私法規定의 核心的 內容을 담고 있다.[2] 즉 명의신탁에 관한 종래의 판례법리에 의하면, 명의신탁약정은 유효이고,

1) 그 예외로서 주요한 것은, 不動産實名法 제 2 조 제 2 호에서 정하는 소위 「區分所有的 共有」에서의 相互名義信託(이는 애초 同法이 규율하는 「명의신탁약정」으로부터 定義上 제외되고 있다), 그리고 同法 제 8 조에 의하여 일정한 요건 아래 제 4 조를 포함하여 一部規定의 적용이 배제되는 宗中의 不動産, 配偶者의 不動産 등이 있다.

2) 그 외에 同法 제11조, 제12조가 同法 施行 전에 이미 행하여진 名義信託에 대하여 정하는데, 이들은 私法的 效力에 대한 규율을 포함하고 있다.

또한 명의수탁자 앞으로 소유권이전등기가 행하여진 경우에 그는 목적부동산에 대하여 유효하게 所有權을[3] 취득하며, 그리하여 명의수탁자는 소유권으로부터 파생하는 각종의 권리(가령 목적물을 점유하는 자에 대한 민법 제213조 소정의 所有物返還請求權 등)를 가지고 명의수탁자 앞으로 행하여진 등기는 명의신탁관계가 유효하게 지속되는 한에서는 그 효력을 다툴 수 없는 것이라고 인정되고 있었다. 그런데 위의 규정은 이를 否認하여, 명의신탁약정은 아무런 효력이 없으며, 나아가 비록 명의수탁자 앞으로 소유권이전등기가 되더라도 이에 의하여 소유권이 이전되지 아니하며, 따라서 명의수탁자는 소유권 및 이에 기한 각종의 권리를 일절 가지지 못한다는 것을 정면에서 정하고 있는 것이다. 이에 따라 명의수탁자의 등기는 실체적 관계에 맞지 않는 不實登記로서, 우선 所有者에 의하여 말소청구의[4] 대상이 된다.

한편 同條 제2항 但書는, 명의신탁약정에 따라 登記가 행하여진 경우에 대하여 예외를 정한다. 즉 "다만, 不動産에 관한 物權을 取得하기 위한 契約에서 名義受託者가 그 一方當事者가 되고 그 他方當事者는 名義信託約定이 있다는 사실을 알지 못한 경우에는 그러하지 아니하다"는 것이다. 여기서 末尾의 「그러하지 아니하다」라는 것은, 물권변동이 유효하게 발생하여 결국 명의수탁자가 소유권을 취득한다는 의미임에는 의문의 여지가 없다. 이는 명의신탁의 사법상 효력을 부정한다는 부동산실명법의 기본적 규율관점에서 보면[5] 다소 특이한 것이

3) 부동산실명법이 규율하는 것은 부동산소유권의 명의신탁에 한정되지 아니하며, 그 외의 "不動産에 관한 物權", 즉 地上權·傳貰權·抵當權 등의 명의신탁도 그 적용을 받는다(同法 제2조 제1항 제1호 참조: "不動産에 관한 所有權 기타 物權"). 그러나 이 글에서는 다른 특별한 언급이 없는 한 所有權의 명의신탁만을 논하기로 한다.

4) 大判(全) 90.11.27, 89다카12398(集 38-4, 50) 이래 判例가 인정하고 있는 바의 眞正登記名義回復請求權에 기한다면 소유자 앞으로의 이전등기청구도 허용된다.

5) 財政經濟院, 不動産實名法 解說(1995), 7면: "[당시 이미 시행 중이던] 不動

라고 하지 않을 수 없다.

2. 그런데 종전에 판례에 의하여 구축된 명의신탁의 법리는[6] 방대한 내용을 가지며 강고한 구조를 형성하고 있다. 이에 비추어 보면, 不動産實名法 제4조가 선언하고 있는「無效」가 구체적으로 과연 어떠한 의미를 가지는지는 반드시 명확하다고는 할 수 없다.

本稿는 不動産實名法 제4조의 解釋論을 전개하여, 이러한 문제에 대응하려는 의도로 쓰여진 것이다. 그에 있어서는 소위「등기명의신탁」을 염두에 두고 생각하여 보기로 한다. 앞서 본 대로 그와 구분되는 소위「계약명의신탁」에 관하여 同法 제4조 제2항 但書는 수탁자의 소유권취득의 유효성을 인정하고 있어 현저한 대조를 이루므로, 이에 대하여는 그 區分과 아울러 別稿에서 다루기로 한다.[7]

産登記特別措置法에서는 [명의신탁에 대한] 처벌을 위주로 하고 있기 때문에 [명의신탁의 근절에] 실효를 거두지 못하고 있다는 판단에 따라 名義信託의 사법적인 효력을 부인하는 것을 기본방향으로 추진하기로 하였는데, 이러한 기본방향은 최종 확정된 법률에 이르기까지 일관성 있게 추진되었다."(꺾음괄호 안은 引用者가 부가한 것이다. 이하 같다).

6) 이에 대한 文獻으로 주요한 것은 다음과 같다. 康鳳洙, 名義信託에 있어서 內部的 所有權의 意味, 司法行政 1987년 12월호, 1988년 1월호, 1988년 2월호; 高翔龍, 名義信託理論의 再檢討 小考, 郭潤直 교수 화갑기념논문집(1985); 同, 名義信託과 不動產實名法, 考試Journal 1995년 5월호; 郭潤直, 名義信託解止의 效果, 民事判例硏究 4집(1982); 同, 名義信託에 관한 判例理論의 硏究, 厚巖民法論集(1991); 權五坤, 名義信託에 관한 判例의 動向, 民事判例硏究 10집(1988); 同, 名義信託, 民法注解[V](1992); 金光年, 명의신탁에 관한 판례이론 검토, 판례월보 1992년 2월호, 1992년 3월호; 金學東, 名義信託의 法律關係에 관한 判例理論, 考試界 1997년 2월호; 宋德洙, 名義信託, 考試硏究 1993년 1월호; 尹喆洪, 不動產名義信託理論에 대한 小考, 숭실대학교 法學論叢 7집(1994); 同, 명의신탁의 무효성, 경제정의 20호(1994); 李庚熙, 부동산명의신탁에 관한 問題點, 연세대 법률연구 4집(1986); 李英俊, 名義信託의 有效性에 관하여, 사법논집 19집(1988); 張容國, 名義信託과 不動產登記簿取得時效, 民事判例硏究 11집(1989) 등.

7) 梁彰洙, "不動產實名法의 私法的 規定에 의한 名義信託의 規律——소위 契約名義信託을 중심으로", 省谷論叢 28집 3권(1997.7), 353면 이하(本書, 135면 이하).

筆者는 財政經濟院이 주동이 되어[8] 不動産實名法의 案을 마련하는 처음 준비단계의 초안작업에 관여한 바 있다. 그러나 점차로 소관 실무담당자와 基本視角에 차이가 있음이 밝혀지고, 이것이 특히 명의신탁약정의 정의 등을 비롯한 규율의 대상파악과 그 범위, 무효의「제3자」에 대한 효력, 기존 명의신탁이나 소유권이전등기를 장기간 해태하는 경우의 처리 등의 문제에서 조정할 수 없는 見解對立으로 이어져서, 결국 스스로 손을 떼게 되었다. 그러나 다른 한편으로 명의신탁의 법적 파악에 대한 필자의 생각이 이 法律에 그대로 반영·관철된 점도 없지 않다. 가령「등기명의신탁」과「계약명의신탁」의 구분이나, 명의신탁약정과 이에 기한 소유권이전등기 또는 소유권변동을 나누어 규율하는 것 등이 그러하다. 그 한도에서 本稿는 이들에 대한 說明이라고도 할 수 있다. 그것이 아니라도, 일단 法律이 제정·시행되고 있는 이상, 그 解釋問題는 역시 소홀히 할 수 없는 것이다.

3. 이하에서는, 우선 명의신탁에서 소유권변동의 법적 구조를 명의신탁약정과 그에 기하여 행하여지는 소유권이전등기와의 관계를 중심으로 하여 究明하기로 한다(Ⅱ.). 이는 不動産實名法의 바탕에 깔려 있는 전제적 법리를 밝히는 작업으로서의 의미도 가진다. 나아가 명의신탁약정의 의미와 그로부터 발생하는 법률효과를 살펴보기로 한다(Ⅲ.). 여기서는 명의신탁약정에 의하여 발생하는 채권적 권리의무를 중심으로 하여 그 당사자 상호 간의 법률관계를 분석함으로써,「無效」

8) 財政經濟院이 이 법률의 기초과정을 주도한 사실에 대하여는 우선 財政經濟院(註 5), 7면 이하 참조: "不動産實名制는 '95. 1. 6 大統領의 연두 기자회견을 통하여 公式的으로 실시방침을 국민에게 밝히면서 입법작업이 본격적으로 추진되었다. 그러나, 정부 내에서의 不動産實名制 준비작업은 이미 '94. 10월부터 구 經濟企劃院을 주관으로 法務部 등 관계부처로 구성된 실무팀 … 을 중심으로 추진되어 왔다."(점선은 引用者에 의하여 생략된 부분을 가리킨다. 특별한 지적이 없는 한 이하 같다)

가 되는 것의 내용이 무엇인지를 밝힐 기초가 마련된다. 또한 끝으로 명의신탁약정이 무효라고 정하는 同法 제4조 제1항과 수탁자 앞으로 소유권이전등기가 있어도 소유권변동이 일어나지 않는다는 同法 제4조 제2항 本文에 대하여 본다(Ⅳ.). 명의신탁약정이나 소유권변동의 무효가 제3자에 대하여 미치는 효력에 대하여 정하는 同條 제3항도 여기서 아울러 살피기로 한다.

Ⅱ. 名義信託에서 所有權變動의 構造

1. 登記名義信託의 두 가지 형태

(1) 등기명의신탁에서 명의수탁자(이하 단지 「수탁자」라고 줄여 부르기로 한다)는 원래의 소유자와의 사이에 부동산소유권을 이전하는 것을 내용으로 하는 별도의 債權契約을 맺지 않는다. 그는 명의신탁자(이하 단지 「신탁자」라고 줄여 부르기로 한다)와 「명의신탁약정」을 맺을 뿐이다. 이 점에 명의신탁거래의 중요한 특징이 있다.

그러한 의미에서 예를 들면 讓渡擔保는 명의신탁의 법리에 의하여 파악할 필요가 없다. 양도담보에서 담보제공자와 채권자는 담보의 제공·유지, 채무불이행시의 채권만족방법(청산 또는 유담보 등), 채무이행시의 환수 등을 내용으로 하는 擔保契約(Sicherungsvertrag)을 체결하고, 이 계약에 기하여 담보제공자는 채권자에게 담보목적물을 양도할 의무를 부담하게 된다. 이는 단지 「소유권명의」 자체의 이전을 一次的·直接的인 내용으로 하는 명의신탁약정과는 구분된다.

(2) 賣買契約과 같이 소유권의 이전을 내용으로 하는 별도의 債權契約은 대부분의 경우에 신탁자가 당사자가 되어 부동산의 원소유

자와의 사이에[9] 체결한다. 그 경우에 통상 매도인이 되는 원소유자는, 그 매수인과의 사이에 명의신탁약정을 체결한 제3자에게 직접 소유권이전등기를 경료하게 된다. 이 등기는 일종의 中間省略登記라고 하겠다.[10] 그리하여 매수인은 소유권을 취득함이 없이 신탁자의 지위에 서게 된다. 이러한 유형의 명의신탁은 「3자 간의 등기명의신탁」이라고 불리우기도 한다.

이상을 보다 이론적으로 설명하면, 다음과 같다. 신탁자 A가 원소유자 B와의 사이에 부동산소유권의 취득을 위한 原因行爲를 한다. 이러한 原因行爲로서는, 대표적인 거래행위인 賣買는 물론이고, 贈與, 交換과 같은 권리취득을 내용으로 하는 典型契約을 들 수 있으며, 나아가 代物支給의 約定(소위 「代物辨濟의 豫約」 등)[11] 등도 이에 포함된다. 그러한 原因行爲에 기하여 A는 B에 대하여 부동산소유권의 이전을 내용으로 하는 채권을 취득하게 된다. 또 그 원인행위가 매매와 같은 有償行爲인 경우에는 B는 A에 대하여 그 反對給付의 이행을 청구할 수 있는 채권을 취득한다. 원래 B는 위의 소유권이전채무를 그 채권자인 A에게 소유권이전등기를 경료함으로써만 이행할 수 있는 것이다. 그런데 A와 B는 이 소유권이전채무에 관하여, 소유권이전등기를 A 본인이 아닌 제3자 C(반드시 特定되어 있어야 할 필요는 없다) 앞으로 경료함으로써 이를 이행하기로 하는 特約을 한다.[12] 이 約定은 반

9) 물론 信託者에게 부동산을 매도하는 사람이 반드시 그 소유자라고 단정할 수 없으며, 또 소유자인지 여부는 명의신탁관계의 파악에 별다른 영향을 미치지 않는다. 여기서는 일단 매도인이 所有者인 것으로 전제한다.

10) 여기서도 中間省略登記 일반에서와 마찬가지로, ① 이미 이루어진 중간생략등기가 유효한가, ② 중간생략의 등기를 청구할 수 있는가 또는 그 청구권의 발생요건은 무엇인가, ③ 중간생략등기에 의하여 당사자들 사이의 채무는 이행된 것으로 볼 것인가의 세 가지 문제가 제기된다.

11) 代物給付의 約定(pactum de in solutum dando)에 대하여는 우선 梁彰洙, "他人의 物件에 관한 代物辨濟契約으로 인한 責任", 民法研究 제2권(1991), 259면 이하 참조.

12) 이 약정이 選擇的 效力을 가지는가, 즉 B가 이 약정에 의하여 C 앞으로 소유

드시 원래의 原因行爲와 동시에 행하여질 필요는 없는데, 이는 일종의 第三者方 履行(Erfüllung durch Leistung an Dritte)의 約定이다.[13]

그와는 별도로 A는 위의 제3자 C와의 사이에, C를 위와 같은 B의 채무이행의 상대방으로 하기로 하는 약정을 체결한다. 이 약정은 여러 가지 原因에 기하여 행하여질 수 있다. A가 C에 대하여 별도의 원인(가령 轉賣)으로 인하여 당해 부동산소유권을 이전하여야 할 채무를 부담한다면, B가 C에게 직접 소유권이전등기를 경료함으로써 A의 C에 대한 이 채무의 이행으로 하기로 하여 위와 같은 약정을 행할 수 있다. 이것은 전형적인 中間省略登記의 合意이다. 그런데 그러한 별도의 채권관계가 없어도 단지「所有名義」를 C 앞으로 하기로 하는 약정을 할 수도 있다. 이러한 약정이 바로 여기서 말하는 登記名義信託의 約定에 해당한다.

이 경우에 원소유자 A로서는 자신의 계약상대방이 아닌 C에게 소유권이전등기를 경료하여 주는 것인데, 이는 A와 그 계약상대방, 즉 B 사이의 補償關係(Deckungsverhältnis)에 기한 것이다. 그리고 그 B와 등기를 넘겨받는 수탁자 C 사이의 對價關係(Valutaverhältnis)를 발생시키는 것이 바로「명의신탁약정」인 셈이다. 이들 두 관계가 원소유자의 입장에서 보면 소유권상실이라는 出捐을 정당화하는 原因(causa)이 되는 것이고, 또한 수탁자의 입장에서 보면 소유권취득이라는 利益을 정당화하는 原因이 되는 것이다. 이들 兩者 중 어느 것이 時間的으로 먼저인가 또는 먼저이어야 하는가는 각자의 有效 여부에 아무런 영향

권이전등기를 경료함으로써 채무의 이행을 할 수 있지만 여전히 그는 A 앞으로의 소유권이전등기에 의하여서도 채무를 면하게 되는가(이 경우에는 일종의 任意債權關係가 발생한다), 아니면 排除的 效力을 가지는가, 즉 B는 C 앞으로의 소유권이전등기에 의하여서만 자신의 채무를 면하게 되는가는 그 約定의 解釋에 달려 있는 문제이다. 그러나 통상은 前者로 해석될 것이다.

13) 第三者方 履行約定의 여러 가지 법적 의미(가령 제3자에의 受領權限의 수여, 채무자에의 제3자방 이행권한의 수여 등)에 대하여는 우선 Karl Larenz, *Lehrbuch des Schuldrechts,* Bd.1, 14. Aufl.(1987), § 18 Ⅱ(S.244ff.) 참조.

을 미치지 않으며 또 그 소유권변동에도 아무런 관계가 없다.

(3) 그러나 신탁자가 이미 소유권을 가지는 자인 경우에는 이러한 별개의 채권계약이 체결되지 않으며, 또 그것이 요구되지도 않는다. 그가 자신의 부동산을 명의신탁약정에 기하여, 그리고 그것만에 기하여 수탁자에게 이전하는 경우도 충분히 상정될 수 있다. 여기서는 일반적으로 앞의 (2)에서 본 바와 같은 중간생략등기는 일어나지 않는다.[14] 이러한 유형의 명의신탁은 「2자 간의 등기명의신탁」이라고 불리우기도 한다.

특히 이 경우는 假裝行爲와의 구분이 어려울 수 있다. 그러나 명의신탁약정을 일반적으로 허위표시라고 할 것은 아니며, 요컨대 이는 당사자들이 수탁자 앞으로의 소유권이전을 ── 뒤의 Ⅲ. 2. (3)(b)에서 보는 주로 채권적인 제약 아래서── 원하는 일치된 의사가 있는지 여부에 의하여 판단될 法律行爲解釋의 문제인 것이다.

(4) 명의신탁에서는 수탁자 앞으로 소유권이전등기가 행하여진다. 일반적으로 수탁자는 소유권이전등기를 경료받음으로써 부동산의 소유권을 취득한다고 이해되고 있다. 그러나 등기명의신탁에 대하여 본다면, 수탁자로서는 단지 신탁자와 명의신탁약정을 하였을 뿐이다. 여기서 다음과 같은 문제가 제기된다.

첫째, 「所有名義」를 수탁자 앞으로 하기로 하는 명의신탁약정이 소유권이전의 적법한 원인(causa)이 될 수 있는가? 또는 명의신탁약정은 어떠한 의미에서 소유권이전의 원인이 되는가? 이 문제는 특히 소위 「2자 간의 등기명의신탁」에 관련하여 제기된다.

---

14) 사실상으로는 중간생략등기가 행하여질 수도 있다. 예를 들면 상속으로 취득한 부동산을 제 3 자에게 명의신탁하여, 피상속인으로부터 수탁자 앞으로 직접 「상속에 의한 등기」(不動產登記法 제47조 참조)를 하는 것이다. 그러나 이는 어디까지나 便法이고, 원칙적으로는 상속인 앞으로 相續登記를 한 후 다시 제 3 자 앞으로 소유권이전등기를 하여야 할 것이다.

둘째, 소위「3자 간의 등기명의신탁」에서는 부동산의 원소유자는 명의신탁약정의 당사자가 되지 않는데, 소유권이전등기는 그로부터 수탁자에게 직접 경료되고 따라서 소유권이전도 그 사이에서 일어날 터이다. 그러므로 명의산탁약정이 소유권이전의 적법한 원인으로서의 적격이 있다고 하더라도, 위의 경우에는 신탁자와 수탁자 사이의 명의신탁약정만으로 당연히 원소유자와 수탁자 사이에서 행하여지는 소유권이전의 원인이 충족된다고 할 수 없다. 그렇다면 원소유자로부터 수탁자로의 직접적인 소유권이전은 명의신탁약정 외에 어떠한 원인에 의하여 일어난다고 할 것인가?

종전에 이상의 문제는 별로 논하여지지 아니한 것으로 여겨진다. 그러나 이를 해명하는 것은 등기명의신탁의 법리, 나아가서는 不動産實名法의 규율구조를 이해하는 데 불가결의 전제를 이룬다고 할 것이다.

2. 名義信託에서의 所有權變動

(1) 앞에서 본 소위「3자 간의 등기명의신탁」에서는, 원소유자로부터 수탁자 앞으로의 소유권이전은, 원소유자와 신탁자 사이의 보상관계(예를 들면 신탁자의 소유권이전청구채권)와 신탁자와 수탁자 사이의 대가관계, 즉 명의신탁약정을 그 原因으로 하여 행하여진다. 보상관계나 대가관계 중 어느 하나라도 애초 존재하지 아니하거나 법률행위의 무효·취소·해제 등으로 인하여 효력이 없으면, 그 소유권이전은 우리 민법이 취하는 물권변동의 유인성원칙에 의하여 효력이 없다.

앞의 1.(2)에서 든 예에서 보면, 명의신탁약정은, A의 소유권취득의 원인행위, 즉 매매계약과 함께, C가 B로부터 부동산소유권을 취득하는 것을 정당화하는 적법한 原因을 이룬다. 그러므로 가령 A와 B 사이의 매매계약이 無效이거나 取消되거나 채무불이행 등을 이유로

解除되는 등으로 그 효력이 없게 되면, 비록 이미 소유권이전등기가 C 앞으로 경료되었다고 하더라도, 우리 민법이 택하는 有因的 物權變動의 原則에 의하여, C의 소유권취득은 부인된다. 또 A와 C 사이의 이러한 登記名義信託約定이 예를 들어 C의 行爲無能力이나 錯誤나 詐欺·強迫을 이유로 취소되거나 하여 그 효력이 없게 되면, 역시 有因的 物權變動의 原則에 의하여 C의 소유권취득은 부인된다.[15]

또한 소위「2자 간의 등기명의신탁」에서도 신탁자와 수탁자 사이의 명의신탁약정을 원인으로 하여 소유권이전이 행하여진다.

그러므로 어느 경우에나 명의신탁약정이 효력이 없다고 하면, 수탁자 앞으로의 소유권이전은 일어나지 않는다는 결과가 된다.

(2) 그런데 일반적으로 명의신탁은[16] 假裝行爲로서 무효라고 하는 견해도 적지 않다.[17] 그 대표적인 주장은 다음과 같이 말한다.

> "[1]名義信託을 하기 위하여 當事者는 일정한 法律行爲를 하게 되나, 그 法律行爲는 當事者의 어떤 목적을 위한 外觀을 假裝的으로 만들기 위하여 이용되고 있을 뿐이다. 例컨대, 甲이 그의 所有不動産을 乙에게 名義信託하기 위하여 賣買契約을 하고, 所有權의 移轉登記를 하였다면, 이 때의 賣買라는 法律行爲는, 그 不動産의 所有權이 마치 乙에게 귀속하는 것과 같은 外觀을 假裝的으로 만들어내기 위하여 이용하고 있을 뿐이고, [2-1]眞正으로 所有權이 乙에게 移轉하는 것을 意慾하고 있지는 않다. 바꾸어 말하면, 假裝된 外觀的 行爲인 賣買

---

15) 이는, 가령 A-B, B-C 간의 각 부동산매매계약에 기하여 A로부터 C 앞으로의 中間省略登記가 실제로 행하여졌으나, 두 賣買契約 중 어느 하나가 무효·취소 등으로 효력이 없게 되면, C가 소유권을 취득하지 못하게 되는 것과 마찬가지이다.

16) 그 외에 위의 주장이 가장행위로서 무효라고 하는 것이 명의신탁약정인지, 아니면 그 약정의 이행으로 행하여지는 소유권이전의 물권행위인지 반드시 명확하지 않다. 아마도 後者가 아닐까 추측되기도 하나, 斷定할 수는 없다.

17) 이에 대하여는 무엇보다도 郭潤直(註 6. 1991); 宋德洙(註 6); 權五坤(註 6. 1988) 등 참조.

와 그 履行行爲에 의하여 所有名義者가 된 乙이 그 所有權을 행사할 수 있다는 것과, 또한 所有名義를 잃게 된 甲으로부터 所有權을 행사할 기회를 빼앗을 것을 意慾하고 있는 것은 아니다. [2-2]뿐만 아니라, 그 假裝的으로 만들어 낸 外觀의 法的 效力을 부인하는 데 관한 合意(通情)가 當事者 사이에는 있는 것이다. 위의 例에서, 甲·乙 사이에는, 賣買와 그 履行行爲에 의하여 所有名義를 乙에게 移轉할 뿐이지, 乙이 所有權을 취득하는 것은 아니라는 데 서로 合意하고 있는 것이다. [2-3]그렇기 때문에 甲은 계속 소유권을 행사할 수 있고, 乙은 所有名義는 가지고 있으되 所有權을 행사하지는 못한다. 이상 論한 바로써 매우 분명한 것과 같이, 判例가 有效하다고 하는 이른바 「名義信託」은 틀림없는 虛僞表示인 것이다."(꺾음괄호 안은 引用者가 부가한 것이다. 이하 같다)[18]

그러나 이러한 주장에는 贊成할 수 없다.

첫째, 예를 들어 당사자들이 증여계약을 체결하고 매매계약을 등기원인으로 하여 소유권이전등기를 하는 경우에, 당연히 그 매매계약은 假裝行爲로서 무효이다. 그러나 당사자들이 합의한 증여계약은 유효하며, 이와 같이 무효인 가장행위에 의하여 가려진 유효한 법률행위를 隱匿行爲라고 부른다고 함은 일반적으로 인정되고 있는 바이다. 명의신탁에서 수탁자 앞으로 소유권이전등기를 함에 있어서 登記原因을 원소유자와 수탁자 사이에 체결된 매매계약으로 기재하고 매매계약서를 不動產登記法 제40조 제2호의 "登記原因을 증명하는 書面"으로 제출하는 것은 흔히 있는 일일 것이다. 물론 이 매매계약은 가장행위로서 無效이다. 그러나 그렇다고 하여서 당사자들이 등기절차에서 숨기고 있는 것, 즉 소유명의를 수탁자 앞으로 이전하기로 하는 합의가 당연히 假裝行爲가 된다고는 할 수 없다. 이렇게 보면, 위의 주장의 [1]의 부분은 설득력이 없다고 생각된다.

18) 郭潤直, 物權法, 新訂版(1995), 396면 이하.

둘째, 위의 주장은 당사자 사이에 受託者에의 所有權移轉에 대한 진정한 합의가 없다고 한다(위 [2-1], [2-2]). 이는 "名義信託은 假裝行爲"라고 하는 주장의 同語反復인데, 위의 주장이 그 理由로 드는 것은 단지 [2-3] 부분뿐이다. 즉 "信託者는 所有權을 계속 행사할 수 있고, 受託者는 所有名義는 가지고 있으되 所有權을 행사하지 못한다"는 것을 들어, 이에 비추어 당사자들의 진정한 합의는 소유권을 이전하지 아니하기로 하는 것이라고 주장하는 것이다. 그러나 거기서 신탁자가 가진다는 所有權이란, 또 所有名義가 있는 수탁자가 행사하지 못한다는 所有權이란 도대체 어떠한 것인가? 그 所有權이란, 단지 **당사자 사이에서는** 신탁자가 所有者와 같은 지위를 누린다는 의미에 그치는 것이 아닐까? 위의 주장은, 명의신탁에서 신탁자가 소유권을 상실하고 수탁자가 소유권을 행사하는 것을 意慾하지 않는다고 하는데(위의 [2-1]), 所有權移轉登記가 자기 앞으로 되어 있지 않은 信託者가 소유권을 행사하는 데는 실제로 여러 가지의 장애가 따르며, 사실상 불가능에 가깝다. 예를 들어 신탁자는 부동산이 남의 이름으로 등기되어 있는 상태에서는 이를 處分하기 어려우며(부동산등기법 제28조에서 등기신청의 자격을 가지는 「登記義務者」가 아니므로. 한편 신탁자의 處分權에 대하여는 뒤의 Ⅲ. 2. (3)(b)(bb)도 참조), 不法占有者 등에 대하여 物權的 請求權을 행사하는 데도 所有權의 立證 등에 어려움을 겪는다. 그럼에도 불구하고 수탁자 앞으로 소유권이전등기를 하는 것은 통상은 수탁자가 **대외적으로는** 소유권을 가지는 것을 의욕하여 그로 하여금 소유권을 행사하도록 할 의사였다고 해석하여야 하지 않을까? 가령 당사자들의 합의내용이 당사자 사이에서는 신탁자가 소유자와 같은 지위를 누리지만 그 외의 제 3 자에 대하여는 수탁자가 소유자가 된다는 것이라면, 여기에 수탁자에게 소유권을 이전한다는 진정한 합의가 없다고 할 수 있을 것인가? 그리고 여기서 「당사자 사이에서 신탁자가 소유자와 같은 지위를 누린다」는 것의 法的 意味를, 위의 주장도 그 유효성을 명백히 긍정하고 있는 信託行爲에서의 「對內關係」와 다르게 파악하여야 할 필요는 과연 무엇일까? 이렇게 보면, 위의 주장의 [2] 부분도 충분히 설득력이 있다고 생각되지 않는다.

(3) 문제는 오히려, 단지 「소유명의」의 이전을 一次的·直接的인 내용으로 하는 명의신탁약정 그 자체가 所有權移轉의 正當原因(iusta causa traditionis)이 될 수 있는가 하는 점에 있다. 結論的으로 이는 긍정할 것이다.

어떠한 出捐行爲의 原因 일반에 대하여는 별도의 검토가 필요할 것이다.[19] 다만 本稿와 관련된 범위에서 말하자면, 그것은 반드시 出捐者가 소유권이전을 내용으로 하는 債務를 부담할 것을 요하지 아니한다. 이는 가령 甲이 乙에 대하여 부담하는 소유권이전채무를, 甲에 대하여 이를 이행할 의무를 부담하지 않는 丙이 乙에게 履行하는 경우에서(민법 제469조 참조) 명백하게 드러난다. 이와 같이 당사자 사이에 아무런 債務가 없더라도 소유권이전이 일어날 수 있고, 또 그 정당원인이 긍정될 수 있다. 예를 들면 現實贈與의 경우가 그러하다. 이 경우에는 주는 사람과 받는 사람의 原因合意(causa-Abrede)만에 기하여 소유권이전이 일어난다.[20]

---

19) 이에 대하여는 무엇보다도 Andrea von Tuhr, *Der allgemeine Teil des Deutschen Bürgerlichen Rechts,* 2. Bd. 2. Hälfte(1918), §72(S. 62ff: "Die rechtlichen Zwecke der Zuwendung") 참조. 한편 우리 나라의 物權變動論議에서 이 문제가 소홀히 되어 왔다는 점에 대하여는 이미 梁彰洙, "韓國 民事法學 50년의 成果와 21세기의 課題", 民法硏究 제4권(1997), 18면 이하가 지적한 바 있다.

20) 이에 대하여는 von Tuhr(前註), §72 Ⅱ 3(S. 75); Karl Larenz, *Lehrbuch des Schuldrechts,* Bd. 2, 2. Hbbd., 13. Aufl.(1986), §47 Ⅰ(S. 200f.); Enneccerus/ Lehmann, *Schuldrecht,* 15. Bearb.(1958), §120 Ⅱ 1 a(S. 487); Esser/Weyers, *Schuldrecht,* Bd. 2, 7. Aufl.(1991), §12 Ⅰ 1(S. 119f.) 등 참조. 예를 들면 에써/바이어스는 다음과 같이 말한다. "물권법적인 처분행위는, 즉 물건의 경우에는 제929조 이하에 따른 소유권양도는, 단지 대상이 취득자에게 물권적으로 「귀속(zuständig)」하는가, 즉 만인에 대한 방어 및 보호의 청구권[물권적 청구권을 말한다], 법적·사실

그런데 명의신탁약정은 단순한 原因合意를 넘어서서 그 당사자 사이에 일정한 채무를 발생시키며(이에 대하여는 뒤의 Ⅲ.2.(3)(b) 참조), 이는 결국 신탁자가 통상의 경우보다 강력한 채권법적 지위에 서는 信託行爲에 다름아니다.

Ⅲ. 不動產實名法上의 名義信託約定의 槪念과 그 意味內容

1. 序

(1) 문제는 결국 명의신탁약정의 내용을 분석하는 데 귀착된다. 즉 그 약정의 당사자들은 그 약정에 기하여 각각 상대방에 대하여 어떠한 法的 地位에 서게 되는가 하는 점이다.

이는 不動產實名法 제 2 조 제 1 호 본문에서 정하는「명의신탁약정」의 定義에 의하여 모두 밝혀진다고 할 수는 없다. 그 定義는, 同法의 規定이 적용되는 대상을 명확하게 획정하기 위하여 명의신탁약정이라고 하기에 필요한 최소한의 徵表만을 파악하는 것이고, 또 그것으로 족하다. 그러나 우선 그 징표를 구성하는 약정내용의 法的인 意味까지가 그 법문에 남김없이 드러나 밝혀져 있다고는 할 수 없다. 나아

적인 처분가능성 및 집행법상의 책임재산의 관점에서 귀속하는가만을 결정한다. 이 귀속이 法秩序의 관점에서도 역시 시인되는가, 취득자가 이를 계속 보유할 수 있는가는 채권법에 의하여 결정되어야 한다. 채권법은 물권적 처분의 시인에 어떠한「原因」(“causa”)을 요구한다. 이는 대부분의 경우 매매계약과 같은 의무부담행위 안에 존재한다. 현실증여의 경우에는 심리학적 사실로서의 원래의 의무부담의사를 찾기는 쉽지 않다. 그러나 이 경우에도 당사자들은, 처분이 유지되어야 하며 그것이 반대급부 없이 행하여진다는 데 일치하고 있다. 이는「贈與原因(causa donandi)」으로서, 처분행위를 시인하고 유지시키기에 충분하고, 이로써 무엇보다도 부당이득에 기한 반환청구를 배제하기에 충분하다.”

가 그 定義가 당사자 사이에서 실제로 행하여지는 약정의 통상적인 내용을 다 담고 있다고 보기는 어렵다.

그러므로 이하에서는 일단 不動產實名法 제 2 조 제 1 호 본문의 定義規定에 대한 解釋을 시도하면서, 이와 더불어 명의신탁약정의 통상적 내용까지도 시야에 넣고 그것이 어떠한 法的 含意를 가지는가를 해명하여 보기로 한다.

(2) 우리는 통상 「명의신탁자」 또는 「명의수탁자」라고 할 때에는, 수탁자 앞으로 소유권이전등기가 경료된 단계에서의 신탁자와 수탁자를 가리키는 것이라고 생각된다. 그러나 뒤에서 보는 대로 不動產實名法 제 4 조 제 1 항과 제 2 항이 명의신탁약정 자체와 그에 따라 소유권이전등기가 행하여진 경우를 구별하여 각각 그 무효를 정하고 있는 것에 비추어 보면, 역시 그 전에 아직 명의신탁약정만이 행하여진 단계에서의 그 당사자도 역시 「명의신탁자」 또는 「명의수탁자」라고 부를 수 있다고 할 것이다.

그러므로 우리가 「명의신탁」이라고 할 때 이것이 명의신탁약정 자체 또는 그것만이 행하여진 상태를 말하는 것인지, 아니면 그에 기하여 소유권이전등기가 행하여진 경우의 법률상태를 말하는 것인지 적어도 思考上 구분하여야 하는 것처럼, 「명의신탁자」 또는 「명의수탁자」에 대하여도 注意를 요한다.

2. 名義信託約定의 定義──不動產實名法 제 2 조 제 1 호 본문

(1) 「명의신탁약정」은 不動產實名法 제 2 조 제 1 호에서 "不動產에 관한 所有權 기타 物權 … 을 보유한 者 또는 事實上 取得하거나 取得하려고 하는 자 … 가 他人과의 사이에서 對內的으로는 實權利者가 不動產에 관한 物權을 보유하거나 보유하기로 하고 그에 관한 登記(假登記를 포함한다. …)는 그 他人의 名義로 하기로 하는 약정(委任·

委託賣買의 형식에 의하거나 追認에 의한 경우를 포함한다)"(점선은 인용자가 생략한 부분을 가리킨다. 이하 같다)이라고 정의되고 있다. 그리고 그 약정의 당사자는 각각 「명의신탁자」, 「명의수탁자」라는 명칭을 가지는 것으로 되어 있다(同條 제 2 호, 제 3 호 참조). 그 중에서 명의신탁자는 同法에서 동시에 「實權利者」라고도 불리운다.

그러니까 그 중에서 우선 명의신탁자만을 본다면, 여기서 신탁자란, 不動產所有權을 이미 보유하거나 또는 그것을 「事實上 取得」하는[21] 자로서, 장차 수탁자 앞으로 소유권이전등기가 경료된 경우에는 「對內的 所有權」을 보유하기로 정하여진 사람이다. 그리고 명의수탁자는 명의신탁약정에서 부동산의 등기를 자기 앞으로 하기로 정하여진 사람이다.

(**2**) 우선 約定의 主體와 관련하여 보기로 한다.

(**a**) 「소유권을 보유」하고 있다고 함은 곧 法律上의 所有者를 의미함에는 의문이 없다. 所有者인지 여부는 물론 實體法에 의하여 판단된다. 이에는 共同所有者도 포함된다고 할 것이다. 명의신탁은 하나의 소유권의 質的 一部, 즉 持分에 대하여도 행하여질 수 있는 것이다.

(**b**) 그런데 부동산의 「事實上 取得」이란 무엇을 의미하는가? 占有의 定義로서의 「事實上 支配」(민법 제192조 제 1 항)에 대하여 명확한 개념징표를 제시하기 어려운 것과 마찬가지로,[22] 이는 실로 어려운 문제를 제기한다.

(**aa**) 장기간 방치되어 있는 登記簿의 기재를 實體關係에 부합시

---

21) 法文에서는 "事實上 取得하거나 取得하려고 하는 者"라고 하여, 이미 「사실상 취득」한 자와 앞으로 「사실상 취득」하려고 하는 자를 구분하고 있다. 그런데 이는 名義信託約定이 실제로 행하여진 時期가 「사실상 취득」의 前이든 後이든 불문하고 모두 同法의 적용을 받음을 명확하게 하기 위하여 網羅的인 表現을 취한 것일 뿐, 실제상 별다른 중요한 의미는 없다고 생각된다.

22) 占有概念의 「白地的 性格(Blankettcharakter)」에 대하여는 우선 Philipp Heck, *Grundriß des Sachenrechts*(1930), S.19ff. 참조.

키기 위한 노력의 일환으로 여러 번에 걸쳐 제정된 등기절차에 관한 「特別措置法」에서는, 예외 없이 「사실상의 소유자」 또는 「사실상의 양수인」과 같이 이와 유사한 개념이 채택되고 있다. 가령 1964년의 「一般農地의 所有權移轉登記 등에 관한 特別措置法」은 제 4 조에서 "이 法에 의한 移轉登記는 登記名義人으로부터 一般農地의 權利를 이어받은 事實上의 現所有者·時效取得者 또는 그 代理人이 … 單獨으로 登記를 申請할 수 있다"고 한다. 1961년의 「分配農地所有權移轉登記에 관한 特別措置法」 제 2 조 제 1 항이나[23] 1969년의 「林野所有權移轉登記에 관한 特別措置法」 제 4 조,[24] 나아가 1977년의 「不動産所有權移轉登記 등에 관한 特別措置法」 제 6 조 내지 제 8 조, 제10조[25] 등도 유사한 내용을 정하고 있다.

이러한 「特別措置法」의 모든 경우에 동일한 것은, 이들 「사실상의 소유자」 또는 「사실상의 양수인」이 종전의 不動産所有者 또는 부동산 등기부 기타 公簿上의 所有名義人과의 사이에 매매 등의 권리취득을 위한 원인행위는 하였으나 특히 登記와 같은 권리취득의 다른 요건을 갖추지 못함으로 인하여 결국 법률상으로 소유권을 취득하지 못한 사람이라는 것이다. 이 점은 특히 위의 「林野所有權移轉登記에 관한 特別措置法」 제 4 조에서 "權利를 이어받은 등기하지 못한 取得者"라고

23) 同法 제 2 조 제 1 항: "農地改革法에 의하여 분배된 農地로서 분배받은 자의 명의로 所有權移轉登記節次를 필하기 전에 同法 소정의 절차를 밟지 아니하고 分配農地의 권리를 이어받은 事實上의 現所有者 …"

24) 同法 제 4 조: "이 法에 의한 移轉登記는 登記名義人으로부터 林野의 權利를 이어받은 등기하지 못한 取得者 또는 그로부터 다시 그 權利를 이어받은 者 및 그 代理人이 … 單獨으로 登記를 申請할 수 있다."

25) 同法 제 6 조 제 1 항: "臺帳上의 所有名義人으로부터 未登記不動産을 事實上 讓渡받은 자 …"

同法 제 7 조 제 1 항: "… 確認書를 발급받은 事實上의 讓受者 …"

同法 제10조 제 1 항: "未登記不動産을 그 臺帳上의 所有名義人으로부터 事實上 讓受한 자와 이미 登記되어 있는 不動産을 그 所有權의 登記名義人 또는 그 相續人으로부터 事實上 讓受한 자는 … 確認書의 發給을 받아야 한다."

정하는 데서 명료하게 드러난다. 즉「권리를 이어받은」이라는 것은 권리취득의 원인행위 자체는 온전하게 행하여졌다는 것을 의미하는데, 그러함에도 불구하고「등기하지 못」하였기 때문에 단지「事實上의」 소유자에 불과하게 되는 것이다. 물론 여기서 매매 등 권리취득의 원인행위 자체가 유효한 것이 아닐 경우도 있다. 가령 分配農地에 대하여는 償還完了時까지 매매·증여 등 처분의 원인행위는 금지되어 있고(農地分配法 제16조 제1호), 그에 반하여 행하여진 매매 등의 행위는 강행법규에 반하여 무효라고 할 것이다.[26] 그러나 그것은 그러한 행위를 금지하는 強行法規가 특별히 존재하기 때문이고, 그 외에는 매매 등의 행위 그 자체로서는 有效要件을 완전하게 갖추고 있는 것이다. 그리고 위의 특별조치법은 그러한「흠」의 원인, 즉 償還未完了의 사유가 事後的으로 治癒되었음을 전제로 하여(同法 제3조 제1항: "償還完了 … 를 증명하는 書面을 登記原因을 證하는 書面으로 한다"), 비로소 同法이 정하는 특별절차에 의한 등기를 허용하는 것이다.

따라서 권리취득의 원인행위가 사후적으로 치유되지 아니한 또는 치유될 수 없는 다른 이유에 의하여 효력이 없는 경우, 가령 虛僞表示 등으로 그것이 무효이거나 무능력·사기·강박 등을 이유로 適法한 取消가 행하여진 경우에는, 그 행위상의 양수인은 이를「사실상의 소유자」또는「사실상의 양수인」이 아니라고 할 것이다.

(bb) 또한 위의 여러 법률에서 정하는「사실상의 소유자」또는「사실상의 양수인」이라고 하려면, 단지 권리취득의 원인행위를 행하였다는 것만으로는 부족하고, 나아가 不動産處分行爲(物權行爲)의 적어도 意思的 要素, 즉 物權的 合意가 행하여질 것이 요구된다고 할 것이

---

26) 大判 55.9.15, 4288民上233(要集 特 II-1, 166); 大判 60.10.27, 4293民上64(集 8, 179); 大判 64.4.21, 63다707(集 12-1, 45); 大判 66.9.20, 66다1145(集 14-3, 44) 등 判例는 일관하여, 이 규정에 반하는 매매계약은 무효이며, 설사 그 매매가 상환완료를 정지조건으로 한 매매라고 하여도 그 條件이 성취되기 전에 농지를 현실로 인도한다는 내용의 계약인 경우에는 역시 무효라고 한다.

다.[27] 가령 부동산매매의 경우에는 그 계약을 체결하였다는 사실만으로는 부족하며, 나아가 그 계약상의 반대급부(즉 賣買代金)를 모두 이행하여야 한다.[28]

만일 그렇게 해석하지 아니하면, 대부분의 경우에 아무런 出捐을 하지 아니한 자가 위의 여러 법률에 기하여 목적물에 대하여 登記를 移轉받을 수 있고, 따라서 이를 處分할 수 있는 지위에 있게 되어, 부당한 결과가 된다.

(cc) 이상 살펴본 바와 같이 위의 법률들에서 정하는「사실상 소유」또는「사실상 양수」는, 占有와 같이 단순히 목적물을「事實上 支配」하는 것(민법 제192조 제1항 참조)과는 질적으로 다름을 留念하여야 할 것이다. 즉 여기서는 단지「점유할 권리」가 있는지 여부를 불문한 裸의 事實狀態만을 파악하고 있는 것이 아니라, 어떠한 내용의 權原이 전제가 되어 있다. 오히려 factum(사실)과 ius(권리 또는 법)의 兩分法에 의한다면, 이들은 결정적으로 後者에 가까우며, 거기에 도달하기 위한 요건의 중요한 일부를 충족하고 있다.

그런데 다만 그것이 온전한 權利가 되지 못하는 것은 나머지 요건, 특히 登記가 갖추어지지 않았다는 사정에 의한 것이다.

---

27) 우리 민법상 物權行爲의 要素가 무엇인가에 관하여는 주지하는 대로 견해의 대립이 있다. 필자는, 그것은 二重要件(Doppeltatbestand)에 걸려 있는 法律行爲로서, 意思的 要素인 物權的 合意와 事實的 要素인 登記 또는 引渡가 모두 있어야 비로소 物權行爲가 成立한다고 구성할 것이라고 생각한다. 同旨: 李英俊, 物權法, 全訂版(1996), 80면 이하. 그 외에 가령 郭潤直, 物權法, 新訂版(1992), 74면 이하가 주장하는 것처럼 登記 등이 物權行爲와 별도로 요구되는 物權變動要件이라고 하거나, 金容漢, 物權法論, 再全訂版(1993), 74면 이하가 주장하는 것처럼 登記 등이 물권행위의 效力發生要件이라고 구성할 것은 아니라고 할 것이다.

28) 여기서 필자는, 권리취득의 원인행위가 有償行爲인 경우에, 그 계약상의 反對給付가 모두 행하여진 때에는, **통상적으로** 그 給付行爲 및 給付受領行爲 속에「양수인」(보다 정확하게는「양수인이 될 자」)에게 직접 권리이전을 하는 것을 내용으로 하는 의사표시, 즉 물권행위의 의사적 요소로서의 物權的 合意가 포함되어 있다고 해석할 것이라는 전제에 서 있다.

(**dd**) 한편 租稅法律에서도 「事實上 所有者」 또는 「實質的 權利者」라는 개념이 드물지 않게 보인다. 예를 들면 國稅基本法 제14조 제1항은 "課稅의 對象이 되는 所得·收益·財產·行爲 또는 去來의 歸屬이 名義일 뿐이고 事實上 歸屬되는 자가 따로 있을 때에는 事實上 歸屬되는 자를 納稅義務者로 한다"고 하여, 일반적으로 「實質課稅의 原則」을 선언하고 있다.[29] 그리고 구체적으로는 가령 지방세법 제182조가, 일정 기준시점에 "財產稅課稅臺帳에 財產의 所有者로 登載되어 있는 者"가 원칙적으로 財產稅의 納稅義務者라고 하면서, "다만, 權利의 讓渡·都市計劃事業의 施行 또는 기타 事由로 인하여 財產稅課稅臺帳에 등재된 자의 권리에 변동이 생겼거나 財產稅課稅臺帳에 登載가 되지 아니하였을 때에는 事實上 所有者가 재산세를 납부할 의무를 진다"고 정한다(제1항).[30]

이들에 대하여서도 위의 (aa) 내지 (cc)에서 말한 바가 거의 그대로 타당하지 않을까 여겨진다.

(**ee**) 不動產實名法에서 정하는 「사실상 취득」의 개념도 이상에 준하여 이해될 수 있는가? 이 문제는, 위의 법률들에서는 주로 부동산 소유권을 취득하려는 자 앞으로 등기가 이전되지 아니한 경우가 다루어짐에 대하여, 名義信託에서는 반대로 登記가 적극적으로 행하여지되 단지 그것이 원래 권리자가 되어야 할 자가 아니라 수탁자 앞으로 행하여진다는 점을 어떻게 볼 것인가에 달려 있다.

---

29) 한편 이를 받아 예를 들면 法人稅法 제3조 제1항은 "資產 또는 事業에서 생기는 收入의 全部 또는 一部가 법률상 귀속되는 法人과 실질상 귀속되는 法人이 다른 경우에는 그것이 實質上 歸屬되는 法人에게 이 법을 적용하여 法人稅를 부과한다"고 한다. 1998년 12월 전문개정 후의 同法 제4조 제1항도 동일한 내용을 정한다.

30) 또한 土地超過利得稅法(1998년 12월 폐지 전) 제4조도 토지소유자를 토지초과이득세의 납세의무자로 하면서(제1항), "제1항의 所有者는 公簿上의 所有者로 한다. 다만 事實上의 所有者가 따로 있는 때에는 그 사실상의 所有者로 한다"고 정한다(제3항).

결론적으로 不動産實名法에서의「사실상 취득」은 위의 여러 법률에서의「사실상 소유」또는「사실상 양수」와 같은 내용을 가지는 것이라고 할 수 없으며, 이는 뒤에서 보는「수탁자와의 관계에서 신탁자가 내부적으로 소유권을 보유한다」는 점(뒤의 (3) 참조)에 흡수되어 이해되어야 한다고 생각된다.

名義信託에서는, 그것이 등기명의신탁이든 계약명의신탁이든, ― 명의신탁약정이 유효인 한― 수탁자 앞으로 완전히 유효한 權利移轉이 행하여지며, 앞의 경우에서와 같이 양도인에게 법률상 소유권이 남아 있게 되지 않는다. 권리이전 자체에 관하여는 명의신탁약정을 포함하는 소유권이전의 원인행위(채권행위)뿐만 아니라 물권행위의 의사적 요소도 사실적 요소도 모두 행하여진 것이다. 다른 한편 일단 수탁자 앞으로 소유권이전등기가 경료되고 나면, 신탁자의 목적물에 대한 관계는 수탁자와의 債權的인 信託約定에 의하여서만 규정된다. 그리고 신탁자가 소유권을 취득하기 위하여는, 처음부터 적어도 수탁자와의 사이에 물권행위가, 즉 물권적 합의와 등기가 다시 행하여져야만 한다. 그러므로 여기서의「사실상 취득」또는「사실상 취득하려고 함」이란 오로지 신탁자가 명의신탁약정을 맺게 되는 緣由 내지 動機를 표현하는 것이거나, 기껏해야 그러한 約定上의 地位(그러니까 債權的 地位)를 그렇게 부르는 것일 뿐이다.

(c) 이렇게 보면, 명의신탁약정에서 신탁자가 될 수 있는 자격과 관련된 논의는 별다른 意味가 없다고 생각된다.

예를 들어, 정당한 相續人이 아닌 親族 앞으로 相續登記가 행하여졌는데 그가 그 登記名義를 제3자에게 신탁하기로 하는 약정을 체결한 경우를 생각하여 보자. 만일 그가 목적물을 점유하고 있지 않다면, 이 약정은 不動産實名法에서 정하는 명의신탁약정이 아니라고 하여야 할까. 왜냐하면 그는 부동산을 소유하는 자도 아니고, 그렇다고 하여서「사실상 취득」한 것도 이제 새삼「사실상 취득」하려는 것도 아니라고 할 것이기 때문이다. 그리하여 그 약정에는 同法 제 4 조 제 1 항이 적용되지 않아서, 이를 유효하다고 하여야 할까?

그러나 이러한 해석은 옳지 않다고 여겨진다. 不動產實名法은 등기당사자들이 등기부상의 소유명의에 말하자면 恣意的 歪曲을 가하지 못하게 하려는 데, 다시 말하면 그 登記의 適正을 달성하는 데 그 목적이 있는 것이다. 그런데 登記는 반드시 실체상의 권리관계에 의하여서만 좌우되는 것이 아니며, 위의 예에서 본 바와 같이 실체상의 권리자가 아니라도 등기절차법상의 利害關係에 의하여도 영향을 받는다.[31)]그러므로 不動產實名法의 입법목적을 달성하기 위하여는 단순히 등기부상으로만 이해관계를 가지는 사람에 의한 왜곡행위도 규제하여야 한다. 따라서 同法 제 4 조의 적용을 받는「명의신탁약정」은 반드시 소유자이거나「사실상 취득」하는 사람이 그 당사자이어야 할 필요가 없고, 위와 같이 단지 登記簿上의 所有名義만을 현재 가지고 있거나 장차 가지려고 하는 자도 포함된다고 할 것이다.

(3) 신탁자가 "對內的으로는 所有權을 保有하기로 한다"는 것은 무엇을 의미하는가?

(a) 이에 관하여 우선 생각할 수 있는 것은, 부동산의 소유권이 신탁자와 수탁자 사이의 관계, 즉 소위「對內的 關係」에서는 신탁자에게 귀속된다는 構成이다. 그리고 그 이외에 제 3 자에 대한 관계, 즉 소위「對外的 關係」에서는 수탁자가 그 소유자라는 것이다.

그러나 일반적으로 이와 같이 所有權 등의 物權 나아가 債權 등의

---

31) 그 典型的인 例는, 등기신청의 당사자인「등기의무자」란 등기절차법상의 등기의무자를 의미하여, 당해 등기에 의하여 등기부상으로 불이익을 받는 자라고 해석되고, 그러한 의미에서의「등기의무자」인지 여부는 반드시 실체법상의 등기이전의무와는 무관하다는 점이다. 이에 대하여는 우선 郭潤直(註 18), 127면 이하 참조.

권리가 관계적으로 분열되는 相對的 歸屬 또는 關係的 歸屬(relative Rechtszuständigkeit; Spaltung oder Verdoppelung der Rechtszuständigkeit; Duplizität des Rechtssubjekts)의 構成은, 상법 제103조와 같은 特別한 規定이 법률에 마련되어 있지 않은 한, 인정되어서는 안 된다고 할 것이다. 이에 대하여는 別稿를 요하나,[32] 결론적으로 말하면 이 구성은 다음과 같은 결정적인 弱點을 가진다고 생각된다.

첫째, 민법은 물권과 채권이 성질상 다른 권리라는 構成觀點 위에 서 있고, 아무래도 그 징표는 물권이 가지는 支配權으로서의 성질(채권: 請求權으로서의 성질)과 누구에게나 주장·관철할 수 있는 絶對的 性質(채권: 相對的 性質)에서 찾을 수밖에 없을 것이다. 가장 전형적인 물권이고 또한 다른 물권의 기초(제한물권은 모두 他物權 jus in re aliena, 즉 타인 소유의 물건에 대한 권리이다)를 이루는 소유권으로서 지배성과 절대성이 없는 것이라면, 이는 소유권이라는 이름에 값하지 않은 것이다. 그런데 가령 不法占有者나 不實登記名義人에 대하여 신탁자가 자신의 소유권을 주장하여 인도나 등기의 말소를 청구하는 데 대하여, 상대방은 원고가 소유자가 아님을 이유로 항쟁할 수 있는가. 이에 대하여 종전의 실무는 대체로 이를 부정하여 신탁자의 直接請求權을 인정하여 왔는데, 大判(全) 79. 9. 25, 77다1079(集 27-3, 22)로 태도를 바꾸어 이를 긍정하고 신탁자는 그러한 자에 대하여 물권적 청구권

32) 이 문제에 대한 동일한 취지의 獨逸文獻으로 우선 Adalbert Daible, *Vertragliche Beschränkung der Übertragung von Rechten*(1969), S. 119ff. m.w.N.; Hubert Beer, *Die relative Unwirksamkeit*(1975), §17 2(S. 132ff.); Flume, *Allgemeiner Teil des bürgerlichen Rechts,* Bd. 2, 4. Aufl.(1979), §17 6 d(S. 356ff) m.w.N.; Karl Larenz, *Allgemeiner Teil des deutschen Bürgerlichen Rechts,* 7. Aufl. (1989), §23 Ⅳ(S. 474 u. Fn. 63); Medicus, *Allgemeiner Teil des BGB,* 6. Aufl. (1994), Rn. 493(S. 183f.)("通說")("양수인은 [처분행위의 상대적 무효에 관한 규정에 의하여] 보호받는 사람[예를 들면 가등기권리자와 같은 사람]에 대하여도 역시 권리를 취득한다. 다만 그 보호받는 사람에 대하여 양도인은 그에의 이행을 위하여 필요한 법적 힘(Rechtsmacht)만을 계속 보유하는 것이다") 참조.

을 가지지 못한다고 판시하였다.[33] 그리고 그 후에도 이러한 태도는 유지되고 있다고 생각된다.[34] 大判(全) 69.5.27, 68다725(集 17-2, 103)이 설시하는 대로 "物上請求權 없는 支配權으로서의 物權이란 意味가 없다 할 것"으로서, 이와 같이 違法한 妨害를 배제할 수 없는 소유권이란 우리의 물권법리상 용납될 수 없다. 그렇다면 신탁자가 가진다고 하는 소유권은 소유권이라고 불리울 수 없는 것이다.[35]

둘째, 대내적 소유권이란 과연 무엇을 그 내용으로 하는가. 뒤에서 보는 대로「대내적 소유권」을 인정하는 것으로부터 나오는 私法上의 效果란 결국 신탁자의 수탁자에 대한 소유권이전등기청구권이 消滅時效에 걸리지 않는다는 것과[36] 수탁자는 신탁자를 상대로 하여 소유권확인청구를 할 수 없다는[37] 정도가 아닐까 한다.[38] 그러나 이러한 結論은 반드시 대내적 소유권이라는 법률구성으로부터만 인정될 수 있는 것은 아니라고 생각된다. 우선 前者에 대하여는, 뒤의 (c) (bb)에서도 보는 대로, 마치 목적물을 인도받은 부동산매수인의 소유권이전등기청구권이 소멸시효에 걸리지 않는 것처럼, 점유 기타 소유권에 사

33) 이에 대하여는 우선 權五坤(註 6. 1988), 392면 이하 참조.

34) 大判 89.7.25, 88다카7207(공보 856, 1283); 大判 92.3.10, 91다36550(공보 919, 1286) 등 참조.

35) 한편 우리 민법의 制定過程에서 주도적 역할을 한 張暻根은 국회의 심의과정에서 形式主義를 옹호하면서 다음과 같이 발언한 바 있다. "物權이라는 것이 排他性이 있는 것이 본질인데 債權과 다른 것 … 卽 第三者에게도 내가 所有權이 있다, 내가 財産權이 있다 이렇게 주장하는 排他性 … 第三者에 대하여도 주장할 수 있는 것이 本質的인데 이 物權에 대하여는 이 登記를 안 한 것은 排他性이 없는 것입니다. 第三者에 對抗을 못하니까 … 그러면 排他性이 없는 所有權을 認定해서 무엇하느냐 그거예요."(점선은 原文대로. 第三代 國會 第26回 國會定期會議 速記錄, 45號(1957), 19면 中段)

36) 이에 대하여는 뒤의 본문 (c)(bb) 참조.

37) 大判 82.6.22, 82다카247(集 30-2, 162) 참조.

38) 그 외에 刑法的으로 不動産實名法 시행 전에 大判(全) 71.6.22, 71도740(集 19-2, 刑 30)이, 수탁자가 신탁재산을 임의처분한 것은 신탁자에 대하여는 "타인의 재물을 保管하는 者"가 이를 橫領한 것에 해당하여 橫領罪에 의하여 처단된다고 판시하였었다.

실상 부합하는 상태와 등기의 기재와의 분열을 後者의 變更에 의하여 통일하는 것을 허용하기 위하여[39] 신탁자의 소유권이전등기청구권은 소멸시효에 걸리지 않는다고 하면 족한 것이다. 그리고 後者에 대하여는 소유권이전등기의무를 부담하는 자가 이를 청구할 권리를 가지는 상대방에 대하여 소유권확인청구를 할 수 없는 것과 같은 이치로서,[40] 그 결론을「대내적 소유권」이라는 구성에 의하여서만 도출할 수 있는 것은 아니다.

셋째, 우리 민법의 제정에 관여한 사람들이 법률행위로 인한 물권변동에 관하여 소위 形式主義를 취한 이유 중의 하나는, 이로써 "물권의 귀속을 법률행위 당사자 간의 관계와 제 3 자에 대한 관계에 따라 분열되는 사태를 막는다"는 점에 있었다.[41] 이와 같이 중대한 立法的

39) 判例가 大判(全) 76.11.6, 76다148(集 24-3, 277) 이래 부동산매수인이 목적물을 인도받은 경우에는 그의 매도인에 대한 소유권이전등기청구권이 消滅時效에 걸리지 않는다는 태도를 취하고 있는 것은, 종국적으로는 이러한 利益을 관철하기 위한 것이라고 설명될 수 있다.

40) 大判(全) 87.10.13, 86다카2928(集 35-3, 149)의 원심판결(同所, 166면 所載)은, 취득시효의 완성으로 소유권이전등기청구권을 피고를 상대로 하여 소유자가 소유권확인청구를 하는 것은 "소유권확인을 구할 법률상의 이익이 없다"고 하여 이를 却下하였는데, 대법원은 상고를 기각하여 이 判斷을 긍인하고 있다. 그리고 그 후에 大判 95.6.9, 94다13480(공보 996, 2368)은, "원고로서는 어차피 피고 앞으로 취득시효 완성을 원인으로 한 소유권이전등기절차를 이행해 주어야 할 입장에 놓여 있어 피고에 대한 관계에서는 그 소유권을 행사할 지위에 있다고 보기 어렵고 또 소유권확인판결을 받는다고 하여 이러한 지위에 변동이 생기는 것도 아니라고 할 것이므로, 이와 같은 사정 하에서 원고가 굳이 피고를 상대로 이 사건 토지에 대한 소유권의 확인을 구하는 것은 무용·무의미하다고 볼 수밖에 없어 확인판결을 받을 법률상 이익이 있다고 할 수 없다"고 정면에서 판시하고 있다.

41) 이에 대하여는 梁彰洙, "不動產物權變動에 관한 判例의 動向", 民法硏究 제 1 권(1991), 197면 이하, 특히 203면 참조. 예를 들면 국회의 심의과정에서의 張暻根 발언 참조: "이 第三者가 누구냐, 이 第三者에 대해서는 대단히 範圍가 複雜합니다. 當事者 판 사람 산 사람 以外의 모든 사람을 第三者로 하면 여러 가지 形便上 困難합니다. 그렇기 때문에 … 第三者의 範圍에 대해서는 굉장히 制限說 無制限說 學說에 대단히 錯雜한 理論을 일으킵니다. 그런데 왜 이렇게 混亂을 일으켜서 내가 第三者에 해당하느냐 않느냐 하는 것도 아직은 未確定한 狀態에 놓여 있는데 이것이야말로 去來의 安全을 해하는 것이지 거래의 안전을 圖謀하는

決斷을 함에 있어서 이루어진 考慮는 그 후의 法解釋에서도 존중되어야 할 것이다.

넷째, 대내적 관계와 제3자에 대한 관계의 구분은 明確한 基準을 결하고 있다. 이 점은 「第三者」의 개념과 범위를 획정하는 것이 매우 어렵다는 데서 잘 드러난다. 앞의 "첫째"에서 본 대로 가령 不法占有者나 不實登記名義人은 여기서 말하는 제3자에 속한다는 것이 판례의 태도이다. 그러나 민법에서 "意思表示의 無效 또는 取消를 제3자에게 대항하지 못한다"고 하는 규정(제107조 제2항, 제108조 제2항, 제109조 제2항, 제110조 제3항 등) 또는 어떠한 행위의 효력이 소급적으로 소멸되는 경우에도 "제3자의 권리를 해하지 못한다"고 정하는 규정(제386조, 제457조, 제548조 제1항, 제1015조 등)의 해석에서는, 여기서 「제3자」란 효력 없는 의사표시를 기초로 하여 새로이 이해관계를 맺은 자에 한정된다고 하여, 불법점유자나 부실등기명의인은 거기서 정하는 「제3자」에 속하지 않는다고 이해되고 있다. 그런데 여기서는 그 법률행위에 기하여 발생한 채권의 양수인은 제3자에 포함된다고 설명되고 있는데, 계약해제로 인한 효력상실의 소급효를 제한하는 민법 제548조 제1항 단서에서의 「제3자」에는 그 讓受人은 속하지 않는다고 해석되고 있다.[42] 「제3자」의 범위가 여기와 저기에서 달라져야 할 이유는 과연 어디에 있는가. 한편 名義信託과 관련하여 보면, 가령 大判 77.8.23, 77다246(集 25-2, 245)은, 工作物의 瑕疵로 인한 손해배상책임과 관련하여서는 신탁자를 민법 제758조 제1항 단서에서 정하는 「所有者」로 보아 피해자의 그에 대한 배상청구를 인용하고 있다.[43] 이

것은 절대로 아니라고 생각합니다."(점선은 引用者가 생략한 부분을 가리킨다. 第三代 國會 第26回 國會定期會議 速記錄, 46號(1957), 11면 中段)

42) 大判 64.9.22, 64다596(集 12-2, 123) 참조.

43) 이 판결은, "대외관계에 있어서 수탁자를 소유자로 취급하는 것은 善意의 제3자를 보호하고자 할 뿐이고 제3자에 대한 관계에 있어서 수탁자만을 소유자로 확정하려는 것은 아니다"라는 매우 흥미로운 판시를 하고 있다.

는 즉 공작물의 하자로 인한 피해자에 대한 관계에서는 신탁자를 또는 신탁자도 소유자라는 취지로 이해된다. 또한 大判 96.10.25, 95다40939(공보 96하, 3404)은, 명의신탁부동산이 지방자치단체에 의하여 公共用地로 協議取得된 경우에 그로 인한 損失補償金請求權이 바로 **신탁자인 원고에게 귀속**된다고 한다. 왜냐하면 “내부관계에서 목적물의 소유권은 언제나 신탁자가 보유하므로, 그 목적물의 소유권과 관련되어 발생한 권리도 그들 내부관계에서는 신탁자에게 귀속되는 것”이라는 것이다. 명의신탁부동산을 공용용지로 협의매수한 지방자치단체를「제 3 자」에 속하지 않는다고 하는 근거는 과연 무엇일까.

(b) 결국 여기서「대내적 소유권」이라고 하는 것은, 신탁자가 수탁자와 사이에 체결한 명의신탁약정에 기하여 가지는 權限을 總體的·包括的으로 지칭하는 것뿐이며, 결국 그것은 대체로 계약으로부터 발생하는 채권적 권리의 집합일 뿐이다.

신탁자는 명의신탁약정에 기하여 일반적으로 다음과 같은 채권적 권리를 가진다. 이는 주로 수탁자 앞으로 所有權移轉登記가 이미 경료된 경우에 의미를 가진다.

(aa) 신탁자는 목적물을 점유하여 사용·수익할 권리를 가진다.

그러므로 수탁자는 신탁자에 대하여 소유권에 기하여 목적물의 반환을 청구할 수 없으며(신탁자는 민법 제213조 단서의「점유할 권리」를 가진다), 신탁자의 用益은 법률상 원인 있는 적법한 것으로서 수탁자는 그에 대하여 不當利得返還請求나 不法行爲로 인한 損害賠償請求를 할 수 없다.

이는 신탁자의 의사에 기하여 점유나 사용·수익의 권한을 취득한 자에 대하여도 마찬가지이다.[44] 이 用益은 신탁자 자신이 하여야 하는

---

44) 민법 제213조 단서와 관련하여, 비록 점유자가 소유자에 대하여 점유를 내용으로 하는 채권적 권리를 직접 소유자에 대하여 가지지 않는 때에도 이와 같은 경우에 그에게 소유자의 所有物返還請求權을 물리칠 수 있는「占有할 權利」가

것은 아니며, 신탁자는 제3자로 하여금 이를 하게 할 수 있다. 가령 賃借人이 제3자에게 목적물의 점유·용익을 허용하였더라도, 이에 대하여 임대인 = 소유자의 同意가 없으면, 이는 임대인에 대하여 違法한 것임에 반하여(민법 제629조 제1항 참조), 여기서는 마치 부동산매수인이 목적물을 임대하는 것처럼 애초 그러한 同意는 요구되지 않는다.

이러한 신탁자의 권리의 반면으로, 신탁자가 목적물을 유지·관리할 義務를 부담하며, 수탁자는 그 의무를 부담하지 않는다고 할 것이다.

(**bb**) 신탁자는 목적물을 처분할 권리를 가진다.

이는 所有權의 일부로서의 處分權能이 신탁자에게 歸屬된다는 의미가 아니라, 따라서 소유권의 質的 分屬을 의미하는 것이 아니라, 신탁약정 안에는 처음부터 處分授權(Verfügungsermächtigung)이[45] 포함되어 있어 신탁자가 하는 처분행위의 효력은 수탁자에게 미친다는 의미이다. 우리 민법 아래서 처분의 원인행위는 반드시 그 처분의 목적인 권리의 귀속주체만이 할 수 있는 것이 아니다. 타인의 물건의 매매도 채권계약으로서는 유효이고(민법 제569조 이하 참조), 타인의 부동산에 저당권을 설정하여 주기로 하는 채권계약도 유효한 것이다. 따라서 신탁자는 제3자와의 사이에 신탁부동산처분의 원인행위를 유효하게 할 수 있다. 문제는 처분행위가 유효하게 행하여질 수 있느냐에 있는데, 신탁자는 앞서 본 處分授權에 기하여 자기의 이름으로 수탁자의 소유인 신탁부동산을 유효하게 처분할 수 있다고 할 것이다.

신탁자는 실제로 이러한 처분을 빈번하게 하고 있다고 추측된다. 실제의 裁判例에 나타난 예로서는 大判 88.9.13, 86다카1332(공보

인정됨에 대하여는, 이미 郭潤直 編輯代表, 民法注解[V](1992), 224면 이하(梁彰洙 집필) 참조.

45) 處分授權에 대하여는 우선 李英俊, 民法總則, 全訂版(1995), 460면 참조. 다만 同所는 독일민법학상의 Ermächtigung(즉 Verfügungsermächtigung)을 「權限賦與」라고 번역하고 있다. 또한 梁彰洙, "無權利者의 處分과 權利者에 의한 追認", 民法研究 제2권(1991), 43면 이하도 참조.

834, 1267)을 들 수 있을 것이다. 이 판결은, 명의신탁자가 자신의 제3자에 대한 채무의 담보를 위하여 그 채권자에게 명의신탁의 목적물인 부동산에 관하여 가등기 및 소유권이전등기를 경료하여 양도하였는데 그 후 그 피담보채무를 변제하고 등기의 말소를 청구한 사안에 대한 것이다(위 판결은 "채무자가 [비록 목적물의 소유자는 아니라고 하여도] 담보설정계약의 당사자로서 담보권 소멸에 따른 원상회복으로 담보권자에게 담보물의 반환을 구할 수 있는 계약상 권리가 있으므로, 이러한 계약상 권리에 터잡아 채권자에게 위 가등기 등 담보권등기의 말소를 청구할 수 있고, 반드시 명의수탁자를 대위하여 말소등기청구를 해야 하는 것은 아니"라고 판단하고 있다). 이러한 가등기담보 및 양도담보의 설정은 전형적인 신탁자의 유효한 「처분」이라고 할 것이다. 한편 大判 96.8.20, 96다19581등(공보 96하, 2789)은, 피고 종중이 甲에게 명의신탁한 부동산을 스스로 원고에게 매도하고, 수탁자 甲으로부터 직접 提訴前和解調書에 기하여 원고 앞으로 소유권이전등기를 경료한 事案에서, 그 매매가 민법 제569조에서 정하는 「타인의 물건의 매매」에 해당하는가에 대하여,[46] "명의신탁한 부동산을 신탁자가 매도하는 경우에 매도인은 그 부동산을 사실상 처분할 수 있을 뿐 아니라 법률상으로도 처분할 수 있는 권원에 의하여 매도한 것이므로, 이를 민법 제569조 소정의 타인의 권리의 매매라고는 할 수 없다"고 판시하였다.[47] 여기서 신탁자가 가지는 「法律上 처분할 수 있는 權原」이라고 하는 것이 만일 위의 處分授權을 의미한다면, 이 판시는 적절한 것이다.[48]

46) 위 판결은, 原審이 매수인이 매매목적물이 매도인에게 속하지 아니함을 알았다고 볼 수 없다고 하여 민법 제570조 단서의 적용을 부인하고 買受人의 損害賠償請求를 인용한 것을 결론적으로 肯認하고 있다.

47) 이 판결은 참고판결로 大判 72.11.28, 72다982(集 20-3, 131); 大判 96.4.12, 95다55245(공보 96상, 1521)을 인용하고 있다. 그러나 이들은 모두 부동산매수인이 소유권이전등기를 경료받음이 없이 轉賣한 事案에 대한 것으로서, 명의신탁자의 매도와 同列에 놓고 논할 수 없다고 할 것이다.

48) 한편 大判 96.12.23, 95다22436(공보 97상, 468)은, 傍論으로 "명의신탁자는

다만 부동산의 처분에서는 등기가 처분행위의 요소인데, 소유권이전등기가 수탁자 앞으로 행하여진 부동산에 대하여는 신탁자의 의사만으로 處分行爲가 행하여질 수 없다. 왜냐하면 登記申請을 할 수 있는 자에 대하여 정하는 不動產登記法 제28조의 「登記義務者」란 등기절차법상의 의미로서, 신탁자는 현재 등기부상 소유명의자가 아니어서 그의 등기신청으로는 등기가 행하여질 수 없기 때문이다. 그러므로 통상 신탁자가 실제로 할 수 있는 것은 처분행위의 의사적 요소, 즉 物權的 合意까지이다.

(cc) 한편 신탁자는 이와 같이 처분의 상대방 앞으로의 등기 없이는 처분을 할 수 없는데, 자신의 處分行爲를 성립시키기 위하여 수탁자에 대하여 처분의 상대방 앞으로 등기를 경료할 것을 청구할 수 있는 권리를 명의신탁약정 자체에 기하여 가진다고 할 것이다.

앞의 Ⅱ.1.(2)에서 든 예를 여기서 인용하여 보면, 신탁자 B가 부동산을 D에게 매도한 경우에, 수탁자 C는 매수인 D에게 소유권이전등기를 경료하여 줄 의무를 B에 대하여 부담한다. 물론 이러한 의무도 명의신탁약정의 내용으로부터 나온다. 그리고 이 의무의 이행으로 C에서 D 앞으로 소유권이전등기가 행하여지면, D는 B와의 매매계약과 B와 C 간의 명의신탁약정을 原因으로 하여, C의 처분수권에 기하여 B가 자신의 이름으로 행한 D와의 物權的 合意와[49] C의 신청에 의하여 이루어진 登記로써 성립하는 유효한 處分行爲에[50] 의하여 소유권을 취득한다.

이에 대하여는, 신탁자 B는 명의신탁약정을 해지하고 자기 앞으

실체법상 처분권한을 가진다"고 설시하고 있다. 이 역시 本文에서 말한 바의 意味로 이해할 것이다.

49) 앞의 註 28에서 본 대로, 이 物權的 合意는 일반적으로 신탁자가 상대방으로부터 처분의 대가를 수령하는 때에는 이에 포함되어 행하여진다고 볼 것이다.

50) 이는 所有者 丙의 대리인 乙이 丁과의 사이에 매매계약을 체결하고 매도인 본인인 丙이 스스로 소유권이전등기를 이전하여 준 경우와 그 構造가 유사하다.

로 소유권이전등기를 경료받은 후 다시 매매를 원인으로 하여 D 앞으로 소유권이전등기를 할 것이고, 또 그것으로 충분하며, 거기서 더 나아가 수탁자 C로 하여금 신탁자가 한 처분행위의 상대방에게 직접 소유권이전등기를 할 의무를 인정할 필요가 없다는 주장도 제기될 수 있겠다. 그와 같이 하여 신탁자 B를 등기부에 드러냄으로써, 그 범위 내에서 물권변동의 과정을 보다 여실하게 등기부에 반영시킬 수 있다는 것이다. 물론 이러한 주장에는 一理가 있다고 생각되며, 신탁자로서는 그러한 방도를 취할 수 있음은 물론이다. 그러나 필자는, 신탁자와 수탁자 사이의 債權的 關係에서는 위와 같은 수탁자의 의무를 긍정하여도 좋다고 생각한다. 그것이 수탁자가 신탁자에게 그의 이름으로 목적물을 처분하는 권한을 수여하는 趣旨에 맞기 때문이다.

위의 예에서 C가 위와 같은 의무를 불이행하는 경우에 B는 그를 상대로 그 의무의 이행을 구하는 소송을 제기할 수 있는가? 이를 否認할 이유는 없으며,[51] 나아가 그 경우 C는 그 채무불이행으로 인한 책임을 진다고 하겠다. 다만 B는 그 勝訴判決로써 C로부터 D 앞으로 직접 소유권이전등기가 경료되도록 할 수는 없다. 왜냐하면 그 판결의 효력은 B와 C 사이에만 미치고(민사소송법 제204조 제 1 항 참조), 등기

---

51) 이는 動産의 賣買契約에서 목적물을 제 3 자에게 인도하도록 약정한 경우에, 매도인이 채무의 이행으로 제 3 자에의 인도를 청구할 수 있는 것과 마찬가지이다. 물론 그 勝訴判決을 사실상 집행할 수 없는 경우가 많겠으나, 채무의 확인이 당사자에 대하여 가지는 意味와 心理的 壓迫 등을 고려할 때, 사실상의 집행가능성이 없음을 들어 애초부터 그 채무의 이행이 不能이라고 할 것은 아니다. 이에 대하여는 Gustav Boehmer, *Einführung in das bürgerliche Recht,* 2. Aufl.(1965), § 24 Ⅱ 2(S. 248ff.) 참조: "채무자가 自意的 從順으로 法命令에 좇을 意思拘束的 義務는, 그가 이 의무이행을 하지 아니하는 경우에는 채권자가 국가의 助力을 받아 스스로의 攻取에 의하여 채무목적물 또는 그 대체물을 자신에게 공여할 수 있는 권리에 의하여 보충된다. 그러나 이 경우에도, 사회학적으로 보면, 채무자의 義務感과 倫理意識이 통상 그에 대한 강제집행상의 攻取의 위협보다도 더 중요함에는 의문의 여지가 없다. 債務者의 人的인 給付用意(Leistungswilligkeit)는 그 재산의 責任資力(Haftungsfähigkeit)보다 가치가 있다. 특히 이 능력은 너무도 쉽게 손괴되고 잠탈될 수 있기에."

절차상으로 소유권이전등기의 신청인이 되어야 하는 D(위의 不動産登記法 제28조의 "登記權利者")로서는 그 판결의 효력, 즉 등기신청의사표시의 의제(민사소송법 제695조 참조)를 주장할 수 없기 때문이다.

그렇다면 나아가 명의신탁약정 중에서 위의 약정부분은 제 3 자를 위한 계약(민법 제539조 이하 참조)에 해당한다고 하여, 신탁자로부터의 매수인 D가 C에 대하여 직접 소유권이전등기를 청구할 수는 없는가? 이는 기본적으로 中間省略의 登記를 청구할 수 있는 요건이 무엇인가의 문제에 걸려 있다고 하겠다. 그런데 이에 관하여 관여자 전원의 의사합치를 요한다는 判例의 태도를 전제로 한다면,[52] 이를 부인할 것이다.

(dd) 수탁자는 명의신탁약정에 기하여 취득한 所有權을 신탁자의 利益에 반하여 行使하지 아니할 소극적 의무, 나아가서는 신탁자의 意思에 좇아 행사할 적극적 의무를 부담한다고 할 것이다.

그러므로 수탁자가 신탁자의 동의를 얻음이 없이 부동산을 제 3 자에게 양도하거나 그에 저당권을 설정하는 등으로 처분행위를 하면,[53] 그는 신탁자에 대하여 채무불이행책임을 져야 한다. 또한 앞의 (cc)에서 본 대로, 신탁자가 처분의 원인행위를 한 경우에는 수탁자는 그 의

---

52) 가령 大判 91. 4. 23, 91다5761(集 39-2, 108)은, "관계당사자 전원의 의사합치, 즉 중간생략등기에 관한 최초양도인과 中間者의 동의가 있는 외에 최초양도인과 최종양수인 사이에도 중간등기생략의 합의가 있었음이 요구된다"고 설시하고, 최초양수인이 중간등기생략을 거부하는 것에 비추어 그가 매수인란이 공란으로 된 백지의 매도증서와 위임장 등을 교부한 것만으로는 그의 합의가 있었다고 할 수 없다고 판단한다. 또한 大判 78. 11. 28, 78다1818(月報 106, 8; 總覽 2-1(A), 423-338)은, "訴外人이 피고와의 사이에 피고가 장차 개간공사의 준공에 따라 郡으로부터 讓與받을 토지에 대한 讓受渡契約을 체결하면서 장차 同 토지는 訴外人이 이를 他에 처분하되 그 소유권이전등기는 피고 명의에서 직접 매수인 명의로 하여 주기로 약정한 것만으로는 피고와 訴外人 및 訴外人으로부터 同 토지를 매수한 자의 3자 사이에 소외인 앞으로의 중간등기를 생략하기로 하는 合意가 있었다고 볼 수 없으므로 그 매수인은 피고에 대하여 직접 자기 명의로 소유권이전등기를 청구할 수 없다"고 한다.

53) 이 처분은 물론 소유자 자신의 처분으로서 다른 특별한 사정이 없는 한 유효하여, 처분의 상대방은 그 내용대로의 권리를 취득한다.

무의 이행을 위하여 소유권이전등기를 경료하는 등으로 처분행위를 완성할 의무를 부담한다.

(c) 이와 같이 신탁자는 명의신탁목적물상에, 비록 대체로 채권적이기는 하여도, 소유권의 두 가지 핵심권능, 즉 사용·수익과 처분의 권능 모두에 걸쳐서 매우 강력한 권리를 가진다. 이러한 법적 지위를 「소유권」이라고 부르는 것은, 비록 엄밀한 法的 術語로서는 허용되지 않는다고 하여도, 아마도 일반인의 言語感覺("이 땅은 사실상[de facto] 내 것이야!")에는 크게 벗어나지 않는다고 생각된다. 특히 수탁자가 의무위반의 처분을 하지 아니하는 한에는.

이상과 같은 신탁자의 강한 법적 지위, 그리고 이에 비례하여 수탁자의 약한 법적 지위(그의 物權的 地位는 신탁자의 법적 지위의 反面인 강한 債權的 制限에 服한다)는, 다른 법제도와의 관련에서 다음과 같은 결과로 이어진다.

(aa) 수탁자가 신탁목적물을 점유하는 경우가 있어도, 그 점유는 權原의 性質上 "所有의 意思로 하는 占有"(민법 제197조 제1항, 제245조 등)가 아니라, 他主占有인 것으로 인정된다. 이는 大判 76. 9. 28, 76다594(集 35-3, 220); 大判 92. 8. 18, 92다20415(공보 930, 2758); 大判 96. 6. 11, 96다7403(공보 96하, 2132) 등 확고한 判例의 태도이다. 그러므로 수탁자는 신탁부동산을 시효취득할 수 없다. 물론 이 문제는 소유권이 수탁자에게 남아 있는 동안에는 어차피 무의미할 것이나, 신탁자가 명의신탁을 해지하여 소유권의 이전을 청구하는 경우 등에 수탁자가 취득시효의 완성을 들어 이를 거절할 수 있는지 여부는 실제로도 중요한 의미가 있을 것이다.

(bb) 신탁자의 수탁자에 대하여 소유권의 회복을 청구하는 권리, 보다 구체적으로는 그의 소유권이전등기청구권은[54] 消滅時效에 걸리

---

54) 한편 大判 80. 4. 8, 80다173(공보 633, 12780)은, 信託法上의 信託에 대하여

지 않는다. 이 역시 大判 76.6.22, 75다124(集 24-2, 137); 大判 91.11.26, 91다34387(공보 912, 228) 등 확고한 判例의 태도이다.[55]

判例는 이를, 이 경우의 소유권이전등기청구권은 신탁자의 「내부적 소유권」에서 발생하는 물권적 청구권의 성질을 가지므로 당연히 소멸시효에 걸리지 않는다는 이유로 설명하고 있다. 그러나 그 결론은 그와 같은 權利性質論에 의하지 아니하고도 설명될 수 있다고 생각된다. 우선 어떠한 권리가 소멸시효에 걸리는가에 대하여 민법은 단지 所有權만을 거기서 제외되는 것으로 정하고 있다(제162조 제1항 참조). 그럼에도 불구하고 학설은 법률에 명문으로 정하지 아니한 여러 가지의 권리, 가령 담보물권, 소유권에 기한 물권적 청구권, 형성권 등에 대하여 그것이 소멸시효에 걸리지 않음을 인정한다. 또한 判例는 大判(全) 76.11.6, 76다148(集 24-3, 277) 이래 부동산매수인이 목적물을 인도받은 경우에는 그의 매도인에 대한 소유권이전등기청구권이 消滅時效에 걸리지 않는다는 태도를 취하고 있다. 이는 요컨대 각각의 權利의 성질·기능 등을 고려하여 이 점에 대한 다양한 評價가 가능함을 말하여 주는 것이다. 그렇다면 과연 신탁자가 수탁자에 대하여 가지는 소유권이전등기청구권은 소멸시효에 걸린다고 할 것인가? 이를 否定함이 타당할 것이다. 앞의 (b)에서 본 대로 신탁자는 일반적으로 소유자인 수탁자에 대하여 대항할 수 있는 使用收益의 權利를 가지며, 통상 목적물을 실제로도 用益한다. 만일 신탁자의 등기청구권이 소멸시

"신탁종료로 인하여 … [수탁자에게] 소유권을 이전한 신탁등기에 대하여 가지는 [신탁자의] 그 **말소등기청구권**은 소멸시효의 대상이 될 수 없다"고 판시하였다.

55) 그런데 그 전에 大判 75.8.19, 75다273(공보 522, 8628)은, "본건과 같은 부동산소유권의 명의신탁[의] 경우에 있어서 신탁자의 신탁계약 해제로 인한 소유권이전등기청구권은 신탁계약을 해제하였을 때 비로소 위 권리를 행사할 수 있다 할 것이므로 그 解除時부터 위 소유권이전등기의 소멸시효기간이 진행된다 할 것"이라고 하여, 신탁자의 소유권이전등기청구권이 소멸시효에 걸리는 것을 前提로 한 판단을 하였었다. 이 사건에서는 명의신탁이 해지된 때로부터 10년이 경과하지 않았다고 하여, 時效消滅의 주장은 결국 배척되었다.

효에 걸려 소멸하였다고 가정한다면, 이제 어떠한 법률관계가 될 것인가? 이 때 수탁자는 명의신탁의 부담을 받지 않는 그야말로 「완전한 소유자」로서, 신탁자로부터 목적물을 인도받아 이를 용익할 권리를 가지며, 목적물의 처분도 아무런 채권적 제약도 받지 않고 자유롭게 할 수 있다고 할 것인가? 아니면 現狀대로 수탁자의 所有權登記와 신탁자의 利益享有와의 분리를 언제까지나 그대로 방치할 것인가? 이러한 難問이 바로 不動産買受人이 목적물을 인도받은 경우 그의 소유권이전등기청구권이 소멸시효에 걸리는가 하는 문제를 생각함에 있어서도 마찬가지로 그 배경을 이루고 있었다고(또는 이루고 있어야 한다고) 생각된다. 거기서 判例는, 우선 하나의 부동산에 관하여 소유권등기와 이익향유의 분리를 영구히 放置할 수는 없으므로 그 어느 한 방향으로 이를 일치시키지 않으면 안 된다는 暗默의 前提 위에 서면서, 그런데 소유권이전등기의무를 부담하는 사람이 그 의무에서 면하는 것은 물론이고 나아가 위와 같은 「望外의 得」을 얻는 것은 용납될 수 없다고 하여, 그 경우 소유권이전등기청구권은 소멸시효에 걸리지 않는다는 態度를 취한 것이라고 설명될 수 있다.[56] 판례가 가령 민법 제245조 제 1 항의 長期取得時效가 완성된 경우에 점유자가 그 점유를 계속하는 한 그의 소유권이전등기청구권이 소멸시효에 걸리지 않는다고 하는 것도[57] 이러한 관점에서 이해될 수 있을 것이다. 나아가 신탁자의 수탁자에 대한 소유권이전등기청구권에 대하여도 전적으로 동일한 論據가 적용되어야 하리라고 생각된다.

56) 이에 대하여는 이미 梁彰洙, "消滅時效에 걸리는 權利", 考試硏究 1990년 6월호, 39면 이하 참조.

57) 大判 91. 7. 26, 91다8104(공보 904, 2245) 등. 한편 大判 95. 12. 5, 95다24241(공보 96상, 202)은, 취득시효의 완성으로 인한 소유권이전등기청구권은 "그 부동산에 대한 점유를 상실한 때로부터" 10년의 소멸시효에 걸린다고 한다.

3. 委任으로서의 名義信託約定

(1) 명의신탁약정은 보다 基本的으로는 신탁자가 수탁자에게 소유권의 보유에 관한 사무의 처리를 委託하고 수탁자가 이를 승낙하여 성립하는 계약을 중심에 놓고 그 어느 한 측면을 파악한 것이라는 관점에서도 접근할 수 있다. 그러므로 이 계약은 대체로 委任(민법 제680조 이하)의 성질을 가진다고 할 것이다. 한편 수탁자가 신탁자에게 雇傭된 자인 때에는, 그러한 事務處理는 사안에 따라서 그 雇傭契約上 義務의 一部라고 보아야 할 경우도 있을 것이다. 그러나 그 경우에도 당해 사무처리에 대하여는 위임에 관한 민법 제680조 이하의 규정이 그 성질에 반하지 않는 한 준용되어야 할 것이다.

(2) 그러므로 이러한 관점에서 보면 特約이 없는 한 대체로 다음과 같은 내용의 권리의무가 발생한다.

(a) 우선 수탁자는 신탁자에 대하여 소유권이전등기를 受取할 의무를 부담한다.[58] 그러므로 앞의 Ⅱ.1.(2)에서 본 소위「3자 간의 명의신탁」의 예를 인용하여 보면, 신탁자 B가 원소유자 A와의 사이에 매매계약을 체결하고 수탁자 C와의 사이에 명의신탁약정을 체결한 경우에는, A가 제3자방 이행의 약정에 좇아 C에 대하여 소유권이전등기의무의 이행을 제공하였음에도 불구하고 C가 이를「受領」하지 아니하면, 이는 C의 B에 대한 債務不履行을 이룬다. 나아가 B는 A에 대하여 受領遲滯의 責任을 져야 할 것이다.

(b) 수탁자는, 비록 無償으로 행위하는 경우에도, 善良한 管理者의 注意로써 사무를 처리하여야 하며, 또 신탁자의 승낙이나 부득이한 사유가 없는 한 스스로 사무처리를 할 것이 요구되고 이를 독립적인 제3

58) 契約名義信託의 경우에는, 수탁자는 신탁자에 대하여 부동산소유권의 취득을 위한 원인행위를 하고 나아가 그에 기한 소유권이전등기를 경료받을 채권적인 의무를 부담한다고 할 것이다.

자에게 移轉하여서는 아니된다(민법 제681조, 제682조). 수탁자는 신탁자가 요구하면 事務의 處理狀況을 보고하여야 하고 특히 사무처리를 종료한 때에는 지체 없이 그 顚末을 보고하여야 한다(민법 제683조).

(c) 중요한 것은, 신탁자는 수탁자에게 그의 청구에 의하여 사무처리에 요구되는 비용을 先給할 의무가 있으며, 수탁자가 이미 필요한 비용을 지출하였으면 지출한 날 이후의 이자를 가하여 이를 償還하여야 한다는 점이다(민법 제687조, 제688조 제1항). 부동산의 소유로 인하여 수탁자에게 부과된 租稅 등 公課金이 그 대표적인 예가 될 것이다. 「부동산의 보유」가 곧 수탁자에게 위임된 사무이어서 위와 같은 公課金은 그 사무처리를 위하여 필요한 비용이라고 할 것이기 때문이다.[59]

또한 수탁자가 등기이전 등 사무처리를 위하여 필요한 채무(가령 법무사에의 등기위임비용채무 등)를 부담한 경우에, 그는 信託者에 대하여 이를 자기에 갈음하여 辨濟하게 할 수 있다(민법 제688조 제2항). 그리고 수탁자는 신탁자에 대한 이러한 免責請求權을[60] 그 채권자에게 양도함으로써 그로 하여금 信託者에 대하여 직접 채권의 만족을 구할 수도 있다고 할 것이다.

(d) 수탁자는 특별한 약정이 없으면 신탁자에 대하여 위임사무처리의 대가, 즉 報酬를 청구하지 못한다(민법 제686조 제1항). 물론

---

59) 한편 부동산에 부과된 公課金 등에 대하여는, 그 부과가 있으면 이를 스스로 처리하거나 적어도 그 사실을 신탁자에게 통지하여 그로 하여금 이를 적시에 처리할 수 있도록 하는 것이, 「선량한 관리자의 주의」로 하는 事務處理義務의 내용이 될 것이다.

60) 우리 민법상 免責請求權(Freistellungsanspruch 또는 Befreiungsanspruch)은 그 외에 가령 민법 제443조에서 보증인의 事前求償의 경우에 主債務者를 위하여 인정되고 있다. 독일에서 면책청구권은, 흔히 「위험한 노무(gefahrengeneigte Arbeit)」에 종사하는 근로자의 피해자에 대한 손해배상책임을 그의 고용주에 대한 면책청구권을 피해자에게 양도함으로써 면할 수 있는가 하는 점과 관련하여 논의되고 있는데, 免責請求權 일반의 문제에 대하여는 우선 Walter Gerhardt, *Der Befreiungsanspruch*(1966) 참조.

受託者가 商人인 경우에 그 사무처리가 "그 영업범위 내"에 속하는 때에는 報酬의 支給이나 그 額에 대한 별도의 약정이 없더라도 "相當한 報酬"를 청구할 수 있다(상법 제61조).

(e) 원래 受任人은 "委任事務의 處理로 인하여 받은 金錢 기타의 物件 및 그 收取한 果實을 委任人에게 인도하여야" 하고(민법 제684조 제1항), "委任人을 위하여 자기의 명의로 취득한 權利는 委任人에게 이전하여야 한다"(同條 제2항). 그러므로 수임인은 別途의 意思表示를 요하지 아니하고 언제라도 그 引渡 또는 移轉을 청구할 수 있다.

그런데 등기명의신탁에 있어서 수임인 = 수탁자에게 위탁된 사무의 핵심은 "對外的으로 所有權을 保有"하는 것이다. 수탁자는 신탁자 = 위임인에 대하여는 이 사무처리의 일환으로서 소유권이전등기를 자기 명의로 유지하여 소유권을 가지고 있는 것이라고 할 수 있다. 그러므로 그 한도에서는 受託者의 取得物移轉義務 등은 발생하지 않는다고 할 것이다. 신탁자에 대하여 소유권을 가지고 있어야 할 의무와 소유권을 이전하여야 할 의무를 동시에 부담하는 것은 논리적으로 병존할 수 없기 때문이다. 判例가 말하는 名義信託의 「解止」는 바로 이와 같은 위임사무처리의무의 일부로서의 소유권보유의무를 소멸시켜서 원래의 취득물이전의무를 발생시키는 法律構成으로서 요구되는 것이다.

Ⅳ. 名義信託約定과 그로 인한 所有權變動의 각 無效

1. 名義信託約定의 無效──不動産實名法 제4조 제1항

(1) 不動産實名法 제4조 제1항은 "名義信託約定은 無效로 한다"고 정한다. 이 규정에 의하여 명의신탁약정을 포함하는 위임 등의

계약이 전체적으로 무효가 된다고 할 것이다. 이는 法律行爲의 一部無效에 관한 原則(민법 제137조 본문)을 적용한 결과이다. 물론 만일 위 규정에 의하여 무효가 되는 명의신탁약정이 없더라도 그 법률행위를 하였을 것이라고 인정될 때에는, 나머지 부분(가령 부동산취득의 원인행위를 할 것을 委託하는 부분)은 무효가 되지 아니할 것이다(同條 단서). 그러나 실제에 있어서 구체적으로 어떠한 위임 등의 계약이 명의신탁약정을 포함하는 것이라면, 명의신탁약정이 없더라도 그 계약을 체결하였을 것이라고 인정되는 경우란 거의 상정될 수 없는 것으로 생각된다.

나아가 위임 등에서 신탁자, 특히 수탁자가 違約하는 때에 지급할 금전 기타 違約金에 대하여 약정하였어도(민법 제398조 제4항 참조), 이 역시 무효라고 할 것이다.[61]

(2) 따라서 不動產實名法 제4조 제1항의 적용을 받는 한(가령 同法 제8조에서 정하는 예외에 해당하지 않는 한), 受託者는 信託者에 대하여, 또 신탁자는 수탁자에 대하여, 앞의 Ⅲ.2.(3) 및 특히 Ⅲ.3.에서 본 권리와 의무를 전혀 가지지 않는다. 그러므로 수탁자는 신탁자에 대하여 목적물을 「受領」할 의무 등 위임사무처리의무(Ausführungspflicht)가 애초 발생하지 않는다. 그러므로 그는 그 의무의 위반을 이유로 하여 채무불이행책임을 지는 일도 없다. 다른 한편 그는 약정한 報酬를 청구할 권리를 가지지 못한다.

그리고 당사자들은 각기 상대방에 대하여 계약의 이행으로 받은 급부를 부당이득으로 반환할 의무를 부담한다(민법 제741조). 이 原狀回復義務는 급부이득반환의무(Leistungskondiktion)의 성질을 가진다. 그러므로 각자가 이러한 의무를 부담하는 경우라면, 이들 의무는 서로

61) 違約金約定은 "原債權關係에 從된 約定"으로서, 원채권관계를 발생시키는 계약이 효력이 없는 경우에는 위약금약정도 효력을 상실한다고 할 것이라는 점에 대하여는 우선 民法注解[XI](1995), 657면(梁彰洙 집필) 참조.

同時履行關係에 선다고 할 것이다.[62]

한편 이미 소유권이전등기가 수탁자 앞으로 경료된 경우에 대하여는 뒤의 2.에서 한꺼번에 보기로 한다.

(3) 이러한 명의신탁약정의 무효는 신탁자와 수탁자 사이의 법률관계에 대한 것일 뿐이고, 가령 신탁자가 원소유자와의 사이에 체결한 부동산취득의 원인계약에는 아무런 영향이 없다. 그러므로 가령 신탁자에게 부동산을 매도한 원소유자는 여전히 신탁자에 대하여 소유권을 이전할 채무를 부담하고 또 매매대금의 지급을 청구할 채권을 가진다. 이는 그가 자신의 계약상대방이 제3자에게 소유명의를 신탁하는 약정을 맺었음을 알고 있었다고 하더라도 다름이 없다고 할 것이다.

2. 名義信託約定에 기한 所有權變動의 無效——不動產實名法 제4조 제2항 본문, 제3항

(1) 不動產實名法 제4조 제2항 본문에 의하면, "名義信託約定에 따라 행하여진 登記에 의한 不動產에 관한 物權變動"은 무효이다. 우리 민법에서 法律行爲로 인한 物權變動에 관하여 有因性(causa-Abhängigkeit)의 原則이 적용되는 한, 이는 名義信託約定이 無效인 데 따르는 당연한 귀결이다. 명의신탁약정은 앞의 Ⅱ.2.에서 본 대로 소위 「3자 간의 등기명의신탁」에서는 신탁자와 원소유자 사이의 소유권이전에 관한 원인계약과 함께, 또한 소위 「2자 간의 등기명의신탁」에서는 단독으로, 소유권이전의 原因을 이루는 것이다.

(a) 따라서 수탁자는 그 앞으로 소유권이전등기가 경료된 경우에도 부동산의 소유권을 취득하지 못하며, 오히려 이 등기는 不實登記로

62) 명문의 규정이 있는 契約解除의 경우(민법 제549조)가 아니라도 가령 쌍무계약의 무효나 취소로 인한 원상회복의무에 대하여도 이는 긍정된다. 최근의 大判 95.9.15, 94다55071(공보 1002, 3380) 외에도 이미 大判 76.4.27, 75다1241(集 24-1, 273) 참조.

서 말소되어야 한다. 부동산의 소유권은 처음부터 이전되지 아니하므로, 원래의 소유자가 여전히 보유하는 것이 되어, 그가 소유권에 기하여 수탁자에 대하여 (i) 그 명의의 소유권이전등기의 말소를 청구하거나, 아니면 (ii) ──大判(全) 90. 11. 27, 89다카12398(集 38-4, 50) 이래 判例가 인정하고 있는 바의 眞正登記名義回復請求權으로서── 자기 앞으로 소유권이전등기를 할 것을 청구할 수 있게 된다. 이 등기청구권은 所有權에 기한 物權的 請求權, 즉 민법 제214조에서 정하는 「소유물방해배제청구권」의 성질을 가진다. 따라서 이는 消滅時效에 걸리지 않는다.

(**b**) 수탁자는 원소유자의 이러한 청구에 대하여, 신탁자가 부동산이전의 원인계약의 이행으로 원소유자에게 지급한 급부를 신탁자에게 반환하는 것과 相換으로 이행할 것을 주장할 수 있는가? 否認할 것이다. 원소유자의 청구권은 소유권에 기한 것으로서 단지 契約의 無效로 인한 당사자 간의 原狀回復義務와는 그 발생원인을 달리할 뿐만 아니라, 위와 같은 수탁자의 등기의무의 이행을 그가 당사자도 아닌 채권의 만족의 확보와 연계시켜야만 「衡平의 原則」에 맞는다고 볼 이유도 없기 때문이다.

그러므로 신탁자가 원인계약상의 채무를 계약상대방, 즉 부동산의 원소유자에게 이행하고 수탁자 앞으로 소유권이전등기를 경료받은 경우에는, 가령 매매대금을 이미 지급한 경우에는, 신탁자는 일종의 先履行危險(Vorleistungsrisiko)을 부담하게 된다. 즉 소유권의 취득을 위한 反對給付는 모두 이행되었음에도 불구하고 소유권을 취득할 수 없으며, 동시이행의 항변권(민법 제536조)의 행사를 통하여 자신의 소유권이전채권의 만족을 간접적으로 확보할 수 있는 가능성은 상실되었다. 不動産實名法 제 4 조 제 2 항이 명의신탁약정에 기한 소유권변동을 否認함으로써 신탁자에게 가하여지는 중대한 不利益의 하나가 바로 이것이다.

(**c**) 앞의 1. (3)에서 본 대로 명의신탁약정의 무효는 신탁자와 원소유자 사이의 원인계약에 아무런 영향을 미치지 아니한다. 따라서 가령 부동산을 매수한 신탁자는 여전히 매도인인 원소유자에 대하여 소유권의 이전을 청구할 수 있는 채권을 가진다. 만일 수탁자 앞으로의 소유권이전이 유효하였다면, 원소유자의 이 채무는 辨濟로 인하여 소멸되었다고 할 것이다. 왜냐하면 그 「채무의 내용」(민법 제390조 참조)이 바로 앞의 Ⅱ. 1. (2)에서 본 第三者方 履行의 約定에 의하여 수탁자 앞으로 소유권을 이전하는 것이기 때문이다. 그러나 이제 그 이전은 효력이 없으므로, 원소유자의 이 채무는 이행되지 아니하여 여전히 존속한다. 매도인의 소유권이전채무는 소유권이전이라는 給付結果(Leistungserfolg)가 발생하여야 비로소 변제에 의하여 소멸하는, 어느 裁判例의 用語에 의하면,[63] 結果債務인 것이다.

그러므로 신탁자는 앞의 (b)에서 본 先履行危險을 부담할 수는 있어도 역시 그 채권을 계속 보유한다. 그리고 그는 이 채권의 保全을 위하여 채무자인 원소유자를 대위하여 그가 가지는 앞의 (a)에서 본 登記請求權을 행사할 수 있다(민법 제404조 제 1 항 참조).

(**d**) 신탁자는 수탁자 앞으로 소유권이전등기가 되어 있는 상태에서는 위와 같은 채권의 만족을 確保하기가 쉽지 않다.

예를 들어 신탁자가 수탁자 앞으로 경료된 소유권이전등기에 이어서 자신의 소유권이전등기청구권을 보전하기 위하여 자기 앞으로 假登記를 경료하였다고 하여도, 이 假登記는 효력이 없다. 애초에 명의신탁약정의 무효로 말미암아 신탁자는 수탁자에 대하여 소유권이전등기청구권을 가지지 못하는 것이다. 不動産實名法이 시행되기 전에는 장차 명의신탁약정을 해지하는 경우에 발생할 소유권이전등기청구권

---

63) 大判 88. 12. 13, 85다카1491(集 36-3, 78) 참조.

의 보전을 위하여 유효하게 假登記를 할 수 있었으나(부동산등기법 제3조 제2문 참조), 이제 그 청구권의 발생원인인 명의신탁약정은 효력이 없는 것이다. 오히려 그와 같은 假登記는 원인무효로서, 원소유자의 소유권에 기한 청구에 의하여 말소되어야 한다.

물론 신탁자는 자신의 채무자인 원소유자를 대위하여 그가 가지는 앞의 (a)에서 본 登記請求權을 보전하기 위하여 수탁자를 상대로 하여 처분금지가처분을 신청할 수 있다. 그러나 이 假處分의 被保全債權은 어디까지나 원소유자의 채권이므로, 일단 원소유자 앞으로 등기가 경료되는 것을 금지하지는 않으며, 오히려 그 등기에 의하여 그 假處分은 목적을 달한다. 따라서 이에 의하여 원소유자의 처분까지 금지되는 것은 아니다.[64)]

(e) 당연한 것이나, 신탁자는 수탁자에 대하여 소유권의 이전을 청구할 수 없게 된다. 명의신탁약정 또는 위임계약이 애초 무효이므로 그것을 「解止」하였다고 하여 그러한 권리가 발생할 리 없으며, 나아가 민법 제684조에서 정하는 取得物移轉義務도 위임 등의 무효로 인하여 처음부터 발생할 여지가 없는 것이다.

(2) 한편 이와 관련하여서는, 수탁자가 명의신탁약정에 기하여 취득한 소유권은 不法原因給與로서 원소유자나 신탁자는 그 반환을 청구할 수 없다는 주장도 제기될 여지가 있다. 그러나 이는 일반적으로 否定되어야 하며, 이는 不動產實名法이 제정된 후에도 다를 바 없다고 할 것이다.

(a) 민법 제746조에서 불법원인급여의 요건으로 정하는 「不法의 原因」의 해석에 대하여는 매우 다양한 論議가 있으나, 그것이 強行法規 위반이나 민법 제103조의 의미에서의 社會秩序 위반이 있으면 당연히 이 요건을 충족하는 것으로 되지는 않는다는 점에는 일치하고 있

64) 이상에 대하여는 大判 88. 9. 27, 84다카2267(集 36-2, 140); 大判 89. 4. 11, 87다카3155(集 37-1, 216); 大判 89. 5. 9, 88다카6488(集 37-2, 41) 등 참조.

다. 그리고 이를 제한적으로 해석하려는 노력이 매우 다양하게 행하여지고 있다.[65] 우리 대법원도 일반적으로는 "民法 제746조가 규정하는 不法原因이라 함은 그 원인될 행위가 선량한 풍속 기타 사회질서에 위반하는 경우를 말하는 것으로서 설사 法律의 禁止規定에 반하는 경우라 할지라도 그것이 선량한 풍속 기타 사회질서에 위반하지 않는 경우에는 이에 해당하지 아니한다"고 설시하면서도,[66] 구체적으로는 한편으로 가령 緊急通貨違反法이나 法律事務取扱團束法 등과 같이 기본적으로 行政目的을 달성하기 위한 法令의 違反行爲에 대하여도 불법원인급여를 긍정하면서,[67] 다른 한편으로 가령 強制執行의 免脫을 위한 財産信託 등과 같이 道德的 非難이 가능한 행위에 대하여도 이를 부정하였다.[68] 결국 不法原因給與에 해당하는지 여부는 "그 行爲의 實質에 卽應하여 당시의 社會生活 및 社會感情에 비추어 진정으로 倫理道德에 반하는 醜惡한 것으로 인정되느냐의 여부에 따라서 결정하여야 한다"는 것을[69] 추상적인 기준으로 한다고 하더라도, 구체적으로는 당사자들의 行爲目的이나 「사회질서」나 법규의 위반에 대한 認識 내지 意慾의 정도[70] 등과 같은 主觀的 事情, 당해 법규나 문제된 「사회질서」

65) 독일에서 우리 민법 제746조에 해당하는 독일민법 제817조 제 2 문의 적용을 제한하기 위한 여러 가지의 이론적 노력에 대하여는 우선 Dieter Reuter und Michael Martinek, *Ungerechtfertigte Bereicherung*(1983), §6 V c(S.207ff.) 참조("學說에서 제817조 제 2 문을 矯正하기 위한 견해의 스펙트럼은 상정할 수 있는 모든 가능성에 미치고 있다"). 판례도 마찬가지로 그 적용을 제한하고 있다. 가령 BGHZ 75, 299: "연방대법원은 예외규정으로 이해되는 독일민법 제817조 제 2 문을 오래 전부터 制限的으로 해석하였으며 확장해석을 거부하여 왔다."(S.305)

66) 大判 83. 11. 22, 83다430(공보 720, 94).

67) 大判 66. 2. 15, 65다2286(總覽 4-1(A), 874-2); 大判 73. 1. 30, 72다2321(總覽 4-1(A), 874-8) 각 참조.

68) 大判 80. 4. 8, 80다1(공보 633, 12777; 總覽 4-1(A), 874-20); 大判 91. 3. 12, 90다18524(공보 895, 1175).

69) 日本의 最高裁 1962년 6월 12일 판결(民集 16-7, 1305)의 판시.

70) 일반적으로 不法의 認識은 이미 불법원인급여의 요건의 차원에서 요구되고 있다. 이에 대하여는 우선 註釋 債權各則(Ⅲ)(1986), 201면 이하(金先錫 집필) 참조.

의 강행에 의하여 달성하고자 하는 客觀的 制度目的, 만일 급부의 반환이 인정되면 실제로 그 제도목적이 관철되지 못하는 것이 아닌지 여부,[71] 원래는 긍정되어야 할 반환의무를 이 경우에 부인함으로써 그 제도목적이 어느 만큼 달성될 것인지 여부, 반환의무가 부인되는 경우의 당사자 간의 衡平, 법규나 「사회질서」에 의한 禁止가 그 내용이 명확하고 또한 보편적으로 숙지되어 국민의 行爲指針으로서의 鮮明性과 方向指示性을 갖추고 있는 정도 등을 종합적으로 고려하여 개별적으로 판단할 수밖에 없을 것이다. 그러나 불법원인급여가 인정되면 결과적으로 「不法의 原因」에 가담한 受益者에게 그 利得의 保有를 긍정하게 되므로, 원칙적으로 이를 함부로 인정할 것은 아니라고 생각된다.

名義信託은 다양한 이유에 기하여 다양한 목적을 위하여 행하여진다. 日政時의 土地調査에서 宗中財産이 宗中 명의로 査定될 수 없어서 宗員 등의 名義를 빌어 査定받을 수밖에 없었다는 명의신탁의 출발점을 이루는 바의 事情은, 비록 그것이 허용되는 오늘날에도, 가령 구성원의 수가 많거나 그 변경이 빈번한 法人格이 없는 團體가 취득하는 財産의 간편한 처리 등의 필요에서 보는 것처럼 전혀 과거의 이야기라고 할 수는 없다. 또한 多數의 사람이 부동산을 매수하고 그 중 한 사람의 이름으로 소유권이전등기를 하는 경우 등에 언제나 무슨 불순한 동기가 숨겨져 있다고 할 것인가? 그러한 행위에서 「비윤리성」을 읽는 것은 倫理의 內面性이라는 본질을 왜곡하는 것이거나 아니면 그 사람의 경험미숙 또는 실제 생활에 대한 관찰이 적절하지 아니함을 의미할 뿐이다.

한편 不動産實名法 제 1 조는 그 법률의 목적의 하나로 "不動産登記制度를 惡用한 投機·脫稅·脫法行爲 등 反社會的 行爲를 방지"하는

71) 특히 이미 이행된 雙務契約에서 각 당사자의 급부가 불법원인급여라고 하여 그 返還義務가 부인되게 되면, 이는 그 계약이 有效한 것과 다를 바 없는 결과가 된다.

것을 들고 있다.[72] 그러나 이러한「투기·탈세·탈법행위 등」의 목적으로 행하여지는 명의신탁에 대하여도 그것이 不法原因給與에 해당한다고는 할 수 없다.[73] 우선 행위목적 하나만으로 불법원인급여라고 단정할 수 없음은 위에서 이미 말한 대로이다. 그리고 명의신탁이 性秩序와 무관함은 물론, 특히 도박자금이나 범죄자금의 대여·교부 등과는 달리 그에 의하여 受益者가 어떤 위법한「행위」를 새로이 하도록 유도되지 않으며[74] 그것은 재산보유라는 하나의「상태」가 발생할 뿐이다. 명의신탁과 관련된「투기·탈세·탈법행위 등」은 수탁자의 재산보유의 간접적인 결과로서 행하여질 수도 있으나, 그 禁止는 기본적으로 국가가 이를 파악하여 公權的으로 세금 등을 부과함으로써 관철되

72) 이 法文은 앞의 Ⅱ.4.에서 본 바 있는 不動産登記特別措置法 제 7 조 제 1 항의 "租稅賦課를 면하려 하거나 다른 時點 간의 價格變動에 따른 利得을 얻으려 하거나 所有權 등 權利變動을 規制하는 法令의 制限을 회피할 目的으로"라는 문언을 縮約的으로 표현하면서, 거기다가 "… 등 反社會的 行爲"라는 구절을 가하여 보충적·일반적으로 完璧을 꾀한 것으로 추측된다. 이「不法目的類型」들은 不動産實名法 적용의 예외를 정하는 同法 제 8 조에서 "租稅逋脫, 強制執行의 免脫 또는 法令上 制限의 回避를 目的으로"라는 모습으로 다시 등장한다.

73) 金相容, "不動産實名法 規定의 諸矛盾點", 考試界 1997년 2월호, 80면은 이 제 1 조 중의「반사회적 행위」라는 용어를 들어, 이 법률의 입법들이 명의신탁의 약정이 모두 반사회적 행위이기 때문에 그 약정이 무효인 것으로 파악하고 있다고 이해된다고 한다. 그에 의하면, 반사회적 행위란 민법 제103조에서 정하는「반사회질서적 행위」보다도 사회적 비난의 강도가 큰 것이라고 한다. 그러나 이러한 해석은 우선 不動産實名法 제 1 조의 문법적 구조에도 맞지 않을 뿐 아니라(同條는 "實權利者 명의로 登記하게 함으로써" 投機 등「반사회적 행위」가 일어나지 않도록 막는 것을 법률목적으로 한다는 것이지, 명의신탁약정에 의하여 실권리자 아닌 자 앞으로 행하여진 등기가 이미 반사회적 행위라고 정하는 것은 아니다), 法律目的을 정한 規定을 들어 규율대상이 되는 행위의 법적 성질, 그것도「반사회적 행위」인지 여부와 같이 미묘한 性質決定의 문제가 바로 결정된다고 하는 해석은 지나치게 거칠다고 생각된다.

74) Heinrich Honsell, *Die Rückabwicklung sittenwidriger oder verbotener Geschäfte* (1974)은, 불법원인급여에 관한 歷史的 考察에 기초하여, 독일민법 제817조 제 2 문은 良俗違反의 行爲——다만 그것이 物件의 給付(Sachleistung)를 내용으로 하는 것은 이에 속하지 않는다——가 행하여지도록 하기 위한 給付에 한정하여 적용되어야 한다고 결론적으로 주장한다(특히 S.136ff. 참조). 이 주장은 그 적용제한이 지나치다고 하겠으나, 불법원인급여의 어떠한 핵심을 제시하고 있다고 생각된다.

어야 할 것이지,[75] 私人의 재산귀속에 관한 선택 자체가 부정되어야 할 것은 아니다. 국민이 課稅 등의 要件으로서의 재산의「실질적 보유」를 국가가 파악하는 데 적합한 상태를 스스로 작출하여 두지 않는다고 하여 그것이「윤리도덕에 반하는 추악함」이라고 비난하는 것은, 국가구성원이라는 지위에서 비로소 인정되는 公的 義務에 부당한 윤리적 무게를 부여하는 것이다. 명의신탁에서 受託者가 그 약정에 기하여 받은 것의 原狀回復義務를 부정하는 것이 오히려 일반적으로 건전한 도덕감정에 반한다고 여겨지는 이유는 바로 이 점에서 연유한다고 생각된다.

그러므로 예를 들어 大判 93.5.25, 93다296(공보 949, 1853)이 "원고가 양도소득세를 회피하기 위한 방법으로 자신 앞으로 소유권이전등기를 하지 아니하고 미등기인 채로 피고와 매매계약을 체결하였고 또 그것이 투기의 목적으로 행하여진 것이라고 하여, 그것만으로 그 매매계약이 사회질서에 반하는 법률행위로서 무효로 된다고 할 수 없다"고 판단하는 것은, 불법원인급여에 대한 판단이 아니라 오히려 그 前段階라고 할 민법 제103조에 관한 판단에서조차 反良俗性을 부인한 것으로 주목된다고 하지 않을 수 없다. 나아가 앞에서 본 대로 대법원은 반복하여 強制執行을 면할 목적으로 행하여지는 名義信託의 경우에 대하여도 이미 이를 不法原因給與에 해당하지 않는다는 태도를 취한 바도 있다.[76]

---

75) 특히「投機」, 즉 "다른 時點 간의 價格變動에 따른 利得을 얻으려 하는 행위"는 利潤의 獲得을 목적으로 하는 人間行爲를 근간으로 삼는 資本主義에서 그 자체 하등 도덕적으로 비난받아야 할 것이 아니며,「脫法行爲」 또는 그 대표적인 예로서 "所有權 등 權利變動을 規制하는 法令의 制限을 회피하는 행위"는 所有權의 取得을 제한하는 法令(예를 들면 토지거래허가제도를 정하는 國土利用管理法 제21조의2 이하) 자체가 일정한 규제목적을 달성하기 위한 예외적·한시적 존재라는 점 등에 비추어 보면 그 제한을 회피하려고 하는 것이 반드시 內面的 倫理에 거슬리는 것인지 의문이다.

76) 앞의 註 68의 大判 91.3.12, 90다18524(공보 895, 1175).

(**b**) 이상은 不動産實名法이 제정·시행된 이후에도 다를 바 없을 것이다.

물론 立法者는 비윤리적·반인륜적이라고는 할 수 없는 행위에 대하여도 일정한 입법목적을 달성하기 위하여 이를 禁壓하는 법률을 제정하고 그 행위의 사법적 효력을 부인할 수 있으며, 나아가 당해 금지법규에 반하는 행위에 의하여 이미 財産의 移動이 행하여진 경우에 대하여 아예 그 原狀回復을 허용하지 아니한다는 것을 규정할 수 있다. 또 그 법률의 해석에 있어서 원상회복을 허용하지 아니하는 手段에 의하여야만 禁止規定에 반하여 出捐한 자에 대한 적절한 制裁手段이 되고 나아가 그 입법목적이 달성될 수 있다고 한다면, 이를 민법 제746조에서 정하는「不法의 原因」에 의한 出捐에 해당한다고 해석하는 것도 허용될 것이다.

그러나 명의신탁은 法實務에서 이미 日政 때 이래 장기간에 걸쳐서 그 有效性이 확고하게 긍정되어 온 것이다. 이러한 거래유형이 단지 하나의 법률에 의하여 하루 아침에 일반적으로「不法의 原因」에 의한 出捐에 해당된다고 판단하여 신탁자에게 그것을 반환받을 가능성을 아예 봉쇄하고 수탁자를 완전한 소유자로 만드는 것은 우선 법생활의 평화라는 관점에서도 결코 바람직스럽지 않다. 그러한 결과는 아직까지는 대부분의 국민의 윤리감정에 명백히 반하여 오히려 衝擊으로 느껴질 것이다. 특히 수탁자가 不動産實名法의 기본취지에 좇아 소유권등기를 원소유자 앞으로 스스로 還元하였으면 신탁자는 원소유자에의 청구에 기하여 소유권을 취득할 기회가 있는데, 반대로 그가 이를 거부하면서 불법원인급여를 주장하면 신탁자에게는 그와 같은 기회가 박탈되고 오히려 거의 모든 경우에 아무런 대가도 지급하지 아니하는 수탁자가 이를 획득하게 된다는 것은 균형이 맞지 않고 나아가 法律目的의 실현을 위하여 감수할 수 있는 道德的 危險의 범위를 넘어선다고 생각된다.

한편 1990년에 제정된 不動產登記特別措置法도 이미 그 제7조에서 名義信託約定에 기한 登記申請을 금지하고, 이에 위반하는 경우에 대하여는 "3년 이상의 懲役"을 포함한 刑事處罰을 규정하고 있었다(동법 제8조 제3호). 그런데 동일한 법률목적을 추구하는 同法上의 다른 규정(동법 제2조 제2항·제3항, 제8조 제1호 참조)에 의하여 금지되어 있는 未登記轉賣行爲, 그것도 세금회피와 투기를 목적하는 미등기전매행위에 대하여 앞서 본 大判 93.5.25.도 민법 제103조의 적용을 부정하였다. 그렇다면 명의신탁약정에 대하여도 마찬가지로 판단하였을 것이 아닌가 추측된다. 그런데 이제 기본적으로 동일한 내용을 정하되 보다 가중된 행정적·형사적 제재를 과하는 不動產實名法이 시행되었다고 하여서 갑자기 달라질 수는 없지 않을까 한다.

또한 不動產實名法의 제정을 주도한 측의 견해도 적어도 일반적으로는 불법원인급여를 부정하는 것이라고 추측된다. 무엇보다도 同法의 제정준비과정에서 "名義信託者의 재판상 반환청구권을 인정하지 않음으로써 名義信託 不動產을 名義受託者의 소유로 하는 방안"도 주의깊게 검토되었으나, 이 方案은 "명의신탁자의 재산권에 대한 본질적인 침해로서 위헌의 소지가 있다는 점 때문에 채택되지 못했다"고 한다.[77] 그렇다면 일단 채택되지 않기로 한 방안이 채택된 것과 같은 결과를 다른 법률구성을 통하여 둘러 승인하는 것은 피하는 것이 바람직할 것이다.

(c) 물론 個別事案의 具體的인 事情 여하에 따라서는 不法原因給與를 긍정하여도 좋은 경우가 있을는지도 모른다. 「不法의 原因」이라는 不明確槪念을 징표로 사용한 法規定의 해석에서는 이러한 개별적

77) 財政經濟院(註 5), 32면 이하. 한편 同所, 34면 이하는, 登記名義信託에 대하여, "만약 재판과정에서 법원이 名義信託의 違法性이 크다고 인정하여 不法原因給與로 판결하는 경우에는 所有權을 回復하지 못하게 될 수도 있다"고 한다.

예외가 허용될 수 있는 것이 오히려 그 특징인 것이다. 그러나 불법원인급여제도에 대한 입법론적 의문이나 그것이 인정되는 경우의 여러가지 문제점을 고려할 때 역시 그 인정에는 신중하지 않으면 안 될 것이다.

3. 第三者에 대한 對抗問題

(1) 不動產實名法 제 4 조 제 3 항은 "제 1 항 및 제 2 항의 無效는 第三者에게 對抗하지 못한다"고 정한다.

그런데 이 중에서 제 1 항의 무효, 즉 명의신탁약정의 무효가 제 3 자에게 대항하지 못한다고 하는 부분은 실제로는 별다른 의미가 없다고 생각된다. 왜냐하면 아직 수탁자 앞으로 소유권이전등기가 행하여지지 아니한 동안에 신탁자나 수탁자가 제 3 자에게 명의신탁약정에 기한 채권을 양도한다든가 제 3 자가 이를 압류한다든가 하는 일은, 명의신탁약정의 人的 信賴性 또는 內密性에 비추어 거의 상상하기 어렵기 때문에, 제 3 자가 발생할 여지가 사실상 없기 때문이다.

그러므로 이하에서는 주로 제 2 항의 무효를 제 3 자에게 대항하지 못한다고 하는 것에 대하여 보기로 한다.

(2) 여기서 "第三者에 對抗하지 못한다"고 하는 것은, 수탁자가 소유자임을 기초로 그와의 사이에 새로운 利害關係를 맺은 자에 대하여는 그 이해관계에 따른 법적 지위가 유효한 것으로 인정된다는 의미이다.

(a) 여기서 정하는「제 3 자」는 신탁자, 수탁자 및 원소유자를 제외한 모든 사람을 다 포함하는 것이 아니라, 민법에서 의사표시의 무효나 취소를 "제 3 자에게 대항하지 못한다"고 정하는 제107조 제 2 항, 제108조 제 2 항, 제109조 제 2 항, 제110조 제 3 항에서와 마찬가지로 수탁자가 소유자임을 기초로 그와의 사이에 새로운 利害關係를 맺

은 자에 한정된다고 해석할 것이다. 그러므로 부동산의 讓受人(競落人을 포함한다), 抵當權 기타 擔保權을 설정받은 사람, 假登記債權者, 押留債權者·假押留債權者 등은 이에 해당되나, 不法占有者나 原因無效의 登記를 경료한 사람은 이에 포함되지 않는다.

(b) 여기의 「제 3 자」에는 신탁자는 포함되지 않는다. 그러므로 일단 원소유자로부터 소유권이전등기를 넘겨받은 수탁자가 自意로 다시 신탁자 앞으로 소유권이전등기나 가등기를 하였더라도, 신탁자는 不動産實名法 제 4 조 제 3 항에 의하여서는 그에 따른 권리를 취득하지 못한다.

그런데 앞의 2.(1)(c)에서 본 대로, 소위 등기명의신탁에 있어서는 신탁자가 不動産實名法 제 4 조 제 2 항에 의하여 소유권변동이 무효가 됨으로 말미암아 원래의 소유권을 그대로 유지한 원소유자를 代位함으로써 결국 자기 앞으로 소유권이전등기를 실현할 수 있는 方途가 허용되고 있다. 그러므로 위와 같이 수탁자가 신탁자 앞으로 바로 경료된 소유권이전등기는 결국 「實體關係에 부합하는 登記」로서 유효라고 하여야 할 것이다. 이에 대하여는, 만일 이러한 결과를 인정하게 되면 신탁자가 소유권을 취득할 수 있는 가능성은 부인하지 아니하되 그 과정에서 명의신탁이 개입하였음이 드러나서 同法이 정하는 행정적·형사적 제재를 받도록 하려는 同法의 規律意圖가[78] 현저히 잠탈될 우려가 있다는 反論도 예상된다. 그러나 등기실체법에 있어서 이제는 判例法이 되었다고 하여도 좋을 「실체관계에 부합하는 등기」의 법리를 이 경우에만 적용되지 않는다고 하는 것은 적절하지 아니한 것으로 생각된다.

---

78) 李英俊(註 27), 164면의 登記名義信託에 관한 다음과 같은 설명은 대체로 적절하다. 즉 "이 때 신탁자가 부동산을 되찾고자 할 때에는 명의신탁이 무효이기 때문에 매도인을 상대로 원래 매매계약에 근거하여 재판절차를 거쳐 되찾아 오게 되며, 그 과정에서 명의신탁사실이 발각되기 때문에 과징금과 형사처벌의 제재를 받는다는 것이 이 법의 입장이다."

(**c**) 여기의 「제 3 자」는 그 善意·惡意 여부를 불문한다. 이 점에 대하여는 과연 악의의 제 3 자를 포함시켜야 할 이유가 무엇인가 하는 점과 관련하여 입법론적으로 논난의 여지가 있는 것으로 생각된다. 그러나 입법자는 종전의 판례상 악의의 제 3 자에 대한 처분도 유효하다고 인정되고 있었으므로, 새삼 신탁자를 그 이상으로 보호할 필요가 없다고 하여, 이와 같은 立法的 決斷을 내린 것이다.

(**d**) 여기서 「對抗하지 못한다」라고 하는 것은, 앞의 (a)에서 본 것과 같은 제 3 자가 등장한 경우에는 그의 법적 지위가 유효한 것으로 되는 범위에서는 수탁자 앞으로의 소유권이전이 有效한 것으로 의제된다는 의미이다.[79] 그러므로 무효를 주장할 수 없는 것은 비단 원소유자나 신탁자측에 한정되지 아니하며, 제 3 자측에서도 이를 할 수 없다고 할 것이다. 그러므로 가령 수탁자로부터 부동산을 매수하여 소유권이전등기를 받은 자는, 수탁자가 무권리자이어서 결국 소유권을 취득하지 못하였다는 이유로 그의 매도인(즉, 수탁자)에 대하여 擔保責任(민법 제570조 참조) 등을 물을 수는 없다.

(**3**) 이와 같이 수탁자의 소유권취득의 무효를 "第三者에게 對抗할 수 없"게 되면, 이는 신탁자·수탁자·원소유자 등의 법률관계에 영향을 미치게 된다.

(**a**) 수탁자가 제 3 자에 대하여 처분행위를 한 경우에는, 그는 그로써 원소유자의 소유권을 상실시키거나 그것에 負擔을 가한 것이 된다. 그는 신탁자와의 명의신탁약정이 무효이므로, 이를 이유로 하여 신탁자에 대하여 무슨 채무불이행책임을 지게 되지는 않는다. 그러나 그는 원소유자에 대하여 不法行爲의 責任을 진다고 할 것이다. 한편 이 경우 수탁자의 刑事責任에 대하여는 견해가 대립된다.[80]

79) 이에 대하여는 우선 梁彰洙, 民法入門, 全訂版(1994), 149면 이하 참조.

80) 朴相基, 刑法各論(1996), 375면은, 不動産實名法의 시행으로 명의수탁자는 이제 더 이상 신탁부동산의 보관자로 볼 수 없다고 하여, 橫領罪가 되지 않는다고

불법행위를 이유로 하여 원소유자는 수탁자에 대하여 어떠한 손해의 배상을 청구할 수 있는가? 이는 특히 원소유자가 신탁자와 체결한 소유권취득의 원인계약에 기하여 신탁자로부터 부동산의 대가를 이미 수령한 경우에는 그에게는 아무런 손해가 없다고 할 것이 아닌가 하는 의문과 관련하여 문제될 수 있다. 그러나 그 경우에도 원소유자는 신탁자에게 소유권이전채무를 부담하므로, 수탁자는 원칙적으로 소유권의 상실로 인한 손해 전부를 원소유자에게 배상하여야 할 것이다. 다만 그것이 그의 過責 없이 履行不能이 됨으로써 그가 그 채무로부터 해방되는 때(뒤의 (b) 참조)에는, 그는 그가 수령한 부동산의 대가를 반환할 의무를 부담하지 않고 그가 받은 부동산의 대가를 그대로 보유하므로, 그 경우에는 결국 損害가 없다고 할 것이 아닌가 생각된다.

(b) 원소유자는 위와 같은 수탁자의 처분행위에 의하여 소유권을 상실하게 됨으로써[81] 신탁자에 대한 소유권이전채무를 履行하는 것이 원칙적으로 不能하게 되었다고 할 것이다. 이로써 債務不履行責任이 성립하는가는 결국 원소유자에게 過責이 있는지 여부에 달려 있다고 할 것이다.

(aa) 만일 원소유자가 신탁자와의 사이에 앞서 본 第三者方 履行의 約定을 하여 수탁자에게 소유권이전등기를 경료함에 있어서, 신탁자와 수탁자 사이에 名義信託約定이 있었음을 알지 못하였을 경우에

하고, 단지 명의신탁의 당사자로서 同法에서 정하는 형벌만을 받는다고 한다. 그러나 金日秀, 刑法各論(1996), 245면은, 橫領罪의 성립을 긍정한다. 비록 수탁자의 소유권취득이 무효라고 하더라도, 同法 제4조 제3항에 의하여 그의 處分에 의하여 타인의 소유권을 상실시킬 수 있는 지위 자체를 횡령죄의 구성요건으로서의 「타인의 재물을 보관하는 자」에 해당한다고 할 수 있지 않을까. 다만 종전에는 신탁자로부터 「保管」을 위탁받은 그의 재물을 횡령한 것으로 구성하였으나, 不動産實名法의 시행 후로는 신탁자로부터 「保管」을 위탁받은 **원소유자의 재물**을 횡령한 것으로 보아야 할 것이다.

81) 이는 假裝賣渡人이 목적물을 제3자 甲에게 유효하게 매도하였으나 假裝買受人이 자신에게 등기명의가 남아 있는 것을 이용하여 善意의 제3자에게 매도하고 소유권이전등기를 경료하여 준 경우, 가장매도인이 그 買受人 甲에 대하여 어떠한 책임을 지는가 하는 문제와 類比하여 생각할 수 있다.

는, 일반적으로 그의 過責을 부정하여야 할 것이다. 원소유자로서는 자신의 계약상대방이 제3자와 사이에 어떠한 事情이 있기에 자신의 채무의 이행을 그 제3자 앞으로 하도록 하는지를 조사하거나 탐문할 의무가 있다고 할 수 없으므로, 통상은 이를 알아 보지 아니하였다고 하여 過失이 있다고는 말할 수 없기 때문이다. 물론 그 사이에 명의신탁관계가 있는 것이 아닌지를 그로 하여금 쉽사리 의심하게 할 만한 특별한 사정이 있는 경우에는 그러하지 아니할 것이다.

이와 같이 원소유자의 過責이 부인되는 경우에는, 그는 자신의 소유권이전채무로부터 해방된다. 그리하여 그와 신탁자 사이의 원인계약이 매매 등 쌍무계약이었던 경우에는, 이제 危險負擔의 문제가 제기된다. 그런데 그 이행불능은 신탁자가 법률에 의하여 금지되는 명의신탁약정을 체결한 것에 그 發端이 있는 것이므로, 그에게 歸責事由가 있다고 할 수밖에 없다. 그리하여 원소유자는 여전히 반대채무의 이행을 청구할 수 있고(민법 제538조 제1항 前段), 만일 이미 그 이행을 받았다면 이를 반환하지 않아도 된다.

(bb) 한편 원소유자가 명의신탁약정의 존재를 알았거나 ―위에서 본 바와 같이― 예외적이지만 알았어야 했던 경우는 어떠한가? 이 경우에도 원소유자로서는 신탁자와의 약정에 의하여 수탁자 앞으로 소유권이전등기를 경료한 것이므로, 수탁자의 처분 등에 대하여 過責이 있다고 할 수는 없다는 주장도 가능할 것이다. 그러나 명의신탁약정의 존재를 알면서 수탁자 앞으로 소유권이전등기를 경료하였다면, 그의 처분으로 인하여 위와 같은 채무불이행의 결과가 발생할 수 있음을 적어도 인식할 수 있었다고 할 것이다.

그러므로 원소유자는 신탁자에 대하여 채무불이행책임을 져서, 그의 손해를 배상하여야 할 것이다. 다만 그 채무불이행이나 손해의 발생에는 신탁자가 명의신탁약정을 체결한 것이 중요한 원인을 제공하였으므로, 이를 過失相計事由로 하여 "損害賠償의 責任 및 그 金額을 정함에" 참작할 것이다(민법 제396조 참조).

이 점에 대하여는 "매도인[원소유자를 말한다]으로서는 비록 명의신탁약정의 존재를 알고 있었다고 하더라도, 매수인인 신탁자의 요구에 따라 登記名義를 이전하여 준 이상, 賣買契約의 체결이나 그 이행에 관하여 歸責事由가 있다고 보기는 어려울 것이고, 그렇지 않다고 하더라도 적어도 자신의 편의를 위하여 수탁자 앞으로의 등기이전을 요구한 신탁자가 그 사유를 내세워 매도인의 歸責事由를 주장하는 것은 信義則에 비추어 허용되지 않는다고 새기는 것이 합당"하며 "目的論的으로[아마도 「실질적으로」라는 의미인 것으로 보인다] 볼 때에도 수탁자의 처분에 따른 損失은 자신의 편의를 위하여 명의신탁을 한 신탁자가 부담하여야 하는 것이지, 매도인에게 그 책임을 전가하는 것은 타당하지 않을 것"이라는 견해도 있다.[82)]

그러나 부동산실명법이 제정된 이상에는, 매도인이 명의신탁약정의 존재를 알았다면, 그는 수탁자에의 소유권이전등기로써 자신의 매수인에 대한 채무가 적법하게 이행되지 않음을 적어도 알 수 있었다고 보지 않으면 안 된다("法의 無知는 辨明이 되지 아니한다"). 이 점은 그 등기가 매수인의 "요구에 따라" 행하여졌다고 해도 다를 바 없을 것이다. 명의신탁약정의 존재를 안 매도인으로서는 강행법규에 의하여 금지되고 무효인 소유권이전등기의 현출에 협력하여서는 아니되며, 매수인의 요구에 응한 것 자체가 비록 명의신탁약정의 당사자는 아니라고 하여도 불법상태의 창출을 방조한 것이다. 不動產實名法 제7조 제3항에서 형사처벌을 받도록 정하여진 "제3조의 規定을 違反하도록 방조한 자"에 해당된다고 볼 가능성도 없지 않으며, 그렇지 않더라도 법률에 의하여 가하여진 위와 같은 의무의 점은 지적될 수 있다. 不動產

82) 註釋 物權法, 改訂版(한국사법행정학회, 1999년 출간 예정), 不動產實權利者名義登記에 관한 法律(權五䄷 집필), 제4조 Ⅳ.4.나.(2) 참조.

實名法 제 3 조 제 1 항은 "**누구든지** 不動產에 관한 物權을 名義信託約定에 의하여 名義受託者의 名義로 登記하여서는 아니된다"고 정하고 있는데, 이는 부동산등기법상의 共同申請主義(동법 제28조)에 비추어 등기의무자편에도 의무를 과하는 것으로도 이해된다(형사처벌에 관한 제 7 조의 各項의 적용이 있는지 여부는 차치하고라도). 결국 부동산실명법의 시행 후에는 매수인의 "요구"에 협력한 매도인은 그만한 스스로의 危險負擔 하에 행위하는 것이라고 할 수밖에 없다.

그렇다면 원소유자는 同法 제 4 조 제 3 항에 의하여 매수인에의 의무가 이행불능될 가능성이 있다는 것에 대하여도 인식할 수 있었다고 하여야 하지 않을까? 물론 위 견해가 말하는 대로 "수탁자의 處分에 따른 損失은 자신의 편의를 위하여 명의신탁을 한 신탁자가 부담하여야 하는 것이지, 매도인에게 그 책임을 전가하는 것은 타당하지 않을 것"이라고 생각할 수도 있겠다. 그러나 受託者의 橫領的 處分이 가능하게 된 기본적 이유는 수탁자 앞으로의 소유권등기인데, 그 현출에 대한 ──명의신탁약정을 안── 매도인의 加功은 앞서 설명한 대로 결코 무시될 수 없다. 매도인의 이러한 「가공」을 매수인에 대한 내부관계에서 零으로 평가하는 것은, 앞서 본 부동산실명법 제 3 조 제 1 항의 명문규정이나 그 법률의 취지를 무시하는 것이 아닌가 생각된다. 매도인의 無責을 주장하는 것은 혹 부동산실명법 시행 전의 법리에 固着된 때문이 아닐까 하는 臆測도 해보게 되는 것이다.

물론 원소유자와 신탁자(즉 위 견해에 의하면 매수인과 매도인) 사이의 말하자면 「내부관계」에서 귀책사유를 주장하는 것은 信義則에 반하지 않는가도 생각해 볼 수 있으나, 여기서는 오히려 바로 그러한 「내부관계」에서이기 때문에 신탁자가 원소유자의 책임을 물을 수 있다고 생각된다.[83] 또한 만일 매도인의 귀책사유를 전적으로 부인하고

83) 한편 大判 70.4.28, 70다298(集 18-1, 385); 大判 76.5.11, 75다11(공보 539, 9181); 大判 87.7.21, 87다카637(공보 1388); 大判 95.11.14, 95다30352(공보

전적으로 매수인의 귀책사유만을 긍정한다면, 매도인은 反對債權(賣買代金) 전부의 이행을 구할 수 있다. 손해배상이 아니라 계약상의 제1차채권을 주장하는 것이기 때문에 과실상계의 여지도 없고, 감액되어야 할 이유가 없는 것이다. 그런데 그것은 앞서와 같은 「加功」에 비추어 타당한 결과라고는 생각되지 않는다. 그러므로 결국 매도인의 귀책사유는 이를 긍정할 것이고, 다만 신탁자는 그 履行不能에 결정적으로 중요한 원인을 제공하였으므로 이를 過失相計事由로 하고 개별적 사정에 따라서는 원소유자의 책임을 아예 부정할 경우도 있다고 하면 족할 것이다.

(**cc**) 신탁자는 수탁자에 대하여 채무불이행책임을 묻지 못한다. 그 사이에 체결된 명의신탁약정이 무효이어서, 수탁자에게 무슨 「채무」가 있다고 할 수 없기 때문이다.

그러나 그가 수탁자에게 不法行爲의 責任을 물을 수 있는 가능성은 전혀 없는가? 위에서 본 대로 그가 원소유자에게 소유권이전채무를 가지거나 그 변형물로서의 손해배상책임을 물을 수 있는 한, 이는 否認할 것이다. 그러나 위의 (b)(aa)에서 보는 대로, 그가 원소유자에게 매매대금 등 부동산의 대가를 출연하였음에도 결국 그로부터 그에 대한 반대급부 또는 그 대체물을 청구할 권리를 상실하게 된 경우에는, 이를 긍정하여도 무방하지 않을까 여겨진다. 수탁자의 행위의 違法性도, 신탁자의 損害도, 그리고 그 사이의 相當因果關係도 모두 긍정되는 것이다. 물론 過失相計는 당연히 여기에도 적용될 것이다.

96상, 21) 등 判例는 일관하여 피해자의 부주의를 이용하여 고의로 불법행위를 저지른 사람은 바로 그 피해자의 부주의를 이유로 자기 책임의 감경을 주장할 수 없다고 타당하게 판시하고 있다. 그러나 이들 裁判例에서 문제된 불법행위상의 가해자 대 피해자의 대립관계는 여기서 논의하는 事案位相에서는 존재하지 않으며, 오히려 여기서 매도인과 매수인 兩者는 이행불능의 端緖가 되는 수탁자명의 등기의 현출에 관하여 굳이 말하자면 일종의 共同關係에 있는 것이다.

V. 結　　論

1. 이상에서 不動産實名法 제 4 조의 規範內容을 소위「登記名義信託」을 중심으로 하여 탐색하여 보았다. 그리고 그 작업의 전제로서, 우선 등기명의신탁에서의 소유권변동의 법리구조를, 나아가 同法의 규율대상으로서의「명의신탁약정」을 定義하는 同法 제 2 조 제 1 호 본문을 살펴보았다. 그 작업의 결과를 요약하면 대체로 다음과 같다.

첫째, 명의신탁약정은 일반적으로 虛僞表示라고 할 수 없으며, 기타 이를 일반법리상으로 無效라고 할 이유가 없다.

둘째, 명의신탁약정은 한편으로 수탁자의 소유권취득에 관한 原因合意로서의 성질에 기하여 그것을 정당화하는 原因(causa)으로서의 適格을 가지며 다른 한편으로 그에 기하여 신탁자는 목적물의 使用收益은 물론 處分授權을 통하여 목적물을 處分할 수 있는 권능을 가지게 된다. 그 외에 당사자 사이에는 소유권의「보유」와 관련하여 委任 유사의 법률관계가 성립한다.

셋째, 명의신탁의 핵심적 내용으로 일컬어져 왔고 또한 不動産實名法 제 2 조 제 1 호 본문의 定義規定에서도 채택된「信託者의 內部的 所有權」이란, 소유권의 關係的 分裂로 이해되어서는 안 되며, 신탁자가 가지는 위와 같은 각종의 權能(강력한, 그러나 기본적으로 債權的인)을 포괄적으로 지칭하는 것에 불과하다고 할 것이다.

넷째, 不動産實名法 제 4 조 제 1 항 및 제 2 조 본문에 의하여 위와 같은 신탁자의 법적 지위는 일절 부인된다. 그는 원소유자와의 사이에 체결한 賣買契約 등의 原因行爲에 기하여 계약상대방에 대하여 채권적 권리를 가질 뿐이다.

다섯째, 명의신탁약정에 기한 수탁자 앞으로의 소유권이전등기를

不法原因給與라고 할 수 없다. 이는 不動產實名法 아래서도 다를 바 없다고 하여야 한다.

2. 名義信託에 관한 종전의 논의에 대한 필자의 기본적인 疑問은 그것이 소유권의 변동 또는 귀속에 관하여 處分과 義務負擔의 두 모멘트, 즉 물권적 측면과 채권적 측면을 적어도 思考의 출발에 있어서 명료하게 구분하지 아니하였다는 점에 있다. 이것은 명의신탁을 信託行爲(Treuhandgeschäft)의 일반이론과 결별하여 「우리에 고유한 판례법상의 제도」로 이해하는 기본태도와도 관계가 없지 않다고 추측하여 본다. 그렇게 보면 명의신탁은 민법학 일반에 대하여도 심중한 의미를 가지는 문제를 제기한다고 생각된다.

本稿는 그러한 문제관심에서 출발하여 부동산실명법 제 2 조 제 1 호 본문, 제 4 조를 소재로 하여 필자의 견해를 제시하여 본 하나의 試論에 불과하다. 그러한 의미에서 앞으로의 修正과 補遺를 유보하고자 한다.

(서울대학교 法學 38권 1호(1997. 5), 52면 이하 所載)

[後　　記]

1. 本文 Ⅲ. 2. (3)(b)의 (bb) 및 (cc)에서 서술한 바와 관련하여서는 大判 97. 12. 12, 95다38240(공보 98상, 243)이 흥미롭다. 이 판결은, 원고(신탁자)가 신탁부동산을 제 3 자(피고)에게 증여하는 의사표시를 하고 이에 기하여 수탁자로부터 수증자 앞으로 직접 소유권이전등기가 행하여진 事案을 다루고 있다(이 事案 역시 同所에서 말한 대로

신탁자의「처분」이 실제의 거래에서도 행하여지고 있음을 보여 준다). 물론 이러한 경우에 수증자는 원칙적으로 그 부동산의 소유권을 취득한다. 그런데 이 사건에서 신탁자인 원고는 신탁자의 증여의 의사표시가 強迫에 의한 것임을 이유로 이를 취소하고 소유권이전등기의 말소를 청구하고 있다. 대법원은, 신탁자의 증여가 강박을 이유로 적법하게 취소되었다고 하여도 신탁자 자신은 소유권이전등기의 말소를 청구할 수 없으며 단지 수탁자를 代位하여서만 그 청구를 할 수 있다고 판단하고 있다.

本文 同所에서 말한 대로, 수탁자로부터 수증자에로의 소유권 이전은 신탁자의 증여와 명의신탁약정을 원인으로 하여 행하여지는 것이므로, 증여가 강박을 이유로 취소되면, 그 소유권 이전은 소급적으로 효력을 상실하고, 소유권은 처음부터 그대로 수탁자에게 머물러 있는 것이 된다. 그러므로 만일 원고의 이 사건 청구가 소유권에 기한 것이라면, 당연히 신탁자는 수탁자를 대위하여서만 그 청구를 할 수 있다. 이 점 대법원의 판단은 적절하다. 그리고 위 사건의 경우 신탁자는 증여의 취소로 인한 채권적 원상회복으로 자기 또는 수탁자 앞으로의 소유권이전등기를 청구할 수는 없다고 하겠다. 소유권이전등기는「계약이 없었던 상태」로의 회복이라고 할 수 없기 때문이다.

그런데 "피고는 원고에게 소유권이전등기의 말소등기절차를 이행하라"는 내용의 채권적 원상회복청구(법적 성질은 不當利得返還請求權이다)는 할 수 있다고 하여야 하지 않을까? 가령 甲은 乙에게, 乙은 丙에게 각기 부동산을 매도하는 계약을 체결하고 三者 合意로 갑으로부터 병에게 중간생략등기가 경료되었는데 乙·丙 사이의 매매계약이 그 후 취소되었다면, 乙은 소유자 甲을 대위하지 않고서도 자신의 고유한 채권적 권리로 丙에 대하여 소유권이전등기의 말소를 청구할 수 있는 것과 마찬가지로. 또 가령 甲 소유의 부동산을 乙이 丙에게 매도하여 그에 기하여 丙 앞으로 소유권이전등기가 행하여졌으나 乙·丙 간의 매매계약이 취소 또는 해제되었다면 乙은 丙에 대하여 채권적 원상회복으로 그 소유권이전등기의 말소를 청구할 수 있는 것과 마찬가지로. 이러한 債權的 登記抹消請求權은 本文 Ⅲ. 2. (3)(b)(bb)에서 든 大判 88. 9. 13, 86다카1332(공보 834, 1267)이 거기서 인용한 바대로 명확하게 긍정하고 있고(또한 (大判 93. 9. 14, 92다1353)(공보 955, 2743)도 유사한 취지로 판시한다), 무엇보다도 근저당권 설정 후 부동산의 소유권이 양도된 경우 피담보채무의 소멸을 이유로 하는 근저당권설정등기 말소청구의 상대방이 현재의 소유자인가 아니면 원래의 소유자(즉 근저당권설정계약의 당사자)인가 하는 문제에 대하여 大判(全) 94. 1. 25, 93다16338(集 42-1, 90)이 "종전의 소유자도 근저당권설정계약의 당사자로서 근저당권 소멸에 따른 원상회복으로 근저당권자에게 근저당권설정등기의 말소를 구할 수 있는 계약상 권리가 있으므로 이러한 계약상 권리에 터잡아 근저당권자에게 피담보채무의 소멸을 이유로 하여 그 등기의 말소를 청구할 수 있다"고 판시하여 논의의 여지 없이 이를 인정하고 있는 것이다. 그리하여 만일 위와 같은 청구가 인용된다면 그 확정판결의 집행에 의하여 受贈者 명의의 소유권이전등기는 말소되어 결국 수탁자 명의의 소유권등기가 살아나게 될 것이다.

2. 本文의 註 82와 뒤의 제 4 본문("不動産登記實名法의…")의 註 45에 인용한 權五昶 판사의 글은 아직 출간되지 아니한 것이다. 원래 그 글은 本稿의 발표 후에 완성되었다. 그 인용을 허락하여 주신 權 판사께 감사드린다.

3. 本稿가 발표된 후에 나온 부동산실명법 제 4 조의 해석론으로는 우선 睦榮埈, "不動産實權利者名義登記에 관한 法律上 法律關係의

效力", 人權과 正義 1998년 5월호, 90면 내지 111면이, 소위 契約名義信託도 포함하여, 요령 있는 개관을 주고 있다. 그 외에 不動産實名法의 해석에 관한 그 간의 문헌은 權五昶, "契約名義信託의 法律關係에 관한 考察", 法曹 1999년 5월호, 118면 註 2에 망라되어 있다.

[再刷에 즈음한 最小限의 追記]

1. 99면의 註 44의 본문 부분에서 적은, 신탁자의 의사에 기하여 목적물을 점유 또는 용익하는 자의 法的 地位와 관련하여서는 다음을 부가할 필요가 있을 것이다.

> 大判 95. 10. 12, 95다22283(공보 95하, 3733)도 그 곳에서 설명한 바와 마찬가지로 신탁자의 의사에 기하여 점유·용익하는 제 3 자는 수탁자에 대하여 그 점유 등을 관철할 수 있다고 한다. 이 판결은, 피고가 甲에게 소유명의를 신탁하고 있는 주택을 원고에게 임대한 사안에 대하여, "피고가 비록 이 사건 주택의 소유자가 아니라고 하더라도 주택의 명의신탁자로서 사실상 이를 제 3 자에게 임대할 권한을 가지는 이상, 임차인인 원고는 등기부상 주택의 소유자인 명의수탁자에 대한 관계에서도 적법한 임대차임을 주장할 수 있다"고 판시하고 있는 것이다. 또한 大判 99. 4. 23, 98다49753(공보 99상, 1005)도 토지매수인이 그 지상에 매도인 명의로 건축허가를 받고 연립주택을 건축·분양하여 매매잔금을 지급하기로 약정하고, 그 결과 매도인 명의로 보전등기된 연립주택을 매수인이 제 3 자에게 임대한 事案을 드물게도 명의신탁관계로 파악하면서, 같은 취지의 판단을 내린다.

2. 122면 (2)(a)에서 논한 부동산실명법 제 4 조 제 3 항의「제 3 자」의 구체적 내용과 관련하여, 大判 2000. 3. 28, 99다56529(신문 2872, 10)은 假押留債權者(123면 상 3행 참조)가 이에 해당된다고 판시하였다.

4. 不動産實名法의 私法的 規定에 의한 名義信託의 規律

——소위 契約名義信託을 중심으로——

Ⅰ. 序 說

1. 1995년 3월 30일에 공포되어 같은 해 7월 1일부터 시행된 「不動産實權利者名義登記에 관한 法律」(이하 단지 「부동산실명법」이라고 줄여 부르기로 한다)의 제4조 제2항 本文은 "名義信託約定에 따라 행하여진 登記에 의한 不動産에 관한 物權變動은 無效로 한다"고 정한다.

이 규정은 부동산실명법의 私法規定 중 核心的인 내용을 담고 있다. 즉 명의신탁에 관한 종래의 법리에 의하면, 명의수탁자는 목적부동산에 대하여 유효하게 소유권을[1] 취득하며, 그리하여 명의수탁자는 소유권으로부터 파생하는 각종의 권리(가령 목적물을 점유하는 자에 대한 민법 제213조 소정의 소유물반환청구권 등)를 가지고 명의수탁자 앞으로 행하여진 등기는 명의신탁관계가 지속되는 한에서는 그 효력을 다툴 수 없는 것이라고 인정되고 있었다. 그런데 위의 규정은 이를 否認

1) 부동산실명법이 규율하는 것은 부동산소유권의 명의신탁에 한정되지 아니하며, 그 외의 "不動産에 관한 物權", 즉 地上權·傳貰權·抵當權 등의 명의신탁도 그 적용을 받는다(同法 제2조 제1항 제1호 참조: "不動産에 관한 所有權 기타 物權"). 그러나 이 글에서는 다른 특별한 언급이 없는 한 所有權의 명의신탁만을 논하기로 한다.

하여, 비록 명의수탁자 앞으로 소유권이전등기가 되더라도,[2] 이에 의하여 소유권이 이전되지 아니하며 따라서 명의수탁자는 소유권 및 이에 기한 각종의 권리를 일절 가지지 못한다는 것을 정면에서 정하고 있는 것이다. 이에 따라 명의수탁자의 등기는 실체적 관계에 맞지 않는 不實登記로서, 우선 所有者에 의하여 말소청구의[3] 대상이 된다. 이는 위 법률이 종전에 판례에 의하여 인정되어 오던 명의신탁법리에 변경을 가한 것 중 가장 현저한 점의 하나라고 할 것이다.

2. 그런데 위의 제 4 조 제 2 항의 但書는 그에 대하여 예외를 정한다. 즉 "다만, 不動産에 관한 物權을 取得하기 위한 契約에서 名義受託者가 그 一方當事者가 되고 그 他方當事者는 名義信託約定이 있다는 사실을 알지 못한 경우에는 그러하지 아니하다"는 것이다.

여기서 末尾의 「그러하지 아니하다」라는 것은, 물권변동이 유효하게 발생하여 결국 명의수탁자가 소유권을 취득한다는 의미임에는 의문의 여지가 없다. 이는 명의수탁자 앞으로 등기가 이미 행하여진 경우에 대하여, 그 私法關係에 관한 한, 동조 본문에서 정하는 원칙적인 경우와는 달리, 명의신탁의 물권적 효력을 긍정하는 것으로서, 명의신탁의 사법상 효력을 일반적으로 부정하는 부동산실명법의 기본적 규율관점에서[4] 보면 異彩로운 것이라고 하지 않을 수 없다.

---

2) 부동산실명법 제 4 조 제 2 항은 명의수탁자 앞으로 등기가 이미 행하여진 경우를 전제로 하여 그 경우의 物權變動의 유효 여부에 대하여 정하는 것이다. 아직 명의수탁자 앞으로 등기가 행하여지지 아니한 단계에서의 법률관계에 대하여는 同條 제 1 항("名義信託約定은 無效로 한다")이 정하고 있다.

3) 大判(全) 90. 11. 27, 89다카12398(集 38-4, 50) 이래 判例가 인정하고 있는 바의 眞正登記名義回復請求權에 기한다면 소유자 앞으로의 이전등기청구도 허용된다.

4) 財政經濟院, 不動産實名法 解說(1995), 7면: "[당시 이미 시행 중이던] 不動産登記特別措置法에서는 [명의신탁에 대한] 처벌을 위주로 하고 있기 때문에 [명의신탁의 근절에] 실효를 거두지 못하고 있다는 판단에 따라 名義信託의 사법적인 효력을 부인하는 것을 기본방향으로 추진하기로 하였는데, 이러한 기본방향은 최종 확정된 법률에 이르기까지 일관성 있게 추진되었다."(꺾음괄호 안

그러므로 위의 단서규정은, 解釋論的으로(dogmatisch) 그 의미를 확정하여 요건과 효과를 명확하게 하는 것도 중요한 문제이거니와, 나아가 부동산실명법이 규율의 출발점으로 삼은 名義信託의 構造에 대한 基本理解를 엿볼 수 있게 하는 것으로서 흥미롭다.

3. 이하에서는 우선 不動產實名法 제4조 제2항 단서를 이해하기 위한 전제로서「계약명의신탁」에 대한 판례의 전개를 살펴본다(Ⅱ.). 이는 동시에 위의 단서규정이 적용되는 실제의 예를 제시한다는 의미도 가지게 된다. 나아가 계약명의신탁에 있어서 그 당사자, 즉 명의신탁자와 명의수탁자 사이의 내부관계에서 어떠한 권리의무가 발생하는가를 살펴보기로 한다(Ⅲ.). 이는 不動產實名法 제4조 제1항에 의하여「무효로」되는 것이 무엇인가를 구체적으로 확인하는 작업이기도 하다. 또한 마지막으로 不動產實名法 제4조 제2항 단서의 解釋論을 제시한다(Ⅳ.).

Ⅱ. 契約名義信託에 대한 判例의 展開

1. 부동산실명법의 起草過程을 실제로 주도한 측의 資料에 의하면,[5] 부동산실명법 제4조 제2항은 다음과 같이 설명되고 있다. 우선 명의신탁은 기본적으로「登記名義信託」과「契約名義信託」의 두 유형

은 引用者가 부가한 것이다. 이하 같다)

5) 財政經濟院(前註), 24면 이하; 33면 이하. 한편 재경경제원이 이 법률의 기초과정을 주도한 사실에 대하여는 우선 同書, 7면 이하 참조: "不動產實名制는 '95.1.6 大統領의 연두 기자회견을 통하여 公式的으로 실시방침을 국민에게 밝히면서 입법작업이 본격적으로 추진되었다. 그러나, 정부 내에서의 不動產實名制 준비작업은 이미 '94.10월부터 구 經濟企劃院을 주관으로 法務部 등 관계부처로 구성된 실무팀 … 을 중심으로 추진되어 왔다."(점선은 引用者가 생략한 부분을 가리킨다. 이하 같다)

으로 나누어진다. 前者는 "[①-i] 名義信託者가 원소유자(賣渡人)로부터 不動産을 매수하면서 명의수탁자의 명의를 빌어 등기하기로 약정하는 경우(3자 간의 명의신탁)와, [①-ii] 명의신탁자가 소유하던 不動産을 명의수탁자의 명의로 가장 매매·증여하여 등기를 이전하는 경우(2자 간의 명의신탁)로 구분된다." 後者는 "[②] 원소유자(賣渡人)는 名義信託約定이 있다는 사실을 모르고 名義受託者와 직접 계약을 체결하여 名義受託者에게 등기를 이전해 주는 경우를 말한다." 그런데 위의 제4조 제2항 단서는 이 중 後者의「계약명의신탁」에 대한 것이다. 즉 "契約名義信託의 경우에는 명의신탁자(B)와 명의수탁자(C) 사이의 명의신탁약정은 [同法 제4조 제1항에 의하여] 무효가 되나 [同條 제2항에 의하여] 등기의 효력은 인정된다. 따라서, B는 C에게 명의신탁약정을 이유로 한 所有權移轉登記를 청구할 수 없고, [原所有者, 즉 賣渡人인] A와 C 사이의 所有權移轉登記는 유효하므로 C가 완전히 유효한 不動産物權을 취득하게 된다"(이상 꺾음괄호 안은 引用者가 덧붙인 것이다. 이하 같다)는 것이다.[6)]

여기서 우리는 부동산실명법이 명의신탁을「등기명의신탁」과「계약명의신탁」으로 구분하여 파악하는 基本理解에서 출발하였다는 것을 알 수 있다. 그런데 이러한 파악은 명의신탁의 법리에 대한 從前의 理解와는 약간 차이가 있다고도 할 수 있다. 가령 우리 나라의 대표적인 물권법 교과서는 "大法院判例에 의하면,「名義信託」이라 함은 對內的關係에서는 信託者가 所有權을 保有하여 이를 管理·收益하면서, 公簿上의 所有名義만을 受託者로 하여 두는 것을 말한다고 한다"고 하고, 이어서 "名義信託을 할 수 있는 것은「公簿」에 의하여 所有關係가 公示되는 財貨에 한하게 된다", 또 "名義信託이라고 할 때의「名義」는

6) 이 資料의 설명은 民法解釋學을 전공하는 자 기타 法專門家를 상대로 하여 쓰여진 것이 아니므로, 그 이해에는 그 文言을 절대화하지 아니하는 등의 注意를 요한다.

「所有名義」를 의미하는 것이다. 즉 所有權에 관하여만 名義信託이 인정된다"고 하면서,[7] 나아가 "名義信託은 信託者가 이미 公簿上 所有者로 登記·登錄되어 있는 경우에 그 所有名義를 受託者 名義로 이전함으로써 할 수 있음[①-ii의 경우]은 물론이나, 예컨대 甲이 乙의 不動產을 매매에 의하여 취득하게 된 때에, 乙로부터 甲으로의 所有權移轉登記를 하지 않고서, 甲·丙의 名義信託契約에 의하여 바로 乙로부터 受託者인 丙으로서의 移轉登記를 하는 때에[①-i의 경우]도 名義信託은 유효하게 성립할 수 있다"고 한다.[8] 이는 전적으로 앞에서 본 바의 「등기명의신탁」에 관한 설명이고,[9] 이 교과서에는 「계약명의신탁」에 관하여는 전혀 언급이 없는 것이다.

2. 그러나 실무가 명의신탁을 「公簿」, 예를 들면 不動產登記簿에 의하여 公示되는 바의 「所有關係」에 한정하여 인정하고 있는가는 검토를 요한다.

가령 大判 89. 11. 14, 88다카19033(集 37-4, 25)이나 大判 93. 4. 23, 92다909(공보 947, 1524) 등은 이 문제에 대하여 시사하는 바가 있다. 그 事案은 모두 타인의 이름을 빌어 부동산매매계약을 체결한 경우에 대한 것이다.

그 중 大判 89. 11. 14.에서는,[10] 피고 산업기지개발공사가 분양하는 工團에 딸린 聯立住宅敷地(「이 사건 토지」)에 대하여 원고 회사가 제 1 순위로 분양받을 수 있는 자격(공단입주업체)이 있는 같은 피고 甲 회사로부터 그 이름을 빌어 甲 회사의 「명의」로 분양계약을 체결하였

7) 郭潤直, 物權法, 新訂版(1992), 391면.
8) 郭潤直(前註), 393면. 또한 同書, 397면 이하도 참조.
9) 꺾음괄호 안에 적은 바대로, 이 說明의 앞부분이 「등기명의신탁」 중 소위 「2자 간의 명의신탁」에 해당하고, 뒷부분이 그 중 「3자 간의 명의신탁」에 해당한다.
10) 이 판결에 대한 評釋으로, 宋德洙, "他人의 名義를 빌려 체결한 土地分讓契約의 效力", 民事判例研究 14집(1992), 71면 이하 참조.

다. 그 후 원고는 "甲 회사로부터 이 사건 토지를 매수하는 형식을 취하여 위 명의신탁계약을 解止"하였고, 그 중 2분의 1 지분에 관하여 다시 소외 乙 회사에게 "피분양자 명의를 신탁하여" 피고 공사에 신청하여 受分讓者의 명의를 피고 甲 회사와 소외 乙 회사의 둘로 변경하였다. 그런데 이 중 피고 甲 회사의 持分(정확하게는 그의 소유권이전등기청구권)에 대하여 租稅當局으로부터 滯納處分에 의한 押留가 있었다. 그 후 원고는 전부에 대하여 乙 회사 앞으로 명의신탁을 하고자 하여, 乙 회사가 피고 甲 회사로부터 그 지분을 매수하는 것과 같은 형식을 취하여 피고 공사에 受分讓者 명의를 乙 회사 단독으로 하여 줄 것을 신청하였으나, 피고 공사는 위 押留를 들어 이를 거부하였다(그 후 원고는 乙 회사에 대하여 名義信託을 해지하는 의사표시를 하였다). 이 사건에서 피고 공사 및 피고 甲 회사를 상대로 소유권이전등기를 청구한 것으로 보인다. 결국 원고의 請求는 棄却되었는데, 대법원은 다음과 같이 판단하고 있다.

> "사실관계가 원심이 인정한 바와 같다면 원고는 원래 이 사건 토지를 분양받을 자격이 없는 자로서 [1] 피고 공사와의 관계에 있어서는 피분양계약명의자인 피고 회사나 소외 회사가 당사자이고 [2] 따라서 피고 회사나 소외 회사만이 이전등기를 청구할 수 있는 것이며 원고는 그 스스로가 피분양계약자임을 주장하고 이전등기를 구할 수 없다고 할 것이고 다만 피고 회사나 소외 회사와의 내부관계에 있어서만 원고가 피분양자임을 주장할 수 있는 것이므로 원고와 피고 회사나 소외 회사와의 사이에서는 명의신탁관계가 성립한다고 보아야 할 것이다.
>
> 그러므로 [3] 원고가 피고 회사와의 명의신탁계약을 해지하였다고 하더라도 피고 공사와의 사이에 매수인(피분양계약자) 명의를 원고로 변경하는 절차를 취하지 아니하는 이상 대외적인 관계에 있어서는 여전히 수탁자인 피고 회사가 분양계약상의 소유권이전등기청구권

자라는 원심의 판단은 정당하다고 할 것이고 소유권이전등기청구권이 채권적 청구권이라고 하여 원고가 피고 회사와의 관계에서 명의신탁을 해지함으로써 피고 회사의 피고 공사에 대한 소유권이전등기청구권이 당연히 원고에게 귀속되는 것은 아니라고 할 것이다. …

이와 같이 이 사건 분양계약의 당사자는 피고 회사이고 피고 회사가 그리고 피고 회사만이(피분양자명의변경이 있은 후에는 피고 회사와 소외 회사가) 피고 공사와의 분양계약에 터잡아 피고 공사에 대하여 소유권이전등기청구권을 가지는 것이므로 원고가 채권으로서의 소유권이전등기청구권을 양도받은 것만으로서는 피고 공사에 대하여 원고가 이 사건 토지의 매수인임을 주장할 수 없는 것이고 분양계약상의 매수인의 지위를 양수하여야 가능하다고 할 것이며 이와 같은 매수인의 지위를 양수함에 있어서는 계약의 상대방인 피고 공사와의 합의(승낙)가 있어야 할 것이다."(점선은 引用者가 생략한 부분을 가리킨다. 이하 같다)

이 판결은,[11] 우선 명의신탁을 계약당사자로서의 지위, 나아가 그 계약으로부터 발생하는 소유권이전등기청구권이라는 채권적 권리에도 인정한 점에 의미가 있다. 명의신탁의 법리가 판례에 의하여 전개되었다는 점을 고려한다면, 종래의 학설이 "債權과 같은 것은 名義信託을 할 수 없다"고 잘라 말하는 것은[12] 수정이 필요하다고 할 것이다.

나아가 위 판결은, 계약당사자의 지위가 명의신탁이 된다고 하면, 신탁자와 수탁자 중 누가 계약당사자인가, 다시 말하면 누가 상대방에 대하여 그 계약상의 채권채무를 부담하는가 하는 것이 문제됨을 의식

11) 그 전에 大判 66. 9. 6, 65다1271(要集 민 I-1, 338)이 "매매계약의 매수인 명의를 타인에게 신탁한 자는 對內關係에서는 몰라도 對外的으로는 매매당사자라고 할 수 없으므로 특별한 약정이 없는 한 그 信託關係의 終了를 이유로 직접 매도인에 대하여 소유권이전등기를 청구할 수 없다"고 판시한 바 있다. 이 문언으로 보아서는, 계약명의의 신탁을 인정하고 나아가 신탁자의 상대방에 대한 계약상 권리의 행사에 관한 그 후의 판결들의 태도를 先取하고 있는 것으로 보인다. 그러나 그 事實關係를 알 수 없어 단정을 함에는 주저하게 된다.

12) 가령 郭潤直(註 7), 391면.

하게 한다. 위의 판결은, 이 사건의 사안에서는「명의수탁자」가 계약당사자가 된다고 한다. 다시 말하면 그 계약으로부터 발생하는 법률효과, 즉 소유권이전등기청구권이나 대금지급의무와 같은 채권채무는 명의수탁자에게 귀속된다는 것이다.

또한 그 경우에「명의신탁자」는 명의신탁을 解止하는 것만으로는 계약당사자의 지위, 특히 계약상대방에 대한 계약상 채권을 취득하지 못하며 계약당사자의 지위의 양도에 필요한 별도의 요건(즉 相對方의 承諾)을 별도로 갖추어야 한다고 판시한다. 즉 명의신탁의「解止」는 앞서 본 대로 수탁자에게 귀속되는 계약의 법률효과를 바로 신탁자에게 귀속시키는 物權的 效果를 가지지 아니하며, 단지 수탁자가 신탁자에게 계약당사자로서의 지위를 이전할 의무를 지게 되는 債權的 效果를 가질 뿐이라는 것이다.

이러한 이치를 밀고 나가면, 그 별도의 요건을 갖추기 전까지는, 비록 명의신탁이 해지되었다고 하여도, 여전히 명의수탁자가 계약당사자로서 契約上의 債權債務를 가지며, 따라서 그는 또 그만이 상대방에 대하여, 상대방은 바로 그에 대하여 또 그만에 대하여 계약의 이행을 청구할 수 있게 된다.

3. 이상은 앞에서 든 大判 93.4.23, 92다909(공보 947, 1524)에 의해서도 確認되고 있다.

이 사건에서는 부동산매매계약에서 매수인의 명의를 신탁받은 원고가 그 매도인인 피고에 대하여 소유권이전등기를 청구하였다. 피고는 이에 대하여 계약의 당사자가 원고가 아니라 계약명의의 신탁자인 소외 회사라고 항변하였던 것으로 보인다. 그러나 이 항변은 다음과 같은 이유로 배척되어, 결국 原告의 請求가 認容되었다. 즉 ① “어떤 사람이 타인을 통하여 부동산을 매수함에 있어 매수인 명의를 그 타인

명의로 하기로 하였다면 이와 같은 **매수인 명의의 신탁관계**는 그들 사이의 **내부적인 관계**에 불과한 것이고 대외적으로는 그 타인이 매매당사자라고 할 것"(강조는 引用者. 이하 같다)이라고 한 다음, 그러한 경우에는 ② "달리 특별한 사정이 없는 한 그 사람[즉 계약명의신탁자]은 타인과의 내부적인 신탁관계의 종료를 이유로 매도인에 대하여 직접 소유권이전등기를 청구할 수 없는 것이고 또 매도인도 그와 같은 이유를 들어 그 타인에 대한 등기의 이전을 거부할 수 없다"고 하는 것이다.

이 판결은 마찬가지로 계약명의신탁의 사안을 다룬 위의 大判 89.11.14.보다도 한 걸음 앞서 나간 점이 있다. 즉 大判 89.11.14.에서는 그 명의수탁자가 계약의 당사자라고 판단함에 있어서 "사실관계가 원심이 인정한 바와 같다면"이라는 條件節을 앞세움으로써, 그 判斷이 개별 사건의 구체적 사안에 달려 있다고 해석될 여지를 남겨 두고 있다. 그러나 이제 大判 93.4.23.은 그러한 條件 없이 바로 위의 ①과 같이 단정적으로 말하고 있다.

여기서 "매수인 명의의 신탁"이 바로 契約名義信託을 의미함은 논의의 여지가 없다. 나아가 그 경우 누가 계약당사자인가 하는 점에 대하여는, 위 ①의 판시를 위의 판결 스스로도 인용하고 있는 大判 66.9.6.(앞의 註 11 참조)과 합하여 생각하여 보면, 이제 계약명의신탁에서는「다른 특별한 사정이 없는 한」명의수탁자가 계약의 당사자라고 보는 것이 판례의 태도라고 확정적으로 말할 수 있을 것이다.

또한 위의 ②를 보면, 이것이 大判 89.11.14.에서의 판시 [3]과 내용적으로 일치하는 판단임을 알 수 있다. 즉 契約名義信託에서 신탁자는 명의신탁의 해지 등 "내부적인 신탁관계의 종료"만으로써는 바로 상대방에 대하여 契約當事者의 地位에 서서 그 契約上 權利義務를 취득하지 못한다는 것이다.

4. 나아가 大判 93. 8. 13, 92다42651(集 41-2, 286)은, 不動産登記特別措置法 제 7 조 제 1 항("租稅賦課를 면하려 하거나 다른 時點 간의 價格變動에 따른 利得을 얻으려 하거나 所有權 등 權利變動을 規制하는 法令의 制限을 회피할 目的으로 他人의 名義를 빌려 所有權移轉登記를 신청하여서는 아니된다." 이 규정은 不動産實名法의 시행과 동시에 효력을 상실하였다)의 적용이 문제된 사안에 대한 것이다. 위 규정이 名義信託을 禁壓하려는 취지임은 그 규정의 表題("名義信託禁止")로부터도 명백하다.

이 규정이 效力規定인가 아니면 團束規定에 불과한가에 대하여는 견해의 대립이 있는데, 위의 판결은 "위 규정 자체에 의하더라도 그 등기신청의 원인행위인 … 契約名義의 信託約定 자체가 금지된다고는 해석할 수 없"다고 판시하고 있다. 이는 부동산계약 자체가 수탁자에 의하여 체결된 契約名義信託에 대하여는 애초 위 규정의 적용이 없다고 판단하는 것으로서, 여기서도 그것이 위 규정이 적용됨을 부인할 수 없는 바의 名義信託, 즉 登記名義信託과 구별되는 유형으로 파악하고 있음을 판연히 알 수 있다.

5. 이로써 계약당사자의 지위의 명의신탁 또는 이를 줄인 말로서 「계약명의신탁」은 적어도 判例上 확고한 지위를 차지하게 되었으며, 그 判例法理도 거의 확정적인 내용을 가지게 되었다고 하여도 좋을 것이다.

위의 두 판결이 있은 후에도 實務上으로 이러한 유형의 事案은 계속해서 문제되고 있다. 가령 최근의 大判 96. 9. 10, 96다18182(공보 96하, 3000)이나 大判 96. 9. 24, 96다21492(공보 96하, 3181)은, 모두 "법률상 또는 사실상의 장애로 인하여 자기 명의로 금융을 얻을 수 없는 자를 위하여 금융계약의 당사자로서의 명의를 빌려" 준 사안에 대한 것이다. 前者에서는 동일인에 대한 대출액을 제한하는 상호신용금고의 규정이, 後者에서도 역시 營農資材의 1인당 외상공급한도를 정하는 單

位農協의 규정이 「장애」가 되었던 것이다. 위의 판결은, 그 경우 「명의수탁자」의 의사표시가 虛僞表示 또는 상대방이 적어도 알 수 있었던 非眞意意思表示로서 무효가 아닌가를 주된 쟁점으로 하여 판단하고 있으나,[13] 그에 앞서서 명의수탁자가 그 금융계약의 당사자임은 당연한 전제로 하고 있다.[14]

Ⅲ. 契約名義信託의 內部關係

1. 信託者와 受託者 사이의 名義信託約定

(1) 계약명의신탁에서도 물론 당사자 사이에 명의신탁약정이 존재한다. 즉 거기서 「명의신탁약정」이라고 함은 不動產實名法 제2조 제1호에서 정하는 대로 "不動產에 관한 所有權 기타 物權 …을 보유한 者 또는 事實上 取得하거나 取得하려고 하는 자 …가 他人과의 사이에서 對內的으로는 實權利者가 不動產에 관한 物權을 보유하거나 보유하기로 하고 그에 관한 登記(假登記를 포함한다. …)는 그 他人의 名義로 하기로 하는 약정(委任·委託賣買의 형식에 의하거나 追認에 의한 경우를 포함한다)"을 말한다. 또한 명의신탁자란 동법 제2조 제2호에서 정의되고 있는 대로 "名義信託約定에 의하여 自身의 不動產에 관한 物權을 타인의 명의로 등기하게 하는 實權利者"를 말하고, 또한 "名義

13) 결론적으로 모두 이를 否認하여, 「명의수탁자」의 책임을 긍정하고 있다.

14) 그 외에 農地分配를 타인의 명의를 빌어 받은 것이 문제된 大判 95.12.26, 95다40366(공보 96상, 539)이나 歸屬財產의 拂下事務를 취급하는 공무원이 타인의 명의를 빌어 불하를 받은 것이 문제된 大判 96.4.26, 94다43207(공보 96상, 1677)도 마찬가지의 관점에서 다룰 수 있을 것이다. 前者는 농지개혁법의 취지에 비추어 명의신탁약정은 전적으로 효력이 없고, 분배된 농지는 대내적으로도 대외적으로도 「명의수탁자」의 소유라고 하며, 後者는 그 불하계약은 強行規定인 舊 國有財產法 제7조(국유재산에 관련한 사무에 종사하는 公務員의 일정한 행위를 금하고 있다)를 면탈하는 행위로서 무효라고 판시하였다.

信託約定에 의하여 實權利者의 不動產에 관한 物權을 자신의 名義로 등기하는 자"가 동법에서 정하는 명의수탁자이다(제2조 제3호). 다시 말하면 명의신탁자와 명의수탁자란 명의신탁약정의 쌍방당사자를 가리킨다.

이러한 定義規定들을 계약명의신탁의 경우에 적용하여 보면, 그 때의 명의신탁약정이란 다음과 같이 정의될 수 있다. 즉 不動產을 「事實上 取得」하려고 하는 자(「명의신탁자」)가 相對方(「명의수탁자」)과의 사이에 受託者가 그의 이름으로 제3자와의 사이에 부동산 취득의 原因行爲를 행하고 그의 명의로 所有權移轉登記(假登記를 포함한다)를 경료받되 對內的으로는 信託者가 부동산소유권을 보유하기로 하는 약정이 곧 그것이다.

이러한 명의신탁약정은 委任·委託賣買의 형식에 의하거나 追認에 의한 경우를 포함한다(동법 제2조 제1호 본문 말미 참조). 추인에 의한 명의신탁약정은 실제로는 별로 문제되지 않으므로(한편 뒤의 Ⅳ.1.(3)(i) 참조), 여기서는 위임·위탁매매의 형식에 의한 명의신탁약정에 대하여 살펴본다. 이를 붙인 것은, 특히 계약명의신탁의 경우를 염두에 두면서, 規定의 欠缺을 피하고 脫法行爲가 행하여지는 것을 막기 위하여서인 것으로 추측된다. 등기명의신탁의 경우에는 통상 신탁자와 수탁자 사이에 체결되는 계약이 그야말로 명의신탁약정만을 중심으로 하여 이루어지고 그 외의 내용은 계약의 보충적 해석을 통하여 「구성」된다고 하여도[15] 過言이 아닌 반면, 계약명의신탁에서는 뒤에서 보는 대로 매매 등 부동산소유권 취득의 원인행위를 행하는 사무처리의 위탁이 당사자들의 약정의 중요한 일부를 이루는데 이것만을 앞세우면 엄연히 존재하는 명의신탁약정의 부분이 충분히 주목 또는 파악되지

15) 그 구체적 내용에 대하여는 梁彰洙, "不動產實名法 제4조에 의한 名義信託의 效力——소위 登記名義信託을 중심으로", 서울대 法學 38권 1호(1997.5), 52면 이하(本書, 73면 이하), 특히 76면 이하(本書, 108면 이하) 참조.

못할 우려가 있는 것이다.

(2) 이와 같이 계약명의신탁에서 명의신탁자가 되는 것은, 不動産을「事實上 取得」하려고 하는 자로서, 장차 수탁자 앞으로 소유권이전등기가 경료된 경우에는「對內的 所有權」을 보유하기로 약정한 자이다.

여기서 핵심적인 개념인「사실상 취득」이나「대내적 소유권의 보유」등의 내용이 무엇인가에 대하여는 別稿에서[16] 상세히 論한 바 있다. 이에 의하면,「사실상 취득」이나「대내적 소유권」모두 결국 명의신탁자가 명의수탁자에 대하여 가지는 채권적 권리(또는 그 취득) 기타의 법적 지위를 集合的으로 부르는 名稱에 불과하고, 그것이 무슨 소유권의 상대적 귀속이나 소유권의 특수한 형태라고 볼 것이 아니다. 다만 그러한 법적 지위를「대내적 소유권」이라고 부를 수 있으려면, 적어도 포괄적·전면적 지배권으로서의 소유권의 내용을 구성하는 가장 중요한 세 가지 권능, 즉 사용·수익·처분의 세 가지 권능이 적어도 債權的으로 신탁자에게 인정되지 않으면 안 된다. 그리고 명의신탁이라고 하려면 신탁자가 이러한「대내적 소유권」을「보유」한다는 것이 전제되어야 한다. 여기서「보유」란 어느 정도의 時間的 持續을 전제로 하는 것이다. 그러므로 애초부터 부동산매수를 위탁받은 자가 그 실행행위를 완료하여 所有權移轉登記를 받으면 이를 즉각 위탁자에게 양도하여야 하는(민법 제684조 참조) 계약인 경우에는, 명의신탁약정이 행하여졌다고 할 수 없다.

이와 같이 계약명의신탁에서 신탁자와 수탁자와의 내부관계는 한편으로 수탁자가 행하는 부동산소유권 취득의 원인행위 및 등기의 경료와 관련한 권리의무와, 다른 한편으로 신탁자가 가지는 위와 같은「대내적 소유권」과 관련한 권리의무의 두 가지 측면으로 나누어 생각

16) 梁彰洙(前註), 63면 이하(本書, 88면 이하) 참조.

하여 볼 수 있다. 계약명의신탁이 등기명의신탁과 구별되는 것은 바로 前者의 측면에서이다. 後者의 측면에 대하여는 앞서 말한 대로 別稿에서 이미 다룬 바 있으므로, 여기서는 前者에 한정하여 논의하기로 한다.

(3) 契約名義信託에서 수탁자는 신탁자에 대하여 부동산소유권의 취득을 위한 원인행위를 하고 나아가 그에 기한 소유권이전등기를 경료받을 채권적인 의무를 부담한다.[17] 이 의무는 신탁자와 수탁자 사이에 체결되는 契約으로부터 발생한다. 이 契約은 대체로 위와 같은 事務의 處理를 수탁자에게 委託하고 수탁자가 이를 承諾함으로써 성립하는 委任의 性質(민법 제680조 참조)을 가진다고 할 것이다. 한편 수탁자가 신탁자에게 雇傭된 자인 때에는, 그러한 事務處理는 사안에 따라서 그 雇傭契約上 義務의 一部라고 보아야 할 경우도 있을 것이다. 그러나 그 경우에도 당해 사무처리에 대하여는 위임에 관한 민법 제680조 이하의 규정이 그 성질에 반하지 않는 한 준용되어야 할 것이다.

그러므로 特約이 없는 한 대체로 다음과 같은 내용으로 사무처리가 이루어져야 한다.

(a) 수탁자는, 비록 無償으로 행위하는 경우에도, 善良한 管理者의 注意로써 사무를 처리하여야 하며, 또 신탁자의 승낙이나 부득이한 사유가 없는 한 스스로 사무처리를 할 것이 요구되고 이를 독립적인 제 3 자에게 移轉하여서는 아니된다(민법 제681조, 제682조). 수탁자는 신탁자가 요구하면 事務의 處理狀況을 보고하여야 하고 특히 사무처리를 종료한 때에는 지체 없이 그 顚末을 보고하여야 한다(민법 제683조).

한편 수탁자는 신탁자에 대하여 소유권이전등기를 受取할 의무를 부담한다. 그러므로 가령 수탁자가 제 3 자와의 사이에 매매계약을 체

17) 일단 수탁자 앞으로 소유권이전등기가 경료된 후에도 수탁자는 신탁자에 대한 관계에서 이를 신탁자의 이익으로 보유할 의무를 부담하는데, 이 점은 登記名義信託에서도 마찬가지로 인정된다. 그러므로 이는 別稿에서 다루었다. 梁彰洙(前 15), 78면(本書, 110면) 참조.

결한 경우에는, 매도인이 수탁자에 대하여 소유권이전등기의무의 이행을 제공하였음에도 불구하고 수탁자가 이를 「受領」하지 아니하면, 이는 매도인에 대하여 受領遲滯가 될 뿐만 아니라 신탁자에 대한 債務不履行을 이룬다.

(**b**) 중요한 것은, 신탁자는 수탁자에게 그의 청구에 의하여 사무처리에 요구되는 비용을 先給할 의무가 있으며, 수탁자가 이미 필요한 비용을 지출하였으면 지출한 날 이후의 이자를 가하여 이를 償還하여야 한다는 점이다(민법 제687조, 제688조 제 1 항). 또한 수탁자가 부동산의 취득이나 등기이전을 위하여 필요한 채무를 부담한 경우에, 그는 信託者에 대하여 이를 자기에 갈음하여 辨濟하게 할 수 있다(민법 제688조 제 2 항).

가령 부동산을 매수하는 경우에는 그 賣買代金 상당액이 그러하다.[18] 즉 수탁자가 그 사무처리로 제 3 자와의 사이에 부동산매매계약을 체결하여 매매대금지급의무를 부담하였거나 매매대금을 지급하였으면, 그는 신탁자에 대하여 매매대금 상당액의 지급을 청구하여 스스로 매도인에게 지급하거나, 아니면 신탁자로 하여금 제 3 자의 변제(민법 제469조 참조)를 하게 할 수 있는 것이다. 그리고 수탁자는 신탁자에 대한 이러한 免責請求權을[19] 매도인에게 양도함으로써 賣渡人으로 하여금 信託者에 대하여 직접 매매대금의 지급을 청구하게 할 수도 있

18) 이미 수탁자 앞으로 소유권이전등기가 행하여진 경우에는 부동산의 소유로 인하여 수탁자에게 부과된 租稅 등 公課金이 그 대표적인 예가 될 것이다. 「부동산의 보유」가 곧 수탁자에게 위임된 사무이어서 위와 같은 公課金은 그 사무처리를 위하여 필요한 비용이라고 할 것이기 때문이다.

19) 우리 민법상 免責請求權(Freistellungsanspruch 또는 Befreiungsanspruch)은 그 외에 가령 민법 제443조에서 보증인의 事前求償의 경우에 主債務者를 위하여 인정되고 있다. 독일에서 면책청구권은, 흔히 「위험한 노무(gefahrengeneigte Arbeit)」에 종사하는 근로자의 피해자에 대한 손해배상책임을 그의 고용주에 대한 면책청구권을 피해자에게 양도함으로써 면할 수 있는가 하는 점과 관련하여 논의되고 있는데, 免責請求權 일반의 문제에 대하여는 우선 Walter Gerhardt, *Der Befreiungsanspruch*(1966) 참조.

다고 할 것이다.

(**c**) 수탁자는 특별한 약정이 없으면 신탁자에 대하여 위임사무 처리의 대가, 즉 報酬를 청구하지 못한다(민법 제686조 제1항). 물론 受託者가 商人인 경우에 그 사무처리가 "그 영업범위 내"에 속하는 때에는 報酬의 支給이나 그 額에 대한 별도의 약정이 없더라도 "相當한 報酬"를 청구할 수 있다(상법 제61조).

(**d**) 원래 受任人은 "委任事務의 處理로 인하여 받은 金錢 기타의 物件 및 그 收取한 果實을 委任人에게 인도하여야" 하고(민법 제684조 제1항), "委任人을 위하여 자기의 명의로 취득한 權利는 委任人에게 이전하여야 한다"(同條 제2항). 그러므로 수임인은 別途의 意思表示를 요하지 아니하고 언제라도 그 引渡 또는 移轉을 청구할 수 있다.

그런데 명의신탁에 있어서는 수임인 = 수탁자에게 위탁된 사무 중에 "對外的으로 所有權을 保有"하는 사무가 포함되어 있다고 할 것이다. 수탁자는 신탁자 = 위임인에 대하여는 이 사무처리의 일환으로서 소유권이전등기를 자기 명의로 유지하여 소유권을 가지고 있는 것이다(앞의 (2)도 참조). 그러므로 그 한도에서는 受託者의 取得物移轉義務 등은 발생하지 않는다고 할 것이다. 신탁자에 대하여 소유권을 가지고 있어야 할 의무와 소유권을 이전하여야 할 의무를 동시에 부담하는 것은 논리적으로 병존할 수 없기 때문이다. 判例가 말하는 名義信託의 「解止」는 바로 이와 같은 위임사무처리의무의 일부로서의 소유권보유의무를 소멸시켜서 원래의 취득물이전의무를 발생시키는 法律構成으로서 요구되는 것이다.

(**4**) 계약명의신탁에서 명의신탁약정 또는 이를 포함하는 위임 등의 계약은 수탁자가 그 위임사무의 처리로 행하는 제3자와의 부동산 소유권 취득의 원인행위(매매 등)에 대하여 어떠한 관계에 있는가? 뒤에서 명의신탁약정과 수탁자 앞으로의 처분행위의 관계를 상세히 살

펴보기로 하는데(Ⅳ.1.(1)(b) 참조), 거기서 말한 바는 위의 문제에 대하여도 타당하다. 즉 위임 등은 수탁자가 매수 등의 의사표시를 하게 되는 하나의 動機에 불과하며, 일반적으로 前者에 어떠한 하자가 있다고 하여도 그것이 後者에 영향을 미치지 않는다고 할 것이다. 이는 商法上의 委託賣買에 있어서 위탁매매계약(Kommissionsvertrag)과 같은 內部關係와 그에 기하여 위탁매매인이 행하는 제3자와의 매매계약과 같은 實行行爲(Ausführungsgeschäft) 등의 外部關係가 분리되어 서로 영향을 받지 않는 것과 마찬가지이다.[20] 한편 이는 代理에 있어서 위임 등 대리권 수여의 "原因된 法律關係"(민법 제128조 참조)의 有無效가 授權行爲에 직접 영향을 미치고, 그것이 나아가 대리행위의 효력에도 미치는 것과는 다른 점이다.

2. 不動產實名法 제4조 제1항과 契約名義信託

(1) 不動產實名法 제4조 제1항은 "名義信託約定은 無效로 한다"고 정한다. 이 규정에 의하여 계약명의신탁에서는 명의신탁약정을 포함하는 위임 등의 계약이 전체적으로 무효가 된다고 할 것이다. 이는 法律行爲의 一部無效에 관한 原則(민법 제137조 본문)을 적용한 결과이다. 물론 만일 위 규정에 의하여 무효가 되는 명의신탁약정이 없더라도 그 법률행위를 하였을 것이라고 인정될 때에는, 나머지 부분(가령 부동산취득의 원인행위를 할 것을 委託하는 부분)은 무효가 되지 아니할 것이다(同條 단서). 그러나 실제에 있어서 구체적으로 어떠한 위임 등의 계약이 명의신탁약정을 포함하는 것이라면, 명의신탁약정이 없더라도 그 계약을 체결하였을 것이라고 인정되는 경우란 거의 상정될 수 없는 것으로 생각된다.

20) 委託賣買에서 내부관계와 외부관계의 분리에 대하여는 우선 林泓根, 商行爲法(1989), 709면 이하 참조.

그러므로 위임 등에서 신탁자, 특히 수탁자가 違約하는 때에 지급할 금전 기타 違約金에 대하여 약정하였어도(민법 제398조 제4항 참조) 이 역시 무효라고 할 것이다.[21)]

(**2**) 그러므로 不動産實名法 제4조 제1항의 적용을 받는 한(가령 同法 제8조에서 정하는 예외에 해당하지 않는 한), 受託者는 信託者에 대하여 앞의 1.(3)에서 본 권리와 의무를 전혀 가지지 않는다.

수탁자가 가령 부동산매수의 위탁을 받았어도 이를 실행할 의무(Ausführungspflicht)가 처음부터 발생하지 않는다. 나아가 이를 실행하여 소유권이전등기를 이전받은 경우에도 그 소유권을 신탁자에게 다시 讓渡할 의무가 없다.[22)] 명의신탁약정 또는 위임 등이 무효이므로 그 「解止」란 있을 수 없으며, 나아가 민법 제684조에서 정하는 取得物移轉義務도 위임 등의 무효로 인하여 애초 발생할 여지가 없는 것이다.

이는 신탁자가 부동산에 소유권이전등기청구권의 보전을 위하여 假登記를 하였어도 마찬가지라고 할 것이다. 즉 신탁자는 수탁자에 대하여 그 가등기에 기한 本登記請求를 할 수 없고, 오히려 그 假登記는 말소되어야 한다. 왜냐하면 그 가등기에 의하여 보전되는 소유권이전등기청구권 자체가 존재하지 아니하기 때문이다.

한편 수탁자는 신탁자에 대하여 약정된 보수의 지급을 청구할 수 없다.

(**3**) 한편 위임 등의 무효로 말미암아 그 당사자인 신탁자와 수탁자는 각기 상대방에 대하여 原狀回復義務를 부담하게 된다. 이는 不當

---

21) 違約金約定은 "原債權關係에 從된 約定"으로서, 원채권관계를 발생시키는 계약이 효력이 없는 경우에는 위약금약정도 효력을 상실한다고 할 것이라는 점에 대하여는 우선 民法注解[XI](1995), 657면(제398조 Ⅱ.1.(6))(梁彰洙 집필) 참조.

22) 이는 委託買受契約이 무효인 경우에 위탁매매인이 그 이행으로 행한 제3자와의 매수계약에 기하여 취득한 물건을 위탁자에게 이전할 의무가 없는 것과 마찬가지이다.

利得返還義務(민법 제741조 이하), 그 중에서도 給付利得返還義務(Leistungskondiktion)의 성질을 가진다. 아마도 실제로 가장 중요한 것은 신탁자가 위임사무의 처리에 필요한 비용으로 수탁자에게 미리 지급한 금전, 가령 제3자로부터의 買受資金으로 쓰도록 교부된 금전이 될 것이다. 그 외에 수탁자는 신탁자에게 이미 지급받은 보수를 반환하여야 한다.

(**a**) 이는 당연히 수탁자가 「法律上 原因」 없이, 즉 무효인 위임 등의 계약에 기하여 수령한 것이므로, 不當利得으로서 반환되어야 한다.

한편 이러한 金錢의 交付는 不法原因給與(민법 제746조)에 해당하므로 신탁자는 그 반환을 청구할 수 없다는 주장도 제기될 수 있다. 그러나 이는 일반적으로 否定되어야 하며, 이는 不動產實名法이 제정된 후에도 다를 바 없다고 할 것이다. 이 점에 대하여는 이미 別稿에서 명의신탁약정에 기한 소유권이전이 不法原因給與에 해당하는가 하는 문제와 관련하여 상세히 다룬 바 있다.[23] 그러므로 여기서는 단지, 명의신탁약정에 기한 수탁자 앞으로의 소유권 이전과 마찬가지로 신탁자가 수탁자에게 지급한 위와 같은 금전도 不法原因給與에 해당하지 않는다고 할 것이라는 점만을 지적하여 두기로 한다. 즉 명의신탁 자체에 대하여 민법 제746조에서 말하는 바의 「不法性」이 부정된다고 하면, 이를 처리하도록 위탁하고 그에 필요한 비용의 지급으로 행한 給付는 단지 명의신탁을 실현하는 無色한 手段에 불과한 것으로서 역시 그 不法性이 부정되어야 할 것이다.

(**b**) 수탁자가 善意인 경우, 즉 신탁자와의 사이의 명의신탁약정 기타 위임 등 계약이 不動產實名法 제4조 제1항에 의하여 무효이어서 위 금전이 법률상 원인 없이 지급된 것이라는 사실을 알지 못한 경우에는, 그의 返還義務는 "利益이 現存한 限度"에로 제한된다(민법 제

23) 梁彰洙(註 16), 81면 이하(本書, 115면 이하) 참조.

748조 제 1 항 참조). 그러므로 수탁자가 이 금전을 사치·낭비·도박·투기 등 경제적으로 불합리한 행위에 소모하여[24] 그 소비로 인한 이익이 현재로는 남아 있지 않은 경우에는[25] 그 한도에서 반환의무를 면한다. 그러나 수탁자가 이를 生活費 등 필요한 용도로 소비하여 자신이 원래 하였어야 할 비용지출을 절약한 경우에는 이득이 소멸하였다고 할 수 없다.[26] 그리고 수탁자가 이 금전으로 위임의 내용대로 부동산을 취득한 경우에도 利得은 現存하며, 원래의 금액을 반환할 것임은 물론이다. 한편 수탁자가 善意인 점 및 利得이 소멸하였다는 점에 대하여는 반환의무를 부담하는 자측이 부담한다고 할 것이다.[27] 한편 이러한 不當利得返還義務은 기한의 정함이 없는 채무로서, 履行請求를 받은 때로부터 履行遲滯에 빠지게 된다(민법 제387조 제 2 항).

수탁자가 惡意인 경우에, 즉 그가 위 금전이 법률상 원인 없이 지급되었다는 사실을 알고 있는 경우에, 그는 "그 받은 利益에 利子를 붙여 返還하고 損害가 있으면 이를 賠償하여야 한다"(민법 제748조 제 2 항). 여기서 정하는 「損害」 중에는 명의신탁약정의 무효로 인하여 신탁자가 「내부적 소유권」을 보유하지 못함으로써 발생한 손해는 포함되지 않는다. 여기의 「損害」란 부당이득의 반환의무를 부담하는 受益

---

24) 이러한 행위가 신탁자에 대하여 不法行爲가 되는 것은 아닌지에 대하여는 별도의 검토를 요한다.

25) 우리 민법상의 現存利益規定의 원형인 독일민법 제818조 제 3 항에서 정하는 「이득의 소멸(Wegfall der Bereicherung)」의 구체적인 적용에 대하여는, 梁彰洙, "獨逸民法上 利得概念의 形成과 그 具體的 適用", 法曹 34권 3호(1985), 39면 이하 참조.

26) 이와 같은 「支出의 節約」이라는 構成을 포함하여 「現存利益」이 문제되는 구체적인 事案類型들에 대하여는 우선 註釋 債權各則(Ⅲ)(1986), 239면 이하(梁彰洙 집필) 참조.

27) 裁判例는 상반되는 태도를 취하는 것으로 이해된다. 가령 大判 70. 2. 10, 69다2171(集 18-1, 93)은, 返還請求者에게 이득의 현존에 대한 입증책임을 지우고 있는데, 반면 大判 70. 10. 30, 70다1390(集 18-3, 248)은 반대의 입장을 취하는 것으로 보인다. 한편 日本의 大審院 1923년 2월 23일 판결(民集 12, 2667)은, 현존이익의 입증책임을 반환의무자인 受益者가 부담한다고 판시한다.

者가 그 의무의 이행을 게을리함으로 말미암아 상대방이 입은 손해를 의미하는 것이기 때문이다.[28]

(c) 문제는 수탁자가 그 금전을 대금으로 지급하고 제 3 자로부터 실제로 부동산을 취득한 경우이다. 이 경우에 신탁자가 당해 부동산 자체의 반환을 청구할 수 있는가? 결론적으로 이를 否定할 것이다.

(aa) 부당이득으로 인한 반환의무는 당초 취득한 利得을 그 내용으로 하는 것인데, 그에 갈음하여 수익자가 취득한 것(代位物)도 반환의 대상이 된다고 일반적으로 인정되고 있다.[29] 그러나 代位物의 반환청구가 인정되는 것은 애초의 利得이 特定性을 가지고 있었던 경우에 한정된다.[30] 그런데 애초의 이득이 金錢인 경우에는, 금전의 가치적 특성으로 인하여[31] 처음부터 특정될 수 없는 것이다. 그러므로 설사 수탁자가 바로 신탁자가 받은 바로 그 금전을 매매대금으로 지급하여 부동산을 취득하였더라도, 이 부동산을 반환의 대상이 되는 「代位物」이라고 할 수는 없다. 특히 독일의 통설과 판례는, 原物이 금전이 아니라 특정된 물건인 경우라고 하더라도, 그것을 법률행위에 기하여 처분함으로써 얻은 對價, 즉 소위 「거래행위에 기한 이득(lucrum ex negotiatione)」은, 「물건에 기한 이득(lucrum ex re)」과는 달리,[32] 대위물로서 반환의 대

28) 이에 대하여는 註釋 債權各則(註 26), 245면 이하(梁彰洙 집필) 참조.

29) 독일민법 제818조 제 1 항은, 부당이득반환의무의 내용에 대하여 명문으로 "受益者가 [법률상 원인 없이] 취득한 권리에 기하여 취득한 것(dasjenige, was der Empfänger auf Grund eines erlangten Rechtes … erwirbt) 또는 취득한 對象의 멸실·훼손 또는 공용징수에 대한 배상으로 취득한 것"에도 그 의무가 미친다고 정하고 있다.

30) 이 점에 대하여는 우선 四宮和夫, 事務管理·不當利得·不法行爲, 上卷(1981), 82면 참조.

31) 金錢은 有體物이나, 다른 한편 財貨의 價値를 표상하고 매개하는 것으로서 그 취득은 통상 價値 그 자체의 취득으로 이해된다. 그리하여 금전은 일반적으로 물건으로서의 個性이 문제되지 아니하고, 權原의 유무와 관계없이 占有에 수반하여 그 所有權도 이전된다고 해석되고 있다. 우선 郭潤直(註 7), 216면 이하 참조.

32) 이 구분의 역사적 전개와 그 법률효과상의 차이에 대하여는 우선 Stephan Schauhoff, *Die Bereicherungshaftung wegen der Nutzung rechtsgrundlos erlangten*

상이 되는 것이 아니며 그 경우에는 價額返還(독일민법 제818조 제2항)으로서 원물의 가액 상당액을 반환할 것이라고 해석하고 있다.[33] 이와 같이 금전의 부당이득에 있어서는, 마치 금전에 대하여 所有物返還請求權이 인정되지 아니하는 것과 마찬가지로,[34] 原物返還은 애초 불가능하며 단지 價額返還만이 허용된다고 할 것이다(민법 제747조 제1항).[35] 그러므로 부당이득반환의무를 부담하는 수탁자가 그 금전을 계약상의 용도대로 사용하여 부동산을 매수하였다고 하여도, 金錢不當利得에 관한 一般法理에[36] 비추어 그 부동산 자체의 반환을 청구할 수는 없다.

(**bb**) 그러나 신탁자가 取得物 자체의 반환을 청구할 수 없다고

Geldes(1992), S.100ff. 참조.

33) 이에 대하여는 우선 MünchKomm/Lieb, §818 BGB Rn.26(2. Aufl., Bd.5 (1986), S.1410); Dieter Reuter und Michael Martinek, *Ungerechtfertigte Bereicherung*(1983), §16 I 2(S.550ff.) 참조. 한편 이와는 달리 일본의 판례는 부당이득반환의무자가 원물을 처분한 경우에는 그 처분대가 자체의 반환을 청구할 수 있다는 태도를 취하고 있는 것으로 보인다. 이에 대하여는 우선 四宮和夫(註 30), 85면 註 4, 註 5 및 195면 註 2 참조. 그러나 이는 모두 特定物의 처분에 대한 것이다.

34) 이에 대하여는 우선 民法注解[V](1992), 228면 이하(제213조 Ⅲ.1.(1))(梁彰洙 집필) 참조.

35) 同旨: 權五昶, "不動産名義信託의 法律關係에 관한 試論(上)", 법률신문 2541호(1996.10.14.자), 14면("수탁자는 매도인과의 매매계약에 기하여 부동산을 취득하였으므로 법률상 원인이 없다고 볼 수 없으며, 또한 신탁자가 입은 손실은 부동산에 대한 소유권이 아니라 자신이 제공한 매매대금이라고 할 것이므로 부동산을 현물로 반환받을 수는 없다고 생각한다"). 이에 대하여는 반대의견도 있다. 가령 座談會 "土地去來實名制", 人權과 正義 1995년 7월호, 30면의 朴一煥 발언("B[명의수탁자]가 취득한 것이 신탁계약에 의해서 취득을 하였는데, 그 신탁계약이 무효가 되니까 [부동산 자체의 반환청구도] 가능할 것입니다.") 및 金光年 발언("그러니까 그 의무[신탁자의 계약상 소유권이전등기의무]만 면제해 주었다 뿐이지, [수탁자의 부당이득반환청구권에 기한 소유권이전등기의] 청구권 자체를 박탈한 것은 아니다라는 생각을 합니다.") 참조.

36) 따라서 가령 매매계약이 무효인 경우에 매수인이 매도인으로부터 그 계약의 이행으로 지급받은 금전을 대가로 하여 다른 물건을 취득하였다고 하여도 매도인이 그 물건의 반환을 청구할 수 없는 것이다. 또한 이는 不動産買受人이 매매대금지급의무을 이행하지 아니하고 그 금전으로 다른 부동산을 매수하였다고 하여 매도인이 매수인에 대하여 그 부동산의 이전을 청구할 法的 根據가 없는 것과도 궤를 같이한다.

하더라도, 실제로는 수탁자가 이 점을 적극적으로 주장하지 아니할 경우도 없지 아니할 것이다.

不動産實名法의 입법과정에서, 수탁자 자신이 아예 신탁부동산의 완전한 소유권을 취득하도록 하고 신탁자에 의한 반환청구의 가능성을 전적으로 봉쇄하는 입법을 제안하는 의견이 적지 않았다. 이러한 제안에 의하면 "法律關係가 단순·명료하고 名義信託 방지효과가 크다는 장점이 있었으나, 名義信託者의 재산권에 대한 본질적인 침해로서 위헌의 소지가 크다는 점 때문에"[37] 위 법률은 이 제안을 채택하지 아니하였다. 그리하여 위 법률은 信託者에게는 迂廻路를 통하여[38] 부동산소유권을 취득할 수 있는 길은 열어두되, 그 대신 그 과정에서 명의신탁약정의 당사자 이외의 사람의 도움이 반드시 필요하도록 하고 그가 협력하지 아니하는 경우에는 그 협력을 구하는 소송과정에서 명의신탁이 밝혀지도록 함으로써, 적어도 명의신탁의 사실이 당사자 자신 이외의 자에 의하여 또는 그에 대하여 公開的으로 主張되는 것을 불가피하게 하여, 그로써 不動産實名法이 정하는 課徵金이나 處罰 등의 제재수단을 실효화하고, 나아가서는 명의신탁 자체를 억지하려고 한 것이었다.[39]

그런데 契約名義信託에서 위와 같이 부동산 자체의 반환을 청구하는 소송의 당사자가 되는 것은 다름아닌 명의신탁약정의 當事者이다. 그리고 명의신탁사실이 대외적으로 밝혀지면 兩人은 공히 刑事處

37) 財政經濟院(註 4), 33면.

38) 가령 甲이 乙로부터 매수한 부동산을 丙에게 명의신탁한 登記名義信託의 경우에는 甲은 乙을 대위하여 丙 명의의 등기의 말소를 청구하면서 동시에 乙을 상대로 매매를 원인으로 한 소유권이전등기청구를 함으로써.

39) 그러한 의미에서 李英俊, 物權法, 全訂版(1996), 164면의 登記名義信託에 관한 설명은 적어도 부분적으로 적절하다. 즉 "이 때 신탁자가 부동산을 되찾고자 할 때에는 명의신탁이 무효이기 때문에 매도인을 상대로 원래 매매계약에 근거하여 재판절차를 거쳐 되찾아 오게 되며, 그 과정에서 명의신탁사실이 발각되기 때문에 과징금과 형사처벌의 제재를 받는다는 것이 이 법의 입장이다."

罰을 받는다(不動産實名法 제7조 제1항 제1호, 제2항 참조). 그러므로 가령 신탁자가 수탁자에 대하여 대리권을 수여하여 신탁자 본인의 이름으로 부동산 취득의 원인행위를 하도록 위탁하였는데 수탁자가 그 자신의 이름으로 행위하여 부동산을 취득하였기 때문에 그 이전을 구한다는 것을 請求原因으로 하여 부동산에 관하여 소유권이전등기를 청구하는 등의 경우에는, 신탁자로서는 명의신탁의 사실을 주장하는 것을 주저하여 請求를 認諾하게 될 가능성도 없지 않은 것이다. 또는 이와 같이 소송에 이르기 전에 당사자들 사이에서 신탁자 앞으로 하는 소유권이전등기를 둘러싸고 어떠한 깨끗하지 못한 ——범죄자 간의 범행이익의 分配에서와 같은—— 去來를 하고 이에 기하여 수탁자가 신탁자 앞으로의 登記에 同意하게 되는 일도 충분히 상상할 수 있다. 이러한「自意的 返還」의 경우에 대하여는 뒤의 (5)에서 살펴보기로 한다.

(4) 이상과 같이 하여 계약명의신탁에서 受託者는 신탁자로부터 매매대금 등으로 받은 금전에 대하여 반환의무를 부담할 뿐이고, 그가 취득한 명의신탁부동산에 대하여는 이를 신탁자에게 반환할 의무를 지지 아니한다. 그는 ——뒤의 Ⅳ.에서 보는 대로 일반적으로—— 그 부동산에 대한 完全한 所有權(그 내용에 대하여는 뒤의 Ⅳ. 4. 참조)을 가지게 된다. 따라서 그는 이를 자신의 소유물로서 제3자에게 자유롭게 처분할 수 있다. 그리고 그 處分은 불법행위도 채무불이행도 구성하지 아니하여 신탁자에게 損害賠償을 할 필요가 없음은 물론이고, 처분의 대가로 받은 것은「법률상 원인 없는 이득」이 아니므로 이를 부당이득으로 반환할 의무도 없다.

이와 같이 수탁자는 신탁자에 대하여 명의신탁부동산의 보유와 관련하여 "他人의 財物을 保管"(형법 제355조 제1항)하거나 "他人의 事務를 處理하는 者"(同條 제2항)의 지위에 있지 아니하다. 그러므로 그가 이를 신탁자에게 반환하지 아니하거나 또는 제3자에게 처분하

여도, 이에 대하여 橫領罪나 背任罪를 물을 수는 없다.[40]

(5) 한편 契約名義信託에서 수탁자가 신탁자에게 自意로 소유권 이전등기를 경료한 경우는 어떠한가?

이 경우에는 소유권 이전의 原因(causa)이 없거나 또는 그 原因이 무효이므로, 소유권은 신탁자에게 이전되지 않는다고 할 것이다.[41] 특히 수탁자가 소유권을 이전할 의무가 없음을 알지 못한 때, 즉 이전할 의무 있다고 錯覺하여 소유권이전등기를 경료한 때에는, 언제라도 그 返還을 청구할 수 있다고 볼 것이다. 이 반환청구에 대하여 신탁자가 앞의 (3)(a)에서 본 原狀回復義務, 즉 金錢返還義務와의 동시이행을 주장하는 경우에는, 의문이 없지 않으나, 이를 긍정하여야 하지 않을까 생각된다. 이 兩者의 의무는 넓은 의미에서는 모두 명의신탁약정 또는 위임 등 계약의 무효라는 하나의 法律關係에서 발생한 것이며, 또한 특히 수탁자가 無資力하여 그 금전반환의무가 실제로 실현될 수 없음에도 불구하고 신탁자의 부동산반환의무만을 관철할 수 있다는 것은 公平에 반한다고 여겨지기 때문이다.[42]

그런데 수탁자가 그 "債務 없음을 알"면서도 신탁자 앞으로 소유권이전등기를 경료한 경우는 문제이다. 이는 일단 민법 제742조에서 정하는 非債辨濟의 法理에 비추어 그 반환청구가 否認되고, 나아가

40) 不動產實名法 시행 전에 大判(全) 71.6.22, 71도740(集 19-2, 刑 30)은, 수탁자가 신탁재산을 임의처분한 것은 신탁자에 대하여는 "他人의 財物을 保管하는 者"가 이를 橫領한 것에 해당하여 橫領罪에 의하여 처단된다고 판시하였었다.

41) 다만 유효한 原因이 별도로 존재하는 경우는 그러하지 아니하다. 예를 들면 수탁자가 앞의 (3)(a)에서 본 金錢返還義務의 이행에 관하여 사후적으로 신탁자와의 사이에 그에 갈음하여 부동산 자체를 양도하기로 합의(「代物給付의 約定」) 한 때 등이 그러하다.

42) 이 문제는, 詐欺나 強迫으로 인하여 雙務契約이 취소된 경우에, 사기자·강박자가 행한 給付의 返還請求權에 기하여 그에게 그가 받은 給付의 返還義務에 대항할 수 있는 同時履行抗辯權을 인정할 것인가 하는 문제를 상기시킨다. 이를 否定하는 견해도 없지 않으나, 肯定하는 것이 타당할 것이다. 梁彰洙, "同時履行의 抗辯權", 考試界 1990년 7월호, 104면; 註釋 債權各則(註 26), 223면(梁彰洙 집필) 참조.

—大判(全) 79.11.13, 79다483(集 27-3, 140)의 법리에 따르면— "그 反射的 效果로" 신탁자는 부동산의 소유권을 취득한다고 할 것이다. 다만 거기서「債務 없음을 안」다는 것은 단순한 의심으로는 부족하며, 급부의무의 부존재에 대한 積極的인 認識(positive Kenntnis)이 필요하다. 물론 정확한 법적 지식에 기한 인식일 것까지는 요구되지 않으나, 단지 채무의 부존재를 야기시키는 사실관계를 아는 것으로는 충분하지 아니하다.[43] 또한 "채무 없음을 알"았어도 返還請求를 유보한 경우에는 나중에 반환청구를 할 수 있다. 한편 우리 判例는 그 이행이「자유로운 의사」에 기하여 행하여질 것을 요하여, "채무 없음을 알고 있었다고 하더라도 변제를 강제당한 경우나 변제거절로 인한 사실상의 손해를 피하기 위하여 부득이 변제하게 된 경우 등"에는 민법 제742조가 적용되지 않는다고 한다.[44] 그러므로 수탁자가 신탁자나 제3자로부터 명의신탁으로 인한 刑事處罰 등의 危害를 고지받고 이를 피하기 위하여 부득이 소유권이전등기를 경료하여 준 경우에는, 여전히 반환청구를 할 수 있다고 할 것이다.

이에 대하여는 수탁자가 신탁자 앞으로 自意로 소유권등기를 이전한 경우에는 일반적으로 그 등기의 효력을 인정할 것이라는 견해가 있다.[45] 즉 "수탁자는 신탁자에 대하여 (金錢)不當利得返還義務를 부담하고 있고, 수탁자가 신탁자 앞으로 自意로 소유권이전등기를 마쳐 준 경우에 있어서 당사자들의 의사는 수탁부동산을 신탁자 앞으로 返還함으로써 당사자 사이의 명의신탁약정과 동 약정이 무효로 됨에 따라 발생된 법률문제를 종결시키려는 합의가 존재한다고 해석하는 것이 合理的일 것이고, 不動産實名法이 신탁자가 신탁재산을 찾아오는

43) 이에 대하여는 우선 MünchKomm/Lieb, §814 BGB Rn.7(S.1367) 참조.

44) 大判 88.2.9, 87다카432(集 36-1, 29). 그 전에 大判 60.9.29, 4293民上208(要集 민 I-2, 1115) 등도 동일한 취지로 판단한 바 있다.

45) 註釋 物權法, 改訂版(한국사법행정학회, 1999년 출간 예정), 不動産實權利者名義登記에 관한 法律(權五昶 집필), 제4조 Ⅲ.3.나.(4) 참조.

것을 막으려는 입장에 서 있는 것은 아니라는 점 등을 고려"하면 그렇게 해석하는 것이 타당하다는 것이다. 그러나 당사자들이 그러한 등기를 함에 있어서의 의사를 「합리적」으로 해석하면 "수탁부동산을 신탁자 앞으로 返還함으로써 당사자 사이의 명의신탁약정과 동 약정이 무효로 됨에 따라 발생된 법률문제를 종결시키려는 것"이 되는지 극히 의문이다. 오히려 통상의 경우에 그들은 원래의 「위임」의 취지에 따라 그 이행으로 수탁자 앞으로 소유권이전등기를 하지, 명의신탁약정이 무효임을 인식하여 그로 인한 법률문제를 처리하기 위하여 수탁자 앞으로 소유권이전등기를 하는 경우는[46] 오히려 드물지 않을까 추측된다. 前者의 경우에 수탁자 앞으로의 소유권이전등기를 유효하다고 할 根據는 쉽사리 발견할 수 없다. 또 그렇다고 한다면 이는 부동산실명법의 취지를 잠탈하는 결과가 될 것이다. 실제로 빈번히 행하여진 會社가 그 任員의 명의로 부동산을 매수하는 경우 등을 상정하여 보면, 필자와 같은 해석조차도 이러한 잠탈의 우려를 완전히 없앨 수 없다고 생각되는 것이다. 반대의 견해가 제시하는 해석이 「合理的」이라고 말하는 것은 혹 부동산실명법 시행 전에 행하여지던 명의신탁의 처리에 익숙한 때문이 아닌가 하는 억측을 하여 본다.

Ⅳ. 契約名義信託의 外部關係──不動産實名法 제 4 조 제 2 항 但書의 解釋

1. "不動産에 관한 物權을 取得하기 위한 契約"

(1) 여기서 부동산물권을 「取得하기 위한 契約」이란, 의사표시의

46) 이 경우에 대하여는 앞의 註 41 참조. 또 본문에서 본 바와 같이 이 경우는 오히려 "債務 없음을 알면서" 한 非債辨濟로서 유효하다고도 할 수 있을 것이다.

내용이 부동산물권의 취득인 바의 계약을 가리킨다고 할 것이다.

(**a**) 그러므로 가령 甲이 乙에게 부동산의 買入를 위임하는 것도, 비록 일상의 언어사용으로 보면 역시 부동산소유권을 취득하기 위하여 체결하는 계약에 해당할 것이나, 여기서 말하는 不動産物權取得契約에 해당하지 아니한다. 왜냐하면 이러한 계약에서는 부동산소유권의 취득 그 자체가 아니라, 부동산의 매입이라는 사무를 처리할 것을 위탁하는 것이 의사표시의 직접적인 내용이 되고 있기 때문이다. 이러한 위임계약 등은 법 제4조 제2항이 규율대상으로 하고 있는 物權變動과는 별다른 관련이 없으므로, 그 계약의 당사자가 누구이든 상관이 없는 것이다.

(**b**) 그러나 여기서 말하는 不動産物權取得契約은 직접 부동산물권을 취득하는 것 자체를 의사표시의 내용으로 하는 物權行爲를 말하는 것이 아니라, 부동산물권 취득의 原因行爲를 의미한다고 할 것이다.[47] 登記名義信託에서도, 가령 甲이 부동산을 乙로부터 매수하고 丙과 명의신탁약정을 하여 乙에서 丙으로 직접 소유권이전등기를 경료하는 흔히 발생하는 경우에는, 名義受託者가 물권계약의 당사자가 된다고 할 것이다. 그런데 이와 같은 경우에 대하여 위 단서규정의 적용이 없음은 명백하다. 이 점에 비추어 보아도, 여기의 不動産物權取得契約을 물권계약을 가리키는 것으로 해석하여서는 아니된다.

뿐만 아니라 보다 중요한 것은, 위 단서규정이 명의신탁약정에도 불구하고 이 경우에 예외적으로 수탁자의 물권취득을 유효한 것으로 정하는 理由가, 이 경우에는 명의신탁약정이 부동산물권변동의 말하자면 外部에 존재하여서, 부동산물권변동의 당사자 사이에서 행하여지는 債權契約이나 物權行爲가 그 외부에 존재하는 명의신탁약정이 무효라

47) 앞의 Ⅱ.4.에서 본 大判 93.8.13, 92다42651(集 41-2, 286)이 계약명의신탁의 사안에서 "그 등기신청의 원인행위인 … 계약명의의 신탁약정"이라고 설시하는 것도 기본적으로 이러한 입장에서 선 것이라고 이해될 여지가 있다.

는 事情에 의하여 영향을 받을 이유가 없다는 점에 있다는 것이다. 가령 甲 회사가 그 직원인 丙에게 부동산의 매입을 위탁하여서 丙이 자신의 이름으로 乙과의 사이에 부동산매매계약을 체결하고 대금을 지급한 후 소유권이전등기를 받은 경우를 생각하여 보면, 이 경우에 명의신탁약정은 甲 회사와 丙 사이에 체결되었으나, 부동산물권변동은 그 原因行爲인 매매계약이나 物權行爲가 모두 직접 乙과 丙 사이에서 행하여졌으며, 다만 그 명의신탁약정 또는 이를 포함하는 위임계약은 丙이 乙에 대하여 買受의 意思表示를 하는 動機에 불과한 것이다. 그러므로 乙이 그러한 禁壓되어야 할 動機에 기하여 상대방(丙)이 매매계약 등에 나아간 사실을 안 경우가 아닌 한, 그가 일방당사자가 된 不動產物權變動 자체가 영향을 받아야 할 이유가 없는 것이다.

그런데 위 단서규정에서 말하는 不動產物權取得契約이 물권행위를 또는 물권행위도 의미하는 것이라고 해석하여 명의수탁자가 물권행위의 일방당사자가 된 것만으로 그 物權變動이 유효하게 행하여지는 것이라고 한다면, 명의신탁약정이 무효라는 법 제 4 조 제 1 항의 趣旨는 결정적으로 沒却되게 된다. 즉 앞에서 든 등기명의신탁의 예에서도, 乙이 명의신탁약정이 있다는 사실을 알지 못한 경우라면, 예를 들어 乙이 甲과 丙 사이에 轉賣契約이 행하여져서 丙 앞으로 中間省略登記를 하는 것이라고 잘못 생각한 경우라면, 丙은 유효하게 소유권을 취득하게 되는 것이다. 이는 제 4 조 제 2 항 본문이 원칙적으로 名義信託約定에 기한 物權變動을 무효로 하는 취지를 空洞化하는 것이라고 하지 않을 수 없다.

(2) 한편 이러한 의미의 不動產物權取得契約에는, 대표적인 原因行爲인 賣買契約은 물론이고, 贈與나 交換과 같이 목적물인 권리의 이전을 내용으로 하는 契約도 이에 해당함에는 의문이 없다. 그 외에 문제되는 것으로 몇 가지를 살펴본다.

(**a**) 채무자가 자기 소유의 부동산을 원래의 급부에 갈음하여 채권자에게 이전하기로 약정하는 代物給付의 約定도 이에 해당한다.[48] 원래의 채권관계의 당사자들 사이에서 이러한 약정이 행하여지는 경우에는 거기에 명의신탁약정이 개입할 가능성은 별로 없다. 그러나 그렇다고 해서 이러한 약정에 대하여 不動産實名法은 애초 큰 의미가 없다고 하는 것은 速斷일 것이다. 가령 원래의 債權者 甲이 자신의 채권을 丙에게 양도하면서 그와의 사이에 명의신탁약정을 체결하고 丙으로 하여금 채무자 乙과 대물급부약정을 하도록 하는 경우나, 애초부터 명의신탁약정을 체결한 丙으로 하여금 그 이름으로 乙에게 信用을 제공하고 또 대물급부약정을 맺게 한 경우 등에는 不動産實名法이 적용될 여지가 충분히 있는 것이다. 同法 제2조 제1호 但書 가目은 "債務의 辨濟를 擔保하기 위하여 債權者가 不動産에 관한 物權을 移轉받거나 假登記하는 경우"는 同法에서 말하는 名義信託約定에 해당하지 않는 것으로 정하고 있다. 그러므로 위의 대물급부약정이 ——통상의 경우 그러한 것처럼—— "債務의 辨濟를 擔保하기 위하여" 행하여졌다면, 이에는 同法의 적용이 없다고 이해될 가능성도 있다. 그러나 위 규정은, 通常의 讓渡擔保나 假登記擔保도 그 법적 성질이 명의신탁이라는 주장이, 비록 명백히 근거 없는 것이라도, 전혀 없지는 않기 때문에, 이에 대응하기 위하여 주의적으로 마련된 것이라고 이해된다. 그러므로 채권자 甲이 丙의 이름을 빌어 채무자 乙로부터 양도담보로 소유권이전등기를 받는 경우에는 위 규정과는 무관하게 同法의 적용이 있다고 할 것이다.[49] 그렇다면 역시 대물급부약정에 대하여도 同法 제2조 제1호 但書 가目의 규정에도 불구하고 同法이 적용될 경우가 있

48) 민법 제607조에서 정하는「代物返還의 豫約」도 이에 해당한다. 그 법적 성질을 要物契約인 代物辨濟의 본래의 의미에서의「豫約」이라고 할 것이 아니라 本契約으로서의 代物給付約定이라고 할 것에 대하여는, 우선 梁彰洙, "他人의 物件에 관한 代物辨濟契約으로 인한 責任", 民法研究 제2권(1992), 267면 이하 참조.

49) 이 점에 대하여 同旨: 座談會(註 35), 19면 이하의 朴一煥 발언.

으며, 그 경우에는 나아가 同法 제 4 조 제 2 항 但書에 의하여, 비록 명의신탁약정이 있음에도 불구하고 物權變動이 유효하게 이루어질 수 있는 예외적인 경우도 있을 수 있다고 할 것이다.

(**b**) 強制競賣 · 任意競賣(담보권실행경매) · 국세징수법상의 公賣를 포함하는 公競賣의 실제를 보면, 제 3 자의 이름을 빌어 競買申請을 하여 競落을 받는 경우도 없지 않다. 이 경우에도 不動産實名法의 적용이 있다고 할 것이고, 특히 제 4 조 제 2 항 但書에서 정하는 "不動産에 관한 物權을 取得하기 위한 契約"에는 이러한 경우 競落으로 인한 賣買도 포함된다고 해석함이 타당하다. 물론 競賣의 法的 性質에 대하여는 논의가 많으나,[50] 적어도 私法的인 側面에서는 집행채무자(또는 물상보증인이나 제 3 취득자)와 경락인 사이의 賣買라고 이해되고 있는 것이다.

(**3**) 한편 부동산물권변동의 원인행위라도 契約이 아니라 一方行爲에 대하여는 不動産實名法 제 4 조 제 2 항 但書가 적용될 여지가 없다고 하겠다. 이는 무엇보다도 위 단서규정의 文言이 명백히 「契約」이라고 하고 있는 데에 그 근거를 둔다.

그런데 이 문제를 검토하기에 앞서서, 一方行爲로 인한 不動産物權變動에 있어서 名義信託이 어떠한 모습으로 가능한가를 살펴볼 필요가 있겠다. 생각할 수 있는 것은 (i) 乙이 부동산을 丙에게 주되 이를 "對內的으로는 甲이 보유하기로 한다"는 뜻으로 해석되는 遺言을 한 경우, (ii) 乙이 부동산을 出捐하여 財團法人 丙을 설립하면서(또는 부동산을 기존의 財團法人 乙에 出捐하면서) 이를 "對內的으로 甲(또는 乙 자신)이 보유하기로 한다"는 뜻으로 해석되는 定款을 작성한 경우

50) 이에 대하여는 우선 中野貞一郎, "換價としての競賣の法的性質", 強制執行 · 破産の研究(1971), 128면 이하; 竹下守夫, "不動産競落の效果と競賣の性質", 不動産執行法の研究(1977), 279면 이하(이 문헌은 독일, 프랑스, 스위스, 오스트리아의 법에 대한 比較法的 考察을 앞세우고 있어 유용하다) 참조.

등이다.[51]

우선 (i)의 경우에 대하여 보면, 이 遺言은 결국 丙에게는 명의수탁자로서의 지위를, 甲에게는 명의신탁자의 지위를 각각 創設的으로 遺贈한 것에 다름아니다. 명의신탁 자체가 원칙적으로 허용된다는 것을 전제로 한다면, 이러한 유증을 무효라고 할 이유는 없다고 생각된다. 그렇다면 나아가 검토되어야 할 것은, 이러한 遺贈이 不動産實名法의 적용을 받는가 하는 점이다. 이에 대하여 同法의 規律의 출발점을 이루는「명의신탁약정」을 定義함에 있어서 동법 제2조 제1호는 "不動産所有權을 保有한 자 또는 사실상 取得하거나 취득하려고 하는 자가 他人과의 사이에서" 체결한 約定이라고 정하고 있다. 그러므로 遺言과 같이 意思表示의 當事者가 하나인 行爲로 인하여「대내적」소유권과「대외적」소유권이 分屬하게 되는 名義信託에 대하여는 일단 同法의 적용이 없다고 생각할 수 있다. 또 만일 여기서 말하는「약정」의 의미를 보다 넓게 이해하여 受遺者도 그 당사자로 볼 수 있다고 해석하더라도, 위의 경우에는 受遺者가 2인이어서 이에 遺言者를 합한 3인이 당사자가 되므로, 과연 누구와 누구 사이에서「약정」이 있다고 할 것인지 의문이 아닐 수 없다. 그러나 돌이켜 생각하여 보면, 不動産實名法의 취지는 요컨대 名義信託的인 不動産物權關係의 효력을 부인하여 이를 소멸시키고자 하는 데 있다. 그렇다면 과연 계약에 의하여 발생되는 名義信託關係는 부인하면서, 일방행위로 인한 경우는 이를 허용하여도 좋을 것인가? 특히 同法 제2조 제1호는 "追認에 의한" 명의신탁의 약정도 그 규율대상에 속한다고 정하고 있다. 이는 가령 甲이 乙로부터 매수한 부동산을 丙과의 명의신탁약정이 없음에도 이를 칭하여 丙 명의로 소유권이전등기를 받은 경우에[52] 丙의 一方的인

51) 또한 이들 경우 각각에 있어서, 乙이 丙과 별도로 목적 부동산을 "대내적으로 甲이 보유하기로 한다"는 약정을 한 경우도 생각하여 볼 수 있다.

52) 이 경우 甲과 丙 사이에는 甲이 한편으로 당사자로서 다른 한편으로는 상대방

追認에[53] 의하여 甲과 丙 사이에 명의신탁관계가 발생하는 것을 禁壓하고자 하는 취지라고 생각된다. 여기서 추인과 같이 별도로 존재하는 법률행위에 대하여 그 효력요건을 보충하는 一方行爲에 의하여[54] 명의신탁관계가 발생되어서는 안 된다고 한다면, 그러한 관계의 발생을 내용으로 하는 일방행위도 허용될 수 없다고 할 것이다.

이와 같이 이 경우에 單獨行爲가 不動產實名法의 적용을 받아 同法 제4조 제1항에 의하여 효력이 없다고 한다면, 즉 그러한 遺言 자체가 무효라고 한다면, 그 때에는 이미 同條 제2항 단서를 적용할 여지도 없다고 하지 않을 수 없다. 앞서 본 대로 이 경우에는 오로지 유언자 자신의 의사표시가 있을 뿐이고, 受遺者 兩人은 아무런 법률행위도 하지 않기 때문이다.

한편 (ii)의 경우에 대하여 보면, 이러한 財團法人設立行爲는 허용되지 않는다고 할 것이다. 만일 이러한 행위가 허용된다고 하면, 재단법인은 그 存立의 基礎인 特別財產(Sondervermögen)을 제대로 갖추지 못하게 된다. 특히 사용·수익의 권능이 명의신탁자에게 속하여 재단법인 자신은 이를 전혀 用益할 수 없으며, 나아가 명의신탁자가 언제든지 명의신탁을 해지함으로써 이를 還收할 수 있는 재산의 바탕 위에 고유한 「法人格」이 인정될 수는 없다. 그러므로 이러한 財團法人設立行爲는 굳이 不動產實名法을 기다리지 않고도 무효라고 할 수밖에

丙의 무권대리인으로서 하는 自己契約에 의하여 名義信託約定을 하고, 또한 乙과의 物權契約에서는 丙의 無權代理行爲를 하는 것이라고 이해할 것인가? 이 경우에 丙 앞으로의 소유권 이전이 일어나지 않으며 따라서 丙 앞으로의 소유권이전등기가 말소되어야 한다는 점에는 의문이 없다.

53) 前註에서 본 법률구성에 의하면, 丙은 명의신탁약정을 추인하면서 동시에 自己契約을 허락하고(민법 제124조), 또한 物權契約을 추인하는 것이 된다.

54) 追認과 같은 關聯者의 同意(Zustimmung)가 법률행위 그 자체와는 단절되어서 그 법률행위의 獨自的인 效力要件(Wirksamkeitsvoraussetzung)이 되는 "私的인 法律關係 形成의 全體要件"의 체계에 대한 설명으로서는 우선 Wolfgang Thiele, *Die Zustimmungen in der Lehre vom Rechtsgeschäft*(1966), S.121ff., S.241ff. 참조.

없다.

이렇게 보면, 一方行爲에 의한 不動産物權變動에 있어서는 대체로 不動産實名法 제 4 조 제 2 항 단서의 적용을 논의할 여지가 없다고 생각된다.

2. "名義受託者가 그 一方當事者가 되고"

(1) 이는 受託者가 앞의 1.에서 본 의미의 부동산 취득의 원인계약(가령 소유자와의 매매계약 등)에 있어서 그 當事者가 된다는 의미이다. 과연 수탁자가 당해 계약의 당사자인가 여부는 그 契約의 解釋에 따라 판단된다.

(a) 거래의 실제에 있어서 계약체결과정에서 계약행위를 사실적으로 실행하는 자나 계약증서상의 당사자명의인 또는 그 계약에서 정하여진 급부의 실제적·경제적인 담당자(귀속자)가 각각인 경우가 적지 않다.[55] 그 경우에 누가 그 계약의 당사자인가를 확정하는 것은 그 계약의 효과로 발생하는 權利義務가 누구에게 귀속되는가를 정하는 작업으로서, 이는 결코 용이하다고는 할 수 없다. 그 상세는 別途의 硏究에 맡길 수밖에 없으나, 간략하게 그 작업의 기본적 출발점에 대하여 다음과 같이 말할 수 있다.

이는 우선 법이 한편으로 代理·處分授權·第三者를 위한 契約 등과 같이 意思表示의 주체와[56] 그것을 요소로 성립하는 法律行爲의 효과가 전부 또는 일부 귀속되는 주체가 분리되는 예외적인 제도를[57] 스

55) 예를 들면 A가 자기의 돈을 내서 B에게 부탁하여 자신과 일정한 채권관계가 있는 C의 이름으로 은행에 예금하도록 하는 경우를 생각하여 보라.

56) 나아가 使者와 같이 意思表示의 主體가 아니면서 의사표시의 성립과정에 실제로 참여하는 자도 인정되고 있다.

57) 原則은 프랑스민법 제1119조가 선언하고 있다. 즉 "一般的으로, 자신을 위하여서가 아니면 자신의 이름으로 의무를 부담하거나 要約할 수 없다(On ne peut, en général, s'engager, ni stipuler en son propre nom, que pour soi-même)."

스로 인정하고 있으며, 다른 한편으로 委託賣買 등의 間接代理나 信託行爲 등과 같이 법률행위의 경제적 목적과는 다른(또는 그것을 넘는) 법적 의미가 당해 법률행위에 주어질 수 있음을 전제로 하는 법개념을 公認하고 있는 것과 관련이 있다. 이러한 法狀態는, 곧 실제의 사안을 처리함에 있어서, 엄밀한 개념구분과 본질파악에 입각하여 그 사안을 如實히 반영하는 하나의 法裝置를 선택하여야 하는 어려운 과제를 제기하는데, 이는 결국 「계약당사자의 확정」이라는 문제가 얼마나 복잡한 법적 準據틀에 비추어 행하여져야 하는가를 말하여 주는 것이다.

나아가 「계약당사자의 확정」도 결국 계약의 해석에 돌아가는 문제인데, 契約解釋은 일반적으로 그 목표가 당사자의 진의를 탐색하는 데 있다고 하지만 그 성질은 종국적으로는 法官에 의한 法發見(Rechtsgewinnung)의 일환인 것이다. 통상 계약해석의 기준이 "相對方의 立場에서 客觀的으로 볼 때 어떠한 意味를 가진다고 理解하는 것이 合理的인가"에 있다고 말하여지는데, 이는 결국 계약해석이 관계자들 사이의 법률관계를 규율하는 규범을 발견하는 것이되,[58] 다만 그것이 법해석에서와 같이 추상적·일반적인 차원에서가 아니라, 당해 당사자들에 초점을 맞추어 구체적·특수적인 차원에서 발견하는 작업임을 말하여 주는 것이다. 그러므로 계약해석에서는 한편으로 당사자들이 계약을 체결함에 있어서 실제로 고려하였고 또는 적어도 객관적으로 고려할 수 있었던 一切의 具體的 事情을 통하여 表現 기타 行態의 意味를 파악하여야 하며, 다른 한편으로 그 계약이 가지는 典型性을 파악하여 동일한 유형의 계약 또는 계약조항에 대하여는 그 해석내용이 기준될 수 있는 일정한 범위의 普遍性을 추구하여야 하는 것이다. 그에 있어

58) 프랑스민법 제1134조 제 1 항의 名句가 이를 웅변으로 말한다: "적법하게 형성된 合意는 그것을 행한 자들에게는 法律에 갈음한다[法律의 지위를 차지한다](Les conventions légalement formées tiennent lieu de loi à ceux qui les ont faites)."

서는 계약의 종류, 당사자의 직업·경제적 지위·신분, 목적물의 종류와 수량 또는 성질, 계약체결의 구체적 동기나 연유, 당해 계약유형에서의 통상의 내용 등이 고려되어야 할 것이다.

(**b**) 그렇게 보면, 부동산을 「사실상 취득」하려고 하는 자가 타인을 내세워 "그의 명의로" 부동산 취득의 원인계약을 체결하도록 한 경우에는, 일반적으로 그 명의자가 계약의 당사자가 된다고 할 것이다. 그러한 의미에서 앞의 Ⅱ.에서 본 대법원판결들이 "어떤 사람이 타인을 통하여 부동산을 매수함에 있어 매수인 명의를 그 타인 명의로 하기로 하였다면 이와 같은 매수인 명의의 신탁관계는 그들 사이의 내부적인 관계에 불과한 것이고 대외적으로는 그 타인이 매매당사자라고 할 것"이라는 契約解釋에 관한 抽象論을 내세우고 있는 것은, 이것을 예외가 인정되지 않는 鐵則으로 이해하지 않은 한에서는,[59] 적절한 것이라고 생각된다.

일반적으로 부동산거래에서 목적물이 되는 토지나 건물은 代替될 수 없는 特定의 물건이며, 그 거래의 내용은 非定型的·個性的·一回的으로 정하여진다. 이와 같은 거래에서 當事者가 누구인가 하는 점은, 특히 부동산을 양도할 의무를 지는 매도인 등의 입장에서 보면 債務의 履行을 실질적으로 담보하는 資力의 有無 기타 信用性(Kreditwürdigkeit)과 관련되므로, 결정적으로 중요한 의미를 가진다.[60] 그리하여 그로서

59) 그러한 의미에서 이 抽象論이 實務에서 애용되는 制限的 句節, 즉 "다른 특별한 사정이 없는 한"이라는 문구를 사용하지 않은 것은 意外이다.

60) 이러한 점에서, 가령 預金契約의 當事者를 누구로 볼 것인가를 논함에 있어서는, 그 거래의 定型性·沒個性的 性格(은행으로서는 법적으로 누가 預金主인지 크게 관심이 없다)과 아울러 그것이 주로 預金返還債權이라는 권리의 귀속만이 문제되는 점과 뚜렷한 대조를 이룬다. 이는 假設人의 명의로 인수된 株式의 경우(상법 제332조 제1항 참조)에 누구를 주주로 볼 것인가 하는 문제와 관련하여서도 마찬가지로 말할 수 있다. 前者의 문제에 대하여 大判 87.10.28, 87다카946(공보 814, 1784); 大判 92.1.21, 91다23073(集 40-1, 31; 공보 916, 882); 大判 92.6.23, 91다14987(공보 926, 2223); 大判 95.8.22, 94다59042(공보 1001, 3239) 등의, 後者의 문제에 대하여 大判 75.7.8, 75다410(集 23-2, 186); 大判

는 자신이 계약의 상대방이라고 생각하는 사람을 外部에 명확하게 드러나게 하여, 앞으로의 법률관계, 특히 채무이행이나 손해배상 등 책임의 추궁에 있어서의 歸着點으로 삼으려 할 것이다. 관점을 바꾸어서 말한다면, 그와 같이 스스로를 外部的으로 법률효과의 귀속점으로 表象시킨 사람이야말로 상대방의 입장에서 보면 이를 당사자라고 이해하는 것이 합리적일 것이다. 이렇게 보면, 구체적인 부동산계약에서 당사자로서의 「名義」를 스스로 인수한 자야말로 통상은 계약의 당사자라고 해석되어야 하는 것이다.[61]

이상의 해석은, 相對方이 당사자로 등장한 사람의 배후에 경제적으로 볼 때에는 그 거래의 이익을 종국적으로 누리고자 하는 별도의 사람이 존재한다는 사실을 알았다고 하여서 달라지지 않는다.[62] 이는, 가령 委託買受人에게 물건을 매도한 사람이 매매가 委託者를 「위하여」 행하여지며 매수자금이 위탁자로부터 나왔음을 알았다고 하여도, 여전히 그는 가령 매매대금청구를 위탁매수인에 대하여만 할 수 있고, 위탁매수인만이 매도인에 대하여 예를 들면 목적물의 하자로 인한 책임을 물을 수 있는 것에서도 알 수 있는 대로이다. 또 그 「경제적 당사자」가 예를 들면 保證人이 되어 상대방에 대하여 채무를 지도록 되었다고 하여도 마찬가지이다. 요컨대 누가 법적 의미에서의 법률행위의 효과의 원래의 귀속주체인가가 關鍵이고, 이는 그 경제적 효과의 귀속 또는 별도의 계약으로 인한 책임부담과는 별개의 문제인 것이다.

그렇다고 해서 계약명의신탁의 어느 경우에나 항상 수탁자가 부

75.9.23, 74다804(集 25-3, 143); 大判 77.10.11, 76다1448(集 25-3, 136) 등의 각 裁判例가 소위 名義說을 취하지 아니하고 實質說을 취하는 것은 이러한 관점에서 이해될 수 있다.

61) 그러한 視角에서 보면 앞의 Ⅱ.5.에서 말한 金融去來에서의 名義借用에 관한 裁判例의 態度도 수긍될 수 있다.

62) 同旨: 權五昶(註 35), 14면; 金相容, "不動産實名法 規定의 諸矛盾點", 考試界 1997년 2월호, 82면 이하.

동산 취득의 원인계약의 당사자가 된다고 단정할 수는 없다. 어떠한 契約解釋에서도 그러하듯이, 전형적·통상적인 예를 벗어나는 경우를 배제할 수는 없다. 實際의 事情이란 생각보다 훨씬 다양한 것이다. 그러므로 그 원인계약이 계약명의를 빌린 신탁자에게 아예 법률효과도 귀속시킬 의사로 체결되었다고 인정되어야 할 예외적인 경우도 전혀 없지는 않을 것이다. 그 경우 외부적으로 당사자로 표시된 수탁자는 신탁자를 지시하는 다른 이름에 불과한 것이거나("잘못된 표시는 [계약의 성립에] 장애가 되지 아니한다." falsa demonstratio non nocet), 신탁자를 代理하여 행위한 것이 된다. 가령 상대방이 당사자를 甲으로 알고 있으며 계약의 명의자인 乙을 단지 그 사람의 성명 기타 표지로 이해하였고 또한 계약체결행위를 사실적으로 행한 甲 또는 乙로서도 이러한 상대방의「근거 있는」오해를 알면서 이를 바로잡기 위하여 아무런 措置를 행하지 아니한 때 등에는, 이러한 예외적인 경우에 해당하기 쉬울 것이다.[63]

---

63) 한편 大判 89.11.28, 88다카30603(공보 864, 125)은, 부동산의 매수인이 A 회사인데 그를 당사자로 하는 매매계약서가 작성될 경우 세무자료 노출로 인하여 불리한 課稅處分이 있게 될 것을 꺼려하여 그 회사의 요구로 "형식상" 매수인 B로 한 매매계약서가 작성된 事案에 대하여 판단하고 있다. 이 경우에, 유효한 부동산매매계약의 당사자는 어디까지나 A 회사이고, B를 매수인으로 한 매매계약은 A 회사를 당사자로 한 매매계약을 隱匿하기 위한 민법 제108조의 假裝行爲로서 無效이다. 위 판결은 이 점을 "B는 **매매계약서상의 매수인 명의**를 실질적 매수인인 A 회사에 대여한 자에 불과하고, 실제로 이 사건 부동산을 매수한 것이 아니"라고 판단하고 있다. 이러한 虛僞表示의 事案類型은 여기서 다루는 바의 계약명의신탁에서 수탁자가 자신의 이름으로 법률행위를 행한 경우와는 구별되어야 한다. 한편 宋德洙(註 10), 106면 이하는 이 판결의 사안에서의 B의 행위를 독일민법상의 Strohmanngeschäft(「허수아비행위」라고 번역하고 있다)에 해당한다고 이해한다. 그러나 독일에서「허수아비행위」라고 불리우는 것은 단지 그 배후에 있는 사람에 의하여 다른 사람이 법률행위의 당사자로 **외부적으로 내세워진** 경우를 가리키는 것으로서 法技術概念이 아니며, 그 소위「허수아비」가 어떠한 이유로 법률행위의 당사자가 되었는가 하는 그 事實的 緣由를 파악하는 말일 뿐이다. 그러므로「허수아비」가 법률행위의 당사자인 것은「허수아비행위」에 관한 論議의 당연한 前提이고(그러므로「허수아비」가 행위의 법률효과의 귀속점이 되는 것도 당연한 일이다), 그 법률행위가 假裝行爲로서 無效인지 여부

(2) 不動産實名法 제4조 제2항 단서에서 "名義受託者가 … 一方當事者가 되고"라 함은 부동산 취득의 원인계약의 법률효과가 수탁자에게 귀속됨을 의미한다. 그가 반드시 부동산 취득의 원인계약을 스스로 하여야 할 필요는 없으며, 제3자가 그를 대리하여 행위하는 것도 허용된다. 그리고 신탁자 자신이 그 代理人이 될 수 있다고 할 것이다.

3. "그 他方當事者는 名義信託約定이 있다는 事實을 알지 못한" 경우

(1) 여기서 「타방당사자」라고 함은, 명의수탁자가 일방당사자가 되어 행한 부동산 취득의 원인계약에서의 그 상대방당사자를 말한다. 예를 들어 수탁자가 매수인인 부동산매매계약에서 매도인이 된 者가 이에 해당한다.

물론 이 때 賣渡人側도 代理人에 의하여 계약을 체결할 수 있음은 물론이다. 그리고 그 경우 명의신탁약정의 사실을 알았는지 여부는 대리인을 기준으로 하여 판단할 것이다(민법 제116조 제1항 참조).

(2) 그런데 이 부분에 대하여는 論議의 여지가 많다. 앞의 2.(1)(b)에서 본 대로 매도인이 상대방(매수인 = 수탁자)의 배후에 그와 명의신탁약정을 체결한 신탁자가 있음을 알고 있는 ──아마도 실제로는

는 전적으로 次元을 달리하는 別個의 法的 判斷을 끌어들이는 것이다. 즉 어느 하나의 계약에서 그 당사자가 누구인가를 확정하는 문제는 당사자가 확정된 그 계약이 가령 그들 간의 "通情한 虛僞表示"임을 이유로 무효인가 하는 문제와는 전혀 별개인 것이다. 위 판결의 사안에서는 두 개의 法律行爲가 있다고 해석되고, 그 중 隱匿行爲로서 유효한 계약의 당사자가 A 회사이고, 그것을 은닉하기 위하여 행하여진 또 하나의 계약, 즉 假裝行爲의 당사자가 B임에는 의문의 여지가 없다. 그리고 B는 A 회사가 자신은 당해 계약의 당사자가 되지 아니하면서 당사자로 앞세운 자가 아니어서 그를 「허수아비」라고 할 수 없으며, 따라서 그가 당사자가 된 이 假裝行爲는 「허수아비행위」라고 하기 어렵다.

예외적인── 경우에도 매수인이 그 계약의 당사자임은 일반적으로 부정되지 않는다고 할 것이다. 그렇다면 賣渡人이 명의신탁약정이 있음을 알고 있는지 여부에 따라 명의신탁약정에 기한 소유권변동의 효과를 전혀 다르게 하여야 할 이유는 무엇인가?

앞의 1.(1)(b)에서 본 대로, 不動産實名法 제4조 제2항 단서가 계약명의신탁에서 수탁자 앞으로의 소유권이전을 완전히 유효한 것으로 하는 주요한 이유는, 그 경우에는 그 소유권이전의 원인행위도 처분행위도 명의신탁약정의 당사자가 아닌 자 사이에서 행하여지며, 명의신탁약정은 단지 수탁자가 그 행위를 하는 緣由 내지 動機에 불과하므로 이 명의신탁약정의 무효(不動産實名法 제4조 제1항 참조)에 의하여 위의 원인행위나 처분행위의 효력이 영향을 받을 이유가 없다는 데 있다. 그렇다면 매도인이 명의신탁약정이 있음을 알고 있더라도 여전히 그 원인행위나 처분행위의 당사자에 변동이 없으므로, 위의 論據는 그대로 主張力을 상실하지 않는다고 하여야 할 것이 아닌가? 이러한 의문이 제기되는 것은 당연하다고 할 것이다.[64]

이에 대하여는 다음과 같은 주장이 제기될지도 모른다. 不動産實名法은 기본적으로 명의신탁약정을 법질서 전체의 입장에서 허용될 수 없는 위법행위라고 평가하는 데서 출발하고 있다. 그런데 이러한 명의신탁약정이 계약명의신탁에서는 所有權移轉行爲의 動機에 불과하다고 하여도, 이는 적어도 動機의 不法에 해당하는 것이다. 그러므로 상대방이 이를 알고 있다면, 이는 動機의 不法에 관한 법리에 좇아서 그 소유권이전에 관한 법률행위 중 處分行爲를 무효로 할 수 있다고 하는 것이다.

그러나 이러한 주장은, 우선 소유권이전의 원인행위는 유효하다고 하면서 처분행위만을 무효라고 하는 이유가 무엇인가 하는 점에서 의

64) 金相容(註 62), 82면도, 이 규정의 타당성에 대하여, 類似한 理由에 기하여 疑問을 제기하고 있다.

문이다.[65] 나아가 보다 중요한 것은, 그러한 不法한 動機를 알지 못하는 매도인으로서는 소유권변동의 무효를 주장할 수 없음에 반하여 그러한 動機의 不法을 알고 있고 따라서 어떠한 의미에서는 불법을「공유」하는 매도인은 소유권변동의 무효를 주장하여 그 반환을 청구할 수 있다고 하는 것은 명백한 評價矛盾이라고 할 것이라는 점이다. 이러한 평가모순을 회피하기 위하여 취할 수 있는 방도의 하나는, 매도인의 소유권이전을 민법 제746조에서 정하는 不法原因給與라고 하여, 그 반환청구를 봉쇄하고, 불법원인급여에 관한 대법원판례의 태도에 좇아[66] 궁극적으로 受託者의 所有權取得을 긍정하는 것이다. 그러나 이러한 결과는 不動產實名法 제 4 조 제 2 항 단서가 명문으로 매도인이 명의신탁약정이 있음을 알지 못한 경우에 한정하여 소유권이전의 유효를 긍정하고 있는 것과 정면에서 충돌된다. 따라서 이러한 方途는 취할 것이 못 된다고 여겨진다.

남은 길은, 여기서「명의신탁약정이 있다는 사실을 알지 못한다」는 것을 그 앞의 요건, 즉「명의수탁자가 부동산 취득의 원인계약의 일방당사자가 된다」는 요건에 吸收하는 것이다. 그리하여 위의 法文은, 계약명의신탁에서 부동산 취득의 원인계약의 타방당사자(가령 부동산매매계약의 매도인)가 명의신탁약정이 있다는 사실을 알지 못하는 경우에는 그 원인계약의 상대방(매수인)은 명의수탁자 그 사람인 것으로 解釋된다는 契約解釋에 관한 指針을 정하는 文句라고 이해할 것이다. 즉 不動產實名法 제 4 조 제 2 항 단서는 "不動產에 관한 物權을 취득하기 위한 契約에서 **그 일방당사자가 명의신탁약정이 있다는 사실**

65) 혹은 不動產實名法 제 4 조 제 2 항 단서의 反對解釋에 의하여, 부동산이전의 원인행위도 무효라고 정한 것으로 理解하여야 할 것인가?

66) 大判(全) 79.11.13, 79다483(集 27-3, 140)은, 주지하는 대로, 所有權의 移轉이 不法原因給與에 해당하여 물건의 반환청구를 할 수 없는 경우에는 급부자의 물권적 청구권의 행사도 허용되지 않으며, "그 反射的 效果로" 물건의 所有權 자체가 수령자에게 귀속된다고 판시한다.

을 알지 못하는 등의 사유로 名義受託者가 그 他方當事者인 것으로 해석되는 경우에는 그러하지 아니하다"라고 해석할 것이다.

이러한 해석은 이 법률의 제정을 주도한 政府側의 理解와 반드시 상치된다고 할 수 없으며, 오히려 이에 상응하는 것이라고 추측된다. 앞의 Ⅱ. 1.의 모두에서 본 자료에 의하면, 거기서 登記名義信託과 함께 名義信託의 두 가지 類型 중의 하나인 「계약명의신탁」이 처음부터 "원소유자(賣渡人)는 名義信託約定이 있다는 사실을 모르고 名義受託者와 직접 계약을 체결하여 名義受託者에게 등기를 이전해 주는 경우"라고 定義되고 있으며, 이러한 分類에는 "名義信託約定의 무효에 따른 效果[즉 물권변동의 유효 여부]가 서로 달라진다"는 실제적 의미가 있다고 한다.[67] 그러므로 不動產實名法 제4조 제2항 단서는 위와 같은 「계약명의신탁」의 定義를 법문화한 것이라고 추측된다. 그런데 「원소유자(賣渡人)」가 名義信託約定이 있다는 사실을 알면서 그가 명의수탁자와 직접 賣買契約을 체결한 경우는 어떠한가? 이를 登記名義信託라고 할 수는 없다. 왜냐하면 등기명의신탁은 "名義信託者가 원소유자(賣渡人)로부터 不動產을 매수"하는 경우와 소위 「2자 간의 명의신탁」의 경우만을 파악하는 것이기 때문이다. 그렇게 보면, 거기서 兩者를 구분하는 徵表가 되는 것은 「원소유자(賣渡人)」가 名義信託約定이 있다는 사실을 몰랐는지 여부가 아니라, 「원소유자(賣渡人)」와 매매계약을 체결한 상대방이 명의신탁자인가(이 경우는 「등기명의신탁」이다) 아니면 명의수탁자인가(이 경우는 「계약명의신탁」이다)의 점이라고 이해되고 있다고 하여야 할 것이다.

물론 이러한 해석은 法律規定의 文言이나 文法構造을 솔직하게 읽는 것과는 거리가 있음은 인정되어야 한다. 그러나 그 문언 또는 문법구조대로 해석하는 것이 評價矛盾을 가져 오는 경우에는, 가능한 語

67) 財政經濟院(註 4), 25면.

義와 意味聯關의 범위 안에서(im Rahmen ihres möglichen Wortsinns und des Bedeutungszusammenhanges) 이를 피할 수 있는 해석이 요구되며,[68] 非常의 경우에는 이를 해소하기 위하여 때로 「법에 반하는 (contra legem)」 解釋도 허용되는 것이다. 그런데 위의 不動產實名法 제4조 제2항 단서의 문언을 위와 같이 해석하는 것이 반드시 「가능한 語義와 意味聯關의 범위」를 벗어나는 것은 아니라고 생각된다.

4. "그러하지 아니하다"

(1) 이는, "名義信託約定에 따라 행하여진 登記에 의한 不動產에 관한 物權變動은 無效로" 하는 것이 원칙인데(不動產實名法 제4조 제2항 본문), 이상의 요건이 갖추어지는 경우에는 그렇게 하지 않는다, 즉 그 물권변동은 有效라는 의미이다. 그러므로 登記名義信託에서와는 달리 명의수탁자는 항구적으로 유효하게 소유권을 취득하여, 신탁자를 포함하는 모든 사람에 대하여 소유권을 주장할 수 있다.

따라서 수탁자는 신탁자를 상대로 하여서도 그가 「占有할 權利」 없이 점유하는 부동산의 인도를 청구할 수 있다(민법 제213조). 신탁자가 수탁자로부터 不動產의 占有를 이전받아 이를 점유하기에 이르렀다고 하더라도, 이는 다를 바 없다고 할 것이다. 특히 수탁자가 부동산을 인도할 의무가 없음을 명백하게 알면서 이를 인도한 경우에도 마찬가지이다. 왜냐하면 소유권등기를 이전한 경우(이에 대하여는 앞의 Ⅲ. 2.(5) 참조)와는 달리, 이 경우에 返還請求를 부인하면, 소유권의 귀속과 점유관계를 일치시킨다는 물권법질서의 중요한 이익을 내내 달성할 수 없게 되기 때문이다.[69] 또한 신탁자가 가지는 금전반환청구권

68) 이 점에 대하여는 우선 Karl Larenz, *Methodenlehre der Rechtswissenschaft*, 6. Aufl.(1991), S.334f. 참조.

69) 判例가 大判(全) 76.11.6, 76다148(集 24-3, 277) 이래, 부동산매수인이 목

(앞의 Ⅲ. 2. (3)(a) 참조)은 민법 제320조 제 1 항에서 정하는 "그 物件에 관하여 생긴 債權"이라고 할 수 없으므로,70) 신탁자는 이에 기하여 留置權을 가지지 못한다.

나아가 수탁자는 신탁자에 대하여 불법행위나 부당이득을 이유로, 사용수익 등을 하지 못함으로 인한 損害의 배상 또는 신탁자가 얻은 使用利益의 반환을 청구할 수 있다(민법 제750조, 제741조).

(2) 또한 수탁자의 이러한 소유권은 항구적인 것으로서, 누구에 대하여도 이를 讓渡 또는 返還할 의무를 부담하지 아니한다. 이는 마치 소유권이전등기를 경료받은 통상의 부동산매수인이 완전하고 영구적인 所有權을 취득하는 것과 마찬가지이다. 명의신탁자가 "對內的으로 所有權을 보유한다"는 것은 그것을 내용으로 하는 명의신탁약정이 무효이어서(不動產實名法 제 4 조 제 1 항), 그 효력이 인정되지 않는다.

(3) 이상과 같이 보면 계약명의신탁에서 受託者는 ── 앞의 Ⅲ. 2. (3)에서 본 대로 ── 신탁자로부터 매매대금 등으로 받은 금전에 대하여 반환의무를 부담할 뿐, 그가 취득한 명의신탁부동산에 대하여는 이를 신탁자에게 반환할 의무를 지지 아니하며, 그 부동산에 대한 完全한 所有權을 가지게 된다. 따라서 그는 이를 자신의 소유물로서 제 3 자에게 자유롭게 처분할 수 있다. 그리고 그 處分은 불법행위도 채무불이행도 구성하지 아니하여 신탁자에게 損害賠償을 할 필요가 없음은 물론이고, 처분의 대가로 받은 것은「법률상 원인 없는 이득」이 아니므로 이를 부당이득으로 반환할 의무도 없다.

적물을 인도받은 경우에는 그의 매도인에 대한 소유권이전등기청구권이 消滅時效에 걸리지 않는다는 태도를 취하고 있는 것은, 종국적으로는 이러한 利益을 관철하기 위한 것이라고 설명될 수 있다. 이 점에 대하여는 梁彰洙, "消滅時效에 걸리는 權利", 考試硏究 1990년 6월호, 39면 이하 참조.

70) 留置權의 발생요건으로서의「채권과 물건 간의 견련관계」일반에 대하여는 우선 梁彰洙, "留置權의 發生要件으로서의「債權과 物件 간의 牽連關係」", 民法硏究 제 1 권(1991), 227면 이하 참조.

이와 같이 수탁자는 신탁자에 대하여 명의신탁부동산의 보유와 관련하여 "他人의 財物을 保管"(형법 제355조 제1항)하거나 "他人의 事務를 處理하는 者"(同條 제2항)의 지위에 있지 아니하다. 그러므로 그가 이를 신탁자에게 반환하지 아니하거나 또는 제3자에게 처분하여도, 이에 대하여 橫領罪나 背任罪를 물을 수는 없다.[71]

V. 結　論

이상의 논의에서 얻어진 성과를 요약하면 다음과 같이 정리될 수 있다.

첫째, 부동산실명법은 명의신탁을 「등기명의신탁」과 「계약명의신탁」으로 구분하여 파악하는 데서 출발한다. 後者는 판례가 이해하는 바의 「계약당사자 명의의 신탁」, 즉 契約名義의 신탁을 가리키는데, 그에 의하면 자신의 이름으로 부동산물권 취득의 원인계약을 체결한 受託者에게 원칙적으로 당해 계약에 기한 채권채무가 귀속한다.

둘째, 계약명의신탁에서도 신탁자와 수탁자 사이의 內部關係를 규정하는 명의신탁약정은 신탁자의 「내부적 소유권」을 인정하는 것을 내용으로 하는 점에서 등기명의신탁과 다를 바 없다. 다만 그 외에 여기서 수탁자는 자신의 이름으로, 그러나 신탁자의 계산으로 부동산물권 취득의 원인행위를 행할 계약상 의무를 부담한다. 그 내부관계는 등기명의신탁에서와 마찬가지로 기본적으로 委任으로서의 성질을 가진다.

셋째, 부동산실명법 제4조 제1항에 의하여 名義信託約定이 무효

71) 不動産實名法 시행 전에 大判(全) 71. 6. 22, 71도740(集 19-2, 刑 30)은, 수탁자가 신탁재산을 임의처분한 것은 신탁자에 대하여는 "他人의 財物을 保管하는 者"가 이를 橫領한 것에 해당하여 橫領罪에 의하여 처단된다고 판시하였었다.

가 됨으로써 명의신탁당사자 간의 계약은 全體的으로 무효가 된다. 그리하여 수탁자는 사무처리의무를 부담하지 아니한다. 또한 수탁자가 실제로 사무를 처리하여 부동산물권을 취득한 경우(동조 제2항 참조)에도 그는 신탁자로부터 받은 매매자금 등을 반환할 의무가 있을 뿐, 목적물 자체를 신탁자에게 返還할 義務는 발생하지 아니한다. 다만 수탁자가 이를 자진하여 신탁자에게 현실적으로 반환한 경우에 이는 非債辨濟가 되어 수탁자가 그 "債務 없음을 알"았던 때에는 그에 대한 부당이득반환청구가 배제되어(민법 제742조), 그 반사적 효과로 신탁자는 확정적으로 소유권을 취득하게 된다.

넷째, 한편 부동산실명법 제4조 제2항 단서가 계약명의신탁에서 등기명의신탁(同項 본문 참조)에서와는 달리 수탁자의 부동산물권 취득이 확정적으로 유효하게 된다고 정하는 이유는 주로, 명의신탁약정은 그 原因契約에 대하여 外部的 動機에 불과하여 그 무효에 의하여 그 계약에 기하여 이루어진 물권변동이 영향을 받을 이유가 없기 때문이다. 그러므로 그 但書規定에서 정하는 "그 他方當事者는 名義信託約定이 있다는 事實을 알지 못한 경우"란 명의수탁자가 부동산 취득의 원인계약의 일방당사자가 된다는 요건에 흡수되는 것으로 이해하여, 「그 상대방이 명의신탁약정이 있다는 사실을 알지 못하는 등의 사유로 名義受託者가 그 타방당사자인 것으로 해석되는 경우」를 가리키는 것으로 해석할 것이다.

다섯째, 그 경우 수탁자는 완전히 유효하게, 즉 어떠한 타인에의 이전의무를 부담없이 부동산물권을 취득하며, 이를 제3자에게 처분하더라도 전혀 위법한 것이 아니다.

(省谷論叢 28輯 3卷(1997.7), 353면 이하 所載)

5. 名義信託財産의 登記還元

1. 1995년 7월 1일부터 시행되는 「부동산실권리자명의등기에 관한 법률」(이하 「부동산실명법」)에는 어려운 해석문제가 여럿 있다. 법원이 이들 문제를 어떻게 판단하는지는 매우 흥미로운 바이다.

필자는 최근에 발표된 논문("不動産實名法 제 4 조에 의한 名義信託의 效力——소위 登記名義信託을 중심으로", 서울대 法學 38권 1호(1997. 5), 52면 내지 93면(本書, 73면 이하); "不動産實名法의 私法的 規定에 의한 名義信託의 規律——소위 契約名義信託을 중심으로", 省谷論叢 28집 3권(1997. 7), 395면 내지 432면(本書, 135면 이하))에서 이에 관하여 몇 가지 제안을 한 바 있다. 이 논문들은 주로 부동산실명법이 시행된 후에 행하여진 명의신탁을 염두에 두고 쓰여진 것이다.

그러나 아마도 당장 해결되어야 할 것은, 부동산실명법이 시행되기 전에 이미 행하여진 명의신탁(이하 「종전의 명의신탁」)에서의 實名轉換과 관련된 문제들이다.

2. 최근에 나온 大判 97.4.8, 96다55846(공보 97상, 1395)은 필자가 아는 한에서는 부동산실명법에 관한 대법원의 최초의 판단이다.

이 판결에서 다루어진 문제는, 부동산실명법 제11조에서 정하고 있는 猶豫期間의 산정에 관한 것이다. 즉 同條 제 1 항은, 동법 시행일(1995년 7월 1일) 전의 명의신탁부동산에 관하여는 그 시행일로부터 1년 내(이를 「유예기간」이라고 한다)에 실명전환을 하여야 한다고 정하는데, 동조 제4항은 "이 法 시행 전 또는 유예기간 중에 부동산물권에 관한 쟁송이 법원에 제기된 경우에는 당해 쟁송에 관한 확정판결 … 이 있는 날로부터 1년 이내에" 실명전환을 하여야 한다고 규정하고 있다. 이 사건에서 원고는 피고 명의의 등기가 原因無效라고 주장하여 등기의 말소를 청구하는 이 사건 소를 제기하여 소송이 진행 중 유예기간이 경과되고 난 후에야 비로소 名義信託解止를 원인으로 소유권이전등기를 청구하는 것으로 변경하였다는 것이다.

대법원은 이러한 경우도 유예기간이 도과하기 전에 위 규정상의 「爭訟」이 제기된 것에 해당된다고 판단하였다. 그리하여 원심판결이 명의신탁을 인정하여 원고의 청구를 인용한 것을 肯認하였다. 이 판단은 부동산실명법의 취지나 우리 나라에서의 소송의 실제에 비추어 타당하다고 생각된다.

3. 한편 위의 사건은 다음과 같은 문제를 보다 명확하게 의식하게 한다. 만일 위 사건의 원고와 같은 명의신탁자가 유예기간을 도과하여 버렸다면 그는 이제 등기명의를 회복할 방도가 없는가 하는 점이다.

이와 관련하여 부동산실명법 제12조 제1항은 종전의 명의신탁에 관하여 유예기간 안에 실명등기를 하지 아니한 경우에는 同法 제4조를 적용한다고 규정하고 있다. 同項은 "… 그 期間이 經過한 날 이후의 名義信託約定 등의 效力에 관하여는 제4조의 규정을 적용한다"고 정하여, 마치 명의신탁약정이 유예기간 경과 후에 행하여진 경우에 대하여 제4조를 적용한다는 듯한 文章構造를 하고 있으나, 여기서 「그 기간이 경과한 날 이후의」가 「효력」에 걸리고 그 앞의 「명의신탁약정」에 걸리지 않는다고 이해할 것임은 여러 말을 요하지 않는다.

그러므로 문제는 결국 종전의 명의신탁에 대하여 부동산실명법

제4조가 구체적으로 무엇을 의미하는가에 달려 있다.

한편 부동산실명법 제12조는 단기로 정한 유예기간 안에 실명전환을 하지 아니하면 매우 엄한 제재(제2항 참조)를 가하는 등 실제로는 명의신탁자의 종전의 지위를 실제로 박탈하는 것이 될 수 있어서 財產權保障에 관한 憲法 제23조 등에 위반하는 규정이라는 違憲의 주장도 충분히 제기될 여지가 있다고 생각된다. 그러나 여기서는 이에 대하여는 검토를 유보하고, 이하 그 규정의 유효를 전제로 논의하여 보기로 한다.

4. 부동산실명법 제4조는 주지하는 대로 명의신탁약정과 그 약정에 기한 부동산물권변동을 모두 무효라고 정하고 다만 그 무효는 "第三者에게 對抗하지 못한다"고 정한다. 명의신탁에 관한 종전의 판례법리에 의하면, 명의신탁약정은 유효이고 명의수탁자는 이를 원인으로 유효하게 소유권을 취득하며 한편 명의신탁자는 소위「내부적 소유권」을 가지고 또 언제든지 명의신탁약정을「해지」하여 그 등기의 이전을 청구할 수 있다고 하였었다. 그런데 이제 부동산실명법 아래서는 수탁자는 소유권을 가지지 못하고 따라서 등기도 무효이며 신탁자로서도 신탁약정이나 그 해지를 이유로 해서는 등기의 환원을 청구할 수 없게 된다.

위 규정을 B가 A로부터 부동산을 매수하고 C에게 명의신탁하여 A로부터 C에게 바로 소유권이전등기가 경료된 경우(소위「3자 간의 등기명의신탁」)에 적용하여 보면, 결국 신탁자 B는 A를 상대로 하여서 매매계약상의 채권을 가질 뿐이고 소유권은 여전히 A에게 남아 있다는 것이 된다. 이 경우 매도인 A가 매수인 B의 요청에 따라 C에게 소유권이전등기를 경료하여 줌으로써 그의 매도인으로서의 채무는 이미 변제에 의하여 소멸하였으므로 이제 부동산실명법의 적용을 받는다고 해서 그 채무가 다시 살아난다고 할 수는 없는 것이 아닌가 하는 의문이 제기될 수 있다. 물론 부동산실명법 시행 전에는 그러한 C 앞으로의 등기는 A와 B 사이의 第三者方 給付의 約定에 좇은 것이어서 "債務의 內容"에 따른 이행이 되고, A의 채무는 C의 소유권 취득과 함께 소멸되었다. 그러나 동법의 시행 후에 그러한 일이 행하여지면 이제 C는 소유권을 취득할 수 없고 따라서 A는 C에의 등기이전으로써는 소유권이전채무를 이행할 수 없다. 그러므로 그의 그 채무는 여전히 남아 있게 되는 것이다.

이는 가령 토지거래허가를 받아야 하는 어떤 부동산을 갑이 을에게, 을이 병에게 매도하였는데 토지거래허가를 갑과 병 사이의 매매계약에 대하여 받고 그에 기하여 갑에서 병 앞으로 소유권이전등기가 된 경우에 類比하여 생각하여 볼 수 있다. 大判 96.6.28, 96다3982(공보 96하, 2344)은 타당하게도, 이러한 경우 병의 등기는 적법한 토지거래허가가 없이 행하여진 것이어서 무효라고 판시한다. 이 경우에도 여전히 갑은 원래대로 을에 대하여 토지거래허가에 관한 협력의무를 부담하며, 을의 요청에 의하여 병 앞으로 직접 소유권이전등기가 행하여졌다고 해서 이를 부정할 수 없을 것이다. 이는 이제 무효인 명의신탁약정에 의하여 수탁자 앞으로 소유권이전등기가 행하여진 경우에도 다를 바 없는 것이다.

그리하여 결국 신탁자의 법적 지위는 매매목적물에 관하여 제3자의 무효등기가 행하여진 경우 일반과 같다. 즉 그는 매도인의 소유물방해배제청구권을 대위행사하여 제3자(이 경우에는 수탁자)로부터 등기의 환원(抹消, 또는 眞正登記名義回復請求權을 인정한 大判(全) 90.11.27, 89다카12398(集 38-4, 50) 이후는 移轉)을 청구하고, 나아가 자기 앞으로의 소유권이전등기를 구할 수 있는 것이다.

5. 이러한 법리는 종전의 명의신탁에 있어서 부동산실명법에서 정하는 實名轉換을 하지 못한 경우에도 마찬가지라고 하여야 한다고 생각된다.

우선 앞서 본 부동산실명법 제12조 제1항이 그 문언 자체로 "제4조의 規定을 **적용**한다"라고 하였으므로, 동법 시행 후의 명의신탁에서와 다른 결과를 인정하여서는 안 된다.

나아가 명의신탁이 명문으로 금지되었음에도 積極的으로 명의신탁약정 등을 한 사람에게도 위의 4.에서와 같은 方策이 인정되는 터에, 명의신탁이 허용되는 때에 행한 명의신탁에 있어서 단지 消極的으로 실명전환을 하지 아니하였다고 해서 보다 가혹한 불이익을 지우는 것은 均衡이 맞지 않는다.

그러므로 실명전환을 하지 못한 信託者라고 하여서 부동산을「빼앗기지 않을 수 없게」되는 것은 아니다. 이러한「전부 아니면 무」의 해결방안은 부동산실명법의 제정과정에서 극력 피하려고 하였던 選擇肢이었다. 다만 제12조 제2항에서 정하는 대로 동법 제5조 및 제6조의 規定이 적용되어, 課徵金과 履行強制金의 제재를 받을 수 있게 되는 것뿐이다.

6. 물론 이에 대하여는, 부동산실명법 시행 전에 일단 수탁자 앞으로의 소유권이전등기를 함으로써 소멸하였던 매도인(앞의 4.에서 든 예에서의 A)의 채무가 그 법의 시행으로 그리고 동법 제12조의 적용에 의하여 다시 살아나게 되는 것, 다시 말하면 변제의 효력이 동조의 적용을 받음과 함께 상실된다는 것이 부자연스럽게 느껴질런지도 모른다.

그러나 이러한 식의「부자연스러움」은 법의 세계에서는 반드시 드문 것만도 아니다. 예를 들어, 갑이 매매계약에 기하여 가지게 된 대금채권을 가지고 매수인 을에 대한 별도의 금전채무와 상계하여 대등액에서 채권채무를 **그 당시로서는 완전히 유효하게** 소멸시켰다고 하여도, 후에 그 매매계약이 적법하게 해제되면, 그 결과 을의 금전지급채무가 되살아남은 물론이고 갑의 금전채무도 부활하게 되는 것이다(大判 80. 8. 26, 79다1257등(공보 642, 13114) 참조).

결국 부동산실명법 제12조가 실명전환하지 아니한 명의신탁에 대하여 동법 제 4 조를 적용하도록 한 것은 위와 같은 결과를 인정하는 것이라고밖에 해석될 수 없는 것이다.

7. 또한 명의신탁이 부동산실명법의 시행보다 10년 이상 전에 행하여진 경우에는 신탁자의 매도인에 대한 소유권이전등기청구권이 時效로 消滅하였다고 할 것이어서 결국 신탁자는 소유권을 찾을 수 없다고 주장할는지도 모른다.

그러나 실제에 있어서 매도인은 매매대금을 지급받음과 동시에 목적물인 부동산을 신탁자 = 매수인에게 「인도」하는 것이 통상이다. 그러므로 大判(全) 76. 11. 6, 76다148(集 24-3, 277) 이래의 확고한 판례에 의하여, 신탁자의 소유권이전등기청구권은 비록 채권적 권리임에도 불구하고 소멸시효에 걸리지 않는 것이 역시 통상일 것이다. 덧붙일 것은, 가령 매도인이 직접점유를 계속하였다고 하여도 신탁자가 그를 매개로 하여 간접점유를 취득하였다면 역시 「매수인에의 인도」가 있다고 할 것이므로 신탁자의 소유권이전등기청구권은 소멸시효에 걸리지 않는다는 점이다(민법 제196조 제 2 항, 제189조 참조). 이는 가령 매수인 = 신탁자가 지시하는 제 3 자에게 목적물의 직접점유를 이전한 경우에도 다를 바 없다. 요컨대 소멸시효의 적용을 배제하는 요건으로서의 「매수인에의 인도」는 반드시 직접점유의 이전에 한정되지 않으며, 점유개정 등을 포함하는 넓은 의미로 이해되어야 한다.

한편 명의신탁에 있어서 목적물이 신탁자에게「인도」되지 아니한 예외적인 경우에는 어떠한가? 이 경우에는 신탁자의 소유권이전등기청구권이 ──마치 소유권에 기한 말소등기청구권 등 물권적 청구권으로서의 등기청구권에서와 같이── 애초 소멸시효에 걸리지 않는다는 判例法理는 적용될 여지가 없을 것이다. 그러나 명의신탁약정에 기하여 수탁자 앞으로 소유권이전등기가 행하여진 통상의 경우에라면, 그 소멸시효는 문제의 명의신탁이 부동산실명법 제12조의 적용을 받게 된 때로부터, 즉 빨라도 유예기간이 종료된 1996년 7월 1일부터 진행된다고 할 것이다. 왜냐하면 수탁자 앞으로의 소유권이전등기에 의하여 일단 소멸되었던 신탁자의 소유권이전등기청구권은 바로 同條의 적용에 의하여 비로소 부활되는 것이기 때문이다.

그러므로 실제로 신탁자의 소유권이전등기청구권이 시효로 인하여 소멸한다는 의문은 근거 없다고 할 것이다.

8. 종전의 명의신탁에 있어서 유예기간의 도과로 인한 법률문제, 바꾸어 말하면 부동산실명법 제12조의 적용과 관련하여서는, 同法 제4조 제3항("제1항 및 제2항의 無效는 제3자에게 對抗하지 못한다")도 문제된다.

여기서 말하는「제3자」에는 우선 명의신탁약정의 당사자, 즉 명의수탁자와 명의신탁자 및 그의 포괄승계인은 포함되지 않는다. 유예기간이 도과한 후에 명의수탁자로부터 ──어떠한 경위·절차에 의하여서든지── 명의신탁자 앞으로 등기가 환원된 경우에 대하여는, 대부분 그 등기가 실체관계에 부합하여 유효하다고 할 것은 별론으로 하고, 同法 제4조 제3항의 문제는 아니라고 할 것이다.

나아가 여기의「제3자」는 정당한 이해관계 있는 제3자만을 말하는 것이고, 가령 관계서류를 위조하여 등기를 이전받은 자나 목적물의 불법점유자, 나아가 반사회질서, 강행법규 위반 또는 허위표시 등을 이유로 무효인 원인행위에 기하여 등기를 이전받은 자 등은 이에 속하지 않는다고 할 것이다. 동법 제4조 제3항은, 명의수탁자에게 동조 제4조 제1항, 제2항에 의하여 목적부동산에 대하여 아무런 권리가 없음에도 불구하고 그에게 권리가 있음을 객관적인 전제로 하여(주관적인 認知 여부는 불문하고) 새로운 이해관계를 맺은 사람을 보호하고자 하는 것이지, 그 이외의 「하자」(넓은 의미의)까지도 치유하는 효력을 가진다고는 할 수 없기 때문이다.

이와 관련하여서는, 별도의 또는 재차의 명의신탁약정에 의하여 명의수탁자로부터 다시 등기를 이전받은 사람은 同項의 보호를 받을 수 없다는 것도 지적하여 둘 필요가 있겠다. 왜냐하면 그러한 명의신탁약정은 동법 제4조 제1항, 제2항에 의하여 무효이어서 앞서 본 대로 여기서 말하는 「제3자」에 속하지 아니하기 때문이다. 이는 명의수탁자와의 명의신탁약정에 의하여 등기를 이전받은 사람뿐만 아니라, 명의신탁자와의 사이에 명의신탁약정을 체결하고 그에 기하여 명의수탁자로부터 등기를 이전받은 경우와 같이 「名義受託者의 交替」라고 부를 수 있는 경우에도 마찬가지라고 하겠다.

결국 여기서 「제3자」란 민법 제107조 제2항이나 제108조 제2항 등에서 "의사표시의 무효를 선의의 제3자에게 대항하지 못한다"고 규정하는 때의 「제3자」와 같은 내용을 정하는 것이라고 할 것이다. 대표적으로는 양수인이나 담보권을 설정받은 자와 같이 명의수탁자의 처분행위로 인하여 권리를 취득한 사람, 그리고 가압류나 압류를 한 채권자 등을 들 수 있을 것이다.

그러나 경우에 따라서는 어려운 문제가 제기될 수 있다. 가령 登記 기타 對抗力要件(주택임대차보호법 제3조 등 참조)을 갖추지 못한 賃借人은 여기서 말하는 「제3자」에 속한다고 할 것인가? 大判 57.

10. 21, 4290民上467(總覽 2-1(A), 388)은, 법률행위로 인한 물권변동에 관하여 소위 對抗要件主義를 정하였던 依用民法 제177조(이 점에 관한 직접적인 法源은 朝鮮民事令 제13조라고 할 것이다. 이에 대하여는 梁彰洙, "不動産物權變動에 관한 判例의 動向", 民法硏究 제1권(1991), 196면 참조)의 해석과 관련하여, "所有權을 취득한 자가 그 등기를 경유하지 않으면 그 所有權으로써 前所有者로부터 賃借使用하는 賃借人에게 對抗할 수 없음은 민법 제177조에 의하여 명백하다"고 판시하고 있다. 물론 문제의 논의맥락은 같지 아니하나, 이러한 취지에 따른다면 역시 위와 같은 賃借人도 여기서 말하는 제3자에 해당한다고 함이 타당할 것이다.

9. 한편 최근에 나온 大決 97. 5. 1, 97마384(공보 97하, 1811)은, 등기공무원의 처분에 대한 異議事件에 대한 것이다. 이 사건에서는 1971년 5월 19일자로 甲 앞으로 소유권이전등기가 행하여졌는데 乙이 1996년 8월 27일에 이르러 甲 명의의 등기가 자신과 乙 사이의 명의신탁약정에 기하여 행하여졌다고 하여 명의신탁약정의 해지를 원인으로 자기 앞으로 소유권이전등기를 할 것을 신청하였다. 登記公務員은 이 등기신청은 부동산실명법에서 정하는 유예기간이 경과한 후에 행하여진 것으로서, 不動産登記法 제55조 제2호에서 정하는 "사건이 등기할 것이 아닌 때"에 해당한다고 하여 이를 각하하였다. 乙의 재항고에 대하여 대법원은 동법의 제11조 제1항 본문, 제12조 제1항, 제4조의 규정에 비추어 위의 등기신청은 "그 신청취지 자체에 의하여 법률상 허용될 수 없음이 명백한 경우"로서 등기공무원의 처분은 정당하다고 판단하여 乙의 再抗告를 기각하였다.

이는 비록 登記節次法上의 문제를 다룬 것이기는 하나, 종전의 명의신탁에 대하여 부동산실명법이 정하는 유예기간이 경과한 후에는 명의신탁해지를 원인으로 하는 등기청구권은 법률상 인정되지 아니한다는 취지를 표명한 것으로서 앞의 4.에서 밝힌 것과 취지를 같이한다.

또한 위의 決定은, 課徵金의 부과를 받은 명의신탁자는 "지체 없이 … 자신의 명의로 등기하여야 한다"고 정하는 同法 제6조 제1항이 명의신탁자에게 명의신탁약정을 원인으로 하는 등기청구권을 부여하는 것이 아닌가 하는 문제도 다루고 있다. 대법원은 결론적으로 위의 규정은 "기존의 명의신탁약정과 명의수탁자 명의 등기가 무효로 되었음에도 불구하고 명의신탁자에게 새삼스럽게 명의신탁약정을 원인으로 하여 직접 명의수탁자로부터 등기를 청구할 수 있도록 私法上의 權利를 창설하는 것이라고 볼 수 없"고 단지 명의신탁자에 대하여 "公法上의 義務를 부과하는 것에 불과"하다고 판단하였다. 이 판단은 정당하다고 생각된다. 위의 규정이 名義信託者 앞으로 등기하여야 한다고 정하는 것은, 課徵金의 부과 또는 납부에 의하여 實名登記義務(동법 제3조 제1항 등 참조)가 면제되는 것이 아님을 주의적으로 규정하는 데 불과하고 명의신탁약정에 어떠한 사법상의 효력을 인정하는 취지는 아니기 때문이다.

그런데 무엇보다도 이 大法院決定이 흥미를 끄는 것은, 부동산실명법 제12조를 적용하여 명의신탁약정에 기한 등기환원을 거부하였다는 사실 그 자체이다. 즉 대법원은 앞의 3.에서 언급한 바 있는 違憲性의 문제에 대하여 적어도 일단은 否定的인 判斷을 하여 그 규정을 적용한 것으로 해석될 여지가 있는 것이다. 대법원이 위 결정을 함에 있어서 그 문제를 의식하였는지 여부는 확인할 자료가 없으나, 객관적으로 위 규정을 적용하여 명의신탁자의 권리를 부정한 것은 결국 위 규정이 합헌이어서 유효함을 前提로 한 것으로 이해되기 쉽기 때문이다. 물론 앞의 2.에서 본 大判 97.4.8.도 위 규정의 적용이 문제된 것이기는 하나, 그 사건에서는 결론적으로 유예기간의 도과가 否認되어서,

위헌문제가 사건해결의 필연적인 논리고리를 형성하지는 아니하였었다. 그러나 위의 大法院決定은 위 규정을 정면에서 적용하여 종전에 인정되던 명의신탁자의 권리를 이제 부인한 것이므로, 兩者의 含意는 다른 바가 있다고 하지 않을 수 없다.

(오늘의 법률, 제102호(1997. 7), 3240면 이하; 제103호(1997. 8), 3272면 이하 所載)

[附]

名義信託財産의 登記還元에 관한 最近의 裁判例

本稿 발표 후에 나온 관련 재판예로는, 上告審만을 들면, 大判 98. 6. 26, 98다12874(공보 98하, 1992); 大判 98. 11. 10, 98다30827(공보 98하, 2841); 大判 98. 12. 11, 98다43250(공보 99상, 119); 大判 99. 1. 26, 98다1027(공보 99상, 347) 등이 있다. 이들에 대하여 간략하게 살펴보기로 한다.

1. 그에 앞선 大決 97. 5. 1.(本文 9. 참조)과 약 1년의 간격을 두고 처음으로 이 문제에 관한 태도를 보인 大判 98. 6. 26, 98다12874(공보 98하, 1992)은 여러 모로 흥미로운 판단을 담고 있다. 그리고 이 판결은 그 후의 재판예들에 방향을 부여하는 중요한 의미를 가진다.

(1) 이 사건의 사실관계를 단순화하면 다음과 같다.

원고와 피고가 원래의 토지소유자로부터 토지 1필의 특정 일부씩을 매수하였으나 등기를 넘겨받음에 있어서는 "분필로 인한 번거로움을 피하기 위하여" 두 사람이 합의하여 피고 한 사람 앞으로 소유권이전등기를 경료받았다. 그 후 피고는 그 전부를 甲에게 양도하였다. 그리하여 갑은 不動産實名法 시행 전에 원고를 상대로 원고가 점유하는 토지부분의 인도를 구하는 소송(「前訴」)을 제기하였는데, 그 소송에서 원고(그 사건의 피고)는 "이 토지부분의 실질적 소유권은 원고에게 있고 갑 명의의 소유권이전등기는 피고의 배신적 처분행위[이는 아마도 명의수탁자로서의 채권적 의무에 반하여 목적물을 처분하였다는 의미일 것이다]에 갑이 적극 가담하여 이루어진 것이어서" 무효라고 주장하면서 다투었다. 그 결과 원고의 주장이 받아들여져서, 1996년 11월에 갑의 패소판결이 확정되었다. 그러자 원고가 동년 12월에 피고를 상대로 명의신탁의 해지를 이유로 소유권이전등기를 청구한 것이 바로 이 사건이다.

原審法院은, 이 사건 소가 1996년 6월말로써 종료되는 부동산실명법상의 猶豫期間을 도과하여 제기되었으므로 이제 명의신탁의 해지를 이유로 하는 이전등기청구는 허용되지 않는다고 하여 청구를 기각하였다. 그러나 大法院은 원심판결을 파기하였다.

(2) 우선 대법원은, 부동산실명법이 유예기간을 둔 취지를 "오랜 기간 판례를 통하여 널리 그 효력이 인정되어 오던 부동산명의신탁 … [의] 사법적 효력을 부정함으로 인하여 발생할 수 있는 사회적 혼란을 막고 당사자의 법적 안정성을 도모하기 위하여 기존 명의신탁약정에 관한 한 이를 한시적으로 유효한 것으로 인정함으로써 명의신탁자로 하여금 그 기간 안에 명의신탁해지 등의 방법으로 실명전환을 할 수 있는 기회를 보장하자는 데에 있다"고 이해하고 있다(이하 판시 [1]이라고 한다). 그러나 이에 대하여는 그것이 「사회적 혼란의 방지」나 「법적 안정성」에만 언급하고 종전에 인정되어 오던 명의신탁자의 재산법적 지위의 유지·보장이라는 적어도 당사자에게는 보다 根本的인 利益에는 별로 주목하지 아니하는 것을 지적하여 둘 수 있다.

이어서 위 판결은, 규정의 취지가 그러하므로 "법 제11조 제1항에서 말하는 '부동산물권에 관한 쟁송'에는 명의신탁자가 기존 명의신탁약정에 기하여 직접 쟁송을 제기한 경우뿐만 아니라 명의신탁자가 명의신탁관계를 否定당하여 제소당한 경우도 포함된다"고 해석하여야 한다고 설시한다(이하 판시 [2]라고 한다).

(3) 나아가 위 판결은 결론적으로 이 사건 소송에서 원고는 명의신탁의 효력, 나아가 그 해지를 원인으로 하는 소유권이전등기청구권을 주장할 수 있다고 판단한다. 그런데 이러한 결론은, 前訴가 "명의신탁자가 **명의신탁관계를 부정당하여** 제소당한 경우"에 해당한다는 이유에서 도출되고 있지 **않다**. 그와는 별도로, 이 사건의 사안을 교묘하게 시야에 둔 다음과 같은 설시가 위 판시에 이어지고 있다.

> "수탁자 또는 전득자가 신탁자를 상대로 당해 부동산물권에 터잡아 제기한 인도청구소송 등에서 신탁자가 이 사건 부동산의 실질적 소유권은 자신에게 있고 전득자 명의의 소유권이전등기는 원인무효의 등기라고 적극 주장하여 그 소송에서 신탁자의 주장이 받아들여져 결국 위 인도청구소송 등이 수탁자 또는 전득자의 패소로 확정되어, 신탁자가 협의에 의한 소유권 회복을 기대하고 있다가 수탁자나 전득자가 이에 응하지 아니하여 부득이 명의신탁해지를 원인으로 소유권이전등기소송 등을 제기한 경우, 그 소송이 인도청구소송 등의 확정 후 상당한 기간 내에 이루어진 것으로서 당해 부동산에 관한 쟁송이 계속되고 있다고 평가되는 경우라면, 위와 같은 일련의 인도청구소송과 소유권이전등기청구소송 등은 **그 전체로서 일체가 되어** 위 법조항에서 말하는 '부동산물권에 관한 쟁송'에 해당된다고 봄이 상당하다고 할 것이므로, 먼저 제기된 위 인도청구소송 등이 위 법 시행 전 또는 유예기간 중에 이루어진 이상, 위 일련의 소송의 계속 중에는 기존의 명의신탁관계가 실효되지 않는다고 보아야 할 것이다."(강조는 引用者가 가하였다)

여기서 핵심적인 부분은, 제11조 제4항의「쟁송」의 해석과 관련하여 前訴와 이 사건 소송은 이를「전체로서」관찰하면「일체」로서 파악되어야 한다는 점이라고 할 것이다. 本文 2.에서 본 大判 97.4.8.이나 뒤의 2.에서 보는 大判 98.11.10, 98다30827(공보 98하, 2841)과 합하여 보면, 이러한 全體的 觀察이야말로 제11조 제4항의「쟁송」에 관한 판례의 태도를 이해함에 있어서 결정적인 의미를 가진 것이다. 즉 위의 大判 97.4.8.은, 비록 복수의 소송이 행하여진 사안에 대한 것은 아니나, 하나의 소송절차 내에서 請求의 變更이 있은 경우로서 역시 이를 **전체적으로** 볼 때「계속된 하나의 쟁송」이라고 평가되었기 때문에 그 요건이 충족되었다고 판단된 것이라고 설명될 수 있다.

위 설시에서 드는 다른 事實要素들, 예를 들면 전소에서 명의신탁관계의 존재가 적극적으로 주장되었다든가, 전소가 종결된 후 신탁자가 협의에 의한 소유권 회복을 기대하고 있었다든가, 이 사건 소송이 前訴의 종료 후 상당한 기간 내에 이루어졌다든가 하는 등의 사정은 그러한 전체적 관찰의 관점에서 볼 때 하나의「쟁송」이 계속되고 있는지 아니면 별개의 쟁송이라고 할 것인지를 판단하는 하나의 자료에 불과한 것으로 이해할 것이다.

(4) 또한 이렇게 이해하면, 과연 前訴가 명의신탁자에 의하여 제기되었는지 아니면 명의신탁자는 단지 피고로서 명의신탁관계를 주장한 것인지 하는 점도 하나의 판단자료에 불과할 뿐, 그에 의하여 제11조 제4항의「쟁송」이 있었는지를 바로 좌우하는 사정, 말하자면 엄밀한 의미의 요건은 아닌 것이다.

그렇다면, 오히려 이 판결의 사실관계에서 주목할 것은, 명의신탁의 당사자가 아닌 사람(이 판결의 사실관계에서는 명의수탁자로부터의 양수인)이 ──여기서는 명의신탁자를 상대로── 제기한 소송이라도 일정한 사실요소가 갖추어지면 제11조 제4항의 "쟁송"에 해당할 수 있다고 판단한 점이다. 여기서 한 걸음 나아가면, 예를 들면 신탁자로부터의 매수인을 상대로 해서 수탁자로부터의 양수인이 목적물인도청구소송을 제기한 것과 같은 경우도, 그 후에 누가 언제 누구를 상대로 어떠한 내용의 소송을 제기하였는지 등의 사정 여하에 따라서는, 비록 후의 소송이 유예기간 도과 후에 제기되었어도, 「전체적으로 보아」 하나의 법적 분쟁이 계속되고 있다고 할 수 있으면, 제11조 제4항의 「쟁송」의 요건이 갖추어졌다고 볼 가능성도 있는 것이다. 그런데 **신탁자**가 적극적이든 소극적이든 전혀 당사자가 되지 아니한 경우도 「쟁송」의 요건을 갖출 수 있는가에 대하여는 의문이 있을 수 있다(뒤의 2. (4)도 참조).

(5) 또 하나 주목되는 점은, 이 판결은 後訴까지 합하여 제11조 제4항의 「부동산에 관한 쟁송」에 해당한다는 취지로 판단하고 있으므로, 그 소송이 진행 중인 동안에는 아직 유예기간은 그 진행을 **개시조차 하지 않았다**는 귀결이 된다는 것이다. 同規定은 유예기간은 "당해 쟁송에 관한 확정판결" 등이 있는 날로부터 진행된다고 정하고 있는 것이다.

2. 大判 98. 11. 10, 98다30827(공보 98하, 2841)도 소송이 두 번에 걸쳐 행하여진 사안에 대한 것이다.

(1) 이 사건의 사실관계에서 명의신탁자는 前訴에서 유예기간 내에 수탁자의 공동상속인들에 대하여 명의신탁 해지를 원인으로 소유권이전등기를 청구하여 전부 승소판결을 받았는데, 그 소송제기에 있어서 "공동상속인들 중 일부를 착오로 쟁송의 상대방에서 누락"시킨 결과 상속지분이 잘못 표시되어 결국 그 소송 결과에 따른 實名登記를 하지 못하자, 1996년 7월 이후에 제기된 이 사건 소에서 전소에서 누락되었던 공동상속인을 상대로 같은 청구를 하였던 것이다.

原審法院은 이 사건 제소가 유예기간의 도과 후에 행하여졌다고 해서 명의신탁약정이 무효가 되었으므로 그 해지를 원인으로 하는 소유권이전등기청구는 허용되지 않는다고 청구를 기각하였다. 그러나 대법원은 원심판결을 파기하였다.

(2) 대법원은 앞의 1.에서 본 大判 98.6.26.에서 설시한 바 있는 법 제11조 제4항의 입법취지, 즉 판시 [1]을 그대로 반복한 후에, "[그러므로 그 규정상의] '부동산물권에 관한 쟁송'이라 함은 **명의신탁자가 당사자로서** 해당 부동산에 관하여 자신이 **실권리자임을 주장하여 이를 공적으로 확인받기 위한 쟁송**이면 족하다"는 일반적인 해석론을 앞세운다(이하 판시 [3]이라고 한다). 이러한 일반적·추상적 해석론은 종전에는 보이지 않던 것이다.

그리고는 "[前訴에서의] 쟁송의 취지가 당해 명의신탁관계 전체를 대상으로 삼고 있는 것"이라면 누락된 공동상속인에 대하여도 '부동산물권에 관한 쟁송'이 제기된 것으로 보아야 한다고 판단한다. 나아가 위 판결은 "그 제2차 소송이 제1차 소송의 확정 후 상당한 기간 내에 이루어진 것으로서 당해 쟁송이 계속되고 있다고 평가되는 경우라면, 위와 같은 일련의 소송들은 **그 전체가 일체가 되어** 위 법조항에서 말하는 '부동산물권에 관한 쟁송'에 해당된다고 봄이 상당하다"고도 판시하고 있다. 이러한 판단에 기하여 결국 "공동상속인의 일부를 누락한 채 제기된 前訴訟이 위 법 시행 전 또는 유예기간 중에 이루어진 이상, 위 일련의 소송의 계속 중에는 기존의 명의신탁관계가 실효되지 않는다"고 결론짓는 것이다.

(3) 이 중 뒤의 판단이 앞의 1.에서 본 大判 98.6.26.에서 이미 표명된 「전체적 관찰」의 태도를 반복한 것임은 명백하다(특히 "상당한 기간 내에 …" 운운하는 부분은 大判 98.6.26.의 판시와도 연결된다). 문제는 판시 [3]의 의미이다. 이는, 「전체적 관찰」과는 별도로, 前訴에서

의 명의신탁자의 소송상 주장이 物的으로 신탁목적물 전체에 미치는 것이었다면 비록 그것이 人的으로 누락이 있었다고 하여도 제11조 제4항의 쟁송요건을 충족한다는 태도를 취한 것이라고 이해될 여지도 있다.

그러나 이 부분 판시도 역시 「전체적 관찰」의 커다란 테두리 안에서 보다 特化된 考慮要素로서의 의미를 가지는 것이지, 그와는 무관하게 제11조 제4항의 「쟁송」의 요건을 충족하는 별개의 徵表를 제시한 것은 아니라고 이해하는 것이 적절하지 않을까.

(4) 이 판결에서 또 하나 주목되는 것은, "명의신탁자가 당사자로서 …"라고 설시하는 부분이다. 이는 수탁자는 몰라도(수탁자가 당사자가 되지 아니한 소송도 「쟁송」의 요건을 갖출 수 있음은 앞의 1.의 大判 98. 6. 26.에서 명백하다) 적어도 신탁자는 「쟁송」의 당사자가 되어야 한다는 의미일까?

3. 大判 99. 1. 26, 98다1027(공보 99상, 347)은, 우선 그 간의 裁判例에서 판단된 바들이 보다 종합적인 설명틀 안에서 위치를 부여받고 있다는 점에서 흥미롭다. 이에 의하면, 출발점은 앞의 2.의 大判 98. 11. 10.의 판시 [3]이다. 그로부터("따라서") 판시 [2]가 도출된다. 그러므로 제11조 제4항의 「쟁송」이 "그 결과에 의하여 곧바로 실명등기를 할 수 있어야 하는 쟁송으로 제한되는 것은 아니"라고 한다.

(1) 그런데 ―이 판결의 主眼은 여기에 있는데― "[그러나] 적어도 다툼의 대상인 권리관계가 확정되기 전까지는 실명등기를 할 수 없는 쟁송이어야 한다고 해석함이 상당하다"는 것이다(이하 판시 [4]라고 한다). 이는, 이 사건에서 문제된 등기청구권 등의 보전을 위하여 행하여진 가처분(아마도 처분금지가처분)은 제11조 제4항의 「쟁송」에 해당되지 않는다는 결론을 이끌어내기 위한 논리적 전제로서 설

시된 것이다.

그러나 위의 판시 [4]가 이러한 사건 해결상의 결론을 도출함에 있어서 반드시 필요한 것인가, 또 그 판시가 그 자체로서 적절한가는 의문이 없지 않다. 가처분사건에서 다툼의 대상은 결국 被保全權利의 存否와 保全의 必要인데, 그 피보전권리가 명의신탁자로서의 지위라면, 역시 가처분사건도「그 권리관계의 확정 전에는 실명등기를 할 수 없는 쟁송」이라고 보지 못할 이유는 없지 않을까 하는 생각이 드는 것이다.

(2) 그렇지만 위 판결은 현명하게도 다음과 같은 이유를 덧붙이고 있다. 즉 "가처분은 그것이 당해 부동산에 대하여 이루어지고 그 필요성이 인정되는 경우라고 하더라도 등기청구권 등의 피보전권리를 보전하기 위한 것이지 가처분권자인 실권리자의 권리를 **공적으로 확인받기 위한 절차**라고 볼 수는 없으므로 이러한 가처분은 위에서 말하는 '부동산물권에 관한 쟁송'에 해당한다고 할 수 없다"는 것이다.

4. 한편 유예기간을 도과한 경우 명의신탁관계의 귀추에 대하여는 大判 98.12.11, 98다43250(공보 99상, 119)이 주목된다.

(1) 이 사건의 사실관계를 간략하게 정리하면, 명의신탁자(피고)가 제3자로부터 매수하여 갑에게 명의신탁한 부동산에 대하여 부동산실명법이 시행되기 전인 1988년에 피고가 그 소유권 명의를 회복하려다가 단지 소유권이전등기청구권가등기만을 받았는데 그 법 시행 후에 수탁자의 상속인(원고)이 명의신탁의 무효를 이유로 위 가등기의 말소를 청구한 것이다.

原審法院은 위 가등기가 "장래에 그 소유권을 이전할 의사로써" 행하여진 것으로서 현재의 권리인 피고의 소유권이전등기청구권을 표상하는 것으로서 실체관계에 부합한다고 하여, 원고의 청구를 기각하였다.

(2) 그러나 대법원은 우선 "유예기간 경과 후에는 명의신탁약정의 무효로 말미암아 명의신탁자 또는 그 상속인은 명의신탁약정의 해지로 인한 소유권이전등기청구권이 없고, 수탁자에 대한 소유권이전등기청구권을 보전하기 위하여 가등기를 해 두었어도 이 역시 원인무효로서 말소되어야 한다"고 하여, 피고가 원고에 대하여 소유권이전등기청구권을 가진다는 원심의 판단은 잘못된 것이라고 하였다.

그럼에도 대법원은 결국 원고의 상고를 기각하였는데, 그것은 수탁자측의 소유권이전등기 자체도 명의신탁의 무효로 인하여 말소되어야 하는 것으로서, 그에게는 소유권이 없으므로, 피고 명의의 가등기의 말소를 청구할 權原이 없다는 것이다.

(3) 이 판결은, 소위「3자 간 명의신탁」에 있어서 종전의 명의수탁자가 유예기간의 도과 후에는 소유권을 상실하고 또 신탁자도 수탁자를 상대로 가령 명의신탁의 해지 등을 원인으로 하는 소유권이전등기청구권을 가지지 못한다는 점을 정면에서 긍정한 점에서 일단 의미가 있다.

나아가 이 판결은 오히려 부동산실명법의 시행 전에 신탁자가 소유권의 회복을 위하여 자기 앞으로 소유권이전등기청구권의 보전을 위한 가등기를 해 두었던 경우에도 역시 그 가등기는 原因無效라고 판시한 점이 주목을 끈다. 猶豫期間의 徒過는 본문에서 본 대로 명의신탁약정과 그에 기한 부동산물권변동의 무효를 가져온다(부동산실명법 제12조에 의한 제4조 적용). 그런데 이는 ──이 사건의 사실관계는 그러한 것으로 보여지는데── 그 전에 명의신탁약정이「解止」되었고 따라서 이로써 이미 소유권이전등기청구권이 현실적으로 발생한 경우에도 마찬가지라는 것이다. 과연 그렇게 해석하여야 할 것인지 더욱 檢討가 필요하다고 생각된다.

6. 不動産所有權의 讓渡에 관한 條件과 登記

I. 序

1. 법률행위의 부관으로서의 條件과 관련되어 발생하는 법률문제는 많은 경우에 법률행위의 해석이라는 수단에 의하여 해결된다. 이 法裝置의 특징은 무엇보다도, 구체적인 경우에 법관이 달성하고자 하는 사건해결의 결과를 보장하여 주는 데 있다. 즉 법률행위의 「해석」에 대하여는 일반적으로 객관적 법의 해석에서와는 달리 一般性(Allgemeinheit)에의 구속이 없고, 법관은 "구체적 사건의 제반 사정을 고려하여" 당사자 사이에서만 法인 바(was rechtens ist) 또는 당사자 사이에서만 法이어야 할 바(was rechtens sein soll)를 확정하면 족한 것이다. 그리하여 과연 조건이 설정되어 있는지 아닌지, 무엇이 조건사실인지, 조건이 해제조건인지 정지조건인지, 조건 성취의 경우에 그 법률행위의 효력은 소급적으로 발생하는지 또는 소멸하는지 등은 우선적으로는 어디까지나 법률행위의 한 부분을 이루고 있는 그 「附款」의 해석에 의하여 정하여지는 것이다.

「법률행위의 해석으로의 도피」라고도 부를 수 있는 이러한 상황은, 조건에 대한 민법의 규정(제147조 내지 제151조)이 숫자도 적거니와, 그 내용도 당연하거나 아니면 一般規定에 의하여 인정될 수 있는 것을 주의적으로 정하는 데 불과한 것이어서(제149조, 제150조, 제151조 등이 그러하다), 그 규율이 반드시 周密하다고는 할 수 없다는 사정과도 관련이 있다고 여겨진다.

2. 그런데 드물게도 법률행위의 해석이라는 방법에 의하지 아니하고 매우 의미 있는 抽象論을 전개하는 大判 92. 5. 22, 92다5584(공보 924, 1981)(이 중요한 판결이『대법원판례집』에 수록되지 아니한 이유가 궁금하다)은 결코 단순하지 아니한 사고의 단서를 제공한다. 이 판결이 설시하는 抽象論은 다음과 같다.

> "해제조건부 증여로 인한 부동산소유권이전등기를 마쳤다 하더라도 그 해제조건이 성취되면 그 소유권은 증여자에게 복귀한다고 할 것이고, 이 경우 당사자 간에 별단의 의사표시가 없는 한 그 조건 성취의 효과는 소급하지 아니하나, 조건 성취 전에 수증자가 한 처분행위는 조건 성취의 효과를 제한하는 한도 내에서 무효라고 할 것이고, 다만 그 조건이 등기되어 있지 않는 한 그 처분행위로 인하여 권리를 취득한 제 3 자에게 그 무효를 대항할 수 없다고 할 것이다."

이 판시는 여러 가지 의문을 자아낸다. 예를 들면, 과연 해제조건부 부동산증여에서 그 조건의 성취로 바로 소유권이 복귀한다고 하는 근거는 무엇인가, 위 판결은 등기를 부동산물권변동의 대항요건으로 하는 의용민법 아래서의 태도를 무비판적으로 우리 민법의 해석에 끌어들이는 것이 아닌가, 우리 학설 중에는「해제조건의 등기」(이는 뒤에서 보는 대로 不動產登記法 제43조의2에서 정하는「권리소멸약정의 등기」에 해당한다)가 있어야만 비로소 그 조건의 성취로 당연히 소유권이 복귀한다는 견해가 있는데 이를 어떻게 평가할 것인가, 조건 성취로 인한 법률효과에는 소급효가 없다고 하면서 조건 성취 전에 유효하게 행하여진 처분이 사후적으로 효력을 상실하게 되는 근거는 무엇인가(우리 민법에는 소위「中間處分(Zwischenverfügung)」의 失效를 명문으로 정하는 독일민법 제161조와 같은 규정이 없다), 처분행위가 해제조건부로 행하여진 경우와 처분의 원인행위(채권행위)가 해제조건부로 행하여진 경우를 달리 취급하여야 할 필요는 없는가 등이 그것이다.

위의 판결에 의하여 적극적인 문제의식을 가지게 된 것을 계기로 하여, 여기서는 조건에 관한「객관적 법문제」와 관련된 것 중에서 부동산의 처분의 원인행위(이하에서는 매매를 원인으로 소유권 양도가 행하여지는 경우를 염두에 두고 논의를 진행하기로 한다)에 관한 조건에 한정하여 그것과 登記와의 관계에 대하여 평소 의문이 없지 않은 사항을 드러내 검토하여 보기로 한다.

Ⅱ. 問題의 內容

1. 조건은 우선 매매나 증여와 같이 처분의 원인이 되는 법률행위(債權行爲)에 대하여 붙일 수 있다.

裁判例에 나타난 중에는, ① 원고가 피고 교회의 담임목사직을 자진 사퇴하겠다는 의사를 표명하자 피고측에서 은퇴위로금으로 부동산을 증여하기로 한 경우와 같이 목사직의 자진 자퇴를 정지조건으로 하는 증여계약이 행하졌다고 해석되는 것도 있고(大判 84.9.25, 84다카967(集 32-4, 36)), ② 주택을 건설하기 위하여 원고와 피고 사이에 토지매매계약을 체결하면서 "건축허가신청이 不許되었을 때에는 계약을 무효로 한다"고 약정하였던 경우(大判 83.8.23, 83다카552(공보 714, 1416)), ③ 원고가 갑에게 토지를 증여하면서, 후에 그 토지 위에 서울특별시가 도로개설공사를 시행하는 때에 갑이 이를 서울특별시에 증여하지 아니하면 원고의 증여는 무효가 된다고 약정한 경우(위의 Ⅰ.2.

에서 든 大判 92.5.22.)와 같이 매매나 증여 등이 해제조건부로 행하여졌다고 해석되는 것도 있다.

2. 위와 같은 조건부 채권행위에 있어서 그것이 停止條件附인 때에는, 위의 ① 사건에서처럼 원고가 訴로써 그 계약에서 약속된 급부의 이행을 청구하는 경우가 대부분이다. 또한 정지조건이 성취된 후에 이를 원인으로 하여 실제로 처분행위(단순화하여 말하면 登記)가 행하여졌다면 이제 조건과 관련하여 처분행위의 효력을 다툴 근거는 전혀 없다. 그러므로 조건의 내용 여하나 그 성취 여부가 처분행위의 효력에 어떠한 영향을 미치는지 등의 문제는 제기될 여지가 별로 없다.

다만 아직 조건이 성취되지 아니하고 있는 동안에 성립하는「조건부의 소유권이전청구권」을 어떻게 보전할 것인가가 문제될 수 있다. 그런데 그 권리가 不動産登記法 제3조 제2문에서 정하는 停止條件附 請求權에 해당함은 물론이다. 따라서 그 권리자는 假登記를 함으로써 자신의 권리를 保全할 수 있다. 또 그 이상의 권리보전은 크게 필요하지 아니하다고도 할 것이다.

3. 그런데 위의 ②, ③ 사건에서와 같이 처분의 원인행위가 解除條件附로 행하여진 경우는 어떠한가? 그 채권행위를 원인으로 처분행위가 이미 행하여진 것을 전제로 한다면, 문제는 크게 다음의 둘로 나누어 볼 수 있다. 하나는 아직 해제조건이 성취되지 아니하고 있는 동안에, 당사자(보다 구체적으로 말하자면, 조건의 성취로 소유권을 다시 취득할 수 있게 되는 매도인)는 어떻게 자신의 지위를 보전할 수 있는가 하는 점이다. 다른 하나는, 해제조건이 성취된 경우에 그 이전에 행하여진 中間處分의 효력은 어떠한가 하는 점이다. 다시 말하면 조건의 성취로 소유권을 취득하게 되는 사람과 중간처분에 의하여 권리를 취

득한 사람 간의 優劣關係이다.

Ⅲ. 解除條件附 賣渡人의 權利再取得의 保全

여기서는 前者의 문제에 한정하여 살펴보기로 하자.

1. 不動産登記法 제43조의2는 "登記原因에 登記의 目的인 權利의 消滅에 관한 約定이 있는 때"에는 등기신청서에 이를 기재할 것을 요구하고 있고, 이와 같은 권리소멸의 약정은 권리취득의 등기에 附記된다(不動産登記法 제64조의2 제3항).

여기서 「권리소멸에 관한 약정」이 등기원인인 법률행위에 부가된 解除條件 또는 終期 등의 정함을 가리킴에는 의문이 없다. 그런데 소유권은 영구적 성질을 가지는 것이고, 가령 소유권 양도의 원인행위인 매매가 해제조건부라고 하여도 그 조건의 성취에 의하여 소유권은 매도인에게 환원될 뿐이지 「소멸」하는 것은 아니므로, 과연 所有權에 대하여 위 규정에 의한 권리소멸약정의 등기가 허용되는가에 대하여는 논의가 있을 수 있다(우리 부동산등기법 제43조의2와 동일한 내용을 정하는 일본의 不動産登記法 제43조의 해석과 관련하여 일본에서의 논의에 대하여는 우선 松尾英夫, "所有權移轉の登記と不登法三八條", 不動産登記先例百選(第二版)(1982), 68면 이하 참조. 이 글은 이를 긍정하는 1964년 12월 15일 民事局長 通達 民甲第3957號에 대한 解說로 쓰여진 것이다. 그 외에 幾代通, 不動産登記法, 新版(1971), 116면 註 1; 吉野衛, 注釋不動産登記法總論(1974), 643면도 긍정설을 취한다).

그러나 우리 나라에서는 타당하게도 이를 긍정하는 데 일치하고 있다. 가령 郭潤直, 『不動産登記法』, 新訂版(1993), 187면은 "同條에서 말하는「權利의 消滅에 관한 約定」은「登記原因인 法律行爲의 附款」으로서의 解除條件이나 終期 등을 일컫는 것 … 예컨대 不動產의 贈與契約에서 受贈者의 死亡時에는 그 소유권은 증여자에게 복귀한다는 특약을 한 때에는 이를 등기할 수 있다는 것이 不動產登記法 제43조의 2의 취지인 것"(점선은 引用者에 의한 생각을 가리킨다. 이하 같다)이라고 하면서, 나아가 "目的物을 永久的으로 지배하는 권리인 所有權에 관하여 消滅의 特約을 등기할 수 있느냐 하는 疑問이 생길 수 있다. 그러나 여기서 말하는 消滅의 特約은 所有權에 관한 것이 아니라, 所有權移轉에 관한 賣買·贈與 등의 原因行爲의 附款이기 때문에, 소유권의 恒久性 내지 永久的 性質과 모순하는 것이 아니다"라고 덧붙이고 있다. 그리하여 등기원인인 매매·증여 등의 채권행위가 해제조건부로 행하여진 경우에 그것이 위 규정에서 말하는「권리소멸에 관한 약정」에 해당함에는 의문이 없다.

한편 法院行政處의 『不動產登記記載例集』(1992), 45면을 보면, 「권리소멸의 약정 등에 관한 등기」의 예로, 갑 앞으로 매매를 원인으로 하는 소유권이전등기가 행하여진 다음 이에 附記하여 "○번소유권이전실효약정 / 매수인 갑이 사망한 경우에는 소유권이전실효함 / ○년○월○일 부기"라는 등기가 행하여지는 것을 들고 있다. 이는「매수인 갑이 사망하는 것」을 해제조건으로 하여 매매계약이 행하여진 경우를 말하는 것으로 이해된다.

2. 매매나 증여와 같은 처분의 원인행위가 해제조건부로 행하여진 경우에, 그 조건이 성취된다면 부동산소유권을 취득하게 될 사람은 조건 성취 전에 假登記를 함으로써 자신의 법적 지위를 보전할 수 없는가?

결론적으로 이를 肯定할 것이다. 이 때 위의 I. 2.에서 본 大判

92. 5. 22, 92다5584(공보 924, 1981)에서와 같이 그 해제조건의 성취로 소유권이 등기 없이 바로 복귀한다고 해석한다면, 이와 같이 소유권 이전 등의 物權變動 자체가 조건에 걸려 있는 것과 같은 결과가 되는 경우는 부동산등기법 제 3 조 제 1 문에서 정하는 「請求權」에 준하여 가등기를 할 수 있는 것이다(만일 해제조건이 성취되더라도 ──앞서 본 「권리소멸약정의 등기」가 없는 한── 매도인 앞으로 소유권이전등기를 거쳐야 비로소 소유권이 이전된다고 해석하는 경우에도 이는 동조 제 2 문에서 정하는 소유권이전청구권이 "將來에 있어서 確定될 것인 때"에 해당하여 가등기를 할 수 있다고 할 것이다. 이하에서는 일단 위 判例의 태도를 전제로 하여 논의하는데, 정작 민사실체법으로 중요한 문제는 바로 그 태도의 當否이다).

(1) 매매계약이 해제조건의 성취로 효력을 상실하게 되면, 매도인은 매수인에 대하여 소유권이전등기를 청구할 수 있는 권리를 가지게 된다.

(a) 우선 해제조건이 성취되면 계약상 급부(이 경우에는 소유권 등기)의 반환을 청구할 수 있는 채권적 권리가 부당이득반환청구권으로 발생하는 것이다. 이는 매매계약이 무효이거나 취소 또는 해제된 경우에 매도인이 소유권을 바로 회복하더라도 그 외에 부당이득반환청구권으로 소유권이전등기의 말소를 청구할 권리가 있는 것과 다름이 없다.

다만 해제조건 성취의 경우에는 무효·취소 등과는 달리 소유권이전등기의 抹消가 아니라 ──적어도 조건 성취의 소급효가 부인되는 원칙적인 경우에는── 새로운 所有權移轉登記가 그 청구권의 내용이 된다고 할 것이다. 조건이 성취되고 있지 않은 동안 매수인 앞으로 행하여진 소유권이전등기는 실체관계를 제대로 반영한 적법한 것이므로 (민법 제147조 제 2 항 참조), 이를 말소하여서는 아니되는 것이다.

(**b**) 나아가 위 판례에 의하면, 해제조건의 성취로 소유권은 등기 없이도 바로 매도인에게 복귀한다는 것이므로, 매도인은 이제 소유권에 기한 물권적 청구권으로서 眞正登記名義回復請求權을 가지게 된다. 이러한 권리는 주지하는 대로 판례가 大判(全) 90.11.27, 89다카12398(集 38-4, 50) 이래 확고하게 인정하고 있는 바이다.

(**2**) 그런데 가등기에 관한 不動産登記法 제3조는 그 제1문에서, 가등기는 소유권과 같은 "權利의 設定, 移轉, 變更 또는 消滅의 **請求權**을 保全하려 할 때"에 한다고 정하고 있다. 그 문언만으로 보면, 만일 해제조건의 성취로 당연히 소유권이 매도인에게 복귀한다고 해석한다면 가등기는 할 수 없는 것처럼 생각될 수도 있다. 위 규정은 "「所有權移轉登記請求權」을 보전하려 할 때"라고 하지 아니하고 "「所有權移轉請求權」을 보전하려 할 때"라고 정하고 있는데, 해제조건의 성취로 당연히 매도인에게 소유권이 복귀한다는 입장에 선다면, 이미 소유자인 매도인이 소유권의 이전을 청구할 권리를 가진다는 것은 허용될 수 없는 것이다(이미 소유권을 가지고 있는 물건에 대한 매매계약은 원칙적으로 원시적 객관적 전부불능을 이유로 무효라고 할 것이다). 따라서 아직 해제조건이 성취되지 않고 있는 동안에도 애초 보전되어야 할 「소유권이전청구권」이 성립할 여지가 없으므로, 역시 가등기는 허용되지 않는다고 해야 하지 않느냐는 것이다. 마찬가지의 문제는 계약당사자가 계약의 효력을 소급적으로 소멸시킬 수 있는 취소권 또는 해제권를 가지고 있으나 아직 이를 행사하지 아니하고 있는 경우에도 발생할 수 있다.

그러나 그러한 견해에는 찬성할 수 없고, 역시 가등기는 허용된다고 할 것이다. 이는 위의 (1)에서 본 부당이득반환청구권으로서의 소유권이전등기청구권과는 무관하게, 장차 해제조건이 성취된다면 매도인이 취득하게 되는 소유권, 즉 조건부 소유권을 보전하기 위하여 가

등기가 허용된다고 볼 것이기 때문이다.

(**a**) 우선 위와 같은 「장래의 물권변동」에 의하여 권리를 취득하게 될 사람이 현재 그 법적 지위를 보전할 實際上 必要가 있다는 점에 대하여는 논의의 여지가 없다고 생각된다.

이는 특히 取消나 解除를 할 수 있는 법률행위에 있어서 제 3 자를 보호하는 규정이 있는 경우(민법 제109조 제 2 항, 제110조 제 3 항, 제548조 제 1 항 단서 등)에 현저하게 드러난다. 이러한 규정이 있는 경우에 상대방이 제 3 자 또는 선의의 제 3 자에게 동산을 처분한 때에는 그 제 3 자는 유효하게 권리를 취득하여, 취소 또는 해제를 한 당사자는 목적물을 손에 넣을 수 없게 되는 것이다. 이는 해제조건에 있어서도 中間處分이 행하여진 경우에 그로 인한 권리취득자에게 해제조건의 성취를 「對抗」하기 위하여 등기를 갖출 필요가 있다고 한다면 마찬가지인 것이다.

그러나 가령 行爲無能力으로 인한 取消에서와 같이 제 3 자를 보호하는 규정이 없는 경우에라도, 역시 위와 같은 보전의 필요는 긍정되어야 한다. 그 경우에도 상대방이 부동산을 제 3 자에게 양도하는 등의 처분을 하였으면, 제 3 자를 피고로 하여 등기말소 등을 청구하는 소송을 제기할 필요가 있게 되는데, 이와 같이 상대방 외에 제 3 자도 소송상대방으로 하여야 한다는 것 자체가 하나의 負擔이다. 또 마치 소유자가 소유권에 기하여 현재의 점유자에 대하여 소유물반환청구를 하는 경우에도 占有移轉禁止假處分을 하여 當事者恒定의 效果를 달성하려고 하는 것처럼, 이 경우에도 제 3 자에 대하여 간이하게 자신의 법적 지위를 관철할 수 있는 保存手段이 요청되는 것이다.

(**b**) 우선 해제조건 성취의 경우에 가등기를 할 수 있다고 하는 명문의 근거로서는 "條件의 成就가 未定한 權利義務는 一般規定에 의하여 處分, 相續, **保存** 또는 擔保로 할 수 있다"고 민법 제149조를 들

수 있다.

해제조건에 걸려 있는 권리를 「보전」하는 것에 관한 「一般規定」이란 무엇인가에 관하여는 여러 가지 논의가 있을 수 있겠다. 그러나 위 규정에서 보장되어 있는 「조건부 권리의 보전」을 위한 수단을 登記法에서 찾는 한에서는 그것은 假登記라고 하여야 하지 않을까. 이에 대하여는 우리 민법 제149조에 해당하는 일본민법 제129조에 관한 다음과 같은 주장이 적절하다고 생각된다. "「一般規定에 의하여」라는 것이 무조건의 현실의 물권과 전적으로 같이 취급된다는 의미라고 한다면, 정지조건부 물권에 대하여는 본등기가 가능할 것이다. … 그러나 한편으로 實體民法이 「일반규정에 의하여」라고 말하는 것은 부동산에 관한 권리라면 등기에 의한다,라는 정도의 의미이고, 등기절차가 어떻게 행하여져야 할 것인가는 節次法(登記法)의 논리에 좇아야 할 것이라고 생각된다. … 그렇다고 하면, 실체법상은 物權(정지조건부 물권도 포함하여)과 債權은 이론상 峻別되어야 할 것인데, 등기절차상은 정지조건부 기타 장래 현실화될 물권은 이것을 현재의 현실의 물권과 마찬가지로 취급하기보다는 물권에 도달할 것인 채권(현실의 또는 정지조건부 등의)과 同列로 다루어 제 2 조 제 2 호[일본 부동산등기법의 이 규정에 대하여는 뒤의 (c)에서 보기로 한다]의 유추에 의한 가등기만을 인정하는 편이 낫다고 하겠다"(幾代通, 前揭書, 193면 註 8). 다시 말하면 아직 「條件의 成就가 未定한 物權」은 그 보전에 관한 한 不動產登記法 제 3 조에서 정하는 바의 「請求權」에 준하여 취급되어야 할 것이다.

그렇게 본다면 나아가 취소권이나 해제권이 행사되지 아니하고 있는 경우에도 이 역시 「장래의 물권」으로서 그 보전에 관하여는 위와 같이 「請求權」에 준하여 취급하는 것이 타당할 것이다.

(c) 이에 대하여는 일본에서의 취급이 참고가 된다.

일본의 부동산등기법 제 2 조 제 2 호는 우리 부동산등기법 제 3 조와 같은 문언으로 규정하고 있다. 이와 관련하여서는 물권변동을 내용으로 하는 請求權(이에 대하여는 명문으로 가등기가 허용된다)이 아니라 물권변동 그 자체가 조건 또는 기한에 걸려 있는 경우에도 가등기를 할 수 있는가가 논의되고 있다. 일본의 大審院 1936년 8월 4일 판결(民集 15, 1616)(債務不履行을 停止條件으로 하는 代物辨濟契約에 기하여 가등기가 행하여진 경우); 同 1936년 8월 7일 판결(民集 15, 1640)(停止條件附 賃借權에 관하여) 등 판례는 이를 긍정한다. 학설도 위의 (b)에서 든 幾代通을 비롯하여 예외 없이 이를 긍정한다(그 문헌에 대하여는 幾代通, 同所 참조. 그 곳에 게기된 것 외에 吉野衛, 前揭書, 134면).

그 이유에 대하여는 "權利變動의「請求權」이 발생한 경우에도 가등기를 할 수 있으므로, 그보다 더욱 實現의 可能性이 많은 그러한 정지조건부 권리가 발생한 경우에 가등기가 인정되는 것은 지극히 當然하다고 해할 것이다. 형식적으로도 민법 제129조[우리 민법 제149조]의 규정에 의하면 … 라는 것이어서, 정지조건 또는 해제조건부인 등기할 권리는「일반의 규정」, 즉 등기할 권리에 관한 부동산등기법 제2조의 규정에 의하여「보전」, 즉 假登記를 할 수 있다고 해할 것"이라고 하거나(內海一, 假登記の理論と實務(1968), 101면), 또는 "이 경우를 제외하여야 할 이유는 조금도 없다. … 이들 경우에 가등기에 의하여 보전되는 권리는 엄격한 의미에서의 청구권이 아니라, 하나의 期待權에 불과하다. 따라서 제2조 제2호에서 말하는「청구권」은 이를 엄격하게 해석할 것이 아니다"라고 한다(杉之原舜一, 新版 不動產登記法(1970), 266면).

일본에서는 이를 동법 제2조 제1호("登記의 申請에 필요한 節次上의 條件을 具備하지 아니한 때")에 의한 가등기로 볼 것인가(위 大審院 1936년 8월 7일 판결: "소위 停止條件附 賃借權은 조건부 물권에 준하여야 할 것이고, 정지조건부 물권변동의 청구권(부동산등기법 제2조 제2호)에 준할 것이 아니다"), 아니면 제 2 조 제 2 항에 의한 가등기로 볼 것인가에 대하여는 논의가 있으나, 後者가 통설이다.

(d) 한편 이상의 경우를 부동산등기법 제 3 조 제 1 문에 준하는 것으로 볼 것인가, 아니면 同條 제 2 문에서 정하는 "그 請求權이 始期附 또는 停止條件附인 때 기타 將來에 있어서 確定될 것인 때"에 해당하는 것으로 볼 것인가도, 비록 대체로 理論的 興味에 그치기는 하나, 논의의 여지가 있다. 그런데 역시 前者가 타당한 것으로 생각된다.

해제조건부 매매에서 매도인이 가지는 조건부 소유권은 단지 조건의 미성취로 인하여 현실의 소유권이 되지 못하고 있는 것이다. 이는 무조건의 매매에서 매수인이 등기의 미경료로 단지 소유권이전청구권만을 가지고 아직 소유권을 가지지 못하고 있는 상태에 유사하다. 그러므로 이 때의 조건부 소유권은 적어도 그 保全에 관한 한 현실의 請求權과 같이 취급되어야 할 것이다. 이는 동조 제 2 문이 정하는 소유권이전청구권의 발생 자체가 조건에 걸려 있는 경우와는 구별되어야 할 것이다.

3. 이상에 대하여는, 정지조건부 물권변동의 경우는 몰라도 해제조건부 물권변동의 경우에는 앞서 본 우리 不動産登記法 제43조의2에서 정하는「권리소멸약정의 등기」를 할 것이고 가등기를 할 수는 없다는 주장도 想定될 수 있다.

(1) 우리 부동산등기법 제 3 조 제 2 문이 "그 請求權이 始期附 또는 停止條件附인 때 기타 將來에 있어서 確定될 것인 때"에도 가등기를 할 수 있다고 정하여서, 그 反對解釋으로 終期附나 解除條件附의 물권변동청구권(또는 종기부나 해제조건부의 물권)을 보전하기 위한 假登記는 배제하는 취지라고 볼 여지가 있기는 하다.

그리고 가령 我妻榮은 우리 부동산등기법 제43조의2에 해당하는

일본 부동산등기법 제38조와 관련하여 그러한 견해를 가지고 있는 것으로 이해된다. 즉 "實體的으로 말하면 조건에는 정지조건과 해제조건이라는 두 개의 독립한 것이 있다. 정지조건은 가등기로, 해제조건적인 것은 제38조로 간다라는 것이 되지 않을까. 만일 해제조건이 독립한 관념이 아니라 단지 정지조건의 반면에 불과하다는 프랑스민법식의 사고방식이라면 다를 것이다. 프랑스민법에서는, 일정한 사실이 발생하면 소유권이 돌아온다는 경우에 이를 해제조건이라는 독립한 것으로 생각하지 아니하고, 일정한 조건이 발생하는 것에 의하여 최초로 양도한 자가 취득하는 一種의 停止條件에 불과하다고 생각하고 있는 것이다. 그러한 생각에 의하면, 우리 민법의 해제조건에 대하여도 가등기를 하는 것이 되고, 조건은 전부 가등기라는 셈이다. 그러나 일본의 민법에서는 해제조건이라는 독립한 것을 인정하고 있다. 그렇다면 그것에 맞는 등기가 있어도 좋은 것이 아닌가. 그리고 부동산등기법 제38조가 아마도 그것에 해당하는 규정이 아닌가. 그렇다고 하면, 期限에 대하여도 마찬가지로 말할 수 있다. 始期의 경우에는 가등기로 가는데, 終期의 경우에는 제38조로 가는 것이다, 이렇게 생각하여서는 안 되는가."(我妻榮 外, 不動産の登記[不動産セミナー(2)](1957), 319면 이하)

(**2**) 그러나 이러한 二分法에는 쉽사리 찬성할 수 없다. 앞의 Ⅲ. 1.에서 본 대로, 부동산등기법 제43조의2에서 정하는 「권리소멸에 관한 약정」이 등기원인인 법률행위에 부가된 解除條件 또는 終期 등의 정함을 가리킴에는 의문이 없다. 그러나 그렇다고 해서 이 규정이 반드시 가등기를 배제하는 것이라고 할 것은 아니다.

(**a**) 등기원인행위에서 행하여진 개별적인 약정이 과연 해제조건에 해당하는지를 판별하는 것은 법률전문가에게도 쉬운 일이 아니다. 특히 어떠한 계약조항이 약정해제권의 유보인지 아니면 해제조건인지

는 그야말로 "구체적인 경우의 제반 사정을 고려하여" 개별 사건마다 확정되지 않으면 안 되는 것이다. 계약서에 "당사자 중 일방이 이 계약에 위반하면 이 계약은 무효가 된다(또는「자동적으로 해제된다」)"는 문언이 있는 경우에 대한 착종된 裁判例를 보면 그 판단의 미묘함은 바로 알 수 있을 것이다(최근에도 大判 97.11.11, 96다36579(공보 98상, 365)은, "본합의서 내용이 불이행된 경우에는 합의내용 전부 무효로 소멸함"이라는 문언을 원심법원이 약정해제권의 유보라고 본 것을, 해제조건이라고 해석하고 있다).

그런데 약정해제권이 유보된 경우에 대하여는「권리소멸약정의 등기」를 할 수 없다는 견해도 있다(일본에 있어서 松尾英夫, "所有權移轉の登記と不登法三八條", 不動產登記先例百選(第二版)(1982), 69면. 反對: 幾代通, 前揭書, 116면 註 1; 1955년 5월 17일 民事局長 通達 民甲第968號). 또 그러한 경우에「권리소멸약정의 등기」가 허용되는지에 대하여는 어떠한 견해를 취하든 간에, "賣買契約을 한 후에, 일정한 사실이 생긴 때에는 그 賣買契約을 해제할 수 있다는 特約을 따로 한 때에는, 이 특약은 本條[제43조의2]에 의하여 등기하지 못한다"고 한다면(郭潤直, 前揭書, 187면), 즉 同條에서 말하는「권리소멸약정」이란 登記原因인 法律行爲와 동시에 그 附款으로 행하여진 것만을 말하고 그 법률행위 후에 별도로 행하여진 것은 이에 해당하지 않는다면, 후에 행하여진 해제조건의 약정이나 약정해제권의 유보에 대하여는 同條의 등기를 할 수 없게 된다(同旨: 吉野衛, 前揭書, 647면). 그 경우에는 假登記에 의하여 법적 지위를 보전할 수밖에 없고 또 이를 할 수 있다고 해석하지 않을 수 없을 것이다. 요컨대 해제조건이 붙은 원인행위라고 이에 기하여 가등기를 하는 것이 性質上 허용되지 않는다고는 말할 수 없는 것이다.

그렇다면「권리소멸약정」이 등기원인인 법률행위의 부관으로 행하여진 경우에도 역시 반드시 不動產登記法 제43조의2에 의한 등기만을 하여야 하는 것도 아닐 것이다. 그 약정의 時點 여하에 의하여 당사자가 할 수 있는 등기의 종류가 달라질 것은 아니기 때문이다.

(**b**) 한편 不動產登記法 제43조의2는 그야말로 「任意的 記載事項」에 관한 규정이다. 위 규정은 "… 記載하여야 한다"고 정하고 있다. 그러나 그 의미는 그러한 약정이 있으면 반드시 기재하여 등기를 신청하여야 한다는 것(따라서 등기원인서면상 그러한 약정이 있는데도 신청서에 기재되어 있지 않으면 등기신청를 却下하여야 하는 것)이 아니고, 당사자가 원한다면 이를 기재하여 등기되도록 함으로써 일정한 효력을 가질 수 있다는 것이며, 그 기재 여부는 신청인의 자유라고 해석되고 있다(가령 幾代通, 前揭書, 116면 註 2 참조).

그렇다면 가령 해제조건부 매매의 경우에 그에 기한 소유권이전등기를 신청하면서 「권리소멸약정」을 그 등기신청서에 기재하지 아니할 수도 있다. 그 경우에 만일 별도로 조건부 권리의 보전을 위한 가등기가 신청되었다면, 등기공무원은 이를 却下하여서는 안 될 것이다. 한편으로 記載 여부는 자유라고 하면서 다른 한편으로 그 불기재를 이유로 당사자에게 불리한 처분을 할 수는 없을 것이기 때문이다.

(**c**) 또한 절차적으로 보더라도, 形式的 審査權만을 가지는 등기공무원으로서는 당해 등기신청서류에 의하여 그 適否를 판단하면 족한 것이고, 前者의 등기의 신청서류를 가지고 後者의 등기의 適否를 판단하는 자료로 삼는 것은 원칙적으로 허용되지 아니한다. 그러므로 설사 시간적으로 소유권이전등기와 동시에 가등기가 신청되어서 등기공무원이 소유권이전등기의 원인서류상에 「권리소멸약정」이 존재하며 그것이 가등기신청서류로 제출된 "登記原因을 證明하는 書面"과 동일하다는 사실을 알게 되었다고 하더라도, 이를 이유로 등기를 각하하여서는 안 될 것이다.

(3) 결국 不動產登記法 제43조의2, 제64조의2에서 정하는 「권리소멸약정의 등기」는 그 대상인 약정과 관련하여서 시간적으로도 사항적으로도 한정적 의미를 가지는 데 그치고, 보다 일반적으로 부동산물권변동에 관련하여 아직 본등기가 경료되지 아니한 단계에서 당사자의 법적 지위를 「保全」하는 통상적 법장치로서의 假登記를 배제하지는 않는다고 하겠다.

4. 이와 같이 장래의 소유권을 보전하기 위하여 假登記가 행하여진 경우에는 그에 기한 본등기의 절차나 그 효력, 특히 중간처분에 미치는 영향 등에 대하여는 가등기에 관한 일반적 법리에 따라야 할 것이다.

그런데 여기서 문제가 제기된다. 예를 들면, 해제조건이 성취된 경우에 소유권이 등기 없이도 바로 매도인에게 복귀한다고 하는 것은 당연히, 이 때 가등기에 기한 본등기를 하지 아니하여도 소유권이 매도인에게 복귀됨을 의미한다. 과연 그러한가, 또는 과연 그러해야만 할 것인가?

(오늘의 法律 111호(1998. 4), 3530면 이하; 112호(1998. 5), 3562면 이하; 113호(1998. 6), 3592면 이하 所載)

7. 獨占規制法에서의 損害賠償

I. 序

1. 흔히 새로 등장하는 법분야는 그 분야의 「고유성」 또는 「특유성」을 강조하는 경향이 있다. 이는 법의 세계에서 시민권을 얻기 위한 자기주장이라는 점에서 이해될 수 있는 바이기도 하다. 특히 우리 나라에서처럼 영역주의적 사고가 지배하고 있는 곳에서는 일단 일정한 법분야가 그 「원리」 등의 차별성을 열심히 주장하여 독립적인 영역으로 인정받고, 나아가 교수채용분야, 국가시험과목 등을 통하여 이를 固定시키는 「객관화」의 과정을 거치는 경향이 있는 것이다.

그러나 공정거래법을 포함하여 경제법의 분야처럼 이제 누구도 그 시민권을 부인하지 않는 법분야에서는 이제 스스로의 발전을 위해서라도 다시 「원칙적 법분야」를 돌아보면서 자신들의 세계를 다시 음미하여 볼 필요가 있다는 느낌을 받는다.

2. 종전에 필자는 「민법에서 본 지적재산권법」을 논의하면서 말한 것을[1] 거기서의 「지적재산권법」을 공정거래법으로 바꾸어서 인용해 본다면 다음과 같다.

---

1) 梁彰洙, 民法의 관점에서 본 知的所有權法, 丁相朝 編, 知的財産權法講義 (1997), 47면 이하.

> "다른 한편 민법의 입장에서도 공정거래법이 제기하는 문제들과 그에 대한 공정거래법학의 응답을 제대로 이해하고 이를 자신의 발전을 위한 자료로 삼을 필요가 있을 것이다. 민법이 「시민사회의 일반법」으로서 그 정당성과 유용성을 오늘날에도 확인받을 수 있으려면, 그 시야를 민법전, 즉 과거의 시점에 만들어진 법률에서 다루어진 소재에만 국한하여서는 아니되며, 새로이 등장하는 문제와의 대면을 통하여 자신의 전래의 이론과 설명방식을 끊임없이 오늘날에도 통용될 수 있는 것으로 개선하여야 한다. 「일반」은 훨씬 유동성이 높고 다양한 「특수」에 의하여 항상 새로운 활기와 생명력을 획득하여야만 유지될 수 있으며, 「상태」는 항상 「과정」의 관점에서 음미되어야 하는 것이다.
>
> 이러한 관점에서 보면 공정거래법은 민법에게는 매우 의미 있는 과제 또는 도전이 될 수 있다."

여기서 공정거래법이란 넓은 의미의 경제법이라고 시야를 넓혀 보아도 다를 바 없을 것이다.

Ⅱ. 不法行爲法의 體系에서의 公正競爭違反行爲

1. 최근에 불법행위법의 분야에서는 「市場歪曲行爲」라고 부를 수 있는 새로운 유형이 주목되고 있다.

(1) 불법행위법은 주로 생명·소유권과 같은 구체적 법익이 침해된 경우를 출발점으로 하여 형성되었다.

우리 법체계에서 불법행위법은 민법 제750조("고의 또는 과실로 인한 위법행위로 타인에게 손해를 가한 자…")를 기본규정으로 하는데, 이 규정은 역사적으로는 결국 로마법의 아퀼리우스법(Lex Aquilia)에 소급된다는 것이 일반적으로 승인되고 있는 견해이다. 이 법은 다음과 같이 정하고 있다. 즉 "어떤 사람이 타인의 奴僕이나 女婢 또는 四足의 群畜을 부당하게 殺害한 경우" 또는 "어떤 사람이 타인에게 부당하게 燒却·破損·破壞함으로써 손해를 가한 경우"에는 그 손해를 배상하여야 한다는 것이다.

법적 사고는 의외로 서서히 전진하는 것이다. 아퀼리우스법이 제정된 후 2천2백년이 지난 오늘날에도 우리 불법행위법은 사람이 사망하거나 신체가 침해된 경우와 물건의 소유권이 멸실 등으로 상실되거나 손괴된 경우를 그 理解의 원형으로 하고 있다. 이는 불법행위의 요건으로서의 민법 제750조의 요건으로서의「가해행위의 違法性」에 관한 교과서의 설명을 읽으면 바로 알 수 있다.

그러나 그렇다고 해서 오늘날의 불법행위법이 로마시대와 같은 내용을 가지고 있다고 생각하여서는 안 된다. 그것은 시대의 추이에 좇아 매우 유연한 운용과 설명체계를 획득하고 발전시켜, 아직도 그 생명력은 생생하다.[2)]

(2) 그런데 이와 같이 權利侵害(그로 인하여 손해가 발생하게 된다)가 전면에 나서고 그것을 일으키는 行爲의 態樣은 오히려 크게 주목되지 아니하는 경우(바꾸어 말하면, 그러한 권리침해를 일으키기 때문에 그 행위는 위법한 것으로 평가되는 경우)와는 대조적으로, 行爲 자체의 反社會性이 일단 전면에 나서고 그 결과로 ―구체적 권리의 침해라기보다는― 「단순한 財產損害」(독일 민법학에서 reiner Vermögensschaden 이라고 부르는 손해)에 그치는 경우도 불법행위법의 규율대상을 이루고 있다.[3)] 後者의 중요한 예 중의 하나가 여기서「시장왜곡행위」라고 불

2) 이에 대하여는 우선 梁彰洙, "不法行爲法의 變遷과 可能性", 民法硏究 제3권(1995), 307면 이하 참조.

3) 현명하게도 通說은 민법 제750조에서 정하는 불법행위 요건으로서의「行爲의 違法性」은 "被侵害利益의 種類와 侵害行爲의 態樣과의 相關關係"에 의하여 판단된다고 함으로써 두 側面을 모두 포괄하고 있다.

리우는 유형이다.

2. 「시장왜곡행위」에 의한 불법행위는 우리 법체계에서 대체로 다음과 같은 법규정에 나타나 있다.

(1) 우선 證券去來法 제188조의2 내지 제188조의5가 그것이다.

이에 의하면, 상장회사의 임원·직원 또는 주요주주 등은 회사의 업무와 관련하여 알게 된 미공개의 정보를 이용하여 회사의 주식 기타 유가증권의 매매를 하여서는 아니되고(미공개정보이용행위의 금지. 즉 내부자거래의 금지), 누구도 상장주식 등에 관하여 거래가 성황을 이루는 듯이 오해하도록 하거나 기타 판단을 그르치게 할 목적으로 또는 매매거래를 유인할 목적으로 일정한 행위를 하여서는 아니된다(시세조정 등 불공정거래의 금지).

同法은, 이러한 행위를 한 사람이 있는 경우에는 "당해 유가증권의 매매 기타 거래를 한 자가 그 매매 기타 거래와 관련하여 입은 손해를 배상할 책임을 진다"고 정하는 명문의 규정을 두고 있다(동법 제188조의3 제1항, 제188조의5 제1항).

(2) 나아가 「獨占規制 및 公正去來에 관한 法律」(이하 「독점규제법」이라고 부른다) 제56조는 그 제1항에서 "사업자 또는 사업자단체는 이 법의 규정을 위반함으로써 피해를 입은 자가 있는 경우에는 당해 피해자에 대하여 손해배상의 책임을 진다"고 규정하고 있고, 나아가 동조 제2항은 그 경우에 사업자 등은 "고의 또는 과실이 없음을 들어 그 책임을 면할 수 없다"고 정하고 있다.

주지하는 대로 독점규제법은 시장지배적 지위를 남용하는 행위, 부당한 공동행위, 불공정거래행위를 금지·제한하고 나아가 일정한 형태의 기업결합·경제력 집중을 억제하고 있다. 위 규정상의 손해배상책임이 불법행위책임의 성질을 가진다는 점에는 이론이 없다.

한편 위 규정과 민법 제750조의 관계에 대하여는 특히 1996년 12월 30일의 법률 개정으로 동법 제57조 제1항 단서를 신설함으로써, 민법 제750조에 의한 일반적 불법행위책임을 물을 수 있다고 하는 종전의 통설이 입법적 근거를 얻게 되었다.

(3) 또한 「物價安定에 관한 法律」 제7조는, "사업자는 폭리를 목적으로 물품을 매석하거나 판매를 기피하는 행위로서 경제기획원장관이 물가의 안정을 저해할 우려가 있다고 인정하여 買占賣惜行爲로 지정한 행위를 하여서는 아니된다"고 정하고 있다.

이 법률에는 위의 (1)·(2)에서와는 달리 그 규정에 반하는 행위를 한 사람에 대하여 손해배상책임을 과하는 규정을 명문으로 두고 있지 않다. 그러나 민법 제750조를 통하여 앞의 두 경우와 별로 다르지 않은 결과에 도달할 것이라고 생각된다.

(4) 한편 不正競爭防止法을 보면 그 제5조에서 "故意 또는 過失에 의한 不正競爭行爲로 他人의 營業上 利益을 侵害하여 損害를 가한 자는 그 損害를 賠償할 責任을 진다"고 규정하고 있다.

이는 비록 「타인의 영업상 이익」을 보호법익으로 내세우고 있으나, 「영업상 이익」이란 매우 「내용이 희박한 이익」으로서 그 침해는 실제로는 한편으로 그 앞의 「不正競爭行爲」 자체에 몰입되거나 다른 한편으로 그 다음에 나오는 「손해」, 특히 「영업자의 순수한 재산손해」와 크게 다를 바 없다고 생각된다.[4] 그러한 의미에서 위 규정은 오히려 부정경쟁행위라는 「行爲의 違法性」을 전면에 내세운 불법행위규정이라고 할 수 있다. 그러나 동시에 위 규정은 영업을 영위하는 사람을 손해배상청구권의 주체로 제한한다는 점에서, 이 경우에는 뒤의 Ⅲ. 3.

---

4) 이에 대하여는 독일민법 제823조 제1항에서 정하는 「其他의 權利(sonstiges Recht)」와 관련하여 행하여지는 「(설비되고 실시된) 營業에 대한 權利(Recht am (eingerichteten und ausgeübten) Gewerbebetrieb)」에 대한 論議가 참고가 된다.

에서 언급하는 손해의 분산은 문제되지 않는다. 그러한 의미에서 위 규정은 양자의 경계선상에 있다고 할 수 있다.

(5) 이와 같은 법률의 규정을 중요한 근거의 하나로 하여, **민법 제750조의 체계 안에서** 새로운 불법행위유형으로 「시장왜곡행위」의 유형을 구성할 수 있으리라고 생각된다.

민법 제750조는 하나의 一般條項으로서, 이해당사자에게 법적용의 결과에 대한 예견가능성을 확보하여 줌으로써 그들의 법생활의 안정을 도모하기 위하여, 그 내용의 명료화에 대한 요구가 특히 강조되어야 한다. 이러한 명료화는 특히 유형화를 통한 구체화(Kontretisierung durch Typisierung)를 통하여 달성될 수 있다.

Ⅲ. 公正競爭違反行爲의 不法行爲法的 特性

1. 이들 「시장왜곡행위」의 유형은 불법행위법상으로 다음과 같은 특징을 지닌다.[5] 이러한 특징은 「시장왜곡행위」의 불법행위가 통상적으로, 「「금지된 행위」 → 시장의 왜곡 → 가격의 부당형성 → 부당가격에 의한 거래 → 시장참여자(상대방, 고객, 소비자 등)의 손해」라는 형태로 나타나는 것과 관련된다.

2. 무엇보다도 현저한 특징은, 시장의 유동성으로 말미암아 「가격의 부당형성」에 대한 입증이 용이하지 아니하다는 점에 있다.

시장은 무수히 많은 요인에 의하여 영향을 받는 「불확실성의 용광로」이므로, 구체적인 경우에 「금지된 행위」, 즉 違法行爲가 없었다고

5) 이상은 제조물책임소송 기타 소비자소송에 대하여도 대체로 마찬가지로 말할 수 있다.

가정하는 경우에 그 거래대상의 가격이 과연 어떻게 형성되었을 것인지 누구도 확실하게 말할 수 없다.

그러므로 ① 과연 원고에게 손해가 있는지(즉 가격의 부당형성이 있는지) 아니면 금지행위가 없었더라도 가격은 원고가 거래한 것과 별로 다르지 않았을 것이나 아닌지, 나아가 ② 가격이 부당하게 형성되었다는 것 자체는 인정할 수 있다고 하여도 금지행위가 없었다면 있었을 가격이 구체적으로 얼마인지, 또한 ③ 형성된 가격이 과연 피고의 위법행위로 말미암아 왜곡된 것인지 등을 확정하기가 매우 어렵다는 문제가 제기된다.[6)]

3. 이러한 소송수행의 어려움과 아울러 提訴에의 誘因도 문제된다.

(1) 이 유형에서는 손해가 권리침해형에서처럼 침해된 권리의 주체 한 사람에게 집중되어 있지 않고 시장참여자 전원에게 분산되어 있다. 그러므로 대부분의 경우에 피해자 개개인의 손해액은 비교적 소액이다. 이 점을 위의 2.에서 본 소송위험(Prozeßrisiko)과 합하여 생각하여 보면, 소송을 제기하더라도 제소자 자신에게 돌아오는 具體的 利益은 또는 그 구체적 제소이익에의 期待値는 결코 큰 것이 아니다. 그러므로 구체적인 피해자는 ──그렇지 않아도「시간 끌고 돈 드는」──

6) 이 어려움을 雄辯으로 말하여 주는 것은, 일본에서의 소위「獨禁法違反消費者損害賠償訴訟」의 추이이다. 東京高裁 1977년 9월 19일 판결(判例時報 863, 20); 山形地裁 鶴岡支所 1981년 3월 31일 판결(判例時報 997, 18); 東京高裁 1981년 7월 17일 판결(判例時報 1005, 32); 나아가 最高裁 1987년 7월 2일 판결(民集 41-5, 785)(위 東京高裁 1981년 7월 17일 판결의 上告審); 最高裁 1989년 12월 8일 판결(民集 43-11, 1259) 등에서 원고의 청구는 모두 손해 또는 인과관계의 요건에 挫折되었다. 이들 裁判例 등을 분석한 것으로서 우선 根岸哲, "石油カルテル消費者訴訟最高裁判決", ジュリスト 893호(1987. 9), 56면 이하 및 今村成和·厚谷襄兒 編, 獨禁法審決·判例百選, 제 5 판(1997), 244면 이하 所載의 馬川千里(東京高裁 1977년 9월 19일 판결), 宮坂富之助(最高裁 1987년 7월 2일 판결), 岡田外司博(最高裁 1989년 12월 8일 판결)의 각 판례평석 및 그 인용의 문헌 참조.

소송수행을 주저하게 된다. 그러므로 가해자의 가해행위를 제재하는 私法的 手段을 추구할 動機를 얻기 어렵다.

그리고 그와 맞물려, 남이 제기하는 동종의 소송 또는 그 결과에 무상편승(free ride)하고자 하는 유혹이 그만큼 커진다.

(2) 그러나 전체적으로 보면, 즉 시장왜곡행위로 인한 시장참여자 전체의 손해를 합산하면 그 액은 무시할 수 없는 경우도 적지 않다. 그러므로 사회 전체의 입장에서 비용/편익 분석(cost-benefit analysis)을 한다면, 이 손해가 補塡되지 아니하고 방치된 채로 있어도 좋은지 의문이다.

나아가 ―더욱 중요한 것으로― 이와 같이 위법행위에 대한 개인에 의한 제재가 방치되면, 그 행위를 위법한 것으로 평가하게 하는 배후의 「제도」가 많은 경우에 實效性을 확보하기 어렵게 된다. 시장경제이념의 기초에 있는 생각이 그러한 것처럼, 사회구성의 출발점을 각 개인에 둔다면, 각 개인이야말로 어떠한 「제도」의 功過의 종국적인 귀착점이다. 그가 「제도」의 長短에 의하여 가장 큰 영향을 받으며, 또 그가 그에 가장 민감하다. 公權力에 의하여 이를 탐지하고 증명하고 평가하는 것에는 한계가 있다. 그러므로 종국적으로 위법행위는 각 개인의 이니시어티브에 의하여 匡正되어야 한다(「私法의 優位」).

(3) 그러한 의미에서 이러한 「시장왜곡행위」에 대하여는 訴訟에의 誘因이 필요하며, 이를 통하여 私的 이니시어티브에 의한 법의 실현를 북돋울 필요가 있다. 우리는 여기서 미국에서 ―懲罰的 損害賠償은 일단 차치하고― Clayton법 등이 3倍額 損害賠償을 규정하고 있는 것을[7] 상기하게 된다.

---

7) 이에 대하여는 우선 尹寶玉, "美國獨占禁止法上 3倍賠償制度", 黃迪仁 교수 화갑기념논문집(1987), 511면 이하 참조.

4. 그 행위의 위법성은, 상대적으로 윤리적·도덕적인 가치평가보다는 정책적·제도적 평가에 의하여 좌우된다.

일반인의 통상적 관념으로는, 시장에 참여한 어떠한 사업자의 일정한 경쟁제한적 행위 또는 시장개입행위가 과연「법질서 전체의 입장에서 보아 시인되는 것인지」──이것이 행위의 위법성 여부를 판단하는 궁극적인 기준이다──를 판단하기가 쉽지 않다. 특히 개인 사업자의 입장에서 부득이하다고 여겨지는 행위라도 허용되어서는 아니될 수 있다. 뒤에서 보는 大判 90.4.10, 89다카29075(集 38-1, 197)은, "사업자의 행위가 위 법률[전면개정 전의 독점규제법] 제15조나 제20조에 규정한 불공정거래행위에 해당하려면은「부당하게」(즉 정당한 이유 없이) 행위하여야 하는바 불공정거래행위의 해당성을 조각하기 위한「정당한 행위」라고 함은 **전적으로 공정한 경쟁질서유지라는 관점에서 평가되어야 하고 단순한 사업경영상 필요 또는 거래상의 합리성 내지 필요성만으로는「정당한 이유」가 인정되지 아니한다** 할 것이다" (꺾음괄호 안의 附記와 고딕체에 의한 強調는 引用者가 가한 것이다. 이하 같다)라고 설시하는데, 이는 매우 흥미로운 판단이다.

그렇기 때문에, 법률에 의한 명문화, 그 수권을 받은 기관에 의한 규정 또는 판단 등이 요청되는 것이다.

Ⅳ. 公正競爭違反行爲로 인한 損害賠償責任에 관한 裁判例

1. 우리 실무상 독점규제법 위반을 이유로 한 손해배상이 문제된 사건으로는 우선 大判 90.4.10, 89다카29075(集 38-1, 197)이 있다.

(1) 이 사건에서 피고는 화장품을 제조하여 판매하는 회사이고,

원고는 1986년 8월에 그와의 사이에 「상품거래 및 대리점계약」을 체결하여, 동년 10월부터 1년간 피고 회사의 「온양지사」로서 피고 회사로부터 제품을 공급받아 온양시 일대에 판매하기로 하였다. 그 계약 중에는 ① 원고는 물품을 관할구역 내에서만 판매하여야 하고, ② 원고는 피고 회사가 지정하는 소비자권장가격에 따라 판매하여야 하고 할부판매 또는 할인판매를 하지 못하며, ③ 원고의 판매사원에 대하여도 물품을 판매하지 못하고, ④ 이를 위반하였을 경우에는 일방적으로 해약할 수 있다는 등의 조항이 포함되어 있었다. 그런데 동년 10월 20일과 11월 4일에 온양시 소재의 종합화장품 코너에서 피고 회사의 제품이 발견되는 일이 발생하자, 피고 회사는 동년 11월 18일에 「온양지사」를 폐쇄한다는 통보와 함께 제품의 공급을 중단하였다.

원고는 이에 당시의 공정거래위원회에 불공정거래행위 신고를 하였다. 그러자 동 위원회는 피고 회사의 행태를 불공정거래행위로 인정하고 이에 대한 시정명령을 내렸고 이 명령은 확정되었다. 그리고 원고는 이 사건 소송을 제기하여, 당시의 독점규제법 제45조에 기하여 원고가 입은 손해의 배상을 청구하였다.

原審(서울高判 89.10.13, 89나18711. 未公刊, 개인적으로 입수)은, 결론적으로 원고가 배상청구한 5천9백만원 중에서 약 9백만원에 대하여 손해배상을 명하였고, 대법원도 피고 회사의 上告를 기각하여 원심판결을 확정지었다.

이 쟁송에서의 爭點을 요약하면, (i) 피고 회사의 행위가 과연 구 독점규제법 제15조(또는 제20조)에 정하여진 불공정거래행위에 해당하는가 또는 피고 회사의 행위에는 「정당한 사유」가 있다고 할 것인가, (ii) 동법 제46조에 비추어 보면 시정조치가 확정되기 전의 행위를 이유로 하여서는 동법 제45조에서 정하는 손해배상책임을 물을 수 없다고 할 것이 아닌가, (iii) 손해의 내용과 배상범위를 어떻게 정할 것인가 하는 점이었다. 그리고 이는 피고 회사의 上告理由에서도 다투어진 바이었다(상고이유에서는 그 외에 判斷遺脫의 점이 주장되었다).

이 중 흥미로운 것은 (i)과 (iii)에 대한 것이다.[8]

(2) 피고 회사는 (i), 특히 그 중 「정당한 이유」와 관련하여 다음과 같이 주장하였다. "피고 회사가 … 제품공급을 중단한 이유는, 피고 회사 제품은 한방생약재로 제조한 특수화장품이어서 그 보관이 쉽지 아니하고 또 사용법이 특이하여 피고 회사에서 그 사용법을 터득한 판매원을 통하여 직접 소비자에게만 판매하여야 하는데도 불구하고 원고가 이를 어기고 난매[亂賣?] 및 할인판매 등을 하여 그 품질이 변질되어 피고 회사 제품의 판로가 두절되고 심지어는 소비자가 그 변질된 화장품을 사용함으로 말미암아 피부병이 생겨 그로 인한 손해배상청구를 당하는 등 하여 부득이 위와 같은 제품의 특이성 때문에 원고와의 대리점계약을 해지하고 그 제품공급을 중단하게 된 것이므로 피고 회사의 위 조치에는 정당한 사유가 있는 것"이라는 것이다.

이에 대하여 原審은 공정거래위원회에 의하여 피고 회사의 행위가 독점규제법에 위반한 것으로 인정되어 시정명령이 행하여지고 그 명령이 확정되었기 때문에 피고 회사의 행위는 정당한 이유가 없는 것이라고 판단하였다. 그러나 대법원은 이러한 理由提示에 동조하지 않았다. 즉 "위 시정조치에 있어서 공정거래위원회가 인정한 사실은 법원을 구속하지 못하고 다만 사실상 추정에 그치는 것"이므로, 공정

---

8) 나머지 (ii)에 대하여 보면, 위 판결이 말하는 대로, "[구 독점규제법] 제45조에서 정한 무과실손해배상책임은 사업자 또는 사업자단체가 피해자에 대하여 고의, 과실이 없음을 들어 그 책임을 면할 수 없게 하여 피해자의 손해배상청구를 일반불법행위의 경우보다 용이하게 하는 한편, 위 법률의 규정에 의한 시정조치가 확정된 후에만 피해자가 이를 재판상으로 주장할 수 있게 하여 그 전에 하는 재판상 주장을 제한하는 취지로 볼 것이고, 논지의 지적과 같이 위 무과실손해배상책임은 위 시정조치 이후의 사업자 또는 사업자단체의 불공정거래행위로 재산상 손해가 있는 경우에 한하여 발생한다고는 볼 수 없다"는 점에는 異論의 여지가 없다고 생각된다.

거래위원회의 확정된 시정명령이 있다고 하여 바로 피고 회사의 행위가 불공정거래행위로 평가되는 것은 아니라는 것이라는 것이다. 그러나 결론적으로는 피고 회사의 행위는「부당하게」행하여진 것이라고, 즉 정당한 이유가 없다고 판단하였다. 그 理由는 주의깊게 읽어볼 만하다.

> "불공정거래행위의 해당성을 조각하기 위한「정당한 이유」라 함은 **전적으로** 공정한 경쟁질서유지라는 관점에서 평가되어야 하고 **단순한 사업경영상 필요 또는 거래상의 합리성 내지 필요성만으로는「정당한 이유」가 인정되지 아니한다** 할 것이다.
>
> 기록에 의하면, 피고가 제조한 화장품은 일반화장품보다 다소 변질우려가 크고 따라서 사용기간이 상대적으로 짧다는 정도의 특이점밖에 발견되지 않아서 그 취급이나 사용에 있어서 전문적인 기술이나 경험이 필요하다고 보이지 않고 피고가 주장하는 유통질서의 확립의 필요성도 결국 피고 회사가 지정하는 소비자권장가격을 유지하거나 피고 회사의 지사나 대리점 간의 경쟁을 방지하고자 하는 것이라고 보이므로 위와 같은 사유는 이 사건 피고의 불공정거래행위를 조각할 정당한 사유가 될 수 없다."

위 인용부분의 첫번째 단락을 理論的으로 설명하면, 위의 판단은 다음과 같은 설명구조를 가진다고 할 수 있다. 가해자의 행위의 위법성조각사유로서의「정당한 이유」는 有責性判斷과는 차원을 달리한다. '단순한 경영상 필요 또는 거래상의 합리성' 등과 같은 것은 過失判斷에서 고려되는 요소일 뿐이고, 불공정거래행위인지 여부와는 무관하다는 것이다.[9)]

(3) 우리의 관점에서 더욱 흥미를 끄는 것은 (iii)에 관련된 법원의

9) 그런데 구 독점규제법 제45조 제2항은 주지하는 대로 사업자의 손해배상책임은 "故意 또는 過失이 없음"을 들어 면책될 수 없는 것으로 정하고 있으므로, 결국 그러한 사정은 적어도 同條 제1항의 책임을 면제시킬 수 없다.

판단이다. 원심법원은 다음과 같은 방식으로 피고가 배상하여야 할 손해액을 산정하였다.

(**a**) 우선 원고가 피고 회사로부터 공급받은 제품(로숀, 크림, 샴스, 샴푸)을 피고 회사의 지정가격으로 판매할 경우의 판매이익을 산출한다. 이는 지정가격에서 매입가 및 ―피고 회사에 지급되는― 판매수수료를 공제함으로써 얻어진다(①).

그러나 "피고 회사의 지정가격으로 판매하는 경우도 있지만 할인판매하는 경우도 있"기 때문에, 이렇게 얻어진 數値를 그대로 용인할 수는 없다. 그러므로 여러 증인의 증언을 종합하여, 기준이 되는 판매이익을 그보다 낮은 가격으로 잡는다(②). 예를 들면 로숀은 ①은 3,550원이지만, ②는 "2천원 정도"가 된다.

이렇게 해서 피고 회사로부터 제품 공급이 중단되기까지의 기간 동안 원고가 얻은 판매이익의 총액이 위의 ②에 공급받은 개수를 곱하여 산출된다(③). 여기서 의문은 과연 공급받은 개수 전부를 곱하여도 좋은가 하는 점인데, 이에 대하여 원심은 용이주도하게도 "위 지사에서는 판매할 수 있는 수량만큼을 수시로 주문하기 때문에 피고 회사로부터 공급받은 제품은 2-3일 내에 재고 없이 모두 판매되는 사실"을 인정하고 있다.

그리고 이에 의하여 월평균 판매이익이 산출된다(④). 여기서「매월 지출되는 경비」가 공제됨으로써 월평균 순수입이 산출된다(⑤).「매월 지출되는 경비」로서는, 점포임대보증금에 대한 年 5푼 상당의 "금융이자" 및 월 차임, 전기세 등을 포함한 일반관리비, 광고선전비, 전화비, 직원 급료, "판매사원에 대한 출근수당", 그리고 "기타 잡비"가 있다.

그리하여 종국적으로 월평균 순수입에다가 계약기간이 종료될 때까지의 기간, 즉 제품공급이 중단된 시기부터 계약종료기간(1987년 9

월 30일)상까지의 기간을 곱함으로써 피고 회사가 배상하여야 할 손해액이 확정된다(⑥). 이 사건에서 피고 회사가 배상하여야 하는 것으로 확정된 손해는, 원고의 적극적 손해가 아니라 소극적 손해, 즉 "[만일 피고의 제품공급이 계속되었더라면 얻을 수 있을] 수익을 얻지 못하는 손해"인 것이다.

대법원은 이러한 算定方式에 대하여, 단지 "기록에 비추어 보면 원심의 위와 같은 조치는 정당"하다는 무미건조한 표현으로 이를 긍정하였다.

(**b**) 이 사건에서는, 「계약 = 불공정거래행위 → 상대방(원고)의 계약불준수 → 사업자의 거래중단(계약해지) → 거래중단으로 인한 일실이익(소극적 손해)의 발생」이라는 因果連鎖가 존재한다.

그리고 원고가 배상을 청구하는 손해는 직접적으로는 거래중단으로 인하여 발생한 것이다. 그러므로 과연 그 소극적 손해가 원래의 불공정거래행위, 즉 판매지역의 제한이나 재판매가격의 제한으로 인하여 발생한 것인지에 대하여 의문이 있을 수 있다. 原審은 이러한 의문에 정면으로 답하지 아니하고, 그 대신 원고의 계약불준수를 이유로 하여 대리점계약을 해지하고 제품 공급을 중단한 것 자체가 ―― 또는 그것도 ―― 불공정거래행위라고 인정함으로써[10] 피해 넘어갔고, 이에 대하여 大法院은 별다른 이의를 제기하지 않고 있다.

이러한 판단은 독점규제법 위반으로 인한 손해배상청구권을 생각함에 있어서 극히 흥미로운 점이다. 이를 일반화하면 다음과 같이 말

10) 原審은 다음과 같이 판시하였다: "「상품거래 내지 대리점계약」시에 대리점의 판매지역을 지정하여 주고, 대리점이 소비자에게 판매하는 가격을 지정하고, **특히** 대리점이 임의로 제품을 할인판매시장에 유출하였다 하여 대리점계약을 일방적으로 해지하여 영업소를 폐쇄하고 제품 공급을 중단하는 것은 대리점의 자유로운 사업활동을 제한하여 공정한 경쟁을 저해하는 불공정한 행위로서 독점규제 및 공정거래에 관한 법률 제15조 각호에 해당한다 할 것이므로 피고 회사는 위 법률 제45조에 따라 원고에게 이로 인한 손해를 배상할 책임이 있다 …"

할 수 있을지도 모른다. 즉 독점규제법에 위반하는 내용이 계약에 포함되어 있는 경우에 사업자가 상대방이 당해 계약내용을 준수하지 아니하였음을 이유로 하여 거래를 중단하는 등의 「제재」를 가한 때에는, 그 「제재」로 인하여 상대방에게 발생한 손해에 대하여 ──또는 그 손해에 대하여도── 상대방(현행의 독점규제법 제56조 제1항: "이 法의 規定을 違反함으로써 被害를 입은 者")은 그 배상을 청구할 수 있다.

그러나 민법 제750조에 기한 손해배상청구에서도 과연 인과관계 판단의 그러한 일반화가 통용될 수 있는지는 검토를 요한다.

(c) 그런데 손해배상액을 확정하기 위하여 이와 같은 복잡한 계산과정을 거칠 것을 독점규제법 위반행위 일반에 요구하는 것은 아무래도 무리라는 생각이 든다. 위의 사건에는 그나마 위와 같은 산정을 가능하게 또는 의미있게 만드는 특유의 사정이 있다.

우선 위 사건의 당사자는 불공정거래행위를 한 사업자의 직접 상대방으로서, 그 불공정계약의 당사자이다. 독점규제법에서 금지된 다른 행위, 가령 不當共同行爲(제19조 이하)나 企業結合 등(제7조 이하)의 경우에는 손해가 계약의 직접 상대방에게 발생하는 경우는 거의 없고, 그 이외의 시장참여자만이 문제된다.

나아가 위 사건에서는 계약의 존속이 1년이라는 짧은 기간으로 미리 약정되어 있었고, 원고의 손해배상청구도 이 기간 동안의 일실이익에 한정되었다. 그리하여 그 동안의 가격변동 기타 사정변경은 무시하여도 좋을 것이었다.

또한 원고와 피고 회사 간의 거래규모에서도 알 수 있듯이(앞의 (1)에서 본 월평균 판매이익, 즉 ③은 2백3십만원이고, 월평균 순수입, 즉 ⑤는 86만원이다), 원고는 하나의 영업을, 그것도 매우 작은 규모로 영위하고 있었다. 따라서 판매이익 등의 영업이익이나 경비를 공제한 후의 순수입 등을 비교적 용이하게 또 안정적으로 산정해 낼 수 있었다.

가령 원고가 지출하는 경비는 그 종목도 한정적이고 단순하였다. 그러나 영업의 규모가 커지고 또 여러 종류의 영업을 동시에 영위하게 되면, 과연 문제의 불공정거래행위가 전체 영업에 어떠한 영향을 미칠 것인지는 그렇게 쉽사리 확정지을 수 없을 것이다.

2. 또한 최근에 나온 大判 97.4.22, 96다54195(공보 97상, 1540)도 독점규제법 위반을 이유로 손해배상이 청구된 사건에 대한 것이다. 이 사건에서는 주로 구 독점규제법 제57조 제1항과 재판상의 손해배상청구와의 관계가 문제되었고,[11] 손해배상의 내용 자체에는 별다른 언급이 없다. 그러나 일단 자료의 집중을 위하여 여기서 같이 들어두기로 한다.

(1) 이 사건에서 피고는 알로에 제품을 생산·판매하는 회사이고, 원고는 피고 회사의 대리점(피고 회사의 "支社"라는 상호를 사용하고 있다)을 운영하는 甲과 계약을 체결하여, 피고 회사의 「녹번특약점」이라는 상호로 피고 회사의 제품을 甲으로부터 공급받아 판매하여 왔다. 그런데 피고 회사는 ① 제품에 생산번호 등의 비표를 사용하는 방법으로 피고 회사가 대리점에 공급하거나 그를 통하여 특약점 등에 공급하는 물품을 대리점이나 특약점 등이 피고 회사가 지정하는 지역 또는 거래처 이외에는 판매하지 못하도록 하고, ② 그 지정 외에 물품이 유통되는 경우에는 제품출고를 정지하거나 해약하는 등의 제재를 가하고, ③ 또한 피고 회사가 미리 지정하는 가격으로 판매하도록 하고 이를 위반하면 물품공급을 중단하거나 벌칙금을 납부하도록 하는 행위를 하였다.

그 후 원고에게 공급된 물품이 피고 회사가 지정한 판매지역 이외

11) 이에 대한 판례평석인 權五乘, "獨占規制法上 損害賠償責任——시정조치 전치의 의미를 중심으로", 民事判例硏究 20집(1998), 408면 이하도 그 副題에서 보는 것처럼 이 문제를 다루고 있다.

의 곳에 유출, 할인판매되었다고 하여 원고는 물품공급을 일시 정지당한 일이 있고, 다시 약 1년 후에는 같은 이유를 들어 물품공급이 완전히 정지되자 원고는 위 「녹번특약점」을 폐업하였다.

한편 원고는 공정거래위원회에 피고 회사의 독점규제법 위반행위를 신고하였다. 그러자 공정거래위원회는 그 중 ①과 ②의 행위는 소위 구속조건부 거래(구 독점규제법 제23조 제1항 제5호 참조)에, ③의 행위는 재판매가격유지행위(동법 제29조 제1항 참조)에 해당한다고 하여 시정명령을 내렸고, 동시에 1천만원의 과징금납부명령을 내렸다.

원고는 이 사건에서 거래보증금의 반환 외에 손해배상을 청구하였다. 즉 원고는 자신이 납부한 벌칙금 1백만원 및 "피고가 상품공급을 중단한 1993년 7월부터 이 사건 거래약정의 유효기간인 1994년 9월까지 14개월 동안 피고가 위 상품공급중단행위를 하지 아니하였다면 원고가 얻을 수 있었던 매월 금 2천7백여만원의 일실수입 상당액"의 합계 약 3억8천여만원 상당의 배상을 구한 것이다.

그러나 원심판결(서울高判 96. 11. 15, 95나46311. 未公刊, 개인적으로 입수)은 일실수입의 배상청구를 다음과 같은 이유로 기각하였다. 즉 한편으로 "사업자가 상품공급을 중단하는 등 부당하게 거래를 거절하는 불공정거래행위 … 로 인하여 피해를 입은 피해자가 이를 이유로 독점규제법상의 손해배상청구권을 재판상 행사하려면 그 원인이 되는 부당거래거절행위에 대하여 공정거래위원회의 시정조치가 확정되어 있지 않으면 안 된다고 해석함이 상당"한데 이 부당거래거절행위 자체에 대하여는 시정조치가 없었고, 다른 한편 구속조건부 거래나 재판매가격유지행위로 인한 원고의 손해는 원고가 "그러한 제한 없이 영업을 하였다면 더 얻을 수 있었던 수입 상당이라고 할 것"인데 원고는 이에 대하여 아무런 입증을 하지 아니하였으므로, 결국 이 부분 청구는 모두 이유 없다는 것이다.

그러나 大法院은 다음과 같이 판단하여 원심판결을 파기하고 사건을 원심법원에 환송하였다.

> "구 독점규제법 제57조 제1항에서 … 규정한 취지는 조문의 문리해석에 의하거나 독점규제법의 목적, 소송경제의 이념 등에 비추어 보더라도 이는 소의 제기에 앞선 전치절차를 규정한 것에 불과한 것으로서, 일단 전치절차를 거친 당사자로서는 **확정된 시정조치의 실현을 방해하는 상대방의 행위**에 대하여 그 행위가 독점규제법상의 불공정거래행위에 해당됨을 재판상 자유롭게 주장·입증함으로써 그로 인한 손해의 배상을 구할 수 있다고 봄이 정당하고(당원 1990. 4. 10.자 89다카29075 판결 참조), 원심과 같이 시정조치의 대상이 된 불공정거래행위에 국한하여 그로 인한 손해의 배상을 구하여야 하는 것으로 한정 해석할 수는 없[다] … 피고 회사의 **이 사건 상품공급중단행위는 바로 공정거래위원회가 시정을 명한 구속조건부 거래 또는 재판매가격유지행위를 관철하기 위한 수단으로 행해진 것으로서**, 그것이 독점규제법상의 불공정거래행위에 해당되는 한 원고로서는 그로 인한 손해의 배상을 구할 수 있다."

(2) 우선 이 대법원판결은 원고의 손해배상청구가 민법 제750조에 기하여서가 아니라 구 독점규제법 제56조에 기하여 이루어진 것을 前提로 하고 있음을 지적하여 둘 필요가 있겠다. 이는 법원이 원고의 구체적인 청구내용을 해석한 결과로서, 그 당부를 판단할 자료가 없으므로 이 점에 대하여는 논하지 않는다.

이 판결에서 가장 주목되는 것은, 앞의 1.(3)의 (b)에서 지적한 의문이 ──구 독점규제법 제57조 제1항의 해석문제를 매개로 하여── 현실적으로 제기되었고, 나아가 이에 대한 대법원의 태도가 명확하게 제시되었다는 점이다. 다시 말하면 원심법원은, 원고가 배상을 청구하는 손해는 직접적으로는 피고 회사의 거래거절행위로 인하여 발생한 것인데 이에 대하여는 시정명령이 없었으니 위 제57조 제1항의 해석상 그 배상을 청구할 수는 없다고 판단한 것임에 반하여, 대법원은 그 거래거절행위는 공정거래위원회에서 시정조치가 내려진 구속조건부 거래 등을 "관철하기 위한 수단"으로 행하여진 것이므로 그 자체에 대하여 시정명령이 없었다고 하여도 재판상의 손해배상청구가 위 제57조 제 1 항에 의하여 방해받지 아니한다고 판단한 것이다.

이렇게 보면 대법원은 이 판결에서 앞의 1.에서 본 大判 90. 4. 10.에서 보인 사건해결의 결론에 관하여 일관된 태도를 취한 것이라고 하지 않을 수 없고, 이 판결이 抽象論에 있어서 위의 大判과 아무런 일치하는 점이 없으면서도 그 判決을 인용하고 있는 것은 그만한 이유가 있다고 생각된다.

3. 또한 大判 97. 9. 12, 96다41991(공보 97하, 3078)은, 비록 공정경쟁위반행위에 관한 것은 아니나, 여기서 논하여지고 있는 損害 및 因果關係 인정의 문제에 대하여 매우 흥미로운 판단을 보이고 있다.

(1) 이 판결의 사안은 다음과 같다. 피고(會計法人이다)가 舊「주식회사의 외부감사에 관한 법률」 제 3 조 제 1 항 소정의 監査人으로서 1993년 2월에 上場會社인 甲 회사의 재무제표에 대한 감사를 실시하였는데, 그에 있어서 위 회사가 當期純損失을 본 것을 純利益이 있는 것으로 재무제표를 허위로 작성하였음(소위 「분식결산」)을 조회·확인 등을 소홀히 하는 등의 過失로 발견하지 못하고 適正意見으로 표시된 監査報告書를 작성하여서, 위 회사는 이를 증권관리위원회와 증권거래소에 제출하여 公示하였다. 이러한 사실은 증권감독원에 의하여 적발되어 1993년 11월 초에 일반에게 알려지면서 거래는 며칠 간 정지된 후에야 재개되었고, 그 후 위 회사는 1994년 1월에 위 회사는 부도를 냈다. 원고는 1993년 10월에 증권회사를 통하여 위 회사의 주식 2천주를 주당 1만5천원 내외로 매수하였다가, 부도가 난 훨씬 후인 1995년

11월에 이를 주당 4천5백원에 매도하였다. 위 회사의 주가는 분식결산 공표 후 서서히 하락하다가 부도설이 나돌던 1993년 말부터 급락하였고(1994년 1월에 주당 8천6백원), 부도 후 1995년 5월에는 주당 2,620원까지 하락하였다.

원고는 이 사건에서 피고에 대하여 주가의 하락으로 발생한 손해의 배상으로 2,340여만원의 지급을 청구하였다. 原審法院은 원고의 청구를 기각하였는데, 그 이유는 다음과 같은 것이었다.

> "감사인의 부실감사에 관하여 민법상 불법행위책임을 묻기 위하여는 감사인의 고의·과실, 투자자의 손해의 발생, 인과관계의 존재, 손해액 등에 관하여 별도로 주장·입증을 하여야 할 것"인데, ① "이 사건에서 원고가 분식된 재무제표와 부실한 감사보고서를 신뢰하고 이를 투자판단의 자료로 삼아 주식을 취득하게 되었는지에 관하여는 이를 인정할 아무런 증거가 없"으며, "원고가 위 재무제표와 부실한 감사보고서를 이용하여 주식을 매수하였다고 하더라도" ② "이로 인하여 발생한 손해는 증권거래법 제15조에 법정된 손해가 아니라 원고가 매수할 당시 분식결산이 이루어지지 않았다면 형성되었을 소외 회사의 주식가격과 원고의 실제 취득가격과의 차액 상당이라고 할 것인데 이에 관하여 아무런 주장·입증이 없다"는 것이다.

(2) 이 중 ①은, 곧 「(i) 피고의 위법행위 → (ii) 주가의 부당형성 → (iii) 원고의 주식 구입 → (iv) 원고의 손해발생」이라는 因果連鎖 중에서 (ii)와 (iii) 사이의 고리가 입증되지 않았다는 판단이다. 원심판결은 명시적으로 판단하고 있지는 않지만, 이 고리의 未立證에 의하여, 전체적으로 보면 원고의 손해와 피고의 부당행위 사이의 인과관계가 입증되지 않게 된다는 취지일 것이다.

그러나 대법원은 이를 破棄하고 건을 원심에 還送하였다. 우선 ①에 대하여는

> “주식거래에 있어서 대상기업의 재무상태는 주가형성의 가장 중요한 요인 중의 하나이고, … 외부감사인에 의한 감사보고서는 그 재무상태를 드러내는 가장 객관적인 자료로서 일반투자자에게 제공·공표되어 주가형성에 결정적인 영향을 미치는 것이므로, 일반투자자로서는 감사보고서가 정당하게 작성되었으리라고 믿고 주가가 당연히 그에 바탕을 두고 형성되었으리라는 생각 아래 대상기업의 주식을 거래한 것으로 보아야” 한다는 것이다.

그러므로 원심판결은 채증법칙을 위배하여 사실을 오인하였다는 것이다.

이 대법원 판단의 핵심은, 결국 피고의 위법행위로 형성된 不當價格으로 원고가 주식을 취득하였으면 그것으로 피고의 행위와 원고의 손해 사이의 인과관계는 일단 입증되었다고 보아야 한다는 취지를 전제로 하여, 과연 피고의 행위로 인하여 **부당가격**이 형성되었는지를 따지는 데 있다고 생각된다. 대법원은 (i) 주식거래에서의 판단요소로서의 재무상태의「현저한」중요성, 그리고 (ii) 일반투자자가 재무상태를 판단함에 있어서의 감사보고서의「결정적」중요성을 드는 것은 바로 이러한 맥락에서이다. 즉 株價는, 시장에서의 가격결정의 메카니즘 일반이 그러하듯이, 팔려고 하는 자(불특정다수인)와 사려고 하는 자(불특정다수인)가 **매도 또는 매수하려고 하는 가격**을 정하여 시장에 ── 주식시장의 경우에는 非對面的으로── 이를 제시함으로써 결정되는 것인데, 위 (i), (ii)와 같이 설시된 바의 감사보고서의「중요성」에 의하여 그 내용은 시장참가자들의 매도 또는 매수하려고 하는 가격에「인과관계적」영향을 미치고, 이를 통하여 결국 실제로 형성되는 가격을 정하는 事情이 된다는 것이다. 그리하여 부실감사는 부당가격을 형성하게 되는 원인으로 평가되는 것이다.

이와 같이 여기서 결정적인 사정 또는 결정적인 의미를 가져야 하는 사정은, 실은 ―원심판결이 취한 태도처럼― 피고가 구체적으로 감사보고서의 기재를 믿고 주식을 매수하였는지 여부가 아니라, 피고의 위법행위가 부당가격을 형성하였다고 볼 것인지 여부에 있는 것이다. 위 판결의 중요성은 ―비록 당해 法官이 이를 명확하게 의식하였는지는 별론으로 하고― 바로 이 점을 확인·선언한 데 있다고 할 것이다. 그리고 이러한 태도는 **시장왜곡행위 일반**에 대하여 적용되어야 할 것으로 생각된다.

(3) 나아가 대법원은 ②에 관련하여 다음과 같이 판시한다.

> "원심판시와 같이 주식을 매수한 원고가 소외 회사의 분식결산 및 피고의 부실감사로 인하여 입은 손해액은 위와 같은 분식결산 등으로 인하여 상실하게 된 **주가상당액**이라고 봄이 상당하고, 이 사건의 경우 이와 같은 … 주가상당액은 특별한 사정이 없는 한 분식결산 및 부실감사가 밝혀져 거래가 정지되기 전에 정상적으로 형성된 주가[이하 (i)이라 한다]와 분식결산 및 부실감사로 인한 거래정지가 해제되고 거래가 재개된 후 계속된 下終價를 벗어난 시점에 정상적으로 형성된 주가의 또는 그 이상의 가격으로 매도한 경우에는 그 매도가액[이하 (ii)라고 한다]과의 차액 상당이라고 볼 수 있"다.

그러므로 원심판결이 손해액의 산정을 반드시 "원고의 주식매수 당시 분식결산 등이 없었으면 형성되었을 주식가격"을 기준으로 행하여져야 한다는 태도를 취하여 그 주장·입증이 없다고 하여 원고 청구를 기각한 것은 잘못이라는 것이다. 대법원은 결국 원고의 청구는 그대로 인용될 수 있다는 태도인 것으로 보인다.

그러나 이 점에 대하여는 대법원과 원심법원의 태도차이는 별로 크지 아니한 것으로 생각된다. 즉 원심은, 원고의 주식매수 당시를 기준으로 하여 원고의 매수가격과 그 때 분식결산 등이 없었다면 형성되었을 假定的 價格과의 차액이 손해라고 하는 것인데, 대법원이 말하는

(i)의 가격은 실제로는 원고의 실제 매수가격이 되기 쉬울 것이고,[12] 또 그 (ii)의 가격은 결국 원심판결이 말하는 "원고의 주식매수 당시 분식결산 등이 없었으면 형성되었을 주식가격"과 크게 다르지 않을 것이다. 오히려 兩者의 차이는, 구체적으로 이 사건에 있어서 원심판결이 말하는 "원고의 주식매수 당시 분식결산 등이 없었으면 형성되었을 주식가격"에 대한 주장·입증이 없다고 할 것이 아니라, 원고가 주식을 최종적으로 매도한 가격(주당 4천5백원)이 바로 이에 해당한다고 보아야 하지 않았는가 하는 점에 있다고 생각된다.

어쨌거나 이 점에 대한 대법원의 판단도 「시장왜곡행위로 인한 손해」 일반의 입장에서 보면 매우 흥미로운 것이다. 대법원도 원심법원도 그 손해를 부당가격과 정상가격의 차이에 있다고 보는 점에는 다름이 없기 때문이다. 다만 이 건과 같은 경우에 원고가 실제로 입은 손해가 그 차이를 「용인할 수 있는 범위 내에서 합리적으로」 반영하고 있는가 하는 점을 어떻게 판단할 것인가(즉 원고가 適時를 선택하여 매도하였다면 손해를 보다 줄일 수 있었지 않았는가 등의 판단)만이 문제되는 것이다.

4. 그 외에 참고가 되는 것으로는 이 역시 비록 독점규제법 위반행위에 관한 것은 아니나, 서울地法 南部支院判 94. 5. 6, 92가합11689(未公刊, 개인적으로 입수)이 있다.

(1) 이 사건에서는 피고 甲이 경영하는 피고 乙 회사에서 적자가 누적되자 자금조달의 편의를 보기 위하여, 상장요건이 갖추어지지 아

---

12) 大判 67. 12. 21, 67다2158(集 15-3, 312) 등 判例에 의하면, 가령 부동산매도인이 목적물을 제3자에게 양도함으로써 그 채무가 이행불능으로 인하여 매수인에게 배상하여야 할 손해는 원칙적으로 그 이행불능 당시의 부동산의 시가 상당액(즉 부동산의 객관적 가치)인데, 이는 다른 특별한 사정이 없는 한 제3자에의 실제의 처분가격이라는 것이다.

니하였음에도 공인회계사 피고 丙 등과 공모하여 분식결산·허위감사 등의 방법으로 허위로 상장요건을 갖추어 상장하였고, 원고는 그 정을 모르고 그 회사의 상장주식을 주식시장에서 매수하였던 사안에 대한 것이다. 이 사건 소송에서 원고는 그 후 주식가격이 급격히 하락하여 무가치하게 됨으로써 손해를 보았다고 주장하고, 피고들을 상대로 하여 손해배상을 청구하였다.

법원은 원고의 손해와 피고들의 행위 사이의 인과관계의 증명에 대하여 이를 원칙대로 원고에게 입증할 것을 엄격하게 요구하게 되는 것은 사회형평의 관념에 맞지 않는다고 하고,[13] 다음과 같이 판시하였다.

> "증권거래소에 상장할 수 없는 부실기업의 주식을 불법으로 상장하였음을 원인으로 하는 손해배상청구소송에 있어서 청구자인 피해자는 [1] 피청구자의 행위와 [손해발생과의 사이가 아니라] **부실기업의 불법 상장 사이에 상당인과관계**가 있다는 점, [2] 청구자가 선의로 당해 주식을 매수함으로 인하여 손해를 입었다는 점을 입증함으로써 족하고, 이에 대하여 가해자는 피해자의 손해가 예기치 못한 경제사

13) "일반적으로 주식시장에서 어떤 주식을 매도 또는 매수하고자 하는 사람은 당해 회사의 자산상태, 사업전망 및 정부의 경제시책, 경제계의 제반 상황과 업계의 전망, 물가, 금리 등 경제적 요인과 기타 국내의 정치상황, 국제문제 등 복합적 요인을 합리적으로 고려하여, 그 주식을 보유함으로써 이익배당 또는 주식가격의 상승을 통하여 이익을 얻을 수 있고 그 이익률이 적어도 다른 종목의 주식이나 주식 이외의 다른 투자대상분야의 기대수익률을 상회하리라는 합리적 기대가 가능할 때 이를 매수하고, 그 반대일 경우 이를 매도하기 때문에, 당해 주식의 시장가격은 특별한 사정이 없는 한 거래 당사자의 위와 같은 평가가 일치되는 지점에서 형성[된다] … 주식시장에서는 불특정다수인들 사이에 非對面的, 集團的으로 수시로 거래가 이루어지는 관계로 그 거래의 상대방이라는 개념이 존재할 여지가 없고, 위에서 본 바와 같은 가격결정구조의 특성상 상장된 기업의 주식가격은 그 주식이나 당해 기업 자체에 관한 사항 이외의 다른 요인들에 의하여 영향을 받는 경우도 많이 있을 뿐 아니라, 주식 가격의 급락을 초래하는 기업의 부도도 여러 가지 복합적 요인에 의하여 발생하기 때문에, 피해자가 가해행위와 손해발생 간의 인과관계의 모든 과정을 증명하는 것은 극히 어렵거나 사실상 불가능한 경우가 대부분이다."(同判決, 32면-33면)

정의 급변 등 주식의 불법상장 이외의 다른 원인에 의한 것임을 입증하지 못하는 한 책임을 면할 수 없다 …"

(2) 한편 위 소송에서는 丁 은행도 피고가 되었다. 丁 은행은 피고 乙 회사의 주거래은행으로서 증권거래법 제188조의2에서 정하는 「內部者」에 해당하는데, 피고 乙 회사의 부도사실을 알면서, 그 사실이 공시되기 전에 "피고 乙 회사의 주식이 정상적으로 거래되고 있는 틈을 타"서 보유주식 전량인 71천 주를 매도하였던 것이다. 그리하여 원고는 앞의 Ⅱ.2.(1)에서 본 동법 제188조의3 제1항("제188조의2의 規定에 위반한 자는 당해 有價證券의 賣買 기타 去來를 한 자가 그 賣買 기타 去來와 관련하여 입은 損害를 賠償할 責任을 진다")에 기하여 피고 丁 은행을 상대로 손해배상을 청구하였다.

위 판결은 위 규정의 취지에 대하여 다음과 같이 판시하고 있다.

> "위 규정은 비대면적, 집단적으로 이루어지는 증권시장 거래의 특성상 시장참여자의 **불공정거래행위**로 손해를 입은 투자자가 가해자를 확정하고 그의 고의, 과실 및 그의 가해행위와 자신이 입은 손해 사이의 모든 인과관계의 과정을 밝혀 불법행위책임을 묻는 것이 사실상 불가능에 가까운 점에 비추어 다른 시장참여자에게 손해를 가할 수 있는 불공정거래행위의 한 유형으로서 내부자거래를 규정하고 **내부자거래가 인정되는 범위에서는 인과관계의 입증책임도 완화하기 위한 규정**으로 보아야 할 것이다."

그리하여 그 규정에서 「당해 유가증권의 매매…를 한 자」란 "① 내부자가 거래한 것과 같은 종목의 유가증권을 ② 同時期에 ③ 내부자와는 반대방향으로 매매한 자를 의미한다"고 한다. 그리고 그 범주에 해당하는 사람이 손해를 입었음을 입증하기만 하면 내부자거래를 한 사람은 당연히 그 손해를 배상하여야 한다는 판단을 하고 있다. 이는 결국 위법행위(여기서는 「내부자거래」)와 손해발생 간의 인과관계의 입증을 원고적격의 유무 판단에 관한 객관적 기준으로 대체하는 것으로서, 실제로는 과연「인과관계의 입증」이라고 부를 수 있는지 자체가 의문이다. 즉 내부자거래가 주식가격의 변동에 어떠한 영향을 미쳤는가, 바꾸어 말하면 주식가격의 구체적 변동(「결과」)에 내부자거래가 원인이 되었는가 또는 어떠한 범위에서 원인이 되었는가에 대한 판단과는 전적으로 무관하게, 앞의 ①부터 ③의 요건(이는「원인→결과의 연쇄」와는 상관없는 徵表들이다)만 충족하면 손해배상책임을 인정하는 것이다.

다만 이 사건에서는 원고의 손해는 명백한 것으로 보인다. 즉 원고는 피고 乙 회사의 부도가 공시되기 직전인 1992년 4월 29일에 6천만원을 지출하여 그 주식 1만주를 구입하였는데 그 공시 후 폭락된 시가로 이를 매도하여 겨우 588만원을 회수하였을 뿐이었던 것이다.

(3) 이 판결이 우리의 문제관점에서 흥미를 끄는 것은, 한편으로 주식시장의 왜곡행위에 있어서 위법행위와 손해발생 사이의 인과관계와 관련한 문제의 어려움을 극명하게 지적하고 있는 점, 다른 한편으로 그 문제의 해결을 위한 ──음미하여 볼 만한── 思考의 端緖를 제시하고 있다는 점이다.

V. 公正競爭違反行爲로 인한 損害賠償에 관한 一般的 接近

1. 위와 같이 공정경쟁위반행위로 인한 손해배상을 어떠한 내용으로 인정할 것인가에 대하여는 손해에 관한 이론 일반의 입장에서 새로운 접근이 요구된다.

(1) 손해에 관한 이론 일반과 관련하여 종전에 통설은「손해」를

소위 차액설적으로 파악하였다. 즉「가해원인이 없었다면 존재하였을 이익상태와 가해가 행하여진 현재의 이익상태의 차이」가 곧 손해라는 것이다.

가령 생산업자들이 가격협정을 맺은 것을 들어 그 물품을 구입한 소비자가 독점규제법 위반을 이유로 손해배상청구를 하는 경우에, 이를 적용하면 다음과 같이 된다.

(i) 가해행위가 행하여진 현재의 이익상태는 현실구입가격을 기준으로 정하여진다. 이것이 가해행위의 결과이기 위하여는,「① 가격협정에 의한 원공급가격의 상승 → ② 중간유통단계에서의 가격의 상승 → ③ 소매점의 구입가격의 상승 → ④ 소매가격의 상승」이라는 인과연쇄가 요구된다.

(ii) 가해행위가 없었다면 있었을 이익상태는 예상구입가격을 기준으로 한다. 이를 가격협정 직전의 가격으로 보아도 좋은가는 논의의 여지가 있으나, 적어도 일률적으로 그렇게 말할 수 없다는 점은 분명하다. 그렇다면 예상구입가격을 어떤 방식으로든 산출해 내야 한다.

그리하여 (i)과 (ii)의 차이가 곧 손해가 된다.

(2) 그러나 이러한 논리구조에서는 따로 판단되어야 할 세 가지의 사항이 한꺼번에 논의된다. 즉 손해의 발생과 가해행위와 손해 간의 인과관계와 배상되어야 할 손해액(또는 손해의 금전적 평가액)이 그것이다. 그러나 이들 셋은 성질상 차이가 있고, 이에 따라 법원의 역할이나 당사자의 입증책임 등도 다르게 될 수 있기 때문에 구별이 요구된다.

예를 들면 손해의 발생은 그 배상을 구하는 사람이 어떠한 손해를 문제삼고 있는가를 밝혀야 한다는 점에서 비추어서도 피해자가 주장·입증하여야 한다. 그러나 인과관계의 점에 대하여는 일찍부터 특히 가령 公害 등의 경우에는 입증책임의 경감이 논의되어 왔고, 판례(가령

大判 84.6.12, 81다558(集 32-3, 53)[14] 등)도 이를 수용하였다. 또한 손해의 금전적 평가에 대하여는 그 판단이 非訟的 성질을 가진다고 하여 법관의 창조적 역할이 강조되고 있다.

이렇게 보면, 위 三者의 구별을 관철할 수 있는 논리구조를 구상해 볼 필요가 있다.

(3) 일본의 어느 학자는 다음과 같은 아이디어를 제시하고 있다.[15]

손해의 개념과 관련하여서는 종래 통설의 지위에 있던 차액설이 아니라 ──특히 인신사고와 관련하여 논의되고 있는── 소위「현실적 손실설」, 즉 개개의 법익에 관하여 입은 불이익이 바로「손해」라는 최근 유력한 견해를 다시 음미해 볼 필요가 있다.

이에 의하여 독점규제법 위반행위에서의 보호법익을「공정한 경쟁에 의하여 형성된 가격으로 물품을 구입하는 이익」이라고 보고, 그 경우의 손해란 그 이익에 관련한 불이익, 즉 부당한 거래제한, 불공정거래행위 등에 의하여 형성된 가격(즉「부당가격」)에 의하여 물품을

14) 이 대법원판결이 설시하는 立證輕減의 이유가 흥미롭다. 즉 "일반적으로 불법행위로 인한 손해배상청구사건에 있어서 가해행위와 손해발생과의 사이에 인과관계의 존재를 입증할 책임은 청구자인 피해자가 부담함에는 의문의 여지가 없다 할 것이나 이른바 오염물질인 폐수를 바다로 배출함으로 인한 이 사건과 같은 공해로 인한 손해배상을 청구하는 소송에 있어서는 기업이 배출한 원인물질이 물을 매체로 하여 간접적으로 손해를 끼치는 수가 많고 공해문제에 관하여는 현재의 과학수준으로도 해명할 수 없는 분야가 있기 때문에 가해행위와 손해의 발생 사이의 인과관계를 구성하는 하나하나의 고리를 자연과학적으로 증명한다는 것은 극히 곤란하거나 불가능한 경우가 대부분이므로 이러한 공해소송에 있어서 피해자인 원고에게 사실적 인과관계의 존재에 관하여 과학적으로 엄밀한 증명을 요구한다는 것은 공해로 인한 사법적 구제를 사실상 거부하는 결과가 될 우려가 있는 반면에 가해기업은 기술적, 경제적으로 피해자보다 훨씬 원인조사가 용이한 경우가 많을 뿐만 아니라 그 원인을 은폐할 염려가 있고[있으므로] 가해기업이 어떠한 유해한 원인물질을 배출하고 그것이 피해물건에 도달하여 손해가 발생하였다면 가해자측에서 그것이 무해하다는 것을 입증하지 못하는 한 책임을 면할 수 없다 …" 이 논리를 독점규제법 위반행위로 인한 손해배상청구의 경우에 적용하지 못할 이유는 어디에 있을까?

15) 淡路剛久, "獨禁法違反損害賠償訴訟における損害論", 經濟法學會年報 제3호(1982), 48면 이하.

구입하지 아니할 수 없었다는 것 자체가 곧 손해라고 하면 어떨까. 그리고 인과관계는 독점규제법 위반행위에 의하여「부당가격」이 형성되고 그 가격으로 물품을 구입하였다는 것에 의하여 충족된다.

이렇게 보면 실제로 문제되는 것은「부당가격」의 형성을 원고가 입증하는 것이다. 그리고 이는 가령 위의 가격협정의 예에서는, 가격협정에 의한 原供給價格의 상승(위 (1)(i)의 ①)과 小賣價格의 상승(그 ④) 및 그 사이의 시간적·장소적 근접성을 원고가 입증하면, 그 후로는 ―소위 間接反證論에[16] 의하여― 상대방이 그 ④가 그 ①과는 무관하게 일어났다든가, 또는 그 ②나 그 ③이 일어나지 않았다는 것을 피고가 反證하여야 한다는 것이다.

이러한 제안과 앞의 Ⅳ.4.에서 본 下級審判決의 판시가 유사함은 놀랄 만한 일이다.

2. 한편 피해자로 하여금 소송을 제기할 誘因을 주는 제도적 장치의 정비도 시급하다고 생각된다.

미국과 같은 3배액손해배상이나 징벌적 손해배상을 도입하는 것이 만일 체계파괴적인 것으로 생각된다고 하더라도, 다음과 같은 방책은 검토하여 볼 만하다.

1) 집단당사자의 소송제도의 정비

2) 저작권법 제93조, 제94조나 특허법 제128조 등에서 보는 손해액 입증의 경감규정

3) 일부라도 승소한 당사자에 대한 소송비용 부담의 면제

(공정경쟁 37호(1998. 9), 6면 이하; 38호(1998. 10), 14면 이하 所載)

---

16) 註 14의 大判 84. 6. 12. 참조.

[後　　記]

本稿는 1997년 6월 16일에 서울대학교 법학연구소의 전문분야 법학연구과정 제3기(공정거래법 과정)에서 저자가 행한 講義의 원고를 바탕으로 한 것이다. 그 후 새로 나온 裁判例 등을 보충하여 위의 定期刊行物에 발표하였다.

8. 민법 제765조——잊혀진 규정?

Ⅰ. 序

1. 「賠償額의 輕減請求」라는 표제를 단 민법 제765조(이하「本條」라고 한다)는 "① 本章의 規定에 依한 賠償義務者는 그 損害가 故意 또는 重大한 過失에 依한 것이 아니고 그 賠償으로 因하여 賠償者의 生計에 重大한 影響을 미치게 될 境遇에는 法院에 그 賠償額의 輕減을 請求할 수 있다. ② 法院은 前項의 請求가 있는 때에는 債權者 및 債務者의 經濟狀態와 損害의 原因 等을 參酌하여 賠償額을 輕減할 수 있다"라고 규정하고 있다. 즉 불법행위를 이유로 손해배상의무를 부담하는 사람이라도, 배상이 실행된다고 가정할 때 그의 生活이 유지될 수 없게 될 경우에는, 그가 故意 또는 重過失로 문제의 불법행위를 한 것이 아닌 한 그 賠償額의 輕減을 請求할 수 있다는 것이다.

本條의 입법취지는 대체로 다음과 같이 설명될 수 있다. 손해배상의무를 부담하는 사람은 당연히 이를 이행함으로써 그에게 歸責되는 타인의 손해를 塡補하여야 한다. 그러나 어떠한 원인행위에 기하여 발생하는 손해는 때로 巨額에 달할 수 있는데, 우리 법은 가해행위자에게 사소한 不注意만이 있는 경우에도 손해와 사이에「因果關係」(판례·다수설)가 인정되는 한에서는(민법 제763조, 제393조. 이하 민법의 조항은 法名을 지시하지 않고 인용한다) 그에 대한 배상의무를 과한다. 그러므로 사정에 따라서는 가해자에 대하여 원칙대로의 배상을 강행하면 이번에는 가해자측이 불가피하게 최소한의 인간다운 생활조차도 유지할 수 없게 될 수 있다. 法은 이러한 결과는 불법행위를 범한 자가 감수하여야 한다는 태도를 취할 수도 있을 것이다. 그러나 우리 민법은 衡平을 고려하여 "하나의 不幸을 다른 불행으로 치유하여서는 아니된다"는 입장에 서서[1] 本條를 두어, 위와 같은 경우에는 배상의무자의 「請求」에 의하여 법원이 제반 사정을 고려하여 배상액을 적의하게 경감할 수 있는 길을 열어 둔 것이다.[2]

2. 本條는 우리 민법에는 드물게 명문으로 정하여진 衡平法的 救濟手段의 하나이다. 즉 법의 객관적 규칙에 의한다면 인정되어야 하는 배상의무에 관하여 구체적인 사건에서 당사자의 개별적 사정을 종합적으로 고려하여 그 내용이 변경될 수 있는 여지를 인정하는 것이다.[3] 그러나 실무에서 本條의 적용이 문제된 예는 별로 보이지 않으며, 드물게 그것이 주장되었더라도 배상액의 경감을 인정한 경우는 찾을 수 없다.[4]

---

1) 스위스債務法 제44조 제2항의 입법과정에서 스위스의 국회의원 호프만이 한 發言이라고 한다. Karl Oftinger, *Schweizerisches Haftpflichtrecht,* Bd.1, 4. Aufl. (1975), §7 Ⅱ C(S.271)에서 再引用.

2) 郭潤直, 債權各論, 新訂版(1995), 838면은 本條의 立法目的에 대하여 유사한 취지를 말한다.

3) 그리하여 本條의 輕減請求는 손해배상의무자가 가지는 最後의 방어방법으로 제기되는 것으로서, 그것은 불법행위로 인한 손해배상의무의 존재는 물론이고 그 내용도 확정된 후에 비로소 문제된다. 그러므로 피해자의 손해가 가해행위와 「인과관계」가 있는 것이어서 가해자가 배상하여야 할 범위(제763조, 제393조 참조) 내에 들어가는 손해라는 것, 나아가 그 손해를 금전적으로 평가한 후에 이에 대하여 過失相計(제763조, 제396조)나 損益相計 등의 과정을 통하여 손해배상의무자가 배상하여야 할 액이 확정된 후에야, 경감청구가 인정될 수 있다.

4) 李銀榮, 債權各論, 改訂版(1992), 763면은 본조의 실제적 기능에 대하여, "특히 使用者責任이 발생하는 경우 被用者의 損害賠償義務를 輕減하여 **피해자**가 피용자에 대하여 손해배상을 청구하는 것을 억제하는 효과를 가져올 것이다"(강조는 引用者)라는 견해를 피력한다. 그러나 그러한 「效果」가 실제상 얼마나 달성되고 있는지 의문이다.

그런데 이러한 실무의 「외면」에는 그만한 이유가 있다고 생각된다.[5] 우선 얼른 생각해 보는 것만으로 다음과 같은 의문이 제기될 수도 있는 것이다. 本條에 의하여 배상의무자에게 배상액의 경감을 인정하게 되면, 그 반면에 賠償請求權者, 즉 불법행위의 被害者側으로서는 그 경감액만큼 손해를 전보받지 못하는 결과가 된다. 그런데 그 배상받지 못하는 손해는 원래 피해자가 부담하여야 할 아무런 이유가 없는 바이다. 말하자면 本條의 適用은 일종의 제로섬 게임을 강요하는 것이다.[6]

이와 같은 결과가 언필칭 「衡平」의 이름으로 정당화될 수 있다고 하더라도, 다른 한편 本條에는 법체계의 관점에서 볼 때 다음과 같은 立法論的 疑問이 제기될 여지가 있다.[7] 첫째, 배상의무자에게 「생계에 중대한 영향」이 있을 것이어서 그를 보호할 필요가 있다면, 이는 대체로 채무자의 재산에 대한 강제집행을 처음부터 제한하는 押留禁止 등의 규정(민사소송법 제532조, 제579조)에 의하여 처리될 수 있을 것이다.[8] 특히 민사소송법은 제533조, 제579조의2에서 일단 강제집행이 개시되었더라도 "法院은 申請에 의하여 債權者와 債務者의 生活狀況 기타의 事情을 고려하여" 有體動産이나 債權에 대한 압류명령을 취소할 수 있도록 규정하고 있는 것이다.[9] 둘째, 배상의 실행이 「생계에

5) 郭潤直(註 2), 838면도 "本條를 適用함에 있어서는, 매우 신중하여야 하며, 함부로 輕減을 인정할 것이 아님을 잊어서는 아니된다. 加害者의 보호가 被害者의 보호보다도 더 고려되어야 하는 것은 결코 아니기 때문"이라고 한다. 또한 金相容, 不法行爲法(1997), 514면도 "[本條는] 損害賠償制度의 理想에 反한다는 비판이 있으므로, 本條를 엄격히 적용하여야 할 것"이라고 한다.

6) 金永文, "被用者의 責任制限", 司法行政 1997년 7월호, 27면이 "[本條는] 책임제한 및 경감을 위해 가해자와 피해자의 경제상태를 규준으로 하기 때문에 발생된 損害의 塡補라는 손해배상법의 기본적 원칙을 벗어나고 있다"고 하는 것은 같은 趣旨로 이해된다.

7) 한편 郭潤直(註 2), 838면은 本條에 관한 입법론으로 "本條를 適用하여 輕減을 인정하는 경우에는, 國家나 公共團體의 어떤 補完的 作用을 인정하는 制度를 아울러 인정하는 것이 필요"하다고 한다.

8) 同旨: 金永文(註 6), 27면 주 26.

9) 民訴 제533조는 원래 그 제1항에서 "押留에 의하여 債務者가 生活上 回復할

미칠 영향」의 정도, 참작하여야 할 「채권자와 채무자의 경제상태와 손해의 원인」 등과 같이 損害賠償訴訟의 主眼인 손해배상의무의 존부나 내용의 판단과는 무관한 사정을 법원으로 하여금 심리하게 하는 것은, 소송의 진행을 불필요하게 번거롭게 할 우려가 있다. 이렇게 보면 위와 같은 필요는 역시 實體的 權利義務의 존부나 내용을 정하는 단계에서보다는 強制執行의 단계에서 처리되는 것이 합리적이라고 여겨지기도 한다. 셋째, 또 하필 불법행위로 인한 손해배상의무자에게만 本條와 같은 배상액의 경감청구가 인정되어야 할 것인지도 반드시 釋然하지 아니한다. 예를 들면 채무불이행의 경우에도 사소한 不注意로 막대한 손해가 발생할 수 있는데도 그로 인한 손해배상책임액의 경감은 규정되지 않고 있는 것이다.[10]

수 없는 窮迫狀態에 빠질 念慮가 있는 경우에 債務者가 誠實히 債務履行의 意思가 있고 債權者의 經濟에 심한 影響을 미치지 아니할 것으로 認定할 顯著한 事由가 있는 때에는 法院은 債務者의 申請에 의하여 前條에 규정한 외에 必要한 限度에서 押留하지 못하는 財產을 指定할 수 있다"고 정하고 있었다. 이 원시규정의 衡平法的 性格, 나아가 本條와의 類緣性은 더욱 명백하다. 그런데 同條는 動產執行에 관한 것이고, 債權이나 不動產에 대한 집행과 관련하여서는 같은 趣旨의 規定은 두지 않았었다. 그리하여 1990년 1월 13일의 민사소송법 개정에서 本文에서 본 바와 같이 要件을 緩和함과 동시에, 民訴 제579조의2를 신설하여 債權執行에 대하여도 마찬가지의 규정을 둔 것이다.

10) 本條는 명백히 「本章의 規定」에 의한 배상의무자에게 감액청구권을 인정하고 있고, 민법에는 이를 債務不履行에 대하여 준용하는 규정이 없다. 채무불이행의 경우에는 당사자 사이에 特別結合關係가 존재하여 채무자로서는 채권자가 자신의 채무불이행으로 입게 될 손해, 나아가 그에 대한 손해배상의무의 내용에 대한 예측을 할 수 있는 경우가 많으므로, 이에 대한 방책을 채무자 스스로의 책임으로 마련하여야 하고, 후에 손해배상의 이행으로 궁박상태에 빠지게 될 것임을 원용할 수는 없다는 立法的 判斷이 있는 것으로 추측된다(스위스에서의 논의로서 BernKomm/Becker, Art.99 OR Rn.52(Bd.6(1941), S.509)도 참조). 서울高判 72.9.19, 72나1191(高集 民 2, 65)도 마찬가지로, 身元保證人이 本條를 들어 책임액의 경감을 주장한 것에 대하여, 本條는 신원보증인이 신원보증계약에 의하여 부담하는 손해담보책임에는 적용이 없다고 판단하였다(그런데 「一切의 事情」을 고려한 신원보증인의 책임 경감이 명문으로 인정되고 있으므로(身元保證法 제6조 참조) 새삼 本條를 원용할 필요도 없을 것이다). 그런데 스위스에서 스債 제99조 제3항은, 불법행위로 인한 손해배상책임에 관한 규정을 일반적으로 채무불이행으로 인한 손해배상책임에 준용하고 있는데, 同法 제44조 제2항도 그 준

그런데 최근에는 뒤에서 보는 대로(Ⅵ.1. 참조) 本條의 適用을 「활성화」할 것을 주장하는 견해가 제기되고 있다.

3. 이러한 가능한 의문과 새로운 주장을 배경으로 하여, 本條에 관련한 몇 가지 문제를 제기하고 이에 대한 나름대로의 생각을 제시하여 보고자 하는 것이 本稿의 목적이다.

우선 本條의 沿革과 함께(Ⅱ.), 本條 解釋의 전제로 本條에서 정하는 輕減請求의 法的 性質을 살핀다(Ⅲ.).

나아가 本條에 대한 해석론적 천착이 별로 없는 것을 고려하여, 本條의 보다 상세한 해석론을 要件(Ⅳ.)과 效果(Ⅴ.)로 나누어 살펴보기로 한다.

그리고 마지막으로 本條의 「활성화」의 주장에 대하여 의견을 개진하기로 한다(Ⅵ.).

Ⅱ. 本條의 沿革과 立法例

1. 本條의 立法過程

1948년경에 정하여진 「民法典編纂要綱」은[11] 이미 본조와 같은 규정을 둘 것을 정하고 있었다(同要綱, 債權法各論, 四三.: "損害가 故意 또는 重大한 過失에 依하여 生한 것이 아닌 境遇에 있어서 그 賠償이 債務者의 生計에 重大한 影響을 미치는 境遇에는 裁判所에 그 賠償額을 輕減할 수 있는 權利를 規定할 것"). 이러한 방침은 民法案 제759조에 수용되어, 그

용되는 규정에 속한다고 해석되고 있다. 우선 Oftinger(註 1), §7 Ⅱ C Fn.52 (S.272); BernKomm/Becker, 위 同所 참조.

11) 이에 대하여는 梁彰洙, "民法案의 成立過程에 관한 小考", 民法硏究 제1권 (1991), 67면 이하 참조(그 附錄으로 同要綱의 전문을 수록하고 있다).

것이 그대로 本條가 되었다. 민법전의 제정과정에서 本條에 대하여는 별다른 論議가 없었다.[12] 民事法研究會의 『民法案意見書』도 本條에 언급하고 있으며 "財產法의 救貧性을 立法化한 것으로서 進步的 規定"이라는 긍정적 평가를 내리면서 그 규정에 「贊成」하고 있다.[13]

本條와 같은 규정은 依用民法이나 滿洲國民法에는 없으며, 그에 대한 解釋論에서도 이러한 내용을 주장하는 견해는 쉽사리 발견되지 않는다. 그러한 의미에서도 본조는 우리 민법에서 異彩로운 규정이라고 할 수 있다.

2. 스위스債務法 제44조 제 2 항

本條의 직접적 淵源은 스위스채무법(이하 「스債」) 제44조 제 2 항에서 찾을 수 있다(스위스법과의 차이점에 대하여는 뒤의 Ⅲ. 1. 참조). 本條와 같은 규정은 스위스를 제외하고 주요한 다른 나라에서 그 예를 찾아보기 어려우며, 우리 민법과 관련이 깊은 다른 외국민법, 예를 들어 독일민법이나 프랑스민법은 이러한 규정을 두지 않는다.[14] 민법전의 제정과정에서도 스위스의 규정은 유일한 「外國立法例」로 제시되고 있다.[15]

위 규정은, "손해를 고의 또는 중대한 과실 없이 야기한 배상의무

12) 民法案審議錄, 上卷(1957), 451면 下段은, 단지 "現行法에는 없고 新設條文이다"라고만 한다.

13) 民事法研究會, 民法案意見書(1957), 201면(金基善 담당).

14) 오히려 독일민법은 衡平을 이유로, 원래는 손해배상의무를 부담하지 않는 사람에게 이를 부담시키는 것을 例外的으로 인정하는데, 同法 제829조는, 責任無能力을 이유로 손해배상책임을 지지 않는 사람이라도, "감독의무 있는 제 3 자로부터 손해의 배상이 얻어질 수 없는 경우에는, 제반 사정, 특히 당사자들의 財產關係에 비추어 손해의 전보가 형평에 적합하고 또 그의 적절한 生計 또는 법률에 의하여 부담하는 扶養義務의 履行에 필요한 資力이 박탈되지 아니하는 범위에서는" 손해배상의 의무를 진다고 한다. 유사한 취지의 규정은 스債 제54조 제 1 항에서도 발견된다.

15) 民法案審議錄(註 12), 同所.

자가 배상을 이행한다면 窮迫에 빠지게 될 경우에는, 法官은 이를 이유로 하여서도 배상의무를 輕減할 수 있다(Würde ein Ersatzpflichtiger, der den Schaden weder absichtlich noch grob fahrlässig verursacht hat, durch Leistung des Ersatzes in eine Notlage versetzt, so kann der Richter *auch* aus diesem Grunde die Ersatzpflicht ermässigen)"(강조는 引用者. 이하 같다)고 정하고 있는 것이다. 이 규정은 1911년의 새로운 스위스채무법에서 비로소 삽입되었고, 종전의 1881년 법에는 없었던 것이다.

그런데 스위스에서 스債 제44조 제 2 항은 입법론적으로 비판되기도 한다. 가령 오프팅어는 "제44조 제 2 항의 解法은 형평과 합목적성을 가지고 있다. 그러나 법 전체의 관점에서 보면 이는 희귀한 것이다. 生存의 最低線에 대한 배려는 오히려 실체법이 아니라 강제집행법의 문제가 아닌가 하는 의문이 제기될 수 있을 것"이라고 한다.[16] 또 켈러/가비도, "이 규정은 극히 異例的이다. 의무자가 궁박상태에 빠지는 것을 회피하는 것은 원칙적으로 강제집행법이 규율할 사항이고(생존의 최저선의 범위에서 收入에 대한 압류를 배제하는 것, 家財의 압류금지 등), 실체법의 일이 아니다"라고 한다.[17] 이 비판에는 귀기울일 만한 점이 있다고 생각된다.

Ⅲ. 민법 제765조 解釋의 基本視角 —— 輕減請求權의 法的 性質

1. 本條와 스위스債務法 제44조 제 2 항의 相異點

本條 자체만으로는 앞서 본 스債 제44조 제 2 항과 동일한 내용을

16) Oftinger(註 1), § 7 Ⅱ C(S.273).
17) Max Keller und Sonja Gabi, *Haftpflichtrecht*, 2. Aufl.(1988), S.105.

정하는 것으로 보이나, 손해배상법 전체를 배경으로 하여 보면 그와 중요한 차이가 있다.

스위스는 손해배상의 내용에 관하여 우리와 基本態度를 달리한다. 스위스에서는 불법행위로 인한 손해배상의무에 대하여 그 "方法과 範圍(Art und Grösse)"를 법관이 그 裁量에 의하여 결정하도록 정하고 있다(스債 제43조 제1항).[18] 다만 스위스에서도 손해가 전부 배상되어야 함이 원칙이고, 이를 감액하려면 특별한 사유가 존재하여야 한다고 이해되고 있다.[19] 이러한 감액사유로 법이 구체적으로 정하는 것은, (i) 가해자의 過責의 大小(스債 제43조 제1항), (ii) 피해자의 「過失」(스債 제44조 제1항), 그리고 (iii) 여기서 문제되는 피해자의 窮迫狀態(同條 제2항)이다. 그러나 법은 그 외에도 「諸般事情(die Umstände)」을 고려할 것을 요구하고 있어서(스債 제43조 제1항), 위와 같은 法定의 구체적 감액사유는 망라적이 아니라 예시적이라고 이해되고 있으며, 법정되지 아니한 감액사유에 대한 다양한 類型化가 행하여진다.[20]

여기서 유의할 것은, 法定되지 아니한 감액사유는 물론이고 법정의 사유가 존재하는 경우에도 스위스에서 법관은 여전히 손해배상의 내용을 확정함에 있어서 「재량」을 가지며, 그러한 사유가 있다고 하여 반드시 감액하여야 하는 것은 아니라는 점이다.[21] 앞서 본 스債 제44조 제2항이 "… 法官은 이를 이유로 하여서도 輕減할 수 있다"고 규정하는 것은 이러한 배경 아래서 이해될 수 있다.[22] 스위스에서는 가

18) 이 규정은 스債 제99조 제3항에 의하여 채무불이행으로 인한 손해배상의무에 준용된다.

19) 가령 Oftinger(註 1), §7 I (S.261f.); Keller/Gabi(註 17), S.101f.; Guhl/Merz/Koller, *Das Schweizerische Obligationenrecht*, 8. Aufl.(1991), §10 Ⅳ 2 (S.77) 참조.

20) 가령 Oftinger(註 1), §7 Ⅱ(S.263ff.); Keller/Gabi(註 17), S.102ff.; Guhl/Merz/Koller(前註), §10 Ⅴ(S.77ff.) 참조.

21) Oftinger(註 1), §7 Ⅱ E, a.E.(S.283) 참조.

22) 스위스에서 위 규정에서 정하는 「窮迫」의 존부는 법관이 재량으로 결정한다고 해석되는 것도 마찬가지의 배경에서 이해될 수 있다. 가령 Honsell et al.(Hrsg.),

해자에게 손해의 발생이나 확대에 관하여 「과실」이 있는 경우에도 이를 이유로 반드시 과실상계를 하여야 하는 것은 아니다.[23] 그렇다고 법관에게 「感情에 좇은 裁判」을 하는 것은 물론 허용되지는 않으며, 재량을 合理的으로 行使하여야 한다는 요청은 엄존한다.[24] 이렇게 보면, 스債 제44조 제 2 항은 법원이 손해배상의 내용을 정함에 있어서 고려할 수 있는 사유의 하나를 말하자면 주의적으로 규정한 것 이상의 의미가 없는 것이다.

이상에서 본 스위스의 경우와는 달리, 우리 민법에서 손해배상의 내용, 즉 배상범위나 감액사유 등이 客觀的 法의 適用(제763조, 제393조, 제394조, 제396조)에 의하여 정하여진다.[25] 그렇다면 本條도 비록

Komm. zum schw. Privatrecht. Obligationenrecht, Bd.1(1992), Art.44 Rn.9(S. 334); Oftinger(註 1), §7 Ⅱ E, a.E(S.283) 참조.

23) 過失相計를 정하는 스債 제44조 제 1 항도 "… 법관은 배상의무를 감경하거나 전적으로 면제할 수 있다(so kann der Richter die Ersatzpflicht ermässigen oder gänzlich von ihr entbinden)"고 정한다. 그 점에서 우리 민법 제396조("… 이를 參酌하여야 한다")의 태도와는 다르다.

24) 가령 Oftinger(註 1), §7 Ⅰ(S.262): "裁量은 손해배상의 확정에 있어서 결정적이다. 왜냐하면 법관의 광범위한 자유만이, 타당한 재판이 되려면 고려해야만 하는 무수한 事情들을 적정하게 판단할 수 있게 하기 때문이다. 그러나 이것이 합리적 숙고가 행하여지지 않아도 되고 법원에게 감정에 좇은 재판(Rechtsprechung nach dem Gefühl)을 할 여지가 인정된다는 것을 의미하지는 않는다. 오히려 法律과 「確證된 理論과 判例」(스위스민법 제 1 조)에는 상당수의 규칙이 포함되어 있다. 이미 강조한 대로 손해배상액을 감경할 이유가 존재하여야 하며, 모든 감경에는 이유가 제시되어야 한다."

25) 實體法에서의 이러한 법관재량의 배제는 訴訟法에서 손해의 발생 여부, 그 정도 및 액수 등의 인정에 있어서 법관의 보다 넓은 재량을 인정하지 아니하고 변론주의나 증명의 일반원칙(엄격한 증명, 본증 등의 요구)을 적용하는 것으로 이어진다. 그런데 예를 들면 독일 민사소송법은 "당사자 사이에 손해가 발생하였는지 및 그 손해 또는 배상되어야 할 이익이 얼마인지에 관하여 다툼이 있는 경우에는, 법관은 이에 대하여 모든 事情을 評價하여(unter Würdigung aller Umstände) 自由로운 心證으로 판단한다. 신청된 증거조사를 명할 것인지 또는 어느 범위에서 할 것인지 또는 직권으로 전문가에 의한 감정을 명할 것인지는 法院의 裁量에 맡겨진다"고 정하여(同法 제287조 제 1 항 제 1 문, 제 2 문), 예외를 정하고 있다(또한 스債 제42조 제 2 항도 참조). 이 점에 대하여는 우선 梁彰洙, "損害賠償의 範圍와 方法/損害賠償責任의 內容(不法行爲法 改正案 意見書. 第五)", 民事法學 15호(1997), 211면, 220면 이하 참조.

그 입법적 연원은 스債 제44조 제 2 항에 있다고 하더라도 「객관적 법」의 하나로 이해되어야 할 것이다. 따라서 本條에 의한 배상액 경감의 要件과 效果가 解釋論的으로(dogmatisch) 제시되어야 한다.

2. 賠償額輕減請求權의 法的 性質

本條는, 앞서 본 스위스의 규정과는 달리, 적어도 文言上으로는 배상의무자가 먼저 경감을 청구하여야 하고 그 청구가 있으면 그 때 법원이 경감 여부를 결정한다는 構造를 취하고 있다. 그리하여 얼핏 보면 제 1 항에서는 배상의무자가 경감청구를 할 수 있는 요건을, 이어서 제 2 항에서 법원의 경감판단에 관한 사항(고려하여야 할 요소 등)을 각각 정하는 것으로 보인다.

(1) 여기서 다음과 같은 이론적인 문제가 제기될 수 있다. 배상의무자는 本條에 의하여 賠償額輕減請求權을 취득하게 되는가?[26] 만일 그렇다면 그 권리는 그 행사, 즉 경감청구에 의하여 배상액이 당연히 경감되는 形成權의 성질을 가지는가? 本條 제 1 항에서 "法院에 … 請求할 수 있다"는 문언은, 共有物分割請求權을 정하는 제269조 제 1 항("共有者는 法院에 그 分割을 請求할 수 있다")이나 債權者取消權을 정하는 제406조 제 1 항("… 債權者는 그 取消 및 原狀回復을 法院에 청구할 수 있다")이나 裁判上離婚에 관한 제840조("夫婦의 一方은 … 家庭法院에 離婚을 請求할 수 있다") 등에서와[27] 같이 이해되어야 할 것인가? 이 때 법원의 배상액경감결정은 이들 규정에서와 마찬가지로 形成的 效力을 가지는가? 아니면 이와는 아예 차원을 달리하여 本條 제 2 항에

26) 註釋 債權各則(Ⅳ)(1986), 363면(梁三承 집필)은 "本條는 損害賠償을 하는 者의 賠償額減額請求權을 규정하고 있다"고 한다. 그러나 그 설명이 본문에서 말한 바와 같은 問題를 의식하고 행하여진 것인지 명확하지 아니하다.

27) 그 외에 제816조(婚姻取消), 제905조(裁判上罷養) 등을 들 수 있을 것이다.

서 "法院은 … 등을 參酌하여 賠償額을 輕減할 수 있다"라고 정하는 것에 비추어 오히려 가령 제839조의2에서 정하는 離婚에서의 財産分割請求權(특히 同條 제3항 참조)과 유사하게, 추상적 경감청구권(本條 제1항)과 법원에 의하여 구체적으로 확정되는 경감청구권(本條 제2항)으로 이해할 것인가? 아니면 마치 過失相計에 관한 제396조나 損害賠償豫定額의 減額에 관한 제398조 제2항이 채무자에게 減額(또는 免除)請求權을 부여하는 것이 아닌 것처럼, 本條는 배상의무자에게 배상액 경감에 관한 무슨 實體的 權利를 부여하는 것이 아니며, 단지 법원에 대하여 형성적 판단을 구할 권리, 즉 일종의 訴權[28] 또는 법원이 배상액을 확정함에 있어서 고려되어야 할 訴訟上의 攻擊防禦方法을 정함에 그치는 것인가?

이와 같은 문제에 대한 논의는 별로 행하여지지 않고 있다.[29] 이러한 법적 성질(juristische Qualifikation)의 논의는 그 여하에 의하여 구체적인 법률문제에 대한 결론을 일률적으로 통제할 수 없다는 의미에서 별다른 실익이 없다고도 할 수 있다. 특히 우리 나라에서 아직 形成權에 관하여 충분한 포용력을 갖춘 설득력 있는 견해가 주장되지 못하고 있는 점에 비추어 보면 더욱 그러하다. 그러나 앞의 1.의 말미에서 말한 대로 本條에 의한 배상액 경감의 要件과 效果를 解釋論的으로 제시하는 데는, 특히 이에 대한 논의가 전무한 상황에서는, 그 접근을 가능하게 하는 어떠한 이론적 準據틀이 적어도 端初에는 요구된다고 하겠다. 그리고 위와 같은 법적 성질에 관한 논의는 바로 그러한 준거틀에 대한 물음에 다름 아닌 것이다.

28) 李時潤, 民事訴訟法, 新訂補版(1995), 277면은, 訴로써만 행사할 수 있는 實體法上의 形成權을 「形成訴權」이라고 부른다. 그러나 이 용어법에는 실체법적 권리임이 충분히 나타나 있는지 의문이 있다.

29) 이와 관련하여서는 債權者取消權의 법적 성질에 대한 最近의 論議(소위 責任說·訴權說을 포함한)가 상기된다. 이에 대하여는 우선 金亨培, 債權總論(1993), 421면 이하 참조.

(2) 실체법과 절차법의 峻別을 체계구성의 기초로 하는 우리 법질서에서 실체법인 민법이 단순히 소송상의 공격방어방법을 정하는 규정을 두었다고 이해하기에는 무리가 있다. 그렇다면 本條에 기하여 배상의무자에게 주어지는 법적 지위는 결국 배상액의 경감을 구할 수 있는 지위로서 實體法的 性質을 가진다고 할 것이다.[30] 동시에 그것은 법원의 형성적 판단을 통하여 또 그러한 수단만에 의하여 실현되는 것으로서, 그 한도에서는 訴訟法上의 權利로서의 성질도 가진다고 하겠다. 그러나 이 권리는 뒤의 (3)에서 보는 대로, 그 목적에 의한 제한을 받는 것으로서, 이를 가령 채권자취소권의 법적 성질 논의에서의 訴權說이[31] 주장하는 바와 같은 獨立的 訴權이라고는 할 수 없다.

본조의 경감청구권은 실체법의 관점에서는 위와 같은 의미에서 일종의 形成權이고, 本條 제 1 항은 그 발생요건을 정하는 것이라고 할 것이다. 그러나 그렇다고 해서 本條 제 1 항의 요건이 갖추어진 이상 법원이 반드시 배상액을 경감하여야 한다고 해석하여야 할 것인가? 이를 긍정하는 입장에서는 本條 제 2 항의 "… 輕減할 수 있다"고 하는 것은 경감 여부에 대한 것은 아니라, 단지 경감의 정도에 대한 법원의 합리적 재량권을 표시하는 것이라고 이해할 것이다. 그러나 본조의 권리는 바로 뒤에서 보는 대로 「형식적 형성권」으로서 법원의 非訟的 判斷에 의존하는 것으로서, 법원의 판단 여하에 따라서는 경감을 부인할 수도 있다고 할 것이다(뒤의 V. 2. (2) (a) 참조).

그런데 법원이 배상액 경감의 정도를 판단함에 있어서는 "債權者 및 債務者의 經濟狀態와 損害의 原因" 등은 물론이고 그 외의 모든 事情을 參酌하여 다양한 사정을 고려하여 말하자면 非訟的으로 판단할

30) 그러므로 배상의무자는 배상청구권자가 제기한 손해배상청구소송 등에서 本條에 기한 減額請求權을 행사하여 원고가 주장하는 권리의 내용을 그 한도에서 다툴 수 있다.

31) 金亨培(註 29), 429면 이하 참조.

수 있다. 이와 같이 구체적으로 어떠한 내용의 權利關係를 形成할 것인가가 法官의 裁量에 맡겨져 있다는 의미에서 본조에 기한 감액청구의 권리는「形式的 形成權」의[32] 성질을 가진다고 할 수 있다.[33] 결국 본조의 감액청구권은 裁判上의 共有物分割請求權(제269 제1항) 등과 유사한 권리라고 하겠다.

(3) 그런데 本條에 기한 배상의무자의 법적 지위를「形式的 形成權」으로 파악한다고 하여도, 그 권리는 독립적·일차적인 의미가 없으며 단지 어떠한 손해배상청구권을 전제로 하여 그 내용, 즉 배상액을 확정한다는 작업과 관련하여서만 존재이유가 있다. 그러므로 이는 말하자면 從屬的 形成權이라고 할 수 있다.

그렇게 보면 이 권리는 손해배상청구권과 독립하여 독자적으로 소멸시효에 걸리지 아니하고, 손해배상청구권이 소멸하면 따라서 소멸한다고 할 것이다. 또 이것만을 별도로 양도하거나 압류하는 것도 허용되지 않는다. 그 외에 本條의 輕減請求를 소송물로 하는 獨立的 訴는 인정되지 않는다는 것(뒤의 V.1.(2)(b)(aa) 참조)도 이러한 성질에 기한 것이다.

Ⅳ. 輕減請求權의 發生要件: 本條 제1항

1. 概　　觀

本條에 기한 輕減請求權이 발생하기 위하여는, 첫째, 불법행위로

32) 訴訟法學에서 인정되는「形式的 形成의 訴」에서 그 이름을 따왔다. 이 訴에 대하여는 우선 李時潤(註 28), 279면 이하 참조.

33) 그러나 법원이 당사자가 경감청구한 액을 넘어 경감할 수 있는지 여부는「形式的 形成權」이라는 법적 성질로부터 논리필연적으로 부정되어야 하는 것은 아니다. 本條가 당사자의「請求」를 요구하는 것에 비추어 달리 해석될 수도 있기 때문이다. 이 문제에 대하여는 뒤의 V.2.(2)(c) 참조.

인한 손해배상의무가 존재하여야 하고("本章의 規定에 依한 賠償義務者는 …"), 둘째, 그 의무자에게 고의 또는 중과실이 없어야 하며, 셋째, 그가 그 의무를 실제로 이행하게 되면 그로 인하여 賠償義務者의 生計에 重大한 影響을 미치게 되어야 한다.

法院은 본조의 경감청구를 인용함에 있어서 배상의무자가 위와 같은 요건들을 인정하여야 하며, 그 인정이 없으면 理由不備(民訴 제394 제1항 제6호 前段)를 범한 것이 되어 上告理由가 된다.

2. 不法行爲로 인한 損害賠償義務의 存在

(1) 불법행위로 인한 손해배상의무가 존재하지 않는다면, 그에 대한 輕減請求란 상정될 수 없다.

(**a**) 여기에서 말하는 배상의무의 존재는, 처음부터 발생하지 아니한 경우뿐만 아니라, 일단 발생하였다가 소멸한 경우에도 부정된다. 前者에는 유책한 위법행위가 행하여지고 이로 인한 손해가 발생하였으나, 가령 過失相計나 損益相計 등에 의하여 가해자의 배상의무가 부정되는 경우도 포함된다. 앞에서 본 대로(註 3 참조), 本條의 輕減請求는 최종적인 구제수단인 것이다. 또 後者는 그 소멸의 원인이 辨濟나 이와 동시되는 사유(대물변제·상계·공탁 등)로 인한 것이든, 면제·혼동·소멸시효의 완성 등 기타의 사유이든 불문한다.

(**b**) 한편 공동불법행위자나 사용자책임에서의 사용자와 피용자 등과 같이 동일한 내용의 배상의무를 부담하는 사람이 여럿인 경우도 이 요건이 충족된다.[34] 그러므로 그 各人이 本條의 다른 요건을 갖춘다면 각각 별도로 本條의 경감청구를 할 수 있다(한편 다수의 의무자들 사이의 內部的 求償關係에서 본조를 주장할 수 있는지의 문제에 대하여는

---

34) Peter Gauch(Hrsg.), *Schweizerisches Obligationenrecht. Rechtsprechung des Bundesgerichts,* Allg. Teil(Art. 1-183)(1983), S. 83 참조.

뒤의 (3) 참조).

(**2**) 本條가 적용되려면, 불법행위로 인한 손해배상책임이 존재하여야 한다.

(**a**) 그런데 여기서 말하는「不法行爲」에는 이는 제750조에서 정하는 원래의 過失責任에 기한 것은 물론이고, 책임무능력자의 감독자의 책임이나 사용자책임 등에서와 같이 他人의 行爲로 인하여 책임을 지는 경우, 공작물의 점유자 또는 소유자나 동물 점유자와 같이 危險責任에 기한 경우에도 마찬가지이다.

특별법에서 과실책임주의에 입각하여 손해배상책임이 정하여진 경우에는 다른 정함이 없는 한 本條의 적용이 있다고 할 것이다. 나아가 自賠法 제3조나 環境政策基本法 제31조, 水產業法 제82조, 鑛業法 제91조에서와 같이 특별법에서 특히 일정한 危險源을 설치하거나 보유한 자에 대하여 그의 과책과는 무관하게 위험책임주의에 입각하여 손해배상책임을 인정하는 경우에도, 그것이 불법행위책임의 성질을 가지는 한, 이에 대하여는 본조를 적용 또는 유추적용할 것이다.[35] 그런데 위험책임의 경우에 대하여는 強制保險의 제도가 채택된 경우가 대부분이므로, 본조가 적용되는 일은 많지 않을 것이다(뒤의 4.(1)(d) 참조). 한편 이 경우 본조의「고의 또는 중과실 없음」요건에 관하여는 뒤에서 보기로 한다(3.(3) 참조).

(**b**) 여기서의「불법행위」에는 自然人이 그 책임의 주체인 경우가 물론 해당하는데, 나아가 法人이 그 책임을 지는 경우도 포함되는지에 대하여는 문제가 없지 않다. 本條 제1항이 "生計에 重大한 影響을 미칠 것"을 요구하는 것에 비추어 보면, 법인의 경우에는 본조의 적용이 없다고 할 것이다.[36] 법인은 다수인으로부터 각 개인의 업무나 재산

35) 스債 제44조 제2항에 대하여도 마찬가지로 해석되고 있다. 예를 들면 Oftinger(註 1), §7 Ⅱ C(S.272) 참조.

36) 反對: 吳宗根, "민법 제765조상의 배상액경감청구", 比較私法 4권 1호(1997),

중 일부를 분리하여 별도로 결집시킨 단위에 法人格을 인정한 것에 불과하여 그것을 위하여 피해자를 희생시키면서 배상액의 경감을 인정할 필요는 없으며, 배상의 실행으로 재무상태가 극히 악화되더라도 이를 이유로 破産이나 會社整理 등의 節次를 밟으면 그만일 것이다.

(3) 求償關係에서의 輕減請求의 許容 與否

피해자를 자신의 出捐으로 만족시킨 자(그 스스로 피해자에 대하여 賠償義務를 부담하는 경우가 대부분일 것이나, 반드시 그런 것은 아니다)가 배상의무자에게 求償을 하는 경우에도 本條가 적용되는가? 즉 배상의무자는 배상의 이행으로 生計에 중대한 영향을 받음을 내세워 求償額의 경감을 청구할 수 있는가?

(**a**) 결론적으로 肯定하여야 할 것이다.[37] 다음과 같이 생각하여 이를 否定하여야 할는지도 모른다. 本條는 배상의무자의 손해배상과 관련하여 궁박에 빠지게 될 일체의 경우에 누구에 대한 관계에서라도 부담의 경감을 주장할 수 있다는 취지라고는 볼 수 없다. 本條 제2항에서 "債權者의 經濟狀態"도 고려하여 경감의 범위를 판단한다고 정한 것은, 배상받을 액이 경감되더라도 피해자가 그 손해(그로서도 不意에 입은)를 감당할 수 있는지 등의 사정을 고려하라는 취지라고 이해된다. 그 외의 제3자, 특히 다른 배상의무자와의 內部關係에서 그 중 一人의 궁박상태가 구상에 영향을 미치는 것은 쉽사리 긍정될 수 없으며, 만일 이를 인정한다면 다른 배상의무자는 구상액이 경감될 것을 내세워 피해자에의 배상의 실행을 꺼리게 될 수도 있다. 요약하면, 本條에 기한 「特別한 犧牲」을 피해자 이외의 사람에게 확장하는 것은 바람직하지 아니하고, 본조의 적용을 긍정하면 求償問題를 불필요하게 복잡하게 할 위험이 있다는 것이다.

256면 주 78은, "손해배상의무의 이행으로 기업운영이 어렵게 될 경우처럼, 배상의무자가 법인 내지 단체인 경우에도 적용될 수 있다"고 한다.

37) 同旨: 吳宗根(前註), 262면; 金永文(註 6), 28면 이하.

그러나 역시 불법행위책임을 지는 사람 중 1인이 피해자에게 직접 손해배상할 때에는 본조를 적용하면서, 다른 불법행위의무자에 대하여 구상책임을 질 때에 이를 적용하지 않는다면, 각 불법행위의무자가 실제로 부담하게 되는 배상액에 차이가 발생하여 不當하다. 특히 사용자책임에 기하여 피해자에게 손해를 배상한 使用者가 被用者에 대하여 구상하는 경우를 상정하여 보면 이는 명확하다. 불법행위의무자가 구상의무를 부담하는 것은 종국적으로 자신의 불법행위책임을 기초로 하는 것이므로, 그것이 피해자에 대한 賠償이든 다른 자와의 내부관계에서의 償還履行이든 그 실질이 불법행위책임의 이행인 한에서는 本條가 적용되어야 할 것이다.[38]

(**b**) 그런데 이러한 求償의 경우 本條 적용의 내용에 대하여는 보다 상세한 음미를 요한다. 예를 들면 구상의무자가 뒤에서 보는「생계에의 중대한 영향」을 주장함에 있어서 기초가 되는 것은 피해자에 대한 외부적 책임액인가 아니면 내부적인 부담부분, 즉 구상의무액인가, 또 그 경제상태가 고려되는「채권자」란 구상청구권자인가 원래의 채권자인가 등의 문제가 그것이다. 만일 이를 피해자, 즉 채권자에 대한 외부적 관계를 기준으로 하여 정한다면, 당사자 사이의 구상관계의 內容과 展開는 극도로 착잡하게 될 것이다. 그러므로 이 경우에는 구상청구권자를 채권자의 지위에 갈음하는 자로 보아서 그를 기준으로 하여 경감청구의 허부 및 경감의 내용을 정하는 것이 타당하다고 생각된다. 그러므로 구상의무를 실제로 이행하면 생계에 중대한 영향이 생기는 경우에 비로소 경감청구를 할 수 있고, 또 경감의 정도도 구상채권

38) 金永文(註 6), 29면은 사용자의 피용자에 대한 구상권과 관련하여 "求償義務 그 자체가 불법행위책임은 아니지만 [本條에서 정하는] '本章의 규정'이라 함은 민법 제 5 장 불법행위를 말하는 것이므로 민법 제756조 제 3 항에 따라 全額求償義務를 부담해야 할 被用者의 責任도 민법 제765조의 적용을 받는 것은 당연하다"고 하나, 문제는 이와 같이 민법에 제756조 제 3 항과 같은 규정이 있는지 자체가 아닐 것이다.

자의 경제상태를 고려하여 정할 것이다.

3. 배상의무자에게 故意 또는 重過失이 없을 것

(1) 민법은 원칙적으로 가해자의 過責의 程度에 따라 손해배상의 내용에 差等을 두지 않는다는 태도를 취한다. 그러나 本條에서는 예외적으로 고의·중과실이 있는 배상의무자의 경감청구를 배제한다는 입장을 취하고 있다.

이 요건은 過責事由에 관한 입증책임이 전환되어 있는 경우(가령 使用者責任에 관하여 제756조 제1항 但書, 責任無能力者의 監督者의 責任에 관하여 제755조 제1항 但書, 工作物占有者의 책임에 관한 제758조 제1항 但書, 動物占有者의 책임에 관한 제759조 제1항 但書 등)에도 변함없이 요구되며, 그 경우에는 그 각 규정에서 정하여진 免責事由(가령 사용자책임에 있어서는 피용자 선임 또는 감독상의 주의의무)에 관하여 고의 또는 중과실이 없다면 이 요건이 충족된다.

배상의무자에게 故意 또는 重過失이 없으면 족하고, 輕過失의 한도에서의 과책의 정도는 적어도 경감청구를 하는 단계에서는 문제되지 않는다. 다만 그것은 경감의 정도를 정함에 있어서 고려될 뿐이다(뒤의 V.2.(1)(a) 참조).[39]

(2) 實務에서는 본조의 의미에서의 故意, 특히 重過失 유무를 판단한 예 자체가 드물어 그에 관한 태도를 쉽사리 말할 수 없다.

大判 70.4.14, 69다1580(要集 I-2, 1454)이 "아무런 이유 없이 피해자에게 달려들어 주먹으로 얼굴을 여러 차례 구타하여 땅에 쓰러뜨리고 이를 제지하는 [다른] 피해자의 얼굴을 주먹으로 구타한 폭행으

---

39) 스위스에서는 소위 「中過失(mittleres Verschulden)」의 경우에도 경감청구가 허용된다는 것이 판례라고 곧잘 일컬어진다. 가령 Honsell et al.(註 22), Art.44 Rn.9(S.333) 참조.

로 인하여 피해자 등에게 상해를 입힌" 사안이 故意로 인한 不法行爲라고 판단한 것은 당연하다고 하겠다.

그런데 大判 66.3.15, 65다2637(要集 I-2, 1454)은, 國土建設本部經理課 監査係長이 그 산하 分團의 지출관으로부터 받은 公金을 채권자에게 직접 지급하여야 할 것인데 자신의 친구에게 심부름을 시킨 결과 그 친구가 그 금전을 횡령한 事案에서, 原審이 이에 중과실이 없다고 하여 본조의 경감청구를 인용한 것을, 이는 重過失에 해당한다고 하여 原審判決을 파기하였다. 과연 이 사안에서 배상의무자에게 판례가 말하는 통상의 의미의 重過失, 즉 "행위자의 직업, 행위의 종류·목적 등에 비추어 보통 요구되는 주의를 현저히 결여한 것"이나[40] "통상인에게 요구되는 정도의 상당한 주의를 하지 않더라도 약간의 주의를 한다면 손쉽게 위법 유해한 결과를 예견할 수 있는 경우임에도 만연히 이를 간과함과 같은 거의 고의에 가까운 현저한 주의를 결여한 상태"가[41] 긍정될 수 있는지는 극히 의문이다. 아마도 本條의 경감청구를 가급적 허용하지 아니하고자 하는 대법원의 暗默的 立場이 여기서 말하는 重過失을 보다 용이하게 인정하는 태도로 나타난 것이 아닌지 추측하여 본다.

(3) 危險責任에서는 여기서의 「故意 또는 重過失 없음」 要件을 어떻게 보아야 할 것인가?

40) 錯誤의 意思表示에 대한 제109조 제1항 단서에 관하여 大判 92.11.24, 92다25830등(공보 936, 232); 大判 93.6.29, 92다38881(공보 951, 2122); 大判 96.7.26, 94다25964(공보 96하, 2581); 大判 97.9.30, 97다26210(공보 97하, 3286) 등 참조.

41) 「失火責任에 관한 法律」에 관하여 大判 83.2.8, 81다428(공보 701, 489); 大判 90.6.12, 88다카2(공보 877, 1446); 大判 91.4.9, 90다11509(공보 897, 1341); 大判 92.4.24, 92다2578(공보 923, 1682); 大判 95.10.13, 94다36506(공보 95하, 3759); 大判 96.2.23, 95다22887(공보 96상, 1058) 등; 또한 사용자책임을 부정하는 사유로서 피용자의 직무관련성에 대한 피해자의 중과실에 관하여 大判 98.7.24, 97다49978(공보 98하, 2203) 등 참조.

민법상의 불법행위에서도 工作物所有者는 아무런 故意·過失 없이도 책임을 지도록 되어 있고(제758조 제1항 但書), 무엇보다도 앞의 2. (2)(a)에서 보는 대로 本條는 특별법상의 불법행위책임에도 적용되는데 그 중에는 危險責任主義에 입각한 규정도 적지 않다. 이들 경우에는 불법행위책임의 요건으로 고의 또는 과실이 애초 문제되지 않으므로, 본조에서의 「고의 또는 중과실 없음」의 요건을 어떻게 다루어야 할 것인가 하는 문제가 제기된다.[42]

이 경우에는 故意 또는 重過失이 없을 것임을 요구하지 아니하고, 단지 다른 요건만으로 감액청구를 인정할 것인가? 주관적 비난가능성이 높은 배상의무자에게는 衡平上 감액청구가 부인된다는 이 요건의 취지에 비추어 보면, 위와 같은 경우에 이 요건을 전적으로 철폐하는 것은 적절하지 아니하며, 결국 문제된 危險源의 瑕疵 또는 위험발생예견·회피의무 違反의 정도를 고려하여 그것이 重大한 것이면 본조의 적용이 없다고 할 것이다.

4. 그 賠償으로 인하여 賠償義務者의 生計에 重大한 影響을 미치게 될 것

(1) 「生計에의 重大한 影響」

유사한 요건은, 증여자의 재산상태 변경을 이유로 한 증여의 해제를 정하는 제557조("贈與契約 후에 贈與者의 財産狀態가 顯著히 變更되고 그 履行으로 인하여 生計에 重大한 影響을 미칠 경우")에서도 나타난다.[43] 거기서와 마찬가지로, 이 요건의 충족 여부는 배상의무자가 속하는 계

42) 유사한 문제는 가해자의 過責을 요구하지 않는 危險責任의 영역에서의 過失相計, 특히 減額比率의 결정과 관련하여서도 제기된다. 이 문제에 대하여도 本文에서와 같이 해결되고 있다. 독일의 법상태에 대하여 우선 MünchKomm/Grunsky, § 254 BGB Rn. 8ff.(Bd. 2, 3.Aufl.(1994), S. 495f.) 참조.

43) 이 규정 역시 本條와 마찬가지로 일종의 衡平法的 規定이라고 하겠다.

층·직업·지위 등을 고려하여 객관적으로 결정되어야 한다.[44] 그런데 이 요건은 제557에서보다는 엄격하게 해석되어야 할 것이다. 왜냐하면 본조에서는 被害者의 희생으로 가해자의 배상액 경감이 인정되는 것이어서, 단지 無償으로 얻을 수 있었던 것을 얻지 못하게 되는 受贈者와는 이익상황이 다르다고 할 것이기 때문이다.[45]

여기서 생계에 「중대한 영향」을 미친다고 함은, 배상의무자가 속하는 계층·직업·지위 등을 고려할 때 그에게 보장되어야 할 最小限의 生活이 유지될 수 없음(「궁핍상태」)을 의미한다.[46] 그 판단에 있어서는 現在의 재산상태뿐만 아니라, 將來의 職業 등 收入可能性, 나아가 相續의 期待도 고려되어야 한다.[47]

이와 관련하여 몇 가지 지적할 만한 점은 다음과 같다.

(a) 손해배상의 실행으로 단지 생활수준이 종전보다 낮아진다는 것만으로는 이 요건이 충족되지 않는다. 또 손해배상을 실행하는 것이 가령 단기간의 現金調達의 어려움이나 일시적인 資金需要의 증가로 인하여 어렵다는 사정으로도 역시 이 요건이 충족되지 않는다.[48] 또한 실제로 배상의무액이 少額인 경우에는 이 요건은 인정되기 어려울 것

---

44) 民法注解[XIV](1997), 45면(高永鋽 집필) 참조.

45) 스위스에서도 증여자의 재산상태의 악화로 인한 증여계약의 실효가 인정되고 있다(스債 제250조 제2호: “[재산상태의 변화로] 증여가 증여자에게 극히 무거운 부담이 될 때(ausserordentlich schwer belasten würde)”). 그런데 von Tuhr/Peter, *Allgemeiner Teil des Schweizerischen Obligationenrechts,* Bd.1, 3. Aufl. (1979), S.105 Fn.92는, 본문에서와 같은 이유를 들어 스債 제44조 제2항의 「窮迫狀態」는 증여에 관한 위 규정보다 엄격한 것이라고 한다.

46) Keller/Gabi(註 17), S.105f.은, “생활에 불가결하게 필요한 것(das zum Leben unbedingt Erforderliche)을 가지지 못하게 되는 때”라고 표현한다. 또한 BernKomm/Becker, Art.44 OR Rn.11(S.246)은, “이 異例的인 輕減事由는 형평이 이를 긴절하게 요구하는 때(wo die Billigkeit es dringend erheischt)에 한하여 인정되어야 한다”고 한다.

47) Gauch(註 34), S.82 참조.

48) Honsell et al.(註 22), Art.44 Rn.9(S.334f.); Keller/Gabi(註 17), S.106 참조.

이다.[49]

그러나 이 요건의 충족을 위하여 배상의무자가 社會保障給與를 받게 될 처지에 빠지게 될 것이라는 점까지 요구된다고 할 수 없다.[50]

(**b**) 이 요건이 충족되는 것은, 배상의무자의 생계에 대한 중대한 영향이 감액이 청구되고 있는 배상의무의 이행에 의하여 생기는 경우에 한정된다("그 履行으로 인하여"). 따라서 배상의무자가 이미 窮迫狀態에 있다면, 本條의 적용은 문제될 여지가 없다.[51] 그 경우에는 배상청구권자가 다른 채권자와의 관계에서 채무자(배상의무자)의 재산으로부터 만족을 얻을 按分比率이 유지되기 위하여서도 경감은 인정되어서는 안 된다.[52] 또한 배상의무의 실행에 의하지 아니하여도 장차 궁박상태에 빠질 것이었던 경우에도 마찬가지이다.

(**c**) 원래의 가해자가 死亡한 경우에 그 상속인이 本條를 원용하여 감액을 청구할 수 있는가? 상속인은 상속포기에 의하여 그 배상의무의 승계로부터 벗어날 수 있으므로, 자신이 배상의무를 실행함으로써 궁박하게 될 것임을 주장하는 것은 허용되지 않는다고 보아야 하지 않을까.[53]

(**d**) 문제의 배상의무가 責任保險에 의하여 보상되는 경우에는 이 요건은 충족되지 않는다고 할 것이다. 그 경우에는 가해자는 물론 보험자도 本條에 의한 배상액 경감을 주장할 수 없다. 그 보험이 任意保險이든 強制保險이든 불문한다.[54] 서울高判 81. 3. 19, 81나558(高集

---

49) BernKomm/Becker, Art. 44 OR Rn. 11(S. 246) 참조.

50) Honsell et al.(註 22), Art. 44 Rn. 9(S. 334) 참조. 스위스의 판례라고 한다.

51) 同旨: Oftinger(註 1), § 7 Ⅱ c(S. 272); Keller/Gabi(註 17), S. 106.

52) 이 점에 대하여 Keller/Gabi(註 17), S. 106 참조.

53) BernKomm/Becker, Art. 44 OR Rn. 11(S. 247) 참조(스위스의 판례라고 한다). 相續債務의 존재를 알지 못한 상속인의 救濟方法 여하는 상속의 승인 또는 포기에 대하여 일반적으로 제기되는 문제이다.

54) 이상 Honsell et al.(註 22), Art. 44 Rn. 9(S. 335); Guhl/Merz/Koller(註 19), § 10 Ⅴ 1 b(S. 79); Keller/Gabi(註 17), S. 106 참조. 스위스의 판례(BGE 111

387)도, 피고 소유 자동차의 운행 중 발생한 사고로 인한 손해배상을 청구한 사건에서, 사고 승용차가 종합보험에 가입되어 있어서 보험회사가 사고 손해에 대하여 무제한의 책임을 지도록 되어 있는 경우에 같은 취지로 판단하고 있다. 그러나 배상의무액의 일부만이 책임보험에 의하여 보상되는 경우에 그 초과액에 대하여는 本條가 적용되어야 할 것이다.

(e) 배상의무자가 배상의무를 실행하는 경우에 다른 제3자에 대하여 求償權을 가지게 된다면, 그 구상권의 현실적 실현을 기대할 수 없는 현저한 사정이 있지 않은 한, 이 요건이 충족된다고 하기는 어려울 것이다.[55]

(f) 손해배상으로 배상의무자의 생계에 중대한 영향이 있는지를 판단하는 기준시점은 법원이 구체적으로 감액청구에 대하여 판단을 하는 때, 즉 事實審의 辯論終結 당시라고 할 것이다.

(2) 實務上의 判斷例

우리 나라에서는 實務上 이 요건에 대한 판단이 행하여진 예를 찾을 수 없다.

스위스의 實務例를 보면, 월 수입이 8백 프랑(1967년 당시)인 가해자가 4만5천 프랑의 손해부담하게 된 경우에 그 5분의 1에 해당하는 9천 프랑의 배상을 명한 것, 월 수입 330 프랑인 가해자(1963년 당시)가 2만 프랑의 손해배상의무를 부담하게 된 경우에 감액을 인정한 것 등이 있다고 한다.[56] 그러나 이들 사건에서 단순한 현재의 월 수입만이 기준이 된 것은 아닐 것이다. 반면에 3명의 연대채무자가 모두 18

Ⅱ 32)라고 한다. Keller/Gabi, 위 同所; Keller, *Haftpflicht im Privatrecht*, 4. Aufl.(1979), S.98에 의하면, 責任保險이 널리 이용됨에 따라 스債 제44조 제2항는 실제상 별로 기능을 하지 못한다고 한다.

55) Oftinger(註 1), § 7 Ⅱ C(S.272); Keller/Gabi(註 17), S.106 참조.

56) Oftinger(註 1), § 7 Ⅱ C Fn.48(S.272) 참조.

세인데 현재 재산은 별로 없으나 직업교육을 받고 있었던 경우에 대하여 12,375 프랑의 손해배상의무를 감당할 수 있다고 하여 경감청구를 부정한 예도 있다(1974년 당시).[57]

V. 減額請求와 法院의 判斷: 本條 제 2 항

1. 賠償義務者의 減額請求

(1) 輕減請求의 必要

本條 제 2 항은 "法院은 前項의 請求가 있는 때에는 …"이라고 하여, 배상의무자의 청구가 있어야 비로소 법원이 배상액 경감을 판단한다고 정하고 있다. 이는 앞의 Ⅲ. 2. (2)에서 본 대로, 本條의 輕減請求權이 법원의 재판을 통하여 실현되는 形成權이라는 성질에 상응하는 것이다. 또한 이로써, 비록 배상의무자가 窮迫하게 될 것이라도 상대방의 손해를 모두 배상하고자 원하고 그 減額을 꺼리는 경우도 있을 수 있다는 점에도 배려할 수 있다.

그러므로 법원은 변론에서 배상의무자의 경감청구권의 발생요건이 갖추어졌음을 알 수 있는 때라도 직권으로 本條의 減額을 인정하여서는 아니된다.[58] 大判 62. 9. 20, 62다428(集 10-3, 253)은 같은 취지에서, "배상의무자가 [본조에 의하여] 배상액의 감액을 받으려면 민법 제765조에 규정된 사실을 주장 입증하여 그 감액을 청구하여야 하며 그 청구의 여부에 관하여는 법원은 아무런 釋明義務가 없는 것"이라고 판시하고, 이어서 피고가 그러한 감액을 청구하지 아니하였다면 "원심

57) Gauch(註 34), S. 82f.; Keller(註 54), S. 98.

58) 스위스에서도 동일한 견해가 있다. Oftinger(註 1), §7 Ⅱ C Fn. 53(S. 273) 참조.

이 그 점에 관하여 석명도 하지 않고 또 판단을 하지 아니한 것에는 아무런 위법이 없"다고 판단하였다.

(2) 輕減請求의 方式 또는 時期

배상의무자는 배상액의 경감을 청구하는 方式 또는 時期에 대하여는 문제가 있다.

(a) 물론 피해자가 제기한 損害賠償請求訴訟에서 피고가 本條에 기하여 일정액의 경감을 주장할 수 있고, 또 이것이 통상적인 방법일 것이다. 이와 같이 본조의 경감청구는 대체로 訴訟上의 防禦方法으로 나타난다.

그 때 피고는 단지 輕減할 것만을 주장하고 具體的인 額을 제시하지 않는 것도 허용되는가? 이는 부정하는 것이, 법원은 당사자가 주장한 경감액 이상을 경감할 수 없다는 것(뒤의 2.(2)(c) 참조)과 首尾一貫한 태도일 수도 있겠으나, 다른 한편 어차피 법원의 재량에 의하여 판단될 그 사항에 대하여 당사자의 주장은 하나의 參考資料임에 그치므로 위와 같은 경감청구를 인정하여도 좋지 않은가 생각된다.

(b) 배상의무자는 본조에 의한 경감청구권을 別訴로도 행사할 수 있는가?

(aa) 민사소송법학자 중에는 本條에 의한 賠償額輕減請求를 「形式的 形成의 訴」의 일종으로 드는 견해가 있다.[59] 이러한 견해는 아마도 배상액경감청구를 독자적인 소로 제기할 수 있음을 전제로 하는 것이라고 추측된다. 그러나 앞의 Ⅲ. 2.(3)에서 본 대로, 本條의 輕減請求權은 독립적·일차적인 의미가 없으며 단지 어떠한 손해배상청구권을 전제로 하여 그 내용, 즉 배상액을 확정한다는 작업과 관련하여서만 存在理由가 있는 것이므로, 이를 別途의 訴訟物로 하여 독자적인 소를

59) 宋相現, 民事訴訟法, 新訂版(1997), 247면; 姜玹中, "形式的形成訴訟에 관한 약간의 考察", 저스티스 30권 1호(1997), 98면.

제기하는 것은 허용되지 않는다고 할 것이다. 또 技術的으로도 법원이 배상액의 경감을 판결 주문에서 어떠한 내용으로 선언할지 의문이다. 법원은 앞의 (a)에서 본 통상의 경우에라면 단지 배상의무자에게 감액된 賠償金의 支給을 명하면서 원고의 청구를 그 한도에서 기각하면 족하다고 하겠다.

(bb) 실제로는 별로 행하여지지 않을 것이기는 하여도,[60] 본조에 기한 경감액에 대하여는 손해배상의무가 없다는 확인을 구하는 債務不存在確認訴訟은 인정되어도 좋을 것이다. 한편 일단 손해배상을 명하는 판결이 확정된 후에 본조의 경감사유를 들어 請求異議의 訴(民訴 제505조)를 제기할 수 있는가? 본조의 경감사유가 이미 辯論終結 전에 생긴 경우에는 이를 허용할 수 없다. 그러나 그 사유가 그 후에 생긴 것이라면, 이를 인정하여야 할 것이다. 이는 "確定判決과 同一한 效力"을 가지는 和解 또는 請求認諾의 調書가 작성된 경우(民訴 제206조)에 대하여도 마찬가지라고 하겠다.

(c) 減額請求는 확고한 판례가 손해배상에 관하여 확고하게 인정하는 3개의 訴訟物, 즉 적극적 재산손해·소극적 재산손해·비재산적 손해의 각 배상청구와 어떠한 관계에 있는가? 이는 별 실익도 없을 성가신 문제이나, 굳이 말하자면, 일단 그러한 판례의 태도를 전제로 하는 이상에는 감액청구도 그 각 소송물마다 행하여질 수 있고 또 행하여져야 할 것이다.

그런데 배상의무자의 감액청구가 總額으로 一括하여 행하여진 경우에 이를 어떠한 손해배상청구권에 대한 것인가는 그 意思解釋의 문제이다. 그 경우에 일반적으로 非財産的 損害의 賠償請求權(위자료청구권)에 대한 감액청구는 쉽사리 인정되기 어려울 것이다. 왜냐하면 慰藉料請求權은 원래의 배상액을 결정함에 있어서 本條 제2항에서

60) 피해자와의 사이에 손해배상에 관한 합의가 이루어진 후에 가해자의 재산상태가 악화된 때와 같은 경우를 들 수 있을 것이다.

드는 "債權者 및 債務者의 經濟狀態와 損害의 原因"은 물론이고 기타의 「諸般事情」을 고려하여 보다 비송적으로 판단되는 것이어서, 별도로 감액청구를 할 필요가 없기 때문이다. 그 외에 그 감액청구가 적극적 재산손해에 대한 것인가, 소극적 재산손해에 대한 것인가는 일률적으로 말할 수 없다. 일단 訴訟資料에 의하여 판단할 것이나, 그 외에 당사자에 釋明을 구하여도 그 의사를 확인할 수 없는 경우에는 최종적으로 인정되는 각 배상액에 균분하여 청구한 것으로 해석할 수밖에 없을 것이다.

2. 法院의 減額判斷

배상의무자의 경감청구가 있으면, 법원은 "債權者 및 債務者의 經濟狀態와 損害의 原因 등을 參酌하여 賠償額을 輕減할 수 있다". 이러한 감액판단은 법원의 합리적 재량에 의하여 행하여지는 것으로, 본조의 경감청구의 非訟的 性格이 여기서 드러난다.

(1) 輕減에 있어서의 考慮事由

법원은 배상액 경감에 있어서 「一切의 事情」을 종합적으로 고려할 것이고, 그 범위에 제한은 없다. 本條 제 2 항에서 명시적으로 정하고 있는 고려사유는 例示的인 것이고, 그 말미에 붙은 문언 "등"에 유념할 것이다.

(a) 여기서 「채무자」, 즉 賠償義務者의 재산상태를 고려할 것임을 본조의 취지에 비추어 당연하다. 本條 제 2 항이 「債權者」, 즉 피해자의 재산상태를 고려하도록 정하는 것은 손해배상의 내용을 정함에 있어서 원칙적으로 피해자의 재산상태를 고려하지 않는 손해배상법에서는 이채로우나,[61] 본조의 감액청구가 궁극적으로 當事者 사이의 衡

61) 實務에서 慰藉料를 算定함에 있어서 被害者의 재산상태를 고려하는 것은 소위

平을 기반으로 한다는 점에서 이해될 수 있다.[62] 그러므로 債權者가 裕足하면 할수록 감액의 정도가 커질 가능성이 있다. 반대로 채권자가 문제의 불법행위에 의하여 궁박상태에 빠지게 되었다면, 의미 있는 減額은 기본적으로 인정되기 어려울 것이다.[63]

그 외에 본조 제 2 항은 「損害의 原因」을 고려사항으로 든다. 이는 우선 가해자에게 비록 輕過失밖에 없다고 하더라도 그것은 스펙트럼이 매우 넓으므로 그 程度가 고려될 수 있다는 의미이다. 특히 가해자에게 객관적 과실은 있으나 主觀的 過失이 없는 경우 등이 문제될 것이다. 한편 피해자에게 「과실」이 있다면 이는 본조의 경감청구에 이르기 전에 이미 過失相計事由로 고려되므로, 본조와는 무관하다. 나아가 손해의 발생이나 확대에 우연적 또는 쉽사리 예상되기 어려운 요소가 어느 만큼 작용하였는지 등도 「損害의 原因」으로 고려될 것이다.[64]

(b) 그 외에 고려될 수 있는 事情으로는, (i) 문제의 손해가 가해자가 無償의 好意로 행위하던 중 발생하였는지 아니면 그 행위로 어떠한 利益을 추구하고 있었는지, (ii) 가해자와 피해자의 직업 또는 사회적 지위, (iii) 가해자와 피해자 사이의 人的 關係, (iv) 가해자 및 피해자의 부양관계 또는 그에 대한 부양청구권자 및 부양의무자의 재산관계, (v) 인과관계의 「근접성」, (vi) 다른 배상의무자의 유무 및 그 경제상태

非財産的 損害의 배상이 금전 지급의 방법으로 피해자의 「滿足(Genugtuung)」을 도모한다는 점에서 이해될 수 있다. 즉 피해자의 재산상태 여하에 따라 전보되어야 할 損害의 내용이 달라질 수 있는 것이다.

62) 스위스에서도 스債 제44조 제 2 항과 관련하여 피해자의 재산상태가 고려될 수 있다는 것이 판례라고 한다. Keller/Gabi(註 17), S.106; Honsell et al.(註 22), Art.44 Rn.9(S.334f.) 참조.

63) Keller/Gabi(註 17), S.106 참조.

64) 吳宗根(註 36), 261면은 "예를 들어 손해의 발생에 자연력, 피해자의 체질적 소인, 제 3 자의 행위와 같은 제3의 요소가 경합원인으로 기여함으로써, 가해자의 행위만에 의하여 발생하였을 손해보다 훨씬 큰 손해가 발생하였지만, 어쨌든 가해자의 행위와 손해 사이에 인과관계가 인정되어 가해자측이 손해 전부에 대하여 배상책임을 지는 경우가 그러하다. … 가해행위에 호의성이 인정되는 경우 … 도 배상액의 경감에 유리하게 작용한다"고 한다.

등을 들 수 있겠다.

(2) 輕減의 內容과 限界

이상과 같은 고려사유들을 실제로 고려할 것인지, 어떠한 내용으로 고려하여 얼마를 감액할 것인지는 모두 法院의 合理的 裁量에 달려 있다.[65] 마치 慰藉料의 算定에서 그러한 것처럼, 결론적으로 내려진 경감액과 「구체적 사건의 제반 사정」과의 照應關係가 종국적으로 문제되는 것이다.

이와 관련하여 몇 가지 문제되는 점이 있다.

(a) 일체의 사정을 고려한 결과 법원은 경감을 전적으로 인정하지 아니할 수도 있는가? 輕減을 전혀 아니할 수도 있다고 본다.[66] 本條 제 1 항은 배상의무자측에 존재하는 사정만을 들고 있으나, 감액의 인정 여부는 역시 피해자측의 사정을 아울러 고려하여야 할 것이다. 그렇게 보면 아무리 배상의무자의 생계에 영향이 있을 것이라도, 배상을 얻지 못하면 피해자도 궁박상태에 빠지게 되는 경우 등에는 역시 原則으로 돌아가 피해자의 구제를 앞세워야 할 것이다. 또 법원으로 하여금 名目만의 輕減을 하여 실제로는 경감하지 아니한 것과 같은 迂廻를 강요하는 것은 가급적 피하여야 한다. 本條 제 2 항의 문언도 "… 輕減할 수 있다"고 할 뿐이다.

(b) 반면 배상액을 전부 輕減하는 것을 인정하여, 배상의무를 免除하는 결과도 허용할 것인가? 이는 否定할 것이다. 過失相計에 대한 제396조의 규정("損害賠償의 **責任**[의 **有無**] 및 그 金額을 定함에 이를 參

65) 大判 67. 12. 26, 67다1430(要集 Ⅰ-2, 1454)도, "法院은 … 衡平의 精神에 立脚하여 자유로이 賠償額을 輕減할 수 있"다고 한다.

66) 同旨: 郭潤直(註 2), 838면("輕減할 수 있으나, 꼭 輕減을 인정하여야 하는 것은 아니다"); 金疇洙, 債權各論(1992), 794면; 金相容(註 5), 514면. 한편 各同所는 大判 67. 12. 26, 67다1430(要集 Ⅰ-2, 1454)을 同旨의 판례로 인용하고 있으나, 그 판결은 輕減額, 즉 경감의 정도에 관한 법원의 자유재량을 설시하고 있을 뿐이다.

酌…")과 대비하거나, 本條가 명확하게 「輕減」만을 정하고 있음을 생각하여 볼 때, 그렇게 해석할 것이다. 법원이 배상액이 零에 근접하도록 경감하여 실질적으로 피해자 스스로가 손해의 거의 전부를 부담하게 하는 것은 별로 바람직하지 않다고 생각된다.[67]

(**c**) 법원은 배상의무자가 구하는 具體的 輕減請求額에 拘束되는가? 일반적으로 형식적 형성의 소에서는 處分權主義의 例外가 인정되어, 법원은 당사자가 구하는 바에 구속되지 않으며 당사자가 구하는 바보다 더 많이 인정하는 것도 허용된다고 한다.[68] 그러나 이 법리가 예외없이 貫徹되어야 한다고는 생각되지 않으며, 청구된 것보다 많이 감액할 수는 없다고 본다. 그것은 앞의 1. (1)에서 본 대로 본조의 감액에 배상의무자의 청구를 요구하는 취지에 비추어 배상의무자의 의사를 존중할 필요도 있기 때문이다.

(**d**) 법원은 피해자에게 「過失」이 있는 경우에는 이를 참작하여 過失相計한 다음에 다시 本條의 감액을 할 수 있다.

(3) 法院의 輕減判斷

(**a**) 통상의 경우에 法院은 主文에서 被害者에게 위와 같이 하여 경감한 나머지 賠償額의 지급을 명하면서 필요하다면 원고의 청구를 일부 기각함으로써 족하다. 그런데 법원은 定期金의 지급으로 손해배상을 명하는 경우에는 그 지급될 정기금을 경감의 정도를 고려하여 정할 것이다. 그 경우에 감경의 정도는 반드시 均一할 필요는 없으며, 정기금이 지급되어야 할 기간을 적절하게 구분하여 각각 다른 경감을 인정할 수도 있을 것이다.

(**b**) 법원이 경감청구에 대한 판단을 포함하는 損害賠償判決이 確定된 경우에는 그 인용 여부를 불문하고 그 후에 이를 다툴 수 없게

---

67) 同旨: 吳宗根(註 36), 260면.

68) 가령 李時潤(註 28), 279면; 姜玹中(註 59), 100면 참조.

된다. 이는 輕減請求權에 대하여 기판력이 발생하기 때문이라기보다는, 앞에서 본 대로(註 3 참조) 本條의 輕減請求權은 단지 손해배상청구권을 전제로 하여 그 내용, 즉 배상액의 확정과 관련하여서만 存在理由가 있으므로, 손해배상청구권에 관하여 기판력이 발생한 이상 그에 목적적으로 종속되는 경감청구권은 별도로 문제될 필요가 없기 때문이다.

다만 앞의 2.(2)(b)b)에서 본 대로, 경감청구의 사유가 변론종결 후에 발생한 경우에 배상의무자가 이를 주장하여 그 한도에서 請求異議의 訴를 제기할 수는 있다고 하겠다.

3. 減額 후 賠償義務者의 財産關係 改善時의 救濟手段

(1) 스위스에서의 論議

스위스에서는 스債 제44조 제2항과 관련하여, 감액청구를 인용한 판결이 확정된 후에 배상의무자의 재산관계가 개선되어 이제 원래대로의 손해배상을 이행하더라도 窮迫狀態에 빠지지 않게 되는 경우에 배상청구권자에게 救濟手段을 주어야 할 것인지가 논의되고 있다. 일부의 학설은 형평에 비추어 이를 긍정하여야 한다고 하고, 그에게 추가적인 배상을 청구하는 再訴(Nachklagerecht)를 허용하거나 혹은 애초의 손해배상판결에서 그 점에 대한 修正의 留保(Rektifikationsvorbehalt)를 두는 것이 인정되어야 한다고 주장한다.[69] 다른 학설은 이에 반대하여, 그러한 구제수단은 명문의 법적 근거를 결하며 장래의 재산관계의 개선이 예상될 수 있는 경우에는 아예 처음부터 경감청구를 부정하여야 한다고 주장한다.[70]

69) BernKomm/Becker, Art.44 OR Rn.11(S.247); von Tuhr/Peter(註 45), S.105; Keller/Gabi(註 17), S.106.

70) Honsell et al.(註 22), Art.44 Rn.9(S.334); Keller/Gabi(註 17), S.106(“衡平

(2) 再訴나 修正留保의 禁止

우리 법의 해석으로 再訴는 허용되지 않는다고 할 것이다. 이는 이미 기판력이 발생한 손해배상청구를 다시 제기하는 것이어서 명문이 없는 한 허용될 수 없으며, 손해배상사건을 가급적 1회의 소송으로 종결짓는다는 訴訟經濟의 관점에서 비추어 보아도 비송적 성격의 판단을 再論하는 것은 바람직하지 않다. 또 판결 당시 재산상태의 개선이 예상될 수 있었다면 아예 감액청구를 부정할 것이고(앞의 Ⅳ. 4. (1)의 註 47 본문 참조), 그것이 예상될 수 없는 것이었다면 이러한 배상의무자의「幸運」을 들어 새삼 법적 권리로서 배상을 주장할 수는 없다고 해도 무방할 것이다.

한편 修正留保에 대하여는 이는 가령 條件附 履行判決과 같이 裁判의 內容이 아니라 裁判行爲 자체가 조건에 걸리는 것이어서 우리 법상 허용되지 않는다.

Ⅵ. 민법 제765조의「活性化」主張에 대한 檢討

1. 主張의 內容

근자에 本條의 適用範圍를 확장할 것 또는 본조를 새로운 문제영역에 적용할 것을 주장하는 견해가 제기되고 있다.[71] 이에 의하면 "판례상 손해배상액 감액사유로 인정되어 왔지만, 기존의 손해배상법 법리에 의해서는 설명이 곤란하였던 사례유형들을 소위「한계사례」라

에 맞을지는 모르나"); Oftinger(註 1), § 7 Ⅱ C(S. 272). 그 외에 BernKomm/Brehm, Art. 44 OR Rn. 77; ZürchKomm/Oser/Schönenberger, Art. 44 OR Rn. 14도 그러하다고 한다(필자 未見).

71) 吳宗根(註 36), 264면 이하.

이름짓고, 이들 사례에서의 손해배상액 감축근거로서 제765조를 적용할 수 있"다는 것이다.

이 주장이 그러한「한계사례」로 드는 것은, ① 호의동승사례, ② 자연력이 기여한 사례, ③ 피해자의 기왕의「素因」이 기여한 사례, ④ "피해자측이 해당하는 제 3 자의 過失이 기여한 사례" 등이다.[72]

2. 批 判

(1) 위의 주장은 이러한 사례유형에서 판례가 일반적으로 손해배상의 감액을 인정하는 결론 자체를 부정적으로 평가하는 것인지는 반드시 명확하지 아니하다. 다만 논의의 중점이 그 법적 근거를 本條에서 찾고자 하는 데 있음은 명백하다. 그렇게 보면, 이 주장에 의하더라도 위의 사례유형들에서 본조의 적용요건이 충족되어야만 감경청구가 인정될 수 있다는 결론에 이르게 된다.

그렇다면 다음과 같은 의문이 제기된다. 本條가 위와 같은 소위「한계사례」에 적용될 수 있음은 어느 누구도 부인하지 않는다. 그러므로 본조의 적용요건이 갖추어지면 본조는 적용될 수 있다는 앞서의 결론은 결국 아무런 새로운 발언력을 가지지 않는 것이 아닐까 하는 것이다.

(2) 혹 위의 주장은, 판례의 태도는 부당하고 소위 한계사례에서 원칙적으로 감액은 인정되어서는 안 된다는 것을 전제로 하되, 사정에 따라서는 本條의 적용을「활성화」함으로써[73] 구체적인 사건에서 "손해의 공평한 부담이라는 구체적 타당성"을[74] 달성할 수 있다는 뜻이라고 이해되기도 한다.

(a) 그리하여 위의 주장은 본조의 적용요건과 관련하여 예를 들

72) 이들 문제에 대한 具體的인 解決에 관하여는 本稿에서 논의하지 않는다.

73) 吳宗根(註 36), 254면의 표현.

74) 吳宗根(註 36), 272면.

면 "생계에 중대한 영향을 미치게 될 경우"라는 요건은 "완화해서 적용되어야 한다"라고 하며,[75] 그 결과 "가해자에게 인정되는 손해배상액이 막대하고, 그것이 보험에 의해 전보되지 않는 한 그러한 배상으로 인해 가해자가 「생계에 중대한 영향을 받을 것」은 분명하다"고 한다.[76] 이는 곧 本條의 「생계에의 중대한 영향」이라는 요건을 損害賠償額의 多少와 연동 내지 일치시키는 것으로 해석하여야 한다는 주장에 귀착되며, 앞의 Ⅳ. 4. (1)에서 본 바와 같이 손해배상을 하면 「궁핍상태」가 초래된다는 의미라는 해석과는 거리가 있다. 그렇다면 가령 가해자에게 피해자의 「막대」한 손해라도 이를 배상하기에 충분한 財力이 있는 경우에 本條에 의한 輕減請求가 긍정되어야 할 것인지 지극히 의문이다.

(**b**) 이러한 개별적인 해석론적 제안과 아울러 문제가 되는 것은, 필자의 생각으로는, 本條를 「손해의 공평한 부담」이라는 이념지표를 구체화하는 법적 장치로서 적극적으로 「활용」하자는 그 出發點이다.

위 지표에서 「公平」이 어떠한 내용을 가지는지, 어떠한 기준에 의하여 판단되는지를 밝히지 않는 이상[77] 이 이념은 무내용한 것이 되거나 아니면 正義感覺 또는 衡平感情을 법에 끌어들이는 導入口가 될 것뿐이어서 그 이념지표 자체에 경계를 요함은 별론으로 하고서라도,[78] 과연 本條가 그러한 이념을 구체화하는 법적 장치로 적절한지 의문이

---

75) 吳宗根(註 36), 273면 주 110.

76) 吳宗根(註 36), 272면 및 291면. 또한 同所, 280면은, "피해자의 소인이 기여하여 손해가 예상밖으로 크게 발생하였다면, 피해자가 책임보험 등에 가입되어 있지 않은 한, 피해자의 「생계에 중대한 영향을 미치게 될 것」"이라고 한다.

77) 金永文(註 6), 27면 주 27은, "일반 불법행위법의 근본적 출발[점]은 個人의 行動自由를 보장하기 위한 것으로서, 個人의 完全性이 침해된 경우 이를 원상형태로 복원하는 것이 平均的 正義[의] 觀點에서 公正하며, 따라서 발생된 손해는 補償(ausgleichen)되어야 한다는 것이다"라고 한다. 이와 같이 「公正」은 입장에 따라서 매우 다양한 내용과 함의를 가질 수 있는 것이다.

78) 吳宗根(註 36), 266면도 "다양한 가치를 수용하고 있는 일반조항으로 도피하는 것보다는, 가능한 한 이러한 일반조항이 구체화된 명문규정에서 [구체적 법해결의] 근거를 찾는 것이 바람직하"다고 말하고 있다.

다. 우리는 여기서 앞의 Ⅰ.2.나 Ⅱ.2.에서 살핀 本條나 스債 제42조 제2항에 대한 입법론적 문제제기를 상기할 필요가 있다.

또한 本條는 그 문언에서 명확하게 표현되는 대로, 어디까지나 원래대로의 배상이 "賠償者의 生計에 미치게 될 重大한 影響"을 배려하여 그의 생존의 최저한을 유지하고자 하여 만들어진 것이며, 그에 있어서 호의동승·자연력의 기여·피해자의 旣往의 「素因」·제3자의 過失 등과 같은 事由는 경감의 정도 등을 판단함에 있어서 고려될 수는 있을지언정(그 고려사유로서의 「損害의 原因」에 관한 앞의 Ⅴ.2.(1)(a) 참조) 애초 本條의 適用 여부를 가름하는 기준은 될 수 없다. 따라서 그 「활용」은 이미 결정적으로 제한되지 않을 수 없는 것이다.

그리고 문제의 언필칭 限界事例에 대하여는 이들로 하여금 「한계」에 서게 하는 전형적 특성을 정면으로 파악하여, 그에 유감없이 대응하는 법적 논리와 구성을 討究하여야 할 것이고, 필연적으로 다른 徵表에 현저하게 의존하지 않을 수 없는 本條를 통하여 그 법적 처리를 도모하는 것은 아무래도 궁색한 방법이라고 하지 않을 수 없다. 설사 소위 限界事例에 대한 판례의 태도에 문제가 있음을 인정하고 그에 대한 代案을 마련할 필요가 있다고 하더라도 말이다.[79)]

Ⅶ. 小　結

「구체적 타당성」을 추구하는 것은 법의 운용에서의 항상적 요구

79) 한편 金永文(註 6), 27면 주 26은, "민사소송법상의 債務者 存立의 최소한 보호를 넘는 범위에서 민법이 법관의 자유재량에 의해 배상액을 경감하거나, 배상액의 범위를 정하도록 해야 하는지는 그 한계획정이 극히 불투명하며, 법관의 자의적 판단을 배제할 수 없다는 점에서 문제가 아닐 수 없다. … 이와 같은 관점에서 … 손해배상법의 탄력적 운용을 위해 민법 제765조를 적극 활용해야 한다는 입장에 대하여는 회의적"이라고 한다.

이다. 이를 추구하는 과정에서 우리는 쉽사리 一般條項이나 법 자체가 인정하는 衡平法的 手段에 기울어지곤 한다. 그러나 어디까지나 우리 법은, 法原理의 의미를 항상 시야에서 놓치지 않으면서도, 일차적으로 法規則의 체계로 이해되어야 할 것이다.

本條는 과실상계에 관한 민법 제394조와 함께 손해배상액의 경감을 명문으로 인정하고 있다. 그러나 本條는 입법론적으로 문제가 없지 않은 규정으로서, 裁判에서 경우에 따라서 배상액을 피해자에게 유리하게 조정할 필요가 예리하게 제기될 수 있음에도 實務家들이 本條의 적용에 소극적인 태도를 취하는 것은 충분히 이해될 수 있다.[80] 그리고 本條의 적용을 「활성화」하여야 한다는 주장에도 그 動機의 점에서는 몰라도 쉽사리 찬동할 수 없는 것이다.

(서울대학교 法學 39권 4호(1999. 2), 251면 이하 所載)

80) 梁彰洙(註 24), 212면에서, 장차의 불법행위법 개정에서 "제765조(裁量減輕)를 그대로 두어야 한다"는 입장은 이로써 變更한다.

9. 自動車損害賠償保障法 제 3 조 단서 제 2 호의 合憲性

Ⅰ. 序

현재 憲法裁判所는 자동차의 운행으로 인한 人身事故에 있어서 자동차운행자에 대하여 피해자가 승객인 때에는 고의 또는 자살행위의 경우에만 배상책임의 면제를 인정하는 自動車損害賠償保障法 제 3 조 단서 제 2 호가 헌법에 위반되는 것이 아닌지에 대하여 심리하고 있다고 한다. 이 위헌심판사건은, 1996년 이후 세 번에 걸쳐 하급심 법원이 보험회사측의 위헌심판제청신청을 받아들여 위헌심판제청을 한 것에[1] 연유한 것이다.

위 규정이 위헌이라고 주장하는 입장에서는 그것이 헌법에 규정된 재산권의 보장, 자유시장경제질서, 평등의 원칙 등에 위반된다고 한다. 그러나 필자는 위의 규정이 헌법에 위반되지 않으며, 특히 그 규정이 無償運送 내지 好意同乘의 경우에 대하여 문언대로 적용된다고 하더라도, 이를 헌법에 위반한다고 할 수 없다고 생각한다. 필자에게는 하급심 법원이 세 차례나 위헌심판제청을 한 것이 오히려 놀라운

1) 그 전 1995년에 한 차례 憲法訴願이 제기된 바 있는데, 이 헌법소원은 아마도 법원이 위헌심판제청신청을 기각한 것을 이유로 헌법재판소법 제68조 제 2 항의 규정에 의하여 제기된 것으로 추측된다.

일이다.

이하에서 위의 규정이 헌법에 위반하지 아니할 뿐 아니라 나아가서 헌법이 적극적으로 요청하는 바일 수도 있다는 입장과 그 근거를 疏略하게나마 피력하여 보기로 한다.

Ⅱ. 自賠法上의 自動車運行者責任의 特色

자동차손해배상보장법(이하「自賠法」이라고 부르기로 한다) 제3조는, 자동차의 운행으로 인하여 생명 또는 신체가 침해된 경우에 당해 자동차의「운행자」(“自己를 위하여 自動車를 運行하는 者”)로 하여금 원칙적으로 무조건의 손해배상책임을 지우고 있다.

이 책임이 불법행위의 성질을 가진다는 점에는 異論이 없는 바인데, 이는 민법이 정하고 있는 불법행위책임의 일반원칙(민법 제750조 이하)에 비하면 여러 가지 점에서 현저한 특색을 지니고 있다.

1. 우선, 運行者는 당해 사고가 발생할 당시 자동차를 운전하고 있지 않았어도 책임을 지게 된다. 즉 운행자는 당해 사고의 발생에 대하여 아무런 귀책사유가 없어도 책임을 지며, 적어도 우선 문제가 되는 것은 단지 ① 그가 자동차의 運行者인가, ② 당해 사고가 그「운행으로 말미암아」발생하였는가의 두 가지 점뿐이다.

중요한 것은, 운행자의 입장에서 보면 자신에게는 아무런 잘못 내지 귀책사유가 없음에도 손해배상책임을 진다는 사실이다. 운행자가 사고 당시 당해 자동차를 운전하지 아니하고 있던 경우에는 일반적으로 그는 사고의 발생에 대하여 무슨 과책이 있을 수 없다. 또한 자동차를 소유하고 운행하게 한다는 것이 아무런「잘못」이 아님을 물론이다.

그리고 그는 운전자의 선임·감독에 주의를 다하였음을 입증하여도, 사용자책임에서와는 달리(민법 제756조 제1항 단서), 책임을 벗어나지 못한다. 그가 정성과 주의를 다하여 운전사를 고르고 감독하였어도, 운전자가 잠깐 실수로 저지른 사고에 대하여 책임을 져야 한다. 이상은 피해자가 승객이든 승객이 아니든 하등 다를 바가 없는 것이다.

2. 나아가, 위와 같이 예외적인 운행자책임이 인정되는 것은 자동차사고로 인하여 발생한 모든 손해에 미치지 않으며, 단지 人損, 즉 "다른 사람을 死亡하게 하거나 負傷하게 한 때"에 한정된다(自賠法 제3조 본문: "그 損害를 배상할 책임을 진다"). 그러므로 자동차사고로 인하여 物損이 발생한 경우, 즉 가령 자동차가 길가에 있던 가옥을 파손한 경우는 물론이고 당해 자동차에 싣고 가던 화물이나 승객의 소지물이 파손된 경우에도 운행자는 自賠法에 기하여는 책임을 지지 않는다. 이는 간접적으로 타인의 재산에 손해가 발생한 경우(가령 자동차가 韓電의 전주를 받아 쓰러뜨림으로써 전기 공급이 중단되어 원고의 공장을 가동하지 못한 경우)뿐만 아니라 직접적으로 소유권이 침해된 경우에도 마찬가지이다. 그러므로 이 경우에 피해자는 민법의 일반원칙에 좇아서만 운행자에 대하여 손해배상책임을 묻을 수 있다.

Ⅲ. 自動車運行者에의 歸責根據

위와 같이 自賠法이 人損에 한하여 사고발생에 대하여 귀책사유도 없는 자동차의 運行者에게 손해배상책임을 인정하는 이유는 무엇인가?

1. 이에 대한 논의는 여기서 상론하지 아니하기로 하는데, 결론적으로 말하면 자동차를 운행하게 하는 행위 그 자체의 적법성에도 불구하고 자동차의 운행이 가지는 특수한 위험(besondere Gefahr)에 비추어 그 危險源을 지배할 수 있는 지위에 있는 사람(이 경우에는 자동차의「보유자」, 즉 運行者)으로 하여금 이제 그 위험이 현실화된 경우에는 그로 인한 손해를 부담시키는 것이 타당하다는 소위「危險責任(Gefährdungshaftung)」의 원리에 기한 것이라고 요약할 수 있다.[2)]

흔히 위험책임은 결과책임주의와 동일시되어, 손해발생의 원인을 제공한 사람이 이에 기하여 손해배상책임을 지게 되는 것이라고 이해되고 있다. 그러나 위험책임의 원리는 손해발생의 원인이 제공되었다는 사정만으로 책임을 지우는 책임원리가 아니다. 이에 대하여는 다음과 같은 라렌츠/카나리스의 설명에 귀기울여 볼 만하다.

> "위험책임이 [과실책임주의의 원칙에 기한] 일반불법행위책임과 다른 正義基準에 입각하고 있기는 하지만, 양자는 역시 마찬가지로 人的 責任의 原理(Prinzip personaler Verantwortung)에 기초를 두고 있다. 위험책임은 단순한 결과책임이 아니다. 단순한 결과책임은 모든 손해발생원인이 논리적으로 같은 가치를 가진다는 의미에서 항상「가치맹목적」일 수밖에 없으며, 따라서 흔히 행하여지는 정치적 선전에도 불구하고 애초부터 손해배상책임의 타당한 근거가 될 수 없다. 그러나 위험책임은 배상의무자의 행태를 책임귀속적으로 평가하는 것에 기한 것으로서, 이 평가는 무엇보다도 위험의 야기와 위험의 지배(Gefahrveranlassung und -beherrschung)라는 범주가 가지는 타당한 의미로부터 얻어진다. 이 점은 불법행위제도에 대한 정책과 관련하여서는 극히 중요한 의미를 가진다. 왜냐하면 한편으로 배상의무자를 지정함에 있어서 방향을 지시하며, 다른 한편으로 손해가 국가가 아

---

2) 우리 自賠法의 모법에 상당하는 독일의「道路交通法(Straßenverkehrsgesetz)」제 7 조 이하의 규정에 대하여, 우선 Larenz/Canaris, *Lehrbuch des Schuldrechts*, Bd. 2, Hbbd. 2, 13. Aufl.(1994), § 84 Ⅰ(S. 590ff.); Ⅲ(S. 613ff.) 참조.

니라 私人에 의하여 부담되어야 하는 이유에 대한 대답이 되기 때문이다."[3] (고딕체에 의한 강조와 꺾음괄호 안의 附記는 引用者가 가한 것이다. 이하 같다)

이렇게 보면 위험책임의 원리도 「인적 책임의 원리」에 기초를 둔 것으로서, 헌법상으로도 허용된다고 하지 않을 수 없다. 바로 그렇기 때문에 우리 법체계 안에는, 環境政策基本法 제31조나 水産業法 제82조나 鑛業法 제91조나 原子力損害賠償法 제 3 조 제 1 항 등과 같이, 일정한 위험원을 보유하거나 야기하고 나아가 이를 지배하는 자에게 손해의 발생에 관하여 귀책사유가 없음에도 불구하고 손해배상책임을 과하는 규정을 두고 있는 것이다.

2. 그런데 자동차의 운행이 가지는 「특수한 위험」이란 결국 자동차가 가지는 速度와 重量이 그 운행에 있어서 발생시키는 機械的 物理力의 위험이다. 그 위험의 상대방은 일차적으로는 도로교통에 참여하고 있는 사람 일반이다. 여기에는 도로보행자 또는 다른 차량의 운전자나 승객뿐만 아니라, 당해 차량의 운전자 그리고 특히 당해 차량의 승객이 당연히 포함된다. 자동차의 운행자는 이상과 같은 위험까지도 「야기」하였으며 또 이를 「지배」하는 지위에 있는 것이다.

이렇게 보면, 자동차사고로 인한 배상책임에 대하여 입법자의 입장에서 제도설계하는 경우에는, 자동차의 운행자에게 그 운행으로 말미암아 발생한 손해에 대하여 아무런 면책사유를 규정함이 없이, 즉 어떠한 면책사유도 일절 인정함이 없이 손해전보책임을 인정하는 것은 헌법이 적극적으로 요청하는 것은 아니라고 하여도 적어도 소극적으로는 허용된다고 할 것이다(한편 자동차사고피해자의 손해전보제도에 대한 적극적 헌법적 요청에 대하여는 뒤의 V. 참조). 즉 위험을 야기하고

3) Larenz/Canaris(前註), § 84 I 2 d(S. 608).

지배한다는 사정이 아무런 과책 없는 사람에게도 손해배상책임을 부과하는 것을 충분히 정당화한다고 한다면, 마치 과책 있는 사람이 아무런 면책주장을 하지 못하고 손해배상책임을 져야 하는 것처럼, 입법자가 위험책임원리에 기한 규정을 두면서 면책요건을 전혀 인정하지 않는다고 하더라도, 어떠한 헌법상 요청에 반한다고 할 수 없는 것이다. 실제로 우리 법체계 안에서도 앞서 본 위험책임원리에 기한 실정규정 중 公害에 관한 環境政策基本法 제31조나 鑛業法 제91조 등에 있어서는 아무런 면책사유를 정하고 있지 않으며, 또 외국의 예를 보면 뒤의 Ⅵ.에서 보는 대로 실제로 프랑스는 1985년에 이러한 방향으로 태도를 전환하였던 것이다.

다른 한편으로 입법자가 일정한 면책사유를 규정하는 것도 물론 그의 합리적 재량에 속하는 것임은 물론이라고 하겠다.

Ⅳ. 自賠法 제 3 조 단서 제 2 항의 合理的 理由

그런데 우리의 自賠法 제 3 조는 그 단서에서 운행자책임에 관하여 일정한 免責事由를 규정하고 있다. 즉, 피해자를「乘客이 아닌 者」와「乘客」의 두 범주로 나누어, 전자의 경우에는 ① “自己 및 運轉者가 自動車의 運行에 관하여 注意를 게을리하지 아니하고”, ② “被害者 또는 自己 및 運轉者 외의 第三者에게 故意 또는 過失이 있으며”, 나아가 ③ “自動車의 構造上의 缺陷 또는 機能에 障碍가 없었”다는 것을 증명한 때가 그러하고(但書 제 1 호), 후자의 경우에는 피해자인 乘客의 故意 또는 自殺行爲로 말미암은 것인 때가 그러하다(但書 제 2 호).

이와 같은 면책사유의 정함은 앞의 Ⅲ. 2에서 말한 대로 입법자에게 헌법상 허용되는 입법적 재량에 입각한 것으로서, 이를 위헌이라고 할 수 없다. 뿐만 아니라, 일단 면책사유를 두기로 하는 태도를 취한 단계에서 문제되는 위와 같은 구별취급의 실질적 타당성 또는 실질적 근거라는 점에서도 그에 합리적 이유가 있으며 이를 「부당한 차별」이라고 할 수 없다. 특히 단서 제2호가 무상운송 또는 호의동승의 경우에 문언대로 적용된다면 이는 헌법상 허용되지 않는다고 주장할지 모르나, 단서 제2호의 적용에 있어서 유상운송의 경우와 무상운송의 경우를 구별할 이유는 전혀 없다.

피해자가 승객이 아닌 자와 승객인 경우는 그에 대한 운행자의 손해배상책임이라는 관점에서 다음과 같은 본질적인 차이가 있다. 즉 승객은 당해 자동차의 공간 내에 수납됨(「동승」)으로써 그의 생명·신체는 자동차의 당해 운행으로 인한 위험에 직접 노출되고 동승 중 그의 생명·신체의 안전은 말하자면 자동차에 맡겨졌다고 해도 좋다. 그런데 이러한 위험에의 직접적 노출 내지 자동차위험과의 일체화는, 바로 뒤에서 설명하는 것처럼 운행자의 적어도 추상적·간접적인 동의 아래 행하여진 것이다. 따라서 운행자는 이와 같이 자신의 동의 아래 일어난 「강화된」 위험의 상황에 대하여 보다 강화된 책임을 져야 하는 것이다.

그리고 이와 같은 강화된 책임의 유무는 당해 동승이 유상인지 무상인지 여부에 의하여 영향을 받을 이유가 없다. 왜냐하면 위와 같은 책임강화의 근거는 동승이 무상인 경우에도 하등 달라질 바 없기 때문이다. 단지 뒤의 Ⅶ.에서 보는 대로 무상운송의 경우에는 책임의 내용, 즉 손해배상액을 정함에 있어서 이를 참작하면 족한 것이다.

1. 위에서 말한 대로 自賠法은 피해자가 승객이 아닌 경우와 승객인 경우를 나누어 각각 별개의 면책사유를 정하고 있다. 그런데 그 차이는 실제에 있어서는 그렇게 큰 것이 아니다.

피해자가 승객이 아닌 경우에도 운행자가 단서 제1호가 정하는 면책사유를 주장·입증하여 손해배상책임을 부담하지 않는 경우는 실제에서 극히 드물게밖에 일어나지 않음은 쉽사리 알 수 있는 바이다. 그것은, 우선 입증책임의 면에서 면책을 주장하는 운행자측에서 그 면책사유의 요건 전부를 주장·입증하여야 하는 것에 그 이유가 있다. 나아가 내용적으로도 운행자는 사고의 발생에 관하여 자신이나 운전자에게 아무런 과실이 없다는 것만으로는 아직 부족하며 그것이 전적으로 피해자의 과실 또는 제 3 자의 과실에 의하여 발생하였어야 하는 것이다.

그러므로 운행자는 피해자가 승객이 아닌 때에도 사고의 원인이 不明인 경우는 물론이고 사고가 천재지변 등과 같은 불가항력에 의하여 발생한 경우에도 손해배상책임을 져야 한다. 만일 운행자가 승객이 아닌 피해자에 대하여 위와 같은 경우에도 손해배상책임을 져야 한다면, 승객인 피해자에 대하여「그의 고의 또는 자살행위」가 아닌 경우에 운행자가 책임을 지는 것이 어떻게 해서 부당하고 나아가 헌법에 반할 수 있다는 말인가?

결국 兩者 사이에 차이가 나는 것은, 문제의 위헌심판제청사건에서도 그러한 것처럼 신호등을 기다리면서 규정에 맞게 서 있는 자동차를 과속으로 추돌한 경우 등과 같이, 다른 자동차의 운전자 등 제 3 자의 완전히 일방적인 과실로 사고가 발생하였음이 밝혀지는 경우에 한정된다.

2. 그리고 그와 같이 실제로 차이가 나는 드문 경우에도 자동차의 승객은 자신이 동승한 자동차의 운행자에 대하여 역시 책임을 물을 수 있다고 하여야 한다. 앞서 말한 대로 승객은 운행자의 적어도 추상적·간접적 용인 아래 동승한 사람이므로, 그로 인하여「강화된」위험에 대하여 운행자는 책임을 져야 하는 것이다.

(1) 「승객」이란 그 용어의 통상의 의미에 비추어 보아서도, 최소한 당해 자동차의 운전자의 동의 아래 자동차의 공간 내에 수납된 자를 의미한다.[4] 그런데 운전자의 동의가 있다면, 당해 운행 자체가 소위 「무단운행」, 즉 운행자가 적극적으로 금지하였거나 객관적으로 보아 허용하지 아니하였을 운행이 아닌 이상,[5] 운전자가 승객을 동승시키는 것은 일반적으로 그 운행에 수반되는 것으로 예상할 수 있는 사정이므로, 적어도 추상적·간접적으로는 운행자 자신도 그 동승을 용인한 것으로 평가되지 않으면 안 된다.

이는 법률행위 해석에서처럼 당사자의 개별적·구체적 의사를 확인하는 차원에서 말하는 것이 아니라, 앞에서 본 대로 "당사자의 행태를 책임귀속적으로 평가하는" 차원에서 그와 같은 판단을 내리게 되는 것이다. 그러므로 당해 동승이 운행자 자신의 동의 아래 행하여진 경우에는 물론이고, 운전자가 운행자 자신으로서는 개별적으로는 원하지 아니하였을지도 모르는 동승을 허용한 경우에도 마찬가지인 것이다.

(2) 그렇게 본다면 승객은 자동차의 위험에 대하여 특수한 지위에 선다고 할 수 있다. 즉 자동차운전자가 승객을 자동차에 수납하거나 적어도 그 수용을 용인함으로써 그 운전자, 나아가서는 그를 통하여 자동차운행자는 승객을 자동차의 운행에 고유한 위험권 안에 의식적으로 받아들였다(수용하였다)는 것이다. 앞에서 말한 대로 승객은 이제 자동차의 공간 내에 수납됨으로써 자동차 운행의 위험에 대하여 직접 노출되어서 그 자동차의 위험에 말하자면 그만큼 밀착되게 되었다. 그는 자동차에 타고 있는 동안 자신의 안전에 관하여는 그 자동차와, 다시 말하면 자동차의 위험과 운명을 같이하게 된 것이다. 그리고 이는

4) 그러므로 운전자의 동의 없이 자동차에 탄 사람(가령 트럭의 화물칸에 몰래 올라탄 사람 등)은 여기서 말하는 승객에 해당하지 않는다고 할 것이다.
5) 독일의 道路交通法 제7조 제3항은 이러한 경우를 「보유자의 인식 및 의사 없이(ohne Wissen und Willen)」 운행된 경우라고 표현한다.

승객이 그에 대하여 대가를 지급하였는지 여부, 동승이 어느 쪽의 주도에 의하여 행하여졌는지 여부와는 무관하게 인정되어야 하는 것이다.

이는 자동차사고의 다른 피해자와는 결정적으로 다른 점이다. 가령 보행자가 자동차에 의하여 치인 경우에, 그는 자동차의 외부에 놓여 있으며 설령 도로교통에 참여하고 있다고 하여도 자동차와의 관계는 우연적이고 또한 찰나적이다. 물론 특히 도시교통에서 자동차와의 관계를 전체적으로 보면 必然的이고 恒常的이라고 할는지도 모른다. 그러나 그 책임이 문제되는 하나하나의 자동차와의 관계는 역시 우연적이고 또 일시적인 것이라고 할 것이다.

그러므로 운행자는 승객의 동승을 적어도 추상적·간접적으로 용인하여 승객을 자동차의 직접적인 위험권 내에 받아들인 사람으로서, 그 동승으로 인하여「강화된」위험에 대하여 책임을 져야 하는 것이다.

(3) 동승자가 그 동승에 대하여 대가를 지급하였는지 여부, 즉 유상동승인지 무상동승인지 여부는 적어도 운행자책임의 유무를 결정함에 있어서는 고려될 수 없다.

여기서는 앞의 (2)에서 본 자동차 위험에 대한 승객의 특수한 지위라는 ──가장 강조되어야 할── 관점 외에도 다음과 같은 고려가 요구된다.

(**a**) 우선 가장 전형적인 유상동승의 예로서 시내버스의 경우를 생각하여 보면, 승객은 단지 5백원의 운임을 지급한다. 이는 승객이 사고로 人損을 입은 경우에 버스회사가 지급하여야 할 손해배상액에 비하면 극히 작은 것이고 도대체 비례에 맞지 않는 것이다. 또 택시라고 하여도 사정은 크게 다르지 않다.

그럼에도 불구하고 버스회사나 택시회사 등이 운송업을 영위하는 것은 무엇보다도 그 배후에 保險에 의한 危險의 分散이 있기 때문이다. 따라서 문제는 유상동승인가 무상동승인가가 아니라, 운행자의 위험분산을 위한 保險制度에 비추어 양자를 구별하여 취급할 이유가 있는 것인지 여부인 것이다(이 점에 대하여는 뒤의 V.4. 이하에서 보기로 한다).

(b) 유상동승인지 여부는 매우 판단하기 어려운 경우가 있으므로, 그에 따라 손해배상책임의 유무를 달리 정하는 것은 합목적적이라고 할 수 없다. 가령 호텔의 셔틀버스 운행이나 백화점·스포츠센터의 고객 운송 등과 같이 종국적으로 보면 숙박료·물건값·이용료 등에 의하여 그 운송비용이 전보되는 경우는 과연 유상동승인가 아닌가. 그렇다면 가령 교회에서 ──십일조를 내는── 신도를 예배에 실어나르는 것은 어떠한가, 또 교회에서 친목을 위하여 야유회를 가는 것은 어떠한가.

그러므로 승객인지 여부만에 의하여 일률적으로 책임의 유무를 정하는 것이 손해배상제도의 효율성이라는 견지에서도 바람직하다.

(c) 무상동승의 경우에 운행자로 하여금 自賠法 제3조 본문의 무거운 책임을 지게 하는 것이 타당하지 않다는 주장은 결국, 동승자가 운행자측으로부터 무상의 운송이라는 일종의 호의 내지 은혜를 입었음에도 불구하고 나중에 사고가 났다고 해서 운행자에 대하여 엄격한 손해배상책임을 묻는 것이 법감정에 맞지 않는다는 입장에 근거하는 것이라고 생각된다.

그런데 우선 호의동승의 경우에 운행자책임을 인정하는 것이 만에 하나 「법감정에 맞지 않는다」고 가정하더라도, 그것만으로 법적 분쟁에 있어서 결론을 좌우할 근거가 될 수는 없으며, 그렇게 하려면 이를 해석론으로서 법적 추론의 어느 과정에 편입시키지 않으면 안 된다. 그런데 「好意關係(Gefälligkeitsverhältnis)」는 자동차 동승 이외의 생활관계에서도 흔히 발생하는 바이고, 또한 호의관계 일반의 법리에 대하여는 종래부터 광범한 논의가 있다. 적어도 독일에서는 특히 好意

同乘(Gefälligkeitsfahrt)에서의 책임문제와 관련하여서는 責任排除의 約定(즉 원래라면 배상책임을 져야 하는 사람에 대하여 책임을 면제하기로 하는 원칙적으로 유효한 약정)을 계약해석으로 인정하여야 할 것이 아닌가 하는 관점에서 논의되었고, 적어도 판례는 결국 이를 부정하는 방향으로 귀착되었다. 그리고 이를 우리 민법 제396조(過失相計)에 해당하는 독일민법 제254조의 적용에 의하여 책임액을 제한하는 사유로 취급하는 것에 그치고 있다.[6)]

그리고 우리 나라의 법해석으로도 위와 같은 소위「법감정」은 책임액의 제한사유 이상으로 고려될 수는 없는 것으로 생각된다. 그리고 뒤의 Ⅶ.에서 보는 대로 실제로 그것이 현재 호의동승에 관하여 판례가 취하고 있는 태도(물론 실제의 운용은 지나치게 제한적이기는 하나)이기도 한 것이다.

Ⅴ. 自動車事故被害의 塡補에 대한 社會國家的 要請

관점을 바꾸어 살펴보면, 自賠法 제 3 조 단서 제 2 호는 자동차 사고로 인한 피해의 대규모성과 중대성에 비추어, 가능한 한의 손해전보를 자동차의 승객에게 인정하려는 규정으로서, 우리 헌법의 바탕에 흐르고 있는 사회국가적 이념에 기하여 적극적으로 요청되는 바이다.

1. 우리 나라에서 운행되고 있는 자동차의 대수는 1996년 말 현재 9백5십5만여대(정확하게는 9,553,092대)이고, 운전면허증 소지자는 1천7백7십2만여명(정확하게는 17,720,833명)이다.

1996년 한 해 동안에 일어난 자동차사고 건수는 도합 265,052건이

6) 이에 대하여는 무엇보다도 Flume, *Das Rechtsgeschäft*, 3. Aufl.(1979), §7, 6 (S.88ff.) 참조.

며, 이로 인하여 사망한 사람이 12,653명, 부상한 사람이 355,962명이다. 그 한 해 전인 1995년에는 모두 248,865건의 자동차사고가 일어나서 그 결과 10,323명이 사망하고 331,747명이 부상하였다(警察廳 자료. 『도로교통안전백서』 1996년도 및 1997년도 각 참조).

이와 같이 자동차사고는 ——경찰청의 공식 통계에 잡힌 것만을 보더라도—— 매년 1만명 이상의 사망자와 3십만명 이상의 부상자를 발생시킨다. 여기서 「사망」이나 「부상」이라는 피해는 곧 생명과 신체·건강에 대한 침해로서, 인간의 생존에 있어서 가장 밑바탕을 이루는 가치가 훼손되었음을 의미하는 것이다.

이로써 자동차사고가 피해자 본인은 물론 그 가족과 친지들에게 끼치는 재산적·정신적 가해의 엄청난 규모를 쉽사리 짐작할 수 있다. 특히 자동차사고로 사람이 사망하거나 불치의 후유증을 남기는 경우에 이를 방치한다면, 노동능력의 상실 등으로 인하여 본인이나 가족의 생계 자체가 위태롭게 되는 것은 흔히 일어나는 일이며, 그 경우 손해의 「전보」 여하에는 그야말로 생존 그 자체가 걸려 있게 된다.

그러므로 이와 같이 양적으로 막대하고 질적으로 심중한 피해의 「전보」를 어떠한 방식으로 도모할 것인가는, 비단 피해자 개인에 대한 구제 차원의 문제가 아니라, 이미 국가가 해결하여야 할 중대한 사회적 제도설계 차원의 문제인 것이다.

2. 헌법의 기본이념 중의 하나가 社會國家原理임은 널리 인정되는 바이다. 특히 헌법 제34조는 그 제 1 항에서 "모든 國民은 人間다운 생활을 할 권리를 가진다"고 하여 소위 사회적 기본권으로서의 「인간다운 생활을 할 권리」를, 제 2 항에서 "國家는 社會保障·社會福祉의 增進에 노력할 義務를 진다"고 하여 국가의 사회보장 및 사회복지 증진의무를, 제 5 항에서 "身體障碍者 및 疾病·老齡 기타의 사유로

生活能力이 없는 國民은 法律이 정하는 바에 의하여 國家의 保護를 받는다"고 하여 생활무능력자의 국가에 대한 보호청구권을 각각 명정하고 있다.

그러한 헌법적 요청을 실현하기 위하여, 가령 근로자를 위한 災害補償制度가 마련되어(勤勞基準法 제78조 이하), "근로자가 업무상 부상 또는 질병에 걸린 경우"(요양보상·휴업보상에 있어서)나 "근로자가 업무상 부상 또는 질병에 걸려 완치 후 신체에 장해가 있는 경우"(장해보상에 있어서)나 "근로자가 업무상 사망한 경우"(유족보상에 있어서) 등에 대하여는 사용자로 하여금 그 원인 여하를 막론하고「보상」을 행하도록 요구하고 있다.[7] 주목되는 것은, 여기서도 부상·질병·사망이라고 하는 기본적 법익이 침해된 경우에 한하여 위와 같은 근로자의 보상청구권이 인정되고 있다는 점이다.[8]

自賠法도 헌법적으로 보면 결국은 사회국가적 이념의 구체화, 즉「기본적 법익에 대한 피해를 전보받을 권리」의 실정화로서 제정된 것이라고 할 수 있다. 보다 구체적으로 말하면 헌법 제34조 제 1 항에서 정하는 국민의「인간다운 생활을 할 권리」를 실제에 있어서 실현하고 또한 同條 제 2 항에서 정하는 바의「사회보장·사회복지의 증진」에 노력할 국가의 의무를 이행하는 일환으로 제정된 것이다.

그에 있어서 국가는 자동차사고로 인한 손해의 전보를 국가 스스로가 떠맡지 아니하고, ――근로자의 재해보상에서 사용자에게 그 책임을 지운 것과 마찬가지로―― 종국적으로는 자동차의 운행자로 하여

7) 물론 그 때에도 "勤勞者가 重大한 過失로 인하여 業務上 負傷 또는 疾病에 걸"렸고 또한 그 과실에 대하여 使用者가 勞動委員會의 認定을 받은 경우에는 그 중에서 休業補償이나 障害補償은 "행하지 아니하여도 無妨하다"고 한다(勤勞基準法 제81조).

8) 실제로 서구에서 자동차손해전보와 근로자재해전보의 확충은 19세기 말 이후 사회국가적 이념의 진출과 함께 서로 평행적으로 발전하여 온 것이다. 이에 대하여는 우선 Hein Kötz, Haftung für besondere Gefahr, in: *AcP* 170(1970), S. 5ff. 참조.

금 이를 행하도록 하는 태도를 취한 것이다. 그러한 마당에 대량으로 일어나고 있는 자동차사고로 인한 人損에 대하여 상당한 범위의 면책사유를 인정하는 것은, 위의 헌법규정이 정하는 바의 「사회보장」 또는 「생활능력 없는 국민에 대한 보호」의 의무를 저버리는 것이라고 할 수 밖에 없을 것이다.

3. 뿐만 아니라 불법행위법의 가장 중요한 분야인 事故法(accident law; Unfallrecht)의 범위에서는 이제 행위자의 귀책사유나 위험원의 지배와 같이 어쨌거나 「책임귀속근거(Zurechnungsgründe)」를 묻는 바탕 위에 수립된 손해배상법을 아예 해체하고, 이에 갈음하여 우리나라에서 시행되고 있는 근로자재해보상제도과 같은 사회보장제도로써 그 손해의 전보를 행하는 것이 여러 모로 현명하다는 주장이 강력하게 행하여지고 있다.[9] 그리고 실제로 이러한 제도를 채택하고 있는 뉴질랜드의 소위 「事故補償法(Accident Compensation Act)」의 체계가[10]

---

9) 무엇보다도 그 후의 논의에 매우 강력한 영향을 준 André Tunc, Torts. Introduction, in: *Int'l Encyclopedia of Comparative Law,* Vol. XI(1974) 참조. 가령 결론 부분의 p. 106: "**모든 사고손해는 전보되어야 한다.** 단지 피해자측의 고의적 과책만이 전보청구권을 소멸시키거나 감소시킬 수 있다. 일반적으로 사고손해는 일반적으로 손실의 분산(loss distribution)에 의하여 전보되어야 한다. 손실의 분산은 … 우선 사회보장과 공중보건시설, 다음으로 책임보험, 마지막으로 생명보험·사고보험·재산손해보험과 같은 다양한 제도들의 작용에 의하여 이미 행하여지고 있다. 이들이 하나의 사회보장제도로 통합될 수 없다고 한다면, [그 다음의] 기본적인 문제는 다양한 유형의 손해를 전보하기 위한 적절한 통로를 발견하여, 이들 세 제도 사이의 중복과 마찰을 가능한 한 없애는 일이다." 또한 주지하는 대로 영국법에서는 자동차사고에 대하여도 여전히 「과실」책임(negligence liability)이 유지되고 있는데, 그러나 근자 영국의 가장 고명한 법관인 데닝 경은 다음과 같이 말하고 있다. Lord Denning, *What Next in the Law*(1982), p. 128: "자동차교통의 현상에 비추어 볼 때, 나는 발달된 법을 가지는 나라라면 어디에서나 사방에 죽음과 파괴를 일으키고 있는 이 위험한 도구를 도로에서 사용하는 자에게 그 사용의 결과로 죽거나 다친 모든 사람에게 배상을 할 책임이 부과되어야 한다고 믿는다." 또한 Atiyah/Cane, *Accident, Compensation and the Law,* 4th ed.(1987)도 참조.

10) 이에 대하여는 우선 加藤雅信 編著, 損害賠償から社會保障へ——人身損害の救

전세계적으로 주목을 끌고 있는 것이다.

가령 유명한 츠바이게르크/쾨츠의 『比較私法制度論』은 주요한 각 나라의 불법행위법제도를 조망한 후 그 장래에 대하여 다음과 같이 전망하고 있다.

> "민사배상책임법은 … 손해의 귀책을 정당화하는 근거들을 서술한다. 그리고 우리는 일반적으로 누군가가 주의의무에 위반하여 타인에게 손해를 발생시킨 경우 또는 그가 특별한 위험원을 창출하여 그 위험이 손해가 생긴 사안에서 현실화된 경우에는 그러한 귀책근거가 인정됨을 알고 있다. 손해가 이와 같은 근거에 의하여 「귀책」되는 자를 발견하지 못하는 경우에는, 피해자는 그 손해를 감수하여야 하는 것이다. … 오늘날에는 손해전보, 특히 사고로 인한 人損의 전보가 [위와 같은] 배상책임법이라는 思考形式에 의하여 아직도 적절하게 해결될 수 있는가 라는 문제가 어디서나 논의되고 있다. 법질서가 오늘날 개개의 시민에 대한 사회적 안전에 관하여 하여야 할 것에 대한 견해는 근본적으로 변경되었다. 국민의 점점 더 많은 부분이 모든 종류의 생존위험, 가령 일상의 궁핍·직질병·실직 등으로 인한 경제적 곤경에 대하여 다양한 배려기구들에 의하여 보호를 받고 있다. 이를 배경으로 하고 볼 때에는, 시민에 대한 사고의 위험도 제거되어야 하며, 그에 있어서는 과연 그 사고에서 배상책임법의 전통적인 기준에 따라 「유책한」 가해자를 발견할 수 있느냐의 여부가 문제되어서는 안됨은 분명하다. 따라서 일정한 사고유형에 관하여 또는 모든 사고영역에 있어서, 다음과 같은 제도, 즉 사고피해자는 그 어떤 가해자의 「책임」을 고려함이 없이 자기에게 발생한 인적 손해의 전보를 保險者에게 요구할 수 있고, 보험자는 그로 인하여 생긴 지출을 당해 사고를 발생시킬 위험을 지니고 있는 사람들로 구성된 보다 큰 공동체에 분담시키는 제도에 의하여 배상책임법을 대체하려는 案들이 많은 나라

濟のために(1989) 참조. 뉴질랜드의 1982년 事故補償法(Accident Compensation Act) 및 그를 모방한 호주의 1974년 聯邦補償法案(Proposals for National Compensation)을 소개하고 있다.

에서 검토되었고, 몇몇 나라에서는 이미 입법적으로 실현되었다. … [이러한] 「보험보호에 의한 책임의 대체」는 특히 도로교통사고의 영역에서 요구되어 왔다."[11] (점선은 引用者에 의하여 생략된 부분을 가리킨다)

이와 같은 장래의 손해전보제도를 아울러 시야에 넣고 보면, 입법론적으로는 自賠法의 규정 중 면책사유에 관한 정함(제3조 단서)은 오히려 아예 삭제되거나, 적어도 同條 但書 제2호에서 정하는 事由에 한정하는 방향으로 통일되어야 할 것이다. 그렇다면 물론 현재의 입장에서도 위의 규정(동조 단서 제2호)을 헌법에 반한다고 할 수는 없을 것이다.

4. 보험제도가 불법행위제도의 전개에 중대한 영향을 미쳤음은 주지하는 대로이다.[12]

특히 여기서 다루고 있는 자동차운행자의 책임문제와 관련하여서는 다음과 같은 흥미로운 사실을 지적할 수 있다. 프랑스의 파기원은 주지하는 대로 자동차운행자의 책임과 관련하여 프랑스민법 제1384조에서 정하는 엄격한 책임을 적용하여 왔는데, 다만 好意同乘(transport benévolé)에 대하여는 그 적용을 부정하고 과실책임의 원칙을 정하는 프랑스민법 제1382조에 의하여서만 손해배상을 청구할 수 있다고 판시하여 왔다. 그러나 파기원 연합부는 1968년에 이르러 종전의 태도를 바꾸어 호의동승의 경우에도 위의 엄격한 책임을 적용하기에 이르렀다. 학자들은 이러한 태도전환의 이유로 일치하여, 1958년에 의무적 자동차책임보험제도가 도입되어서, 이제 실질적으로 피해를 전보하는 것은

11) 츠바이게르트/쾨츠, 梁彰洙 譯, 比較私法制度論(1991), 612면.

12) 이에 대하여는 우선 金星泰, "不法行爲와 損害塡補制度", 民事判例研究 제15집(1993), 451면 이하; 同, "不法行爲法理와 保險制度", 慶熙法學 18권 1호(1983), 165면 이하; 同, "責任保險制度가 不法行爲法理에 미친 影響 點描", 商法論文集(鄭熙喆 선생 古稀紀念)(1985), 287면 이하 참조.

保險會社이고 자동차운행자가 아니게 되었음을 들고 있는 것이다.[13]

우리 나라에서 自賠法이 운행자에게 엄격한 책임을 지우고 있는 것도, 결국 운행자는 자동차의 운행으로 인한 위험을 보험에 의하여 "당해 사고를 발생시킬 위험을 지니고 있는 사람들로 구성된 보다 큰 공동체"에 분담시킬 수 있다는 생각을 바탕에 두고 있다고 할 것이다. 그리하여 우선 自賠法은 책임보험제도에의 가입을 모든 자동차보유자에게 강제하고 있다(제5조 이하). 그런데 동법이 정하는 강제적 책임보험에 의하여 전보되는 보험금액은 현재 사망의 경우에는 6천만원, 후유장애의 경우에는 240만원부터 6천만원까지로 제한되고 있다(同法 시행령 제3조 참조).[14] 그러므로 그 이상의 손해에 대하여는 운행자 자신이 스스로 책임을 지게 된다.

5. 여기서 自賠法 제3조 단서 제2호가 위헌이라고 주장하는 사람들은 그 근거 중의 하나로 위와 같이 강제적 책임보험에 의하여 전보되는 손해액이 제한된 상태에서 운행자에게 엄격한 책임을 지우는 것은 지나친 부담으로 인하여 그로 하여금 자유로운 경제활동을 할 수 없게 하는 결과가 된다고 주장할는지도 모른다. 그러나 그러한 주장은 설득력이 없다.

우선 강제적 책임보험상의 보험금이 제한되어 있다는 사정은, 自賠法 제3조에서 정하는 **운행자책임 일반**에 관한 문제이다. 그러므로 자배법에 의한 운행자책임을 전반적으로 부인하지 아니하는 한에는, 강제적 책임보험에 의한 배상액이 제한되어 있다고 하여서 운행자책임의 면책사유의 범위를 넓혀야 한다는 주장이 당연히 근거 있게 되는

13) 이에 대하여는 梁彰洙, "好意同乘者에 대한 自動車保有者의 賠償責任——外國의 例", 民法研究 제1권(1991), 489면 이하, 특히 495면 이하 참조.

14) 이 책임보험액은 앞으로 1인당 GNP의 10배 수준으로 상향조정될 계획이라고 한다.

것이 아님은 물론이다. 이는 마치 근로자재해보상제도에 의한 각종 보상금이 충분하지 않은 상황에서 사용자가 근로자에 대하여 민법상의 사용자책임규정에 의하여 널리 손해배상책임을 지게 된다면 사용자가 「부당한 부담」을 떠안게 된다는 이유로 민법상의 사용자책임의 면책범위를 넓혀야 한다는 주장과 마찬가지로 명백히 부당한 것이다.

하물며 강제적 책임보험에 의한 배상액이 제한되었다고 하여, 피해자가 승객인 경우에 관한 면책사유를 승객이 아닌 경우에 관한 면책사유와 같이 넓게 인정하여야 할 이유는 추호도 없다. 그러한 주장은, 미국에서 산불이 났으므로 우리 나라에서 수돗물을 아껴 써야 한다는 캠페인을 펼치는 것처럼, 서로 관련이 없는 사정을 억지로 끼워 맞추고 있는 것에 불과하다.

나아가 자동차보유자는 임의적 책임보험(즉 소위「자동차종합보험」)에 가입함으로써, 강제적 책임보험의 보험금액을 넘는 책임액에 대하여도 그 부담을 보험자(보다 정확하게 말하면 보험가입자 집단)에게 전가할 수 있다. 그리고 이러한 필요는 피해자가 승객이 아닌 경우에도 마찬가지로 제기되는 것이다. 따라서 가령 상당수의 자동차보유자가 「자동차종합보험」에 가입하지 않는 것이 실정이라고 하더라도, 그렇다고 해서 하필 自賠法 제3조 단서 제2호만이 위헌이 된다고는 할 수 없는 것이다. 이 역시 피해자가 승객이 아닌 경우에도 마찬가지로 제기될 수 있는 논점인 것이다. 또한 만일 자동차보유자가 스스로 자동차종합보험에 가입하지 아니함으로써 자동차사고로 인한 손해배상책임의 위험을 보험자에게 전가할 수 있었음에도 불구하고 이를 하지 아니하였다면, 그는 그러한 위험을 스스로 부담하는 것이 마땅하다. 정책적으로 보더라도 자동차를 운행하는 자로 하여금 위와 같은 사고손해의 배상책임을 질 위험을 인식시켜 가능하면 자동차종합보험에 가입하도록 하는 것이 바람직하고, 위와 같은 책임전가의 기회를 스스로 포기한 자를 면책사유를 확장하는 방법으로 보호할 이유는 없는 것이다.

6. 이렇게 보게 되면, 문제의 위헌심판제청신청 등의 배경에는 우리 나라의 보험회사들의 다음과 같은 이해관계가 깔려 있음을 알게 된다. 즉 自賠法 제3조 단서 제2호을 위헌으로 선언받아 무상동승자 또는 호의동승자에 대하여도 同條 단서 제1호의 면책사유를 주장할 수 있게 됨으로써 보험계약상 보험회사로 하여금 보험금지급책임을 지게 하는「피보험자의 법률상 책임」의 범위을 축소하고, 이로써 보험회사의 보험금지급책임이 발생하는 경우를 가능하면 줄이려는 것이다. 이것이 적어도 경제적으로는 이 사건에서의 핵심적 이해관계라고 생각된다.

그러나 뒤집어서 생각하여 보면, 보험회사로서는 보험료를 적절하게 산정함으로써 자신의 이해를 관철할 수 있으며, 보험료는 결국 보험계약자, 즉 이 경우에는 자동차보유자의 부담으로 돌아간다. 그렇다면 법률은 합리적·합목적적인 판단에 의하여 자동차보유자가 부담하게 될 책임의 요건과 내용을 ――면책사유의 내용을 포함하여―― 정함으로써, 보험계약자로 하여금 이러한 책임을 부담하는 위험을 회피하기 위하여 이에 맞는 자위수단(즉 여기서는「자동차종합보험」의 체결)을 취하도록 유도하면 족하다. 보험계약자가 그러한 자위수단을 채용하지 아니한 경우까지를 고려하여, 법률이 자동차보유자의 책임의 요건과 내용을 정할 이유는 없는 것이다.

Ⅵ. 프랑스의 境遇

외국의 입법례를 보면, 물론 한편으로 호의동승 내지 무상동승의 경우에 자동차운행자의 엄격한 책임을 완화 내지 부정하는 태도를 취하는 경우가 대부분이나,[15] 다른 한편으로는 호의동승 내지 무상동승의 승객에 대하여도 일반적인 엄격책임을 지우는 예도 없지 않다.

여기서는 프랑스의 경우에 한정하여 살펴보기로 한다.

1. 프랑스에서 자동차사고의 피해자는 그가 승객인지 여부를 불문하고 자동차의 운행자(프랑스민법 제1384조에서 정하는 자동차의 「보관자」 gardien)로부터 손해배상을 청구할 수 있으며, 이는 자동차사고의 발생에 대하여 운전자 또는 운행자에게 아무런 과실이 없는 경우는 물론 자동차사고의 원인이 제 3 자의 행위에만 있는 경우나 심지어 불가항력이 그 사고의 유일한 원인인 경우에도 마찬가지이다.

1985년 7월 5일의 「交通事故被害者救濟法」(정확하게는 「교통사고 피해자의 구제와 배상절차의 신속화를 위한 법률(Loi n° 85-677 du 5 juillet 1985 tendant à l'amélioration de la situation des victimes d'accidents de la circulation et à l'accélération des procédures d'indemnisation)」은 제 2 조에서 "운전자를 포함한 피해자에 대하여, 제 1 조에 규정된 차량의 운전자 또는 보관자는 불가항력 또는 제 3 자의 행위를 이유로 대항할 수 없다"고 규정한다.

이 규정을 이해하기 위하여는 프랑스법에서 교통사고 피해자의 구제를 위한 그 때까지의 법장치를 알 필요가 있다. 이는 판례에 의한 장기간의 법발전의 결과로서 정착된 것인데, 간단히 말하면, ① 소위 「無生物責任」을 정하는 프랑스민법 제1384조 제 1 항을[16] 자동차사고

15) 이에 대하여는 우선 梁彰洙(註 13), 473면 이하 참조.

16) 프랑스민법 제1384조 제 1 항: "자기의 행위에 의하여 발생한 손해뿐만 아니라, 자기가 책임을 져야 할 사람 또는 **자기가 보관하는 물건의 행위로부터 발생하는 손해에 대하여도 책임을 진다**(On est responsable non seulement du dommage ··· , mais encore de celui qui est causé par le fait ··· des choses que l'on a sous sa garde)".

에도 적용하여, 피해자는 자신의 손해가 자동차의「행위」에 의하여 발생한 것만을 입증하면 자동차의「관리자」는 손해배상의 책임을 지며, 그가 자신의 無過失이나 原因不明 등을 증명하더라도 이것으로는 책임을 면할 수 없도록 하되, ② 다른 한편「보관자」가 자동차사고가 천재지변이나 제3자의 행위와 같은 예견할 수 없고 회피할 수 없는 外部原因(cause étrangère imprévisible et irrésistible)에 의하여 발생한 것임을 입증하면「보관자」는 책임을 면한다는 것이었다.

위의 1985년 법률은 이러한 판례법리에 수정을 가하여, 人身事故에 한하여 가해자측으로 하여금 ②의 면책사유를 거의 전면적으로 주장할 수 없도록 함으로써, 이제 피해자 구제에 만전을 기하고자 하는 것이다. 그리하여 우선 제2조는 불가항력이나 제3자의 행위는 면책사유가 되지 아니하며, 이는 피해자가 사고에 관여한 차량의 운전자인 경우에도 다름이 없다고 정한다. 나아가 同法 제3조 제1항은 피해자의 신체가 훼손된[17] 사고의 경우에는[18] 피해자 자신의 과실도 면책사유가 되지 않으며, 단지 "피해자의 변명될 수 없는 과책이 사고의 유일한 원인인 경우(à l'exception de leur faute inexcusable si elle a été la cause exclusive de l'accident)"에 한하여서만 예외적으로 감액 또는 면제될 수 있다고 정하고 있다.[19] 다만 손해가 피해자 자신에 의하여 야기된 경우에는 배상을 받을 수 없다(제3조 제3항).

---

17) 한편 物損의 경우에 피해자에게 과책이 있으면, 가해자는 원칙적으로 손해배상의 경감 또는 면책을 주장할 수 있다(제5조 제1항).

18) 한편 피해자가 사고에 관여한 차량의 운전자인 경우에 그의 人損에 대하여는 그에게 과실이 있으면 가해자는 손해배상의 경감 또는 면책을 주장할 수 있다(제4조).

19) 그러나 이 경우에도 사고발생시에 피해자가 16세 미만이거나 70세를 넘는 경우 또는 사고로 입은 중상해로 인하여 稼動能力의 80% 이상을 상실하는 경우에는, 피해자의 과실을 이유로 하는 책임제한의 주장이 전혀 허용되지 아니한다(同條 제2항).

2. 이렇게 보면 우리의 관심사인 被害者가 사고에 관여한 차량의 운전자가 아닌 경우의 人損에 관하여 보면, 프랑스법은 사고차량의 운행자에게 무조건의 책임을 지우고 있다고 할 수 있으며, 이는 사고가 불가항력이나 제 3 자의 과책에 기하여 일어난 경우에도 예외 없이 인정되고 있다. 우리 법과 비교하여 볼 때, 이는 피해자가 「승객」이 아닌 경우에도 自賠法 제 3 조 단서 제 1 호보다 훨씬 제한적으로만 책임제한을 인정할 뿐이라는 점이 흥미를 끈다.

다만 유일한 예외는 피해자에게 사고발생에 대하여 과책이 있는데 그것이 「변명할 수 없는 과책」으로서 사고 발생의 「유일한 원인」인 경우이다. 우선 「변명할 수 없는 과책」에 관하여 지도적인 破棄院(우리 나라의 대법원에 해당한다) 제 2 민사부의 1987년 7월 20일 판결(Bull.civ. Ⅱ, n° 160, p. 90)에 의하면, 피해자의 중대한 과실만으로는 그 사유가 인정되지 아니하며, "스스로 인식하여야만 하였을 위험에 합당한 이유 없이 자신을 노출시키는 예외적으로 중대한 故意的 過責(la faute volontaire d'une exceptionelle gravité exposant sans raison valable son auteur à un danger dont il aurait dû avoir conscience)"에 한정된다고 제한적으로 해석함으로써 위 법률의 제정취지를 뒷받침하고 있다.

또한 그 과책은 사고 발생의 유일한 원인이어야 한다. 그리하여 가령 1993년 11월 8일의 파기원 제 2 민사부 판결(Bull.civ. Ⅱ, n° 316)은, 12월 31일의 한밤중에 새해를 맞는 騷動 중에, 교통이 정체되어 도로상에 멈추어 정체가 풀리기를 기다리며 서 있던 버스의 지붕 위로 분위기에 휩쓸려 기어올라 갔다가 버스가 다시 출발하는 바람에 굴러 떨어진 피해자의 손해배상청구를 전적으로 인용하였다. 즉 이는 「변명될 수 없는 과책」인지는 몰라도, 운전자가 자기가 운전하는 차 위에 사람이 올라가 있음을 알면서 다시 움직이기 시작하였다면 그 피해자의 과책은 사고의 유일한 원인은 아니라는 것이다.

결국 프랑스의 경우를 우리와 굳이 비교하자면, 프랑스에서는 자동차사고의 피해자가 승객인지 아닌지를 묻지 않고 오히려 우리 自賠法 제 3 조 단서 제 2 호와 같은 면책사유만을 인정하고 있다고 하여도 과언이 아닌 것이다.

Ⅶ. 責任減輕事由로서의 好意同乘

논의를 호의동승 내지 무상동승의 경우에 한정하자면, 대법원이 이를 예외적으로만 책임감경사유로 삼고 있음은 주지하는 대로이다. 가령 大判 87. 12. 22, 86다카2994(공보 818, 327)은, “다만 운행의 목적, 호의동승자와 운행자와의 인적 관계, 피해자가 차량에 동승한 경우, 특히 동승요구의 목적과 적극성 등의 제반 사정에 비추어 가해자에게 일반의 교통사고와 같은 책임을 지우는 것이 신의칙이나 형평의 원칙에 비추어 매우 불합리한 것으로 인정되는 경우에는 그 배상액을 감경할 사유로 삼을 수도 있을 것이다”라고 판시하였다. 그러나 실제의 운용에서는 호의동승의 사실을 다른 사정과 함께 고려하여 과실상계비율을 정하는 경우는 없지 않지만, 호의동승의 사실만으로 배상액의 감경사유로 삼은 예는 별로 많지 아니하다.

그러나 이러한 태도에는 비판의 여지가 있다고 생각된다.[20] 즉 호의동승의 사정을 보다 일반적·적극적으로 배상액의 감경사유로 삼아도 좋으며, 예외적으로는 過失相計에 있어서와 마찬가지로 책임을 면제할 수 있다고 하여도 좋지 않은가 하는 것이다. 그리고 그 근거로서는, 한편으로 無償行爲에 대하여 인정되고 있는 책임감경규정들(가령 민법 제559조, 제612조, 제695조, 제1082조 이하 등)의 정신을 유추적용

20) 이에 대하여는 우선 梁彰洙, “1988년 民法判例 槪觀”, 民法硏究 제 2 권(1991), 392면 이하 참조.

(소위「法類推」또는「全體類推」)하여야 한다는 것이고, 다른 한편으로 구체적 손해배상액의 결정에서 현저하게 드러나는「衡平의 原理」(가령 과실상계에 대한 제396조의 운용에서의「피해자측의 과실」의 법리, 나아가 自然力이 가공한 손해발생에서의 비율적 감액, 旣往症·特異體質의 경우의 감액 인정 등)를 여기에도 적용하지 못할 이유가 없다는 것(동승자는 자동차의 운행에 따른 일반적·추상적 위험을 인수하였다고도 할 수 있다) 등을 들 수 있다. 또 물론 예외적이기는 하지만, 사정에 따라서는 당사자들 사이에 운행자 또는 운전자의 책임을 면제하기로 하는 默示的인 約定이 있었다고 인정될 수 있는 경우도 있을 것이다.

이러한 운용에 의하여 호의동승 내지 무상동승과 관련하여 제기되는 문제점은, 그 문제제기가 합리적인 근거를 가지는 한에서는, 적어도 실제의 해결로서는 거의 전부 별다른 의문 없이 해소될 수 있다고 생각된다. 이렇게 생각하여 보면, 이 사건 헌법소원 등에서 구체적으로 제기되는 바의 호의동승 내지 무상동승의 문제는 어디까지나 해석론의 차원에서 해결될 수 있고 또 해결되어야 하는 것이지, 이를 위헌논의에 의하여 해결될 것은 아닌 것이다.

Ⅷ. 法的 安定性의 要請

마지막으로 自賠法 제 3 조 단서 제 2 호가 헌법에 위반된다고 하여서는 안 되는 또 하나의 이유는 **법적 안정성**의 관점에서 제기될 수 있다.

自賠法은 처음에 1963년 4월 4일 공포되어 동년 6월 1일부터 시행되었다. 그 후 1984년 12월 31일에 全文이 개정되어 오늘날에 이르고 있다. 그 사이에 적지 않은 개정이 있었으나,「승객」의 경우에 고의 및 자살행위만을 면책사유로 하는 규정은 처음부터 존재하였고(舊法

제3조 단서 제2경우: "… 乘客의 境遇에 있어서 故意 또는 自殺行爲로 인하여 死傷한 乘客에 대하여는 例外로 한다"), 이것이 오늘날의 自賠法 제3조 단서 제2호로 이어지고 있다.

그러므로 위의 면책사유규정은 이미 35년 이상에 걸쳐 유지되어 온 것이다. 그리고 손해배상에 관한 법원이나[21] 보험의 실무도 이를 전제로 하여 운용되어 왔다. 그 긴 세월 동안 위헌론이 제기된 일은 전혀 없었으며, 보험회사측으로부터도 단지 "乘客인 被害者를 승객 이외의 피해자보다 두텁게 보호하려는 우리 나라 自賠法의 특유한 條項"이라는 설명만이 행하여지고 있을 뿐이었다.[22]

그런 마당에 이제 와서 위 규정을 위헌이라고 하는 것은, 앞에서 누누이 말한 대로 실질적으로도 근거가 없으려니와, 국민들이 종래 장기간에 걸쳐 선량하게 행하여 온 법생활을 뒤집는 것으로 결코 바람직하지 않을 것이다. 물론 同姓同本禁婚規定(민법 제809조 제1항)의 예에서 보는 바와 같이 오랜 기간 遵行되어 온 법규정이라고 하여 그것만으로 이제 헌법적 심사를 면하게 되어야 한다고는 할 수 없다. 그러나 여기서 문제되고 있는 自賠法 제3조 단서 제2호와 같은 조항에 대하여는 家族에 대한 규정과는 달리 그 사이에 法觀念의 변화가 전혀 간취될 수 없으며, 오히려 변화가 있다면 「피해자의 구제」가 보다 확

21) 예를 들면 大判 69.6.10, 68다2071(集 17-2, 177)("피고가 소유 운행하는 뻐스와 다른 피고 甲 회사가 소유 운행하는 뻐스의 운행 중에 충돌사고로 피고 소유 뻐스의 승객인 원고가 부상한 이 사건에 있어서 원심이 … 피고는 그 승객인 원고의 부상으로 인한 손해를 배상할 책임이 있다고 판시한 것은 정당하고 그 부상이 **다른 피고 갑 회사의 소유 뻐스측의 일방적 과실에 기한 것이라도** 위 결론을 달리 할 수 없는 것"); 大判 70.1.27, 69다1606(集 18-1, 26)("원심이 피고 회사 소속 택시 승객인 원고들이 그 운행 중의 사고로 발생한 손해배상청구를 동 **피고측에 고의, 과실이 없는 불가피한 사고**라는 이유로 이를 배척한 조치는 위 자동차손해배상보장법 제3조의 法意를 오해한 위법이 있"다); 大判 80.9.24, 80다1430(공보 645, 13285)("피고 회사가 운행하는 버스의 운행으로 그 승객인 원고가 부상한 이 건에 있어 … **그 부상이 소외 승용차측의 일방적 과실에 기한 것이라 하더라도** 위 결론을 달리 할 수 없는 것") 등.

22) 韓國自動車保險株式會社 발행, 自動車損害賠償保障法 解說(1982), 102면.

충되어야 한다는 방향으로, 다시 말하면 위 규정의 정당성을 강화하는 방향으로의 변화만이 인정될 수 있을 것이다.

Ⅸ. 小　結

결론적으로 이상의 논의를 종합하면, 다음과 같이 요약할 수 있다.

첫째, 자동차의 운행자가 그 운행으로 말미암은 人損에 대하여, 그 자신에게는 아무런 「잘못」 내지 귀책사유가 없더라도, 배상책임을 지는 것은, 자동차의 특수한 위험성을 지배할 수 있는 지위에 있기 때문이다. 그리고 그러한 위험의 상대방은 도로보행자 또는 다른 차량의 운전자나 승객뿐만 아니라, 당해 차량의 운전자 그리고 특히 당해 차량의 승객인 것이다. 따라서 자동차사고로 인한 배상책임에 대하여 입법자의 입장에서 제도설계하는 경우에는, 자동차의 운행자에게 그 운행으로 말미암아 발생한 손해에 대하여 아무런 면책사유를 둠이 없이 손해전보책임을 인정하는 것도 헌법상 허용된다고 할 것이다.

둘째, 만일 일정한 예외적인 경우에 자동차의 운행자에게 면책사유를 두는 경우라면, 피해자가 승객인 경우와 승객이 아닌 경우를 구별하여 각각 별개의 면책사유를 정하는 것은 합리적인 이유가 있다. 승객은 자동차의 공간 내에 수납됨으로써 자동차 운행의 위험에 대하여 직접 노출되어서 자동차에 타고 있는 동안 자신의 안전에 관하여 그 자동차의 위험과 운명을 같이하게 된 것이다. 그러므로 운행자는 승객의 동승을 적어도 추상적·간접적으로 용인하여 승객을 자동차의 직접적인 위험권 내에 받아들인 사람으로서, 그 동승으로 인하여 「강화된」 위험에 대하여 책임을 져야 한다.

셋째, 승객에 대하여 자동차의 운행자가 보다 엄격한 책임을 지는 것은 승객이 그에 대하여 대가를 지급하였는지 여부와는 무관하게 인정되어야 한다. 무엇보다도 위의 「둘째」에서 본 「근거」는 무상동승의 경우에도 동일할 뿐 아니라, 무상동승은 그 반대의 경우와 구분하기 매우 어렵고, 설사 대가를 지급하였더라도 그 대가는 자동차의 위험이 현실화되는 경우의 손해배상액과 비교하면 무의미할 정도이므로 대가 지급의 여부에 의하여 운행자책임을 달리 정할 이유가 되지 못한다. 운행자의 입장에서는 어느 경우이건 마찬가지로 보험가입에 의하여 손해배상책임을 부담할 위험을 보험자, 나아가서는 보험가입자 집단에 전가할 필요가 있는 것이다. 自賠法이 정하는 강제적 책임보험의 보험금액이 제한되어 있다는 사정은 무상동승을 달리 취급할 이유가 전혀 되지 못한다. 무상동승 내지 호의동승은 손해배상액의 감경사유라는 관점에서 접근할 것이지, 이를 손해배상책임의 유무에 영향을 미치도록 하여서는 아니된다.

넷째, 우리 헌법상의 사회국가 원리는 강력하게 「피해자구제의 이념」을 요구한다. "모든 사고손해는 전보되어야 한다(All accidental damage should receive compensation)." 피해자가 승객인 경우의 면책사유를 고의와 자살행위에 한정하는 自賠法의 태도는, 한정된 범위에서이기는 하지만 이러한 피해자구제의 이념을 실현하는 것으로서, 오히려 근로자재해보상제도와 같은 차원에서 긍정되어야 한다.

다섯째, 외국의 경우를 살펴보아도 프랑스처럼 자동차의 운행자에게 거의 절대적인 책임을 지우는 입장을 취하는 나라도 있다.

여섯째, 自賠法이 시행된 후 현재까지 35년 이상의 세월 동안 自賠法 제 3 조 단서 제 2 호는 별다른 의문 없이 법원과 보험의 실무에서 실행되어 왔다. 이를 지금에 와서 뒤집을 실질적 이유가 없으며, 이를 뒤집는 것은 오히려 법적 안정성의 이념에 반하는 것이다.

(人權과 正義 258호(1998. 2), 65면 이하 所載)

[後　　記]

1. 本稿는 원래 헌법재판소의 참고인의견요청에 따라 작성된 意見書를 바탕으로 작성된 것이다.

2. 헌법재판소는 憲裁決 98. 5. 28, 96헌가6등(憲集 10-1, 522)에서 재판관 전원의 일치된 의견으로 자동차손해배상보장법 제3조 단서 제2호가 合憲이라는 판단을 내렸다. 그 이유로 위 결정은, "이 사건 법률조항이 자동차의 운행을 지배하고 그 운행이익을 받으면서 승객의 동승에 적어도 추상적·간접적으로 동의하여 승객을 자동차의 위험권 안에 받아들인 운행자로 하여금 그 과실 유무를 묻지 않고 무상·호의동승자를 포함한 모든 승객의 손해를 배상하도록 한 것은 운행자의 재산권의 본질적 내용을 침해한 것으로 볼 수 없고, 사회국가원리를 수용한 헌법이념에 따라 공공복리를 위하여 필요한 최소한도의 합리적인 제한이라고 할 것"이라고 하고 또 "승객은 자동차에 동승함으로써 자동차의 위험과 일체화되어 승객이 아닌 자에 비하여 그 위험이 크다는 점에서 본질적 차이가 있…으므로 이 사건 법률조항이 승객을 승객이 아닌 자와 차별한 데에는 합리적인 이유가 있어 평등의 원칙에 위반되지 아니한다"라고 판시하고 있다. 本稿의 견해를 대체로 수용한 것으로 보인다.

10. 相續缺格制度 一斑

—우리 나라와 프랑스의 경우—

I. 序

1. 어떤 사람이 피상속인을 상속할 지위에 있으나 그에게 상속을 인정하는 것이 적합하지 아니한 일정한 법정의 사유가 발생함으로써 상속할 수 없게 되는 것을 相續缺格(Erbunwürdigkeit; indignité)이라고 하고, 그 사유를 相續缺格事由라고 한다.

상속인이 누구인가는 法律이 정하는 相續順位에 의하여 정하여지고, 그가 피상속인의 재산을 승계할 만한 도덕적 성품을 가지는가의 문제는 상속인을 정함에 있어서 원칙적으로 아무런 역할도 하지 않는다. 그러나 특히 비난을 받을 만한 일정한 행위를 한 사람에 대하여도 과연 상속을 인정하여도 좋은지 의문이 없지 않다. 로마법 이래 거의 모든 나라가 이러한 생각을 구체화하여 相續缺格의 제도를 두고 있고, 우리 민법도 마찬가지이다(민법 제1004조[1]).[2]

---

1) 이하 특별한 사정이 없는 한 민법의 조항은 法名을 지시함이 없이 인용한다.

2) 한편 민법은 戶主承繼의 缺格에 대하여도 규정을 두고 있다(제992조. 이 규정의 연혁에 대하여는 뒤의 註 3도 참조). 그 결격사유는 상속결격사유 중 일부(제1004조 제1호, 제2호와 제992조 제1호, 제2호를 대비하여 읽어 보라)와 거의 유사하다. 그러나 戶主承繼制度 자체가 相續, 즉 死亡을 원인으로 하는 권리의무의 包括承繼와 직접적인 연관을 가지지 못하는 이상(무엇보다 호주승계사유를 정하는 제980조 참조), 戶主承繼缺格은 相續缺格과는 간접적인 관련밖에 없다고

우리 민법이 정하는 상속결격제도는 다른 나라의 예에 비하여 몇 가지 고유한 特徵을 가지고 있는데, 이들은 立法論的으로 다시 검토하여 볼 여지가 있다고 생각된다.

2. 한편 大判 92. 5. 22, 92다2127(集 40-2, 52)은, 피상속인의 처가 포태하고 있던 피상속인의 아이를 상속개시 후에 落胎시킨 사안에 대하여,[3] 이는 "相續의 同順位者를 殺害"한 경우(제1004조 제 1 호)에 해당한다고 하여, 그 처의 相續缺格을 긍정하였다. 그리하여 이제는 피상속인의 直系尊屬(제1000조 제 2 호 참조)이 피상속인이 그 사망의 원인이 된 事故로 인하여 가지게 된 損害賠償請求權을 상속하는 것으로 판단하였다. 그런데 그 사안에서 피상속인의 처는 상속에서 유리하게 되려는 생각에서 落胎한 것은 아니고, "아버지 없는 자식을 낳아 무엇하리"라고 생각하여 낙태를 하였던 것이다.

이 판결의 내용은 筆者에게는 충격적인 것으로 느껴진다.

만일 그렇다면, 흔히 행하여지는 대로, 夫의 생전에 그의 동의 아래 落胎가 행하여진 경우에 있어서도 妻에 대하여 상속결격이 인정되어야 할 것이다. 그렇다면 妻의 낙태에 동의한 또는 그것을 강요한 夫에게는 妻의 死後에 그의 재산을 상속하는 것이 허용될까? 만일 허용된다면 이는 남녀 간에 균형을 상실한 것이 아닐까? 이렇게 보면 이 판결에 대하여, 비록 그 이유는 다르다고 하더라도, 대개 反對의 意見

할 것이다.

3) 그 판결의 사안은 1990년 개정되기 전의 규정이 적용되는 것이었다. 개정 전의 민법은 제992조에서 戶主相續缺格에 대하여 정하고, 이 중 제 2 호 내지 제 5 호의 사유가 제1004조 제 2 호에 의하여 財產相續에 대하여도 인정되었다. 1990년의 개정법률은 戶主相續 자체를 폐지하면서 戶主承繼로 이를 대체하였고, 그 결격에 관한 제992조에도 개정이 가하여졌는데(그리하여 「戶主承繼缺格」의 제도가 인정되었다), 개정 전 제992조 제 2 호 내지 제 5 호의 규정은 위 개정법률에 의하여 제1004조 제 2 호 내지 제 5 호로 그 位置를 바꾸었을 뿐이다. 그러므로 財產相續缺格에 관한 한 1990년 민법개정은 이에 별다른 영향을 미치지 아니하였다.

이 개진되고 있는 것도[4] 근거가 없지 않다고 하겠다.

그런데 그 판결의 當否에 대한 태도결정을 하기 전에, 보다 基本的으로 도대체 상속결격제도는 어떠한 理由에 의하여 인정되는 것인가, 나아가 우리 민법이 정하는 상속결격사유는 어떠한 方向에서 해석되어야 하는가 등의 문제가 천착되어야 할 필요가 있다고 생각된다. 그리고 종국적으로는 상속결격이라는 말하자면 「소극적」 요건에 의하여 상속의 근거라는 「적극적」 기본문제에의 시각의 약간을 획득할 수 있지 않을까 기대하여 본다.

3. 本稿는 그러한 문제의식에 입각하여 수행되는 相續缺格制度에 대한 研究의 일부를 이룬다.[5] 本稿에서는 우리 나라의 상속결격제도를 학설과 판례를 중심으로 개관함으로써 論議의 출발점으로 삼는다. 이어서 외국의 입법례로 프랑스의 相續缺格에 대하여 고찰하고자 한다. 그러한 의미에서 本稿는 완성된 체계를 구성한다고 할 수는 없으나, 일단 연구에 착수하여 본 결과 외국의 상속결격제도에 대한 고찰만으로도 방대한 量을 차지하기 때문에, 우선은 위와 같은 제한된 成果만으로 발표하여 두기로 한다.

---

4) 吳宗根, "相續缺格事由——落胎의 경우", 家族法研究 7호(1993), 279면 이하; 朴秉濠, "相續缺格의 諸問題", 韓琫熙 교수 華甲紀念論文集(1994), 573면 이하 참조. 한편 이 판결에 대하여 보고한 것으로 추측되는 大法院 裁判研究官의 判例評釋인 李性龍, "相續缺格者에 관한 舊民法 제992조 제1호, 제1004조 제1호 소정의 '故意'에 '相續에 유리하다는 認識'도 필요한지 與否", 法曹 1992년 7월호, 121면 이하는 이 판결의 태도를 이해하는 데 참고가 된다.

5) 본인이 구상하는 研究의 전체는 대체로 다음과 같은 構成으로 되어 있다. 우선 우리 나라의 학설과 판례를 개관하여 논의의 바탕으로 삼는다. 나아가 외국의 입법례를 살펴보는데, 그 고찰의 대상은 우리 민법의 내용형성에 많은 영향을 미치고 있는 프랑스, 독일, 일본에 한정한다. 이를 통하여 우리 민법의 상속결격제도가 가지는 비교법적 특징을 알 수 있을 것이다. 이상의 기초작업을 바탕으로 먼저 相續缺格制度의 基礎 내지 存在理由에 대하여 살펴본다. 그리고 구체적으로 우리 민법이 정하는 相續缺格事由에 대하여 약간의 解釋論을 시도한다.

Ⅱ. 우리 나라의 相續缺格制度에 대한 從前의 說明

1. 制度의 根據

상속결격제도의 근거에 대하여 우리 나라의[6] 근래의 학설은 대체로 법정상속관계는 피상속인과 상속인과의 사이에 相續協同體라고 할 수 있는 윤리적·경제적인 結合關係가 있음을 전제로 하는 것인데 이러한 협동체적 결합을 깨뜨리는 非行이 있는 사람에게는 상속권을 부인하여야 한다고 설명한다.[7] 이러한 설명은 우선 「相續協同體」라는 내용이 애매한 개념을 도입하는 점에 의문이 있고, 또 이 개념에 의한 설명은 주로 제1004조 제 1 호 및 제 2 호의 경우만을 염두에 둔 것이 아닌가 추측된다.

한편 종래에는 상속에 있어서 상속인에 의한 재산취득의 측면을 중시하여 상속결격은 그 取得秩序를 문란하게 하고 위법하게 利得을 얻으려는 것에 대한 制裁로 보는 견해도 있었다.[8] 그러나 뒤에서 보는 대로 상속으로 이득을 볼 것을 의욕하거나 알지 못한 경우에도 相續缺格이 인정된다고 한다면, 그러한 설명은 충분하지 못하다고 생각된다.

---

6) 한편 일본의 學說을 포함하여 설명하는 것으로는 가령 吳宗根(註 4), 283면 이하 참조.

7) 金疇洙, 親族·相續法, 제 4 全訂增補版(1995), 502면. 그 외에 林正平, 韓國親族相續法(1982), 308면("相續이 被相續人과 相續人과의 血緣的·經濟的 運命共同體라는 점에서 피상속인의 身分的·財產的인 지위가 이전되는 것인데 이를 歪曲시키는 것을 막기 위한 것"); 朴秉濠, 家族法(1991), 308면; 梁壽山, 親族相續法(1994), 587면도 유사한 취지로 말한다. 한편 金容漢, 親族相續法論, 全訂版(1984), 322면은 "일정한 身分關係에 있으면서도 相續을 정당하게 할 만한 親近關係를 가지지 않는 者 또는 法定相續主義의 機構를 확보하기 위하여 設定하지 않으면 안 되었던 秩序, 그것을 침범한 자에 대하여는 相續權을 賦與·保障할 價値가 없는 것"이라고 설명한다.

8) 鄭光鉉, 親族相續法要論(1961), 330면("相續에 관하여 부당한 利得을 얻으려고"); 李根植·韓琫熙, 新親族相續法(1965), 231면("不當한 利得을 목적으로").

나아가 이상의 두 입장을 모두 포함하여, 상속결격제도의 취지를 二元的으로 파악하는 견해도 있다.[9] 이에 의하면, "물론 相續人의 非行에 대한 制裁 내지 私法罰이라는 것은 共通되지만 구체적으로는 二種類의 事由에 대하여 각각 별개의 趣旨라고 보는 것이 타당하다"고 하고, 被相續人의 生命侵害의 경우는 "相續協同關係에 대한 破壞 그것의 制裁"이고, 피상속인의 遺言行爲에 대한 위법한 간섭의 경우는 "相續人이 相續法上 有利하게 되고 또는 不利하지 않게 違法으로 간섭하는 데 대한 制裁"라고 한다. 그런데 이 견해도 前者의 경우에 대하여 운위하는「상속협동관계」의 내용이 모호하고, 나아가 後者에 대하여도 과연 相續人이 이익을 얻으려는 의도 내지 인식이 필요한지 검토를 요한다.

2. 相續缺格事由

(1) 민법이 정하는 상속결격사유(제1004조)는 둘로 나눌 수 있다. 하나는, 일정한 사람의 生命·身體에 중대한 害惡을 가한 경우이고(同條 제 1 호, 제 2 호), 다른 하나는 사기나 강박으로 遺言을 妨害하는 등으로 원만한 遺言의 秩序를 기본적으로 문란하게 하는 경우(同條 제 3 호 내지 제 5 호)이다.

이하 민법이 정하는 상속결격사유를 개별적으로 살펴보기로 한다.

(2) 故意로 직계존속, 피상속인, 그 배우자, 상속의 선순위자 또는 동순위자를 살해하거나 살해하려고 한 경우(제1004조 제 1 호).

(a) 피상속인을 고의로 살인한 사람을 상속결격으로 정하는 것은 로마법·게르만법에 공통되고,[10] 또 프랑스, 독일, 스위스를 포함하여

9) 鄭範錫, "相續缺格制度에 관한 問題點", 司法行政 1971년 8월호 18면 이하.

10) 게르만법에는 "피묻은 손은 유산을 취득하지 못한다(Die blutige Hand nimmt kein Erbe)"는 法諺이 있다고 한다.

각국의 입법례에 두루 인정된다.

그러나 피상속인을 살해하려 한 사람을 相續缺格으로 하는 것은 반드시 보편적이라고 할 수 없으며,[11] 나아가 피상속인 이외의 사람을 살해하거나 살해하려고 한 경우를 상속결격사유로 하는 立法例는 오히려 예외에 속한다. 이 점에 관한 세계의 입법례를 모두 뒤져 볼 수는 없으나, 일본민법은 "피상속인 또는 상속에 관하여 先順位 또는 同順位에 있는 자"만을 행위의 객체로 정하고,[12] 直系尊屬에 대한 살해 등은 상속결격사유가 아니다. 그 외에 伊太利民法이 "피상속인의 直系卑屬이나 直系尊屬(un discendente o un ascendente)을 살해하거나 살해하려고 한 자"를 상속결격자로 들고 있다(同法 제463조 제1호).

한편 法文은 피상속인의 배우자를 행위의 대상으로 들고 있으나, 配偶者는 항상 最優先順位의 상속인이므로, "相續의 先順位나 同順位에 있는 자" 외에 이를 따로 규정할 필요는 없었을 것이다.

(b) 여기서 「살해」는 故意의 殺人을 가리킨다. 刑法的으로는 살인, 영아살해, 위계에 의한 촉탁살인 등(刑法 제250조, 제251조, 제253조)이 이에 해당한다. 正犯 · 從犯, 旣遂 · 未遂를 불문하며(中止未遂나 不能未遂의 경우도 마찬가지라고 하겠다), 나아가 豫備陰謀로써도 족하다고 해석되고 있다.[13] 한편 단순히 살해의 意思를 가진 것만으로는 부족하고 위와 같은 構成要件該當行爲를 할 것이 요구된다.

學說은 나아가 自殺의 敎唆나 幇助(刑法 제252조 제2항)도 이에 해당한다고 한다. 그렇다면 촉탁이나 승낙에 의한 殺人(동조 제1항)도 다름없을 것이다.[14]

---

11) 로마법에는 이에 해당하는 法源을 찾을 수 없다. 독일민법 제1초안은 被相續人의 殺害未遂를 상속결격사유로 정하지 않았었다.

12) 原田慶吉, 日本民法典の史的素描(1954), 205면 註 8은, "先順位者를 부가한 것은 日本民法의 創作인가?"라고 추측하고 있다. 그렇다면 同順位者를 부가한 것은 더욱 일본민법의 창작이라고 推測된다고 하겠다.

13) 이 점 梁壽山(註 7), 588면.

14) 그러나 자살교사나 방조(또는 촉탁살인)도 상속결격사유로 해석하는 태도에

胎兒가 선순위 또는 동순위의 상속인인 경우에는 태아를 포태한 母가 낙태한 경우나 다른 사람이 낙태시킨 경우(刑法 제269조, 제270조)는, 엄밀하게 말하면 살인과는 구별되나, 제도의 취지상 이에 해당한다고 해석하는 것이 多數說이다.[15] 그러나 「살해」와 「낙태」는 그 보호법익이 다르고 엄격하게 구별되어야 하는 개념이므로, 이를 결격사유가 된다고 할 수 없다는 見解도 있다.[16] 그리고 정당방위·긴급피난 등의 違法性阻却事由(正當化事由)가 있거나 責任이 없는 경우는 이에 해당하지 않는다고 하겠다.[17]

한편 상속결격이 되는 것은 위와 같은 행위를 한 때이며, 그러한 행위를 이유로 하여 訴追되거나 有罪의 確定判決을 받을 때가 아니다.[18] 이 점은 프랑스민법이나 일본민법과 다른 점이다.

이상과 같은 행위는 相續開始 전에 행하여져야 한다.[19]

(c) 여기서 「直系尊屬」이란 행위자의 직계존속을 의미하는가, 아니면 피상속인의 직계존속을 의미하는가? 가령 養父나 養母를 살해한 養子는 生父의 재산을 상속할 수 없다는 의미인가, 아니면 祖父나 祖母를 살해한 자는 父의 재산을 상속할 수 없다는 의미인가? 이에 대하여는 立法過程으로부터도 아무런 단서를 얻을 수 없고, 학설상으로도 별다른 언급이 없다. 規定의 文脈上으로는 행위자의 직계존속을 의미하는 것으로 생각되기도 하나, 피상속인의 직계존속이라고 해석함이 타당하지 않을까. 만일 行爲者의 직계존속을 의미한다고 하면, 자신의

대하여 의문이 전혀 없는 것은 아니다.

15) 同旨: 大判 92. 5. 22, 92다2127(集 40-2, 52).

16) 吳宗根(註 4), 294면 이하. 한편 朴秉濠(註 4), 573면 이하는, 本號에 의한 상속결격의 여부는 피상속인의 사망 당시를 기준으로 하여 정하여져야 하므로, 피상속인 사망 후의 낙태는 결격사유가 되지 않는다고 한다.

17) 독일민법 제2339조 제 1 호는 "故意에 의하여 違法하게"라고 명문으로 정하고 있다.

18) 다만 金容漢(註 7), 323면은, "明文의 規定은 없지만 處刑을 요건으로 할 것"이라고 한다.

19) 이 점을 명확하게 하는 것으로 朴秉濠(註 4), 578면; 金容漢(註 7), 323면.

직계존속을 살해한 자는 어떠한 피상속인의 재산의 상속에 관하여서도 상속자격을 상실하게 되어 相續缺格이 相對的 效力만을 가진다는 통설의 설명과 모순된다.

(d) 여기서 「배우자」는 피상속인의 배우자를 말한다. 피상속인의 배우자이었으나 살해 등을 할 당시에 이미 離婚 등으로 배우자가 아닌 자에 대하여는 論議가 있을 수 있으나, 이는 포함되지 않는다고 할 것이다.[20] 앞서 본 대로 피상속인의 배우자는 항상 최우선순위의 상속인이므로, 항상 "相續의 先順位나 同順位에 있는 자"가 되어 이를 따로 규정한 이유가 무엇인가가 의심되고, 그리하여 이를 따로 정한 취지가 피상속인의 배우자이었던 사람을 살해한 경우도 포함시키려는 데 있지 않은가 생각될 수도 있다. 그러나 배우자「이었던」 자는 특별한 규정이 없는 한 "배우자"가 아니라고 해석되는 것이고, 이를 상속결격에 관하여 달리 볼 이유가 없다.

(e) 한편 「故意」의 내용에 대하여는 문제가 있다.

지금까지의 학설은 殺意만으로 족하고 상속으로 利益을 받으려는 의사는 요구되지 않는다고 해석하고 있다.[21] 다른 한편 상속결격제도의 중심적인 의의를 유언을 포함하는 상속에 기한 재산취득질서의 파괴 내지 위태화에 대한 제재라고 이해하는 입장에서는, 상속법상 유리하게 되려는 의도, 적어도 그렇게 된다는 認識도 요구된다고 주장할 여지가 있다.[22]

최근에 다음과 같이 주장하면서, 원칙적으로 그러한 인식은 요구

---

20) 그러므로 父母가 이혼한 후 그 중 一方을 살해한 자는 타방의 상속에 관하여 결격이 되지 않는다.

21) 金疇洙(註 7), 502면; 朴秉濠(註 7), 309면.

22) 이러한 견해가 日本民法 제891조 제1호("고의로 피상속인 또는 상속에 관하여 선순위 또는 동순위에 있는 자를 사망에 이르게 하거나 이르게 하려고 하였다는 이유로 형에 처하여진 자")의 해석으로서 多數의 立場이라는 報告도 있다. 新版 注釋民法(26)(1992), 294면(加藤永一 집필) 참조.

되지 않는다고 봄이 타당하다는 견해가 있다.[23] 우리 민법상의 상속결격제도는 應報的인 倫理觀念에 기한 사법적 제재로서의 측면도 가짐을 부정할 수 없다. 또한 가해자의 실제의 내면을 구체적으로 고찰하여 볼 때 그러한 의도 내지 인식에 별다른 의미를 부여할 만한 것인지 의문이 있다. 그리고 형식적으로는 (i) 法文에 그러한 인식을 요구하고 있지 아니한 점, (ii) 직계존속은 가해자보다도 상속순위가 후순위일 수도 있고 그 경우에는 상속에서 유리하게 된다는 것은 있을 수 없는데, 제1004조 제 1 호, 제 2 호가 이를 가해행위의 대상으로 포함시키고 있는 점, (iii) 同條 제 2 호가 정하는 상해치사는 상해의 고의만이 있는 경우이고 이에는 사망을 전제로 하는 상속에서 유리할 것이라는 인식은 당연히 포함되지 않는 점 등도 고려되어야 한다는 것이다.[24]

다만 가령 어렸을 때부터의 양자가 생부모인 사실을 알지 못하고 살해한 경우나 인지되지 아니한 子를 異母의 형제자매가 이를 모르고 살해한 후 피상속인이 認知한 경우(제857조) 등과 같이, "직계존속, 피상속인, 그 배우자, 상속의 선순위자 또는 동순위자"에 해당하는 親族인 사실을 알지 못하였던 때에는 결격사유에 해당하지 않는다고 해석되고 있다.[25]

---

23) 李性龍(註 4), 127면 이하.

24) 위 大判 92. 5. 22.은, 1990년 민법 개정 전에 불법행위사고의 피해자가 사망한 후 그 부모들이 손해배상을 청구한 사안에서, 피해자의 배우자(원고들의 며느리)가 태아를 낙태하였으므로 그는 상속적격을 상실하였고 따라서 원고들이 피해자의 손해배상청구권을 모두 상속하였다는 주장에 대하여 판단하고 있다. 原審은 이를 부인하였는데, 그 주된 이유는 "[배우자는] 낙태하지 아니하였다고 하더라도 호주상속할 태아와 공동상속인이 되어 그 상속분은 2분의 1이 되고, 낙태한 경우에도 망인의 부모인 원고들과 공동상속인이 되어 그 상속분은 2분의 1이 되므로, 그가 낙태를 한 것은 그로 말미암아 자신이 재산상속에 유리하게 된다는 인식 없이 오로지 장차 태어날 아기의 장래에 대한 우려 등에 기인하였으므로 그는 상속결격자에 해당한다고 할 수 없다"는 것이다. 그러나 大法院은 본문에서 든 이유를 들어 상속에 유리하다는 인식은 요구되지 않는다고 판단하여, 原審判決을 破棄하였다.

25) 林正平(註 7), 308면.

(3) 故意로 直系尊屬, 被相續人, 그 配偶者에게 상해를 가하여 사망에 이르게 한 경우(제1004조 제 2 호).

이는 傷害致死의 경우를 가리킨다. 단순한 傷害는 이에 해당하지 않는다. 상속의 先順位者나 同順位者에 대한 상해치사는 법문에 비추어 상속결격사유에 해당하지 않는다(이 점에서 제 1 호의 경우와 다르다). 여기서도「직계존속」이 피상속인의 직계존속을 가리키는가, 아니면 행위자의 직계존속을 가리키는가 하는 문제가 제기되나, 제 1 호의 경우와 마찬가지로 새길 것이다(위의 (2)(c) 참조). 여기서도 상해의 고의 외에 이익의 의도 등은 불필요하다고 해석되고 있다.[26] 기타의 설명에 대하여는 위의 (2) 참조.

(4) 詐欺 또는 強迫으로 피상속인의 相續에 관한 遺言 또는 그 撤回를 방해한 경우(同條 제 3 호).

여기서「상속에 관한 유언」이란, 상속에 직접 또는 간접으로 영향을 미치는 유언을 말한다. 이에는 相續財產分割方法의 指定 또는 委託(제1012조)과 같이 상속 자체에 관한 것뿐만 아니라, 상속재산의 범위에 영향을 미치는 遺贈(제1074조)을 포함하는 유언은 물론이고, 상속인의 범위에 영향을 미치는 認知(제859조 제 2 항)나 財團法人의 設立(제47조 제 2 항)의 유언도 포함된다. 그러므로 이와 관련이 없는 것은 後見人指定의 유언(제931조) 정도라고 하겠다. 또한 법문은「양자에 관한 유언」이라고 하고 있으나, 1990년의 민법개정으로 遺言養子(舊法 제880조)는 인정되지 않게 되었으므로 이는 虛文에 불과하다.

한편 사기 또는 강박이란 피상속인을 속이거나 겁먹게 하는 것을 말한다. 口授證書에 의한 유언(제1070조)을 하는 경우에 증인이 그 口授를 받으면서 실제와는 다르게 필기한 경우나, 피상속인이 유언의 철회를 위하여 유언증서의 破棄를 위탁하였는데 이를 몰래 보관한 경우

---

26) 金疇洙(註 7), 502면.

등도 사기에 해당할 수 있다. 「사기 또는 강박」이라고 하려면, 상대방을 기망하거나 외포시키려는 것과 그 기망이나 외포로써 특정의 유언을 방해하려는 것에 대한 二重의 故意가 요구된다고 한다.

위 규정의 적용에는 단순히 피상속인을 속이거나 겁먹게 하는 데 대한 故意만으로는 부족하고, 나아가 그러한 유언방해행위로써 이익을 얻으려는 의사나 적어도 이익을 얻게 될 것이라는 인식이 필요하다는 見解가 유력하게 제기되고 있다.[27] 이 견해는 방해자 자신의 이익이 아니라 다른 상속인이나 수유자 등 제 3 자의 이익을 도모하려 한 경우에는 위 규정의 적용이 없다고 한다.[28] 한편 방해자가 피상속인의 유언의 구체적인 내용을 알고 있을 필요는 없다고 하겠다.

나아가 그러한 妨害行爲로 말미암아 상속이 개시될 때까지 실제로 유언이나 유언의 철회가 행하여지지 않았어야 한다. 방해행위가 있었어도 그 후 피상속인이 유언이나 유언의 철회를 할 수 있는 상태를 회복한 경우에 다른 이유로 유언이나 유언의 철회를 하지 않았다면 위 규정의 적용이 없다고 한다.

遺言의 撤回가 방해된 경우와 관련하여서는, 그 대상인 遺言이 유효함을 요하는가가 문제된다. 유언이 무효인 경우에는 방해행위에 의하여 상속인이 相續上 유리하게 되지 않아 그 방해행위가 무의미하므로, 일반적으로는 적극적으로 해석되고 있다.[29] 실제로 가령 年月日의 기재가 없어 자필증서에 의한 유언이 무효이어서(제1066조 제 1 항 참조) 피상속인이 연월일을 추가하려고 하는 것을 상속인이 방해한 경우 등은 제 4 호에 해당한다고 할 것이기 때문에, 그렇게 해석하여도 무방할 것이다.

(5) 詐欺 또는 強迫으로 피상속인의 상속에 관한 유언을 하게 한

27) 金疇洙(註 7), 503면; 朴秉濠(註 7), 310면.
28) 金疇洙(註 7), 503면; 朴秉濠(註 7), 310면.
29) 金疇洙(註 7), 503면; 朴秉濠(註 7), 309면.

경우(제1004조 제4호).

이에 대한 설명은 대체로 위의 (4)와 다를 바 없다. 사기 또는 강박에 의한 유언은 取消할 수 있는데(민법 제110조), 실제로 취소된다고 하여도[30] 相續資格이 부활하지는 않는다.

(6) 被相續人의 相續에 관한 遺言書를 위조·변조·파기 또는 은닉한 경우(제1004조 제5호).

법문은 遺言書만을 행위의 객체로 들고 있으나, 錄音에 의한 유언의 경우(제1067조)에는 遺言錄音帶도 포함한다고 해석할 것이다.

「위조」란 피상속인 명의로 유언서 또는 유언녹음을 작성하는 것을 말한다. 自筆證書를 작성하는 경우뿐만 아니라, 피상속인을 자칭하여 公正證書遺言을 한 경우 등도 이에 해당할 수 있다. 「변조」란 피상속인이 작성한 유언서 또는 유언녹음의 내용에 변경을 가하는 것을 말한다. 「파기」란 유언서 또는 유언녹음에 의한 유언의 효력을 물리적으로 소멸시키는 것을 말하는데, 유언서 또는 유언녹음의 문언 기타 내용을 판독 또는 청취할 수 없도록 개칠한 경우도 포함한다. 「은닉」은 유언서 또는 유언녹음을 발견할 수 없는 상태에 두는 것을 말한다.

변조·파기·은닉의 대상은 有效한 유언증서 또는 유언녹음에 한한다. 방식무효의 유언서 또는 유언녹음에 대하여 한 경우나 피상속인이 그러한 행위가 있은 후 유언을 철회한 경우에는 그 적용이 없다.

僞造 등의 행위를 상속 개시 후에 하였어도 상속결격사유가 된다.[31]

30) 이러한 취소는 실제로는 취소권을 포괄승계한 상속인에 의하여서만 행하여질 것이다. 피상속인의 생전에는 상속의 철회로써 족하기 때문이다.

31) 이 점 특히 朴秉濠(註 7), 310면.

3. 相續缺格의 效果

(1) 相續缺格事由가 발생하면, 결격자는 별도의 절차 없이 당연히 상속할 자격을 잃게 된다.

따라서 그가 共同相續하였을 것인 경우에는 다른 공동상속인의 상속분이 증가하고, 單獨相續하였을 것인 경우에는 다음 順位者가 상속인이 된다.

(2) 상속결격은 상속능력의 결여와는 달리 인적으로 相對的인 效果만을 가진다. 즉, 상속결격은 특정한 被相續人에 대한 관계에서만, 그리고 缺格者에게만 미친다.

가령 A가 子 B를 살해한 경우에는 그 B의 상속에 관하여는 결격이나, 직계존속 C나 형제자매 D의 상속에 관하여는 결격자가 아니다. 또 결격자의 직계비속과 배우자에게는 대습상속이 변함없이 인정된다.[32] 다만 대습상속에 있어서 대습자가 피대습자를 살해하거나 상해치사함으로 인한 결격은 피상속인에게도 미친다고 할 것이다. 가령 C가 그 父 B에 대하여 살인미수를 하였는데 그 후 B가 그의 父 A보다 먼저 사망한 경우에는, C는 A를 대습상속할 수 없다. 이는 A의 상속에 관하여 선순위상속인을 살해하려 한 것으로 보아야 할 것이기 때문이다.

그러나 遺言行爲를 방해한 경우(제3호 내지 제5호)에는 유언의 자유를 방해당한 사람을 상속하는 것에 대하여만 결격자가 되고, 대습상속에는 영향이 없다.

(3) 相續開始 후에 결격사유가 생긴 경우(특히 제1004조 제5호의 경우)에는 일단 유효하게 개시된 상속도 당초에 遡及하여 무효가 된

32) 스위스民法 제541조 제2항("상속결격자의 직계비속은 상속결격자가 피상속인의 사망 전에 사망하였다고 가정한 경우와 같이 피상속인을 상속한다")은 이를 명문으로 정한다. 한편 프랑스에서는 뒤에서 보는 대로 缺格者를 代襲(représentation)하여 상속하는 것은 인정되지 않는다(프랑스民法 제730조의 반대해석).

다. 그러므로 결격자가 상속개시 후에 상속재산에 대하여 한 처분은 그 취득자가 선의무과실이라도 선의취득 등의 제 3 자보호규정의 적용을 받지 않은 한 무효이다.

(4) 상속인으로서 상속재산을 취득한 자가 상속결격자임이 事後的으로 밝혀진 경우에는 여러 가지 복잡한 문제가 발생한다.

(a) 상속결격자가 당사자가 된 상속재산분할의 협의 또는 상속재산분할재판은 그 효력이 없다. 일반적으로 상속인 아닌 자가 당사자가 된 상속재산분할의 협의는 그 효력을 인정할 것이 아니기 때문이다.

이에 대하여 민법 제1014조를 유추적용하여, 상속결격자에 대한 적법한 상속인의 價額返還請求權만을 인정할 것이냐가 문제될 수 있다. 그러나 이는 부정하여야 할 것으로 생각된다. 민법 제1014조는 適法한 相續人이 “이미 分割 기타 處分을 한” 후에 認知 등으로 새로이 다른 사람에게도 상속권이 있음이 밝혀진 경우에 적용되는 것이고, 처음부터 상속인이 아닌 자가 상속재산의 분할 등을 한 경우에는 적용이 없다고 할 것이기 때문이다. 또한 위와 같이 민법 제1014조의 유추적용을 이 경우에도 인정한다면, 상속결격자는 이유 없이 상속재산을 원물대로 보유하는 利益을 얻게 된다.

(b) 상속결격자는 자신이 취득한 상속재산을 반환하여야 한다. 원물을 반환할 수 없는 때에는 價額을 반환하여야 한다(민법 제747조 제 1 항 참조). 이 때「가액」은 返還 당시를 기준으로 하여 산정할 것이다.

상속재산으로부터 취득한 果實이나 使用利益 등의 受益의 반환, 지출한 費用 등의 처리에 관하여는 민법 제201조 이하의 규정을 적용할 것이다. 그러나 상속결격자는 이들 규정에서 언제나「악의의 점유자」로 다루어져야 하지 않을까 생각된다.

(5) 우리 민법은 일단 상실한 相續資格을 피상속인의 宥恕를 이유로 회복하는 데 관한 규정을 두지 않고 있다(스위스民法 제540조 제

2항, 獨逸民法 제2343조 참조). 그리하여 그를 이유로 한 상속자격의 회복은 허용되지 않는 것으로 해석되고 있다.

4. 遺言·遺留分에서의 缺格事由

相續缺格에 관한 제1004조는 遺言에 대하여 준용되고 있다(제1064조).[33] 이는 遺留分에 대하여도 마찬가지라고 해석되고 있다.[34] 한편 戶主承繼缺格에 대하여는 별도의 규정이 있다(제992조).

그 외에 우리 민법은 廢除의 제도는 인정하지 않는다.

Ⅲ. 프랑스의 相續缺格制度[35]

1. 序

相續缺格制度도 그 역사적인 연원은 로마法에 있다고 인정되고 있다. 우선 로마법의 상속결격제도를 간략하게 素描하기로 한다.[36]

---

33) 그런데 특히 제1004조 제1호의 "상속의 先順位者 또는 同順位者"를 遺贈과 관련하여 어떻게 해석할 것인지에 대하여는 의문이 적지 않다.

34) 독일민법 제2345조 제2항은 상속결격사유 있는 사람은 遺留分權이 없다고 명문으로 정하고 있다. 우리와 같이 상속결격사유를 유언에 준용하는 日本民法 제965조의 해석에 대하여는, 新版 注釋民法(28)(1988), 63면 이하(中川善之助·加藤榮一 집필) 참조.

35) 이하의 프랑스에 대한 서술은 주로 Marc Donnier, Indignité successorale, in: *Juris Classeur,* Art.727 à 730(1988); François Terré/Yves Lequette, *Les successions, Les libéralités,* 12ᵉ éd.(1988), n°s 45-53(p. 48 et suiv.); Philippe Malaurie/Laurent Aynès, *Cours de droit civil. Les successions, Les libéralités,* 2ᵉ éd.(1993), n°s 55-59(p. 50 et suiv.); Ferid/Sonnenberger, *Das französische Zivilrecht,* Bd.3(1987), 5 A 33 u. 34(S. 478f.)를 참고하였다.

36) 이하의 서술은 주로 Kipp/Coing, *Erbrecht,* 14. Bearb.(1990), §85 I 1(S. 471f.); Ulrich von Lübtow, *Erbrecht,* 2. Halbband(1971), S. 716f.에 의하였다.

(1) 로마에서는 帝政時代에 황제의 칙령 등(D. 34. 9; C. 6. 35 등)에 의하여 相續 또는 遺贈을 받는 것을 「부적격」(indignus)인 것으로 만드는 일련의 要件들이 창출되었다.[37] 이들 요건의 일부는 피상속인의 인격 또는 유언에 대한 침해행위이고, 일부는 일반적인 법률위반행위이었다. 그 예로서는, 피상속인을 살해하거나, 유언서를 은비하거나, 유언하는 것을 방해하거나, 유언의 유효를 이유 없이 不倫遺言取消의 訴(querela inofficiosi testamenti)로 공격하는 것 등이 그러하다.[38]

결격자는 일단 상속개시에 의하여 상속재산을 취득할 수는 있으나, 그 후 특별심리절차(extraordinaria cognitio)에 의하여 상속재산으로부터 "剝離될(auferri 또는 eripi)" 수 있었다. 이와 같은 상속결격으로 인하여 상속재산은 국가에게 귀속되고, 차순위상속인의 이익으로 돌아가는 것은 아니었다.

(2) 이와 아울러 로마법에서는 相續廢除(exheredatio)도 인정되었다. 이는 古典時代에는 사유의 제한 없이, 유스티니아누스帝法에서는 일정한 法定의 事由가 발생한 경우에 한정하여, 피상속인이 遺言으로 원래는 상속권을 가지는 가족구성원(自權者)을 상속으로부터 배제하는 제도이다.

2. 프랑스민법의 制定에 이르기까지

(1) 프랑스古法은 기본적으로 로마법과 마찬가지로 廢除(exhérédation)와 缺格(indignité)의 둘을 모두 인정하였다. 그러면서도 결격제도의 근거를 피상속인의 묵시적 의사로써 설명하여, 보다 의사주의적

37) Lübtow(註 36), S. 716에 의하면, 피상속인에 대하여 일정한 중대한 악행을 범한 자가 상속의 이익을 누린다는 것은 로마인의 法感情에 반하는 것이었다.

38) 그 상세한 내용에 대하여는 Albert Koeppen, *Lehrbuch des heutigen römischen Erbrechts*(1895), § 18(S. 446ff.); Walther Eck, *Indignität und Enterbung*(1894), § 5 B 1(S. 36ff.) 참조.

인 태도를 취하였다. 즉 한편으로 피상속인은 그 명시적 의사에 의한 폐제로써 상속자격을 박탈할 수 있는데, 다른 한편으로 법이 피상속인의 의사를 추정하여 일정한 사유가 있는 사람에게 상속결격을 인정하는 것이다. 이와 같이 결격이 피상속인의 추정된 의사를 기초로 하였으므로, 피상속인이 결격자를 宥恕한 경우에는 그의 의사를 존중하여 상속결격은 발생하지 않는 것으로 이해되었다.

상속결격의 구체적 사유로는, 우선 피상속인의 殺害를 들 수 있는데, 그것을 이유로 유죄판결이 있을 필요는 없으며 또한 가령 남편이 처의 간통현장에서 처를 살해한 경우와 같이 죄가 되지 않는 경우에도 상속결격이 인정되었다. 그 외에 살해자의 子에게도 상속결격이 과하여졌고, 나아가 살해자에게 은신처를 제공한 자나 피해자를 구조할 수 있었음에도 이를 행하지 아니한 자 등이 결격되었다.[39] 이러한 상속결격사유에서도 나타나는 대로, 당시의 결격제도는 우선 지배적인 윤리관념의 실현·관철이라는 道德的 觀點이 두드러졌고, 나아가 이와 맞물려 법관에 의한 재량이 광범위하게 허용되었다.

(2) 이러한 상태로서는 그 제도내용이 不分明하여 당연히 법관의 恣意가 개입할 여지가 있었다. 프랑스민법의 입법자들은 이러한 경향에 제동을 걸려고 하였다.[40]

우선 그들은 廢除制度를 채택하지 아니하고,[41] 단지 유언의 자유 및 유언철회의 자유를 인정하고 그의 의사에 의하여 자유롭게 상속인을 정하거나 이미 정한 상속인을 변경할 수 있도록 함으로써 그 한도

39) Malaurie/Aynès(註 35), n° 55 note 17(p. 50) 참조.

40) Terré/Lequette(註 35), n° 48(p. 49): "법관이 종전에 이 영역에서 누리던 재량의 자유를 축소하기를 바라면서 …"

41) Ferid/Sonnenberger(註 35), 5 A 33 Fn. 105(S. 478)에 의하면, 프랑스민법 제정 이전의 폐제제도는 "빈번하게 醜聞을 일으킬 연유를 제공하였기 때문에" 프랑스민법에서 채택되지 않았다고 한다.

에서 폐제의 실질이 달성되도록 하였다.[42] (물론 이에는 遺留分 réserve héréditaire에 의한 제한이 따른다)

그리고 相續缺格에 관하여 보면, 우선 그 제도의 기초를 피상속인의 추정적 의사에 입각한 默示的 廢除의 사상으로부터 단절하였다. 그리고 이를 법의 규정에 의하여 직접적으로 규율되는 상속능력의 박탈이라고 하여 公序(l'ordre public)의 성질을 가지는 것으로 관념하였다. 그러므로 피상속인의 宥恕는 허용되지 아니하며, 유서가 있더라도 상속결격은 여전히 발생한다고 해석되었다. 나아가 상속결격사유에 대하여도 뒤의 3.에서 보는 세 가지만을 정하고, 그 私罰(peine privée)로서의 성질에 비추어 이들은 엄격히 해석되어야 한다는 태도를 취하였다. 破棄院 제 1 민사부의 1984년 12월 18일 판결의[43] 다음과 같은 설시는 상속결격제도에 대한 일반적인 이해를 잘 보여 준다.

> "상속결격의 制裁는 人的인 성질을 가지는 私罰로서 엄격하게 해석되어야 하여서(peine civile de nature personnelle et d'interprétation stricte), 이를 정하는 法文을 넘어서 확장되어서는 안 된다."

그런데 한편으로 프랑스민법이 정하는 상속결격사유, 특히 제727조 제 2 호 및 제 3 호에 대하여는 그것이 옹색하고 나아가서는 시대착오적이라는 비난이 많으며, 다른 한편으로 이와 같이 현재와 같은 當然缺格(indignité de plein droit) 외에도 법관의 재량을 인정하는 裁量缺格(indignité facultative)의 제도를 도입하자는 立法論이 활발하게 제기되고 있다.

42) 이 점을 지적하는 것으로 Donnier(註 35), n° 5.
43) Bull. civ. I, n° 340.

3. 相續缺格事由

상속결격에 관한 프랑스민법의 冒頭規定인 제727조는 다음과 같이 정한다.

> "다음의 사람은 상속하기에 결격(indigne de succéder)이어서 상속으로부터 배제된다.
>
> 1. 피상속인을 사망하게 하거나 그렇게 하려고 하였다는 이유로 유죄판결을 받은 사람
>
> 2. 사형을 과할 수 있는 提訴를 피상속인에 대하여 행하여 誣告로 재판을 받은 사람
>
> 3. 피상속인의 살해를 알면서 이를 고발하지 아니한 성년의 상속인"

(1) 同條 제 1 호에 대하여 보자.

(a) 여기서 「사망하게 한다(donner la mort)」는 것은, 프랑스형법상으로 故意의 生命侵害(meurtre)에 해당하는 경우, 즉 殺人, 尊屬殺害, 嬰兒殺害, 毒殺(1993년 전면개정 전 프랑스형법 제296조 내지 제301조)에 한정된다. 물론 「사망하게 하려고 한다」는 것은 위의 행위의 未遂(tentative de meurtre)를 말한다.

그러므로 過失致死는 이에 해당하지 않는다. 문제가 되는 것은, 傷害致死의 경우이다. 이는 道德的으로 아무리 중한 비난을 받을 만한 것인 경우에도 앞서 말한 엄격해석주의에 의하여 결격사유로부터 배제된다는 것이 판례이고,[44] 통설이다. 이는, 비록 법문에는 충실하다고 하여도, 「충격적」인 결론으로 받아들여지고 있다.[45] 특히 프랑스의 刑事實務에서는 비록 살인의 고의가 인정되는 경우에도 그 형벌의 가혹

44) 파리高等法院 1937년 5월 28일 판결(D.H. 1937. 384; S. 1937. 2. 209) 참조.

45) Donnier(註 35), n° 14.

함을 피하기 위하여 이를 상해치사죄로 기소하는 예가 적지 않음을 고려할 때 더욱 그러하다고 한다.[46] 그리하여 어느 下級審法院은 살인을 하였으나 형벌의 완화를 위하여 상해치사로 기소된 범인은 상속결격이 된다고 판결하였다고 한다.[47] 특이한 예로서는 제 2 차대전 중에 점령독일측에 密告를 하여 피상속인을 체포되도록 함으로써 그가 수용소로 끌려가서 사망하기에 이른 事案이 있다. 하급심법원은 이 경우도 살해의 고의가 없음을 이유로 상속결격을 부정하였다.[48]

또한 위의 법문은 主犯만을 가리키는 것이라고 하고 從犯(complice)은 이에 해당하지 않는다는 것이 판례이다. 그리하여 애인이 남편을 살해하는 데 방조한 처가 형사적으로는 無期懲役의 형을 선고받았음에도 민사적으로는 그 남편을 상속할 자격이 인정되었다.[49] 이러한 결론은「도덕적 감정」에 합치하지 않는다고 일반적으로 지적되고 있으며, 이를 가리켜 "자신이 살해한 자의 상속이 긍인되는 경우"라고 표현하는 사람도 있다고 한다.[50]

(b) 피상속인의 살해나 살해미수만으로 상속결격이 발생하는 것이 아니라, 나아가 그것을 이유로 刑事管轄權 있는 프랑스의 法院에 의하여 유죄의 판결이 선고되고 또 확정되어야 한다.[51] 형을 감경할 사유의 존재나 특별사면(grâce), 나아가 형벌시효의 만료 등은 상속결

46) Donnier(前註); Terré/Lequette(註 35), n° 48, a note 1(p. 50) 참조. 뒤에서 보는 대로, 단순히 殺人을 행하였다는 것만으로는 상속결격이 되지 아니하며, 나아가 그를 이유로 하는 유죄판결이 있어야만 한다.

47) 1935년 12월 11일의 아라스(Arras)地方法院 판결(D.P. 1937. 2. 27, note Nast) 및 그 항소심인 1937년 7월 27일의 두에(Douai)高等法院 판결(S. 1938. 2. 109).

48) 1950년 1월 12일의 마이엔느(Mayenne)지방법원 판결(D. 1950. 2. 203).

49) 에페르네(Epernay)지방법원 1950년 11월 22일 판결(J.C.P. 50. Ⅱ. 5193; D. 1950. 2. 781; Gaz. Pal. 1951. 1. 91). 그러나 이 사건 판결에서 妻에의 遺贈에 대하여는 忘恩行爲를 이유로 하는 취소가 긍정되었다. 상속결격사유와 유증과의 관계에 대하여는 뒤의 4. (1) 참조.

50) P. Mimin, Du cas où l'on hérite de ceux qu'on assissine, D. 1952, Chr.147. Malaurie/Aynès(註 35), n° 57(p. 51)에서 재인용.

51) Donnier(註 35), n° 16.

격에 영향을 미치지 않는다. 그러나 공소시효의 만료나 행위자의 사망, 일반사면(amnistie) 등으로 인하여 유죄판결의 확정에 이르지 못한 경우에는 상속결격은 발생하지 않는다.[52] 특히 논의가 되고 있는 것은 행위자의 사망의 경우이다. 프랑스민법의 태도에 의하면, 피상속인이 살해되었어도 살해자가 有罪判決을 받기 전에 사망하면 살해자는 상속자격을 가지므로, 피상속인의 재산을 살해자를 통하여 결국 살해자의 상속인에게 상속되는데, 이는「받아들일 수 없는」결과라는 견해가 제시되고 있다.[53]

(2) 同條 제2호에 대하여. 同號의 상속결격사유도 二重의 요건에 걸린다.

(a) 하나는, 피상속인을 死刑의 벌을 가할 수도 있는 범죄로 고소 또는 고발하는 것이다. 법문이「提訴(accusation)」라고 하는 것은 형사소추가 검찰에 의하여서만 행하여지게 됨으로써 무의미하게 되었고, 이는 곧 당국에의 告訴(plainte)나 告發(dénonciation)을 가리키는 것으로 이해되고 있다. 한편 僞證은 일반적으로 이러한 고소 등과 동시하여야 할 사유로 인정되고 있다. 그러한 고소 등이 피상속인에게 사형이 가하여질 수도 있는 범죄를 내용으로 하여야 함(accusation capitale)은 법문상 명백하다.

이 규정은 프랑스혁명의 와중에서 빈번하게 행하여졌던 無實의 告發 등이 그 민법의 기초자의 기억에 남아 있었다는 데 연유하는 것

---

52) 그 이전에 살해자에게 正當防衛 등의 사유가 있는 경우가 이에 해당하지 않음은 물론이다.

53) 이 점은 法域을 달리하는 모나코公國의 한 사건과 관련하여 지적되었다. 1980년 7월 3일 모나코의 제1심법원 판결(Rev. trim. dr. civ. 1983, p. 766 observ. Patarin)은, 남편이 처를 살해하고 바로 自殺한 사건에서, 남편의 상속을 부인하고, 차순위상속인의 상속을 인정하였다. 프랑스에서는 이와는 달리 이와 같은 事案에서 남편의 상속이 인정되고, 따라서 남편의 상속인이 그 처의 재산을 상속하는「유감스러운」결과를 인정할 수밖에 없다는 것이다. 1897년 3월 5일 몽트레이-쉬-메르(Montreuil-sur-mer) 지방법원 판결(D.P. 97. 2. 184) 참조.

으로, 그 후에는「시대에 뒤떨어진」것이라는 비판을 받았다.54) 더욱이나 1981년 10월 9일의 법률로 프랑스에서 死刑이 폐지되었기 때문에, 이 규정은 實效性을 상실하였다.

(**b**) 다른 하나는, 그러한 告訴 등을 이유로 하여 誣告의 유죄판결을 받는 것(être jugé calomnieux)이다. 이에 대하여는 앞의 제 1 호의 사유에 대하여 말한 바가 그대로 타당하다.

(3) 제 3 호에 대하여. 이 사유도「옹색하고 시대에 뒤떨어진」것이어서, 입법에 의하여 개정할 필요가 크다고 인정되고 있다. 그러나 그 적용의 실제에 있어서는 여전히 嚴格解釋이 지배하고 있다.

(**a**)「成年者」만이 同號의 사유에 해당한다. 학설은 이 규정이 일정한 정도의 정신능력을 요구하는 것으로 이해하고, 비록 성년자라도 정신적 결함이 있어 신중하게 판단할 능력이 없으면, 다른 요건이 갖추어졌더라도 상속결격이 되지 않는다고 해석한다.55)

(**b**) 피상속인의「殺害」(meutre du défunt)가 있어야 한다. 여기의「살해」에 대하여는 앞의 제 1 호의 사유에 대한 설명이 그대로 타당하여, 가령 過失致死나 傷害致死의 경우는 적용되지 않는다. 또한 살해자가 유죄판결에 처하여질 수 있는 경우라야 한다. 정당방위 등의 사유나 심신상실 등의 사유가 있으면, 이에 해당하지 않는다.

상속결격은 그러한 살해를 알면서도 告發을 하지 아니한 경우에 인정된다. 고발은「살해」에 대하여 행하여져야 하고,「살해자」에 대하여 행하여져야 하는 것은 아니다.56)

(**c**) 이러한 告發의 義務는 살해자의 직계존속이나 직계비속, 배우

54) 다만 2차대전 당시의 독일점령시기와 그 후의 시기에는 약간의 현실적인 의미를 가지게 되었다. 이 점에 대하여는 Malaurie/Aynès(註 35), n° 57(p. 51) 참조.

55) Donnier(註 35), n° 23 및 同所 인용의 문헌; Terré/Lequette(註 35), n° 48, c (p. 51) 참조.

56) Donnier(註 35), n° 23; Malaurie/Aynès(註 8), n° 57, 3(p. 51); Terré/Lequette(註 35), n° 48, c(p. 51).

자, 형제자매, 부모의 형제, 형제자매의 子에게는 과하여지지 않는다(프랑스민법 제728조). 이는 家族의 連帶를 이유로 하는 법정의 면책사유라고 이해되고 있다(1993년 전면개정 전 프랑스형법 제62조 제2항 참조). 그러나 다른 한편으로 이러한 고발을 행하지 아니한 사람이 살해자 자신이 제1호의 결격사유에 해당하여 상속에서 배제됨으로써 피살자의 재산을 상속할 수 있게 되는 것은 역시 「충격적」인 일이라고 비판되고 있다.[57]

4. 相續缺格의 效力

(1) 우선 중요한 것은 상속결격은 無遺言相續의 경우에만 적용되고, 우리 민법(제1064조)과는 달리 遺贈과는 무관하다는 점이다. 프랑스민법 제1046조는 증여를 망은행위를 이유로 취소하는 것(révocation pour cause d'ingratitude)에 관하여 정하는 同法 제954조 및 제955조 제1호, 제2호의 규정을 遺言의 경우에 대하여 준용하고 있다. 한편 제955조는 수증자가 증여자의 生命을 侵害한 경우(제1호) 및 수증자가 증여자에 대한 虐待, 犯罪 또는 重大한 侮辱(sévice, délit ou injure grave)에 대하여 유책판결을 받은 경우(제2호)에는 生前贈與가 망은을 이유로 취소될 수 있다고 정한다(우리 민법 제556조 참조). 이와 같은 규정에 기하여 판례와 학설은 상속결격은 유증에 대하여는 적용이 없다고 해석한다.

이는 법정상속과 유언상속 사이에 다음과 같은 차이를 가져온다.

첫째, 취소사유는 결격사유보다 훨씬 광범위하며, 또한 신축성 있게 운용될 여지가 있다.

둘째, 상속결격은 당연히 상속자격의 소멸을 가져오고 또한 이를 주장할 이익이 있기만 하면 누구라도 이를 주장할 수 있는 데 반하여,

---

57) Donnier(註 35), n° 26.

유언의 경우에는 權限 있는 자에 의한 적법한 取消가 있어야 한다. 또한 후자에 대하여는 경우에 따라 기간의 제한이 있다(프랑스민법 제1047조 참조).

셋째, 망은행위를 이유로 유언의 취소가 있어도 법정상속인의 遺留分을 침해하지는 못한다. 그러나 상속결격의 경우에는 遺留分도 인정되지 않는다.

(2) 앞에서 본 법정의 사유가 발생하면, 법원의 별다른 선언이 없어도 당연히 상속결격이 인정된다는 점에는 異論이 없다.[58] 그러나 그렇다고 해서 법원에 대하여 相續缺格의 「宣言」을 청구하는 訴訟(action en déclaration d'indignité successorale)이 부인되어야만 할 필요는 없다. 비록 앞의 제1호와 제2호의 사유에 있어서는 유죄의 「판결」이 있어야 하지만, 이 판결이 반드시 상속결격 여부까지 선고하여야 하는 것은 아니다. 그러므로 실제상으로는 상속재산에 관한 절차나 그를 둘러싼 분쟁에 있어서 어떤 사람의 상속결격 여부를 공권적으로 가려야 할 필요가 있음은 부인할 수 없다. 그리하여 「創設的」이 아닌 단지 「宣言的」(déclarative)인 성격을 가지는 것으로 이해되는 이러한 訴訟은 일반적으로 긍정되고 있다.[59] 이러한 소송은 특히 결격 여부가 문제되는 당사자가 사망하고 난 후에도 제기될 수 있는 것이다.[60]

(3) 위와 같은 소송을 共同相續人이나 後順位相續人 또는 受遺者가 제기할 수 있음에는 의문이 없다. 그런데 그 소송이 그들의 채권자에 의하여 間接訴權(action oblique. 채권자대위권)의 방식으로 제기될 수 있는가에 대하여는 견해의 대립이 있다. 문제는 공동상속인 등의 그러한 주장을 할 수 있는 법적 지위가 간접소권을 배제하는 바의 「一

58) 1853년 12월 1일의 보르도(Bordeaux)高等法院 판결(D.P. 1854. 2. 157); 1856년 6월 25일의 포와티에(Poitier)高等法院 판결(D.P. 1856. 2. 195) 등도 同旨.

59) 이 訴訟의 管轄 등에 대하여 상세한 것은 Donnier(註 35), n° 31 이하 참조.

60) Terré/Lequette(註 35), n° 49(p. 53) 참조.

身에 專屬한 權利(droits et actions qui sont exclusivement attachés à la personne)」(프랑스민법 제1166조 참조)에 해당한다고 볼 것인가에 달려 있다.

채권자의 간접소권을 긍정하는 견해는 그 근거로, 첫째 상속결격은 법률상 당연히 발생하므로 누구라도 이를 주장할 수 있다는 점, 둘째, 유언에서 망은행위가 있는 경우에는 유언자가 그 피해자로서 이를 宥恕할 수도 있으나, 이와는 달리 상속결격의 경우에 공동상속인 등은 피해자가 아니므로 유서할 여지도 없어서 그들의 채권자는 어떠한 경우라도 결격자를 상속으로부터 배제할 수 있어야 한다는 것이다. 이에 대하여 이를 부정하는 견해는 우선 이러한 根據들은 간접소권을 긍정하기에 충분하지 않다고 한다. 법률상 당연히 어떠한 법률효과가 발생한다고 하여서 이를 소송에서 주장하지 않아도 좋다는 歸結은 도출되지 않으며(當然相計 compensation légale 등의 예를 든다), 또 공동상속인 등은 결격자의 상속재산「점유」에 대하여 이의를 제기하지 아니함으로써 실제로는 이를 宥恕하는 의사를 관철할 수 있는데 그의 채권자가 그 자신의 의사와는 다른 입장을 취하는 것을 용납할 수 없다는 것이다. 이 입장을 취하는 사람들은 보다 積極的으로는 채권자들에게 그러한「중대한 의미가 있는 결정」을 허용하는 것은 家族共同體의 내부에서 해결되어야 할 극히 人的 色彩가 강한 문제에 대한 介入을 인정하는 것이 되어, 부당하다고 한다. 또한 遺贈에 있어서 앞서 본 망은행위로 인한 취소를 유언자의 채권자가 대위할 수 없는 것이 인정되고 있는데, 그렇다면 상속결격의 경우에도 이는 마찬가지로 해석되어야 한다고 주장한다.[61]

(4) 상속결격은 결격자와 그 결격자가 한 당해 행위의 상대방인

---

61) 이상에 대하여는 Donnier(註 35), n°s 35-37; Terré/Lequette(註 35), n° 51 (p. 53 et suiv.) 참조. 이들은 모두 間接訴權을 부정하는 입장에 서 있는데, 긍정설로 Mazeaud/Breton; Marty/Raynaud를 들고 있다.

피상속인 사이에서만 효력을 가진다.

(**a**) 결격자는 그 피상속인에 대하여만 상속을 받을 수 없게 된다. 그러므로 아버지를 살해한 子라도 어머니의 재산은 상속할 수 있다.

또한 결격자는 代襲相續을 할 수 있다. 가령 아버지를 살해한 子라도 할아버지의 재산을 아버지를 代襲하여 상속할 수 있는 것이다.[62] 왜냐하면 대습상속은, 피대습자에 갈음하여서이기는 하지만 그래도 역시 대습자 자신의 자격에서(à la place d'un autre, mais en son propre nom) 상속하는 것이기 때문이다.

(**b**) 한편 상속결격은 결격자 본인에게만 미친다. 특히 결격자의 子라고 하여 부모의 상속결격에 의하여 不利益을 받지 않는다. 프랑스민법 제730조는 이와 관련하여 "缺格者의 子가 代襲에 의하지 아니하고(sans le secours de la représentation) 本人으로서 상속하는 경우에는 그는 그 父의 과책을 이유로 배제되지 아니한다"고 정하고 있다.

그러므로 가령 子 A가 있는 父 B가 그의 아버지(A의 祖父) X를 살해한 경우에, A는 X의 재산의 상속에 대하여 우선순위에 있던 B가 상속결격됨으로 말미암아 이제 최우선순위의 상속인이 된다. 이 경우에 A는 B를 代襲하여서가 아니라「本人으로서」X의 상속인이 되는 것이다. 이와 같은 경우에 결격자인 B가 A가 상속한 X의 재산으로부터 間接的으로라도 이익을 얻는 것을 막기 위하여, 위의 제730조는 이어서 "그러나 父는 이 상속재산에 대하여는 법률이 부모에 대하여 그 子의 재산에 대하여 부여하는 用益權(usufruit)을 어떠한 경우에도 가지지 못한다"고 정한다. 이는 프랑스민법 제382조 이하가 親權의 내용으로 부모에게 부여한 子의 재산에 대한 권리(관리 및 향유권 등)를 배제하려는 것이다.

---

62) Donnier(註 35), n° 45; Terré/Lequette(註 35), n° 53(p. 56) 참조. 그러나 뒤에서 보는 바와 같이, 피살자의 孫子는 살해자인 아버지를 대습하여서는 할아버지의 재산을 상속할 수 없다.

그러나 위의 경우에 피상속인 X에게 B 외에도 다른 아들 C가 있는 경우에는 이와 다르다. 이 경우에 B의 자 A는 B를 代襲하여서만 C와 함께 상속인이 될 수 있는데, 위에서 본 제730조 제 1 문은 상속결격자를 대습하여 상속하는 것을 배제하고 있다고 해석되기 때문이다. 그러나 이러한 규정에 대하여는 立法論的으로 비판이 없지 않다. 즉 이는 형벌 내지 제재가 그 당사자에게만 과하여져야 한다는 原則(principe de la personnalité des peines)에 반하는 「부당한 결론」이라는 것이다.[63] 그리고 나아가서는 해석론적으로도 결격자가 상속개시 당시 이미 사망한 경우에는 결격자의 子 등도 대습상속을 할 수 있다는 주장이 유력하게 제기되고 있다.[64]

(5) 相續缺格者는 피상속인의 상속으로부터 배제된다. 그러한 효과는 상속개시시에 遡及하여 발생한다. 이는 상속개시 후에 비로소 상속결격사유가 확정되는 경우, 특히 앞의 제 3 호의 경우에도 마찬가지이다. 그러므로 상속으로 인하여 상속결격자에 대하여 발생한 법률효과는 모두 覆滅된다.

(a) 결격자가 피상속인에 대하여 가지는 채권이나 제한물권이 상속으로 인한 混同 등을 이유로 소멸하였다면, 이는 처음부터 소멸하지 아니한 것으로 다루어진다.[65]

(b) 결격자는 상속을 원인으로 하여 수령한 재산을 모두 返還하여야 한다.

그 반환의무와 관련하여서 결격자는 惡意의 占有者(possesseur de

---

63) Donnier(註 35), n° 48. 또한 Terré/Lequette(註 35), n° 53(p. 56)은 이러한 결과는 「충격적」이라고 한다.

64) Donnier(前註)에 의하면, Beudant/Le Balle; Planiol/Ripert; Aubry/Rau; Marty/Raynaud 등이 이러한 견해를 취한다고 한다. 그러나 Donnier, 同所는 이러한 견해는 결격자가 상속개시 당시에 생존하고 있었는가라는 우연한 사정에 좇아서 다른 결론을 내릴 근거가 없다는 등의 이유로 이러한 주장에 반대하고, 이는 立法的으로 해결되어야 할 것이라고 한다.

65) Donnier(註 35), n° 51 참조.

mauvaise foi)로서 취급된다. 그러므로 그는 비용상환청구권을 가지고 있어도 이에 기하여 留置權을 가지지 못하며, 상속재산이 멸실하거나 훼손된 경우에는 그 전부를 배상하여야 한다. 결격자가 상속재산인 토지 위에 建築이나 植栽 또는 工作을 행한 경우에 정당한 상속인은 그 선택에 좇아 그 收去(suppression)를 청구하거나 아니면 그 費用을 상환하여 이를 보유할 수 있는데(프랑스민법 제555조 제 1 항 내지 제 3 항), 收去請求에 대하여 일반적으로 인정되는 例外(同條 제 4 항 참조)는 결격자에게는 인정되지 않는다.[66]

한편 결격자는 상속개시 이후에 상속재산으로부터 얻은 일체의 果實이나 收益(tous les fruits et revenus)을 반환하여야 한다는 것에 대하여는 프랑스민법 제729조가 명문으로 정하고 있다. 이 규정은 善意占有者의 果實收取權(프랑스민법 제549조, 제550조 참조)을 배제하는 의미를 가지고 있으며, 결격자는 악의점유자로 간주된다는 원칙의 발현으로 이해되고 있다. 결격자는 현실적으로 얻은 것뿐만 아니라, 통상 얻을 수 있었을 과실 등도 반환하여야 한다고 해석된다. 그리고 遲延利子의 발생에 대하여도 履行催告가 있어야 한다는 原則(프랑스민법 제1153조 제 3 항 참조)이 배제되고, 앞서 본 제729조의 규정대로 相續開始時로부터 지급하여야 한다.

(**c**) 상속결격은 대세적인 효력이 있다. 그러므로 상속결격자로부터 相續財産을 양도받거나 하는 등으로 그에 대하여 이해관계를 맺은 제 3 자도 그 권리를 취득하지 못하는 것이 원칙이며("供與한 자의 권리가 소멸하면, 受領한 자의 권리도 소멸한다." resoluto iure dantis, resolvitur ius accipientis), 그를 보호하는 특별한 규정은 존재하지 않는다. 물론 動産에 관하여 인정되는 善意取得(프랑스민법 제2279조 참조)과 같은 일반적인 善意者保護規定은 이 경우에도 적용된다.

---

66) 이 예외는 건축 등을 행한 자가 善意인 것을 요건으로 하고 있기 때문이다.

다만 상속법에서는 表見相續人(héritier apparent)과 거래한 善意의 제 3 자를 보호하는 법리가 인정되고 있고, 이는 상속결격자와 거래한 제 3 자의 경우에도 적용된다.[67] 이 법리가 적용되려면, 우선 主觀的 要件으로서 제 3 자가 善意(de bonne foi)이어야 한다. 그런데 이 경우의 「선의」는 보다 제한적인 내용을 가진다고 이해되고 있는데, 그것은 제 3 자가 상속인의 자격에 대하여 錯誤를 일으켰을 뿐만 아니라 그 착오가 一般的이고 또한 不可避(commune et invincible)하였어야 한다는 것이다. 여기서 「일반적」이라고 함은 누구라도 그러한 착오를 범하였다는 뜻이다. 그러므로 상속인임을 확인하는 공증인 작성의 증서나 포괄유증을 내용으로 하는 자필유언서를 소지한 경우 등이 이에 해당한다고 한다. 나아가 客觀的 要件으로 제 3 자가 有效한 有償의 特定權原(titre onéreux et particulier)에 기하여 상속재산을 취득하였어야 한다. 그러므로 상속결격자로부터 상속재산을 무상으로 양수하거나 포괄승계한 경우에는 이 법리의 보호를 받지 못한다. 이상의 요건이 충족되면, 제 3 자는 진정한 상속인의 청구에 대하여 이를 부인하는 抗辯을 제기할 수 있다.

5. 立 法 論

프랑스민법이 정하는 상속결격제도에 대하여는 종전부터 입법론적 비판과 그에 따른 修正의 提案이 줄기차게 제기되어 왔다.

그 비판의 핵심은, 우선 법이 정하는 결격사유가, 특히 제 2 호와 제 3 호의 사유에서 보듯이 극도로 「옹색하고 시대착오적(étriqué et archaïque)」이며, 나아가 그 규정의 적용이 극단적으로 융통성 없는 방법(méthode extrêmement rigide)으로 행하여지고 있다는 점에 있다. 그

67) 「표견상속인」의 법리에 대하여는 Terré/Lequette(註 35), n° 95(p. 696 et suiv.)에 의하였다.

리하여 그 개정의 주장도 종국적으로는 결격사유를 緩和(amélioration) 하고 그 운용에 柔軟性(assouplissement)을 주는 방향으로 행하여지고 있다. 그 배경에는 오늘날에는 이제 더 이상 법관이 재량적 권한에 대한 反感이 존재하지 않는다는 사정이 작용하고 있다는 지적이 있다.[68)]

그 한 예로, 주지하는 대로 1945년에 구성된 유명한「민법전개정위원회(Commission de réforme du Code civil)」가 1961년에 발표한「民法典豫備草案(Avant-projet de Code civil)」의 제2부는[69)] 상속법과 증여 및 유언법을[70)] 다루고 있는데, 이 草案은 상속결격제도에 대하여 그 개정을 제안하고 있다.

同草案은 상속결격사유를 둘로 나눈다. 하나는 當然缺格(indignité de plein droit)의 사유인데, 피상속인을 사망하게 한 데 대하여 유죄판결을 받은 경우가 그것이다(제726조). 이 경우에는 법관에 의한 재량판단(appréciation)은 배제된다. 현행의 법과는, 우선 오늘날 실효성을 상실한 제727조 제2호의 사유가 없어지고 나아가 살인의 從犯이 주범과 같은 취급을 받는다는 점을 제외하고는 일치된다. 다른 하나는 裁量缺格(indignité facultative)의 사유이다(제727조). 피상속인에 대하여 輕罪刑(peine correctionelle) 이상을 받을 범죄를[71)] 범하여 피상속인

---

68) Malaurie/Aynès(註 35), n° 55(p. 50).

69) 그 제1부는 1954년에 발표되었는데, 人法과 親族法을 다루고 있다.

70) 프랑스민법의 제3편은「재산을 취득하는 각종의 방법」이라는 표제를 달고 있는데, 그 제1장이「相續」이고, 제2장이「生前贈與 및 遺言(Des donations entre vifs et des testaments)」에 대하여 규정하고 있다. 그리하여 프랑스에서는 교과서 등에서도 증여를 상속 및 유언과 함께 다루는 것이 통상이다.

71) 프랑스에서는 전통적으로 刑罰은 그 경중에 좇아 重罪罰(peine criminelle)과 輕罪罰 그리고 違警罪罰(peine de police)의 셋으로 나누어지며, 이에 상응하여 犯罪도 중죄(crime), 경죄(délit), 위경죄(contravention)로 분류되고, 一般의 刑事裁判도 중죄법원(Cour d'assises), 경죄법원(Tribunal correctionnel), 위경죄법원(Tribunal de police)이 각각 분할하여 관장한다. 輕罪罰은 전에는 2개월을 넘는 拘禁 또는 1만2천프랑을 넘는 罰金(기타 운전면허의 정지 등 일정한 權利制限刑 등)을 말하였으나, 1993년 9월 1일에 시행된 새로운 刑法典에서 自然人의 경우 10년 이하의 拘禁 또는 2만5천프랑 이상의 벌금(또는 일정한 권리제한형 등)으로 정하여졌다(同 제131-1조 이하 참조).

의 사망 전에 유죄판결을 받거나 그의 사망 후 6개월 내에 기소된 경우가 그것이다. 구체적으로 상정가능한 예를 들면 피상속인에 대하여 僞證, 救助拒否나 誣告의 죄를 범한 경우, 父母가 피상속인인 子에게 폭행을 가한 경우, 遺言에 관한 강박·사기 등을 행하거나 遺言書를 위조·변조한 경우 등이 이에 해당한다. 이 경우에 법관은 제반 사정을 고려하여 자신의 재량에 좇아 相續缺格 여부를 판단한다. 그리고 이상의 어느 경우라도 피상속인은 유언이나 증여의 의사표시에 의하여 상속결격을 회복시키는 宥恕를 유효하게 할 수 있다고 하는 것이다.

다른 한 예로, 1975년의 제72차 프랑스公證人大會(Congrès des Notaires de France)는, 소위 自然子(enfant naturel)에[72] 대하여 生父母가 인지하기를 거부하여 그의 생전에 그에 대한 부양과 교육감호의 의무를 소홀히 하였으면서 그 子의 사후에 그의 재산을 상속하는 것을 막기 위하여 그러한 의무해태를 상속결격사유로 규정할 것을 제안하였다고 한다. 그리고 이 제안은 일반적으로 찬동을 얻고 있다고 한다.[73]

그러나 이상과 같은 다양한 提案에도 불구하고, 이 부분의 법개정은 실현되지 않고 있다.[74]

Ⅳ. 小　結

이상과 같은 프랑스의 상속결격제도를 보면, 우리 나라의 상속결

72) 프랑스에서 婚外子는 통상 自然子와 姦生子의 둘로 나누어진다. 이 중 後者는 혼인한 자가 배우자 아닌 자와의 사이에 출생한 자를 말하고, 前者는 그 이외의 婚外子를 말한다.

73) 이 점에 대하여는 Terré/Lequette(註 35), n° 48(p. 52); Donnier(註 35), n° 7 참조.

74) Donnier(註 35), n° 8에 의하면, 20세기에 들어와서 상속에 관한 규정을 개정하는 법률이 여러 차례 제정되었음에도 불구하고 그 중에 이 부분이 다루어지지 않은 것에는 「놀라게 된다」고 한다.

격제도와 관련하여 다음과 같은 몇 가지에 주목하게 된다.

첫째, 프랑스에서는 相續缺格制度의 根據에 대하여는 별다른 注意를 기울이지 않으며, 단지 이것이 「私罰」이라는 것을 출발점으로 삼을 뿐이다. 중요한 것은, 제도의 이러한 性格에 비추어 결격사유를 엄격하게 "文言을 넘지 않도록" 해석하여야 한다는 태도가 解釋學說과 判例實務의 기본적인 태도를 이루고 있다는 점이다. 이는 프랑스의 학설과 판례가 일반적으로 취하는 「자유로운(libre)」 해석태도와[75] 현저한 대조를 이룬다.

둘째, 프랑스에서 相續缺格事由로 정하여진 세 가지는, 시대착오적이고 비합리적이라고 하여 엄한 비판을 받고 있다. 이에 대한 立法論으로, 當然缺格 외에 裁量缺格을 인정하자는 주장은 주목할 만하다. 실제로 裁量缺格은 기능적으로 보면, 프랑스민법이 일정한 이유에 기하여 채택하지 아니하였던 「廢除」(우리 민법도 택하지 않고 있는)의 제도를 부활시키는 측면이 없지 않을 것이다.

셋째, 프랑스에서는 相續缺格과 受遺缺格은 준별되어 있다. 후자에 대하여는 忘恩行爲로 인한 贈與의 取消에 관한 규정이 적용되고 있다. 우리 민법은 상속결격사유를 동시에 受遺缺格事由로 정하고 있고 망은행위를 이유로 하는 유증의 취소는 논의되지 않고 있다. 그러나 증여의 취소에 관한 제556조 제 1 항을 유언에도 적용할 것인가의 문제는 충분히 논의할 가치가 있다고 생각된다.

넷째, 상속결격의 發生에 法院의 宣告를 요하지 않는다는 점에서는 프랑스는 우리 민법의 태도와 같다(스위스나 오스트리아에서도 마찬

75) 이에 대하여는 우선 다음과 같은 「교과서」의 서술을 참조. Gérard Cornu, *Droit civil. Introduction, Les personnes, Les biens*, 6e éd.(1993), p. 133 et suiv.: "프랑스에서 근자에 「지배적인(montant)」 견해는 프랑소아 제니의 근본적 작업 이래 「자유로운 과학적 탐구(la libre recherche scientifique)의 방법」이라고 불리운다. … 탐구는 자유롭다. 법관은 더 이상 문언에 집착하지 않는다. … 그의 작업은 점점 창조적으로 되고, 그의 탐구는 점점 더 자유롭다."

가지이고, 다만 독일만이 다른 태도를 취한다). 그러면서도 프랑스에서는 분쟁의 간이한 해결을 위하여 相續缺格의 宣言을 청구하는 訴訟을 인정하고 있는데, 이 점은 우리 家事訴訟制度에서 도입할 필요가 없는지 검토할 필요가 있다.

다섯째, 상속결격을 치유하는 사유로서의 被相續人의 宥恕는 인정되지 아니한다. 이는 아마도 상속결격제도를 「公序」의 입장에서 관철되는 사법적 형벌이라고 이해하는 視角과 관련되는 것으로 이해된다.

(서울대학교 法學 37권 2호(1996), 139면 이하 所載)

[後　記]

1. 本稿는 연구의 일부분을 이루는 것으로 쓰여진, 그야말로 「一斑」에 불과하나, 일단 우리 나라의 학설을 정리하고 프랑스의 경우를 설명한 것은 그 자체로서도 의미가 없지 않다고 생각되어 本書에 수록하기로 하였다.

2. 우리 나라에는 그 동안 별로 알려지지 아니한 프랑스의 相續制度에 대하여는 그 사이에 南孝淳, "프랑스相續法에서의 血族相續——系統相續 및 代襲相續", 서울대 法學 38권 3·4호(1997. 12), 150면 이하가 소개하고 있다(다만 相續缺格에 관하여는 代襲相續에 대한 효과를 언급하고 있다).

11. 「義務의 負擔」에 管轄廳의 許可를 요하는 法規定에 대하여

—私立學校法 제28조 제 1 항의 解釋—

I. 序

1. 私立學校法 제28조 제 1 항 본문(이하 「對象規定」이라고 한다)은 "學校法人이 그 基本財産을 賣渡·贈與·交換 또는 用途變更하거나 擔保에 提供하고자 할 때 또는 義務의 負擔이나 權利의 抛棄를 하고자 할 때에는 管轄廳의 許可를 얻어야 한다"고 규정한다. 여기서 「의무의 부담」에 관할청의 허가를 요구하는 부분은 어떻게 해석되어야 할 것인가?

근자에 사립학교법인이 무자력하게 되어 교직원에 대한 급료까지를 포함하여 그가 부담하는 각종의 채무를 이행하지 못하는 상태에 빠지는 경우가 많이 발생하고 있다고 한다. 그리하여 채권자가 학교법인을 상대로 채무의 이행을 청구하는 소송사건이 적지 않다. 거기서 많은 경우에 학교법인측은 문제의 채무부담행위에 관하여 관할청의 허가를 받지 아니하였고 따라서 이는 對象規定에 반하여 무효라는 주장을 하게 된다(이 주장에 대비하여 원고는 예비적으로 사용자책임에 기한 손해배상청구를 한다[1]).

1) 혹 實務家들은, 뒤에서 보는 대로 사립학교의 금전차용 또는 어음발행이 對象

그런데 「의무의 부담」이라는 法文言을 문자 그대로 해석한다면, 예를 들면 학생을 모집하고 교직원을 채용하고 연필이나 편지지와 같은 소모품을 구입하는 것 등등 학교운영의 모든 국면에서 그것이 아무리 사소하고 일상적인 사항이라도 그 전부에 대하여 일일이 관할청의 허가를 얻어야 한다는 결과가 된다. 이렇게 생각하여 보면, 對象規定에서 관할청의 허가대상에 「의무의 부담」을 전반적으로 포함시킨 立法者의 그 엄청난 「無謀性」(한편 1997년 8월 9일 이후 변경된 法狀態에 대하여는 뒤의 Ⅲ. 3. (2)(b)(bb) 참조)에 놀라지 않을 수 없다. 이 글을 쓰게 된 動機는 바로 이러한 놀람에 있다. 법해석을 뜻하는 사람은 그러한 무모한 규정에 대하여도 「합리적」 해석을 도모하여야 하는 것이다.

2. 이하의 논의에서는 특히, 구체적 사건을 타당하게 해결하는 것보다는 對象規定의 해석론을 전개하는 것을 일차적인 목표로 한다는 점에 유의하였다.

구체적인 재판은, 단 한 번 일어난 매우 복잡한 時系列的 사실관계를 바탕으로 하여, 당사자가 주장한 다양한 법적 공격·방어방법을 직접적인 판단대상으로 하면서 원고가 청구취지에서 주장하는 권리의무의 존재 여부 및 내용 여하를 결정한다. 그 과정에서는 법관이 가지는 당해 사건의 해결방향에 대한 전체적 인상이나 형평감각이 경우에 따라서는 실제로 중요한 작용을 할 수 있고, 그러한 작용은 가령 신의칙(민법 제2조 제1항)과 같이 당사자가 주장하지 아니하더라도 적용할 수 있는 법리 등에 의하여 뒷받침되고 있다. 혹 사립학교법인이 채무부담행위를 한 경우에 대하여도 개별 사안에 따라서는 「선행행위에

規定에 반하여 무효라고 하면서, 이러한 損害賠償請求를 인용하고 특히 거기서 過失相計를 함으로써 「中和的」 해결을 하는 것이 當事者 사이의 公平을 달성하는 해결방법이라고 생각하는지도 모른다. 우리 나라 법관의 「中和的」 태도에 대하여는 우선 梁彰洙, "自律的 法과 法의 合理化에 대한 斷想", 문화와 국가경쟁력(한국사회과학연구협의회 연구총서[Ⅲ])(1996), 57면, 특히 74면 이하 참조.

반하는 행태(venire contra factum proprium)의 금지」 등의 법리가 적용될 여지가 있을는지도 모른다. 그러나 이하의 논의에서는 그와 같은 말하자면 「개별 사건의 1회적 사정」에 대한 고려는 문제삼지 아니하고, 일반적으로 적용될 수 있는 對象規定의 해석론을 모색하여 보기로 한다.

한편 논의를 가능하면 구체적으로 하기 위하여 다음과 같은 경우를 염두에 두기로 한다. 사립학교를 운영하는 학교법인이 학교건물의 신축을 위한 자금을 마련하기 위하여(따라서 학교법인 운영자의 개인적 용도에 사용하려는 것이 아니다) 제3자로부터 금전을 차용하고 학교법인 명의의 약속어음을 발행하였다고 하는 것이다. 그리하여 결국 문제는 이러한 금전차용행위 또는 어음발행행위도 對象規定에서 정하는 「의무의 부담」에 해당하여 관할청(즉 교육부장관)의 허가를 얻어야 하는가 하는 점에 收斂될 것이다.

3. 이하에서는 우선, 對象規定에 대한 「판례」의 태도를 개관한다(뒤의 Ⅱ.). 이는 일차적으로 대법원이 對象規定을 이 사건 사실관계에 적용할 때 어떠한 결론을 내릴 것인지를 미리 예측한다는 관점에서 논의한다. 그러한 관점에 비추어 보면, 그 논의에 있어서는 비단 對象規定 자체뿐만 아니라 우리 법에서의 유사한 규정에 대한 판례의 태도도 아울러 고려되어야 할 것이다. 이 부분은 말하자면 「현재 있는 법」에 대한 사실적 서술에 해당한다.

나아가, 對象規定이 어떠한 내용으로 해석되어야 할 것인지에 대한 필자의 의견을 금전차용이나 어음발행 등을 염두에 두고 피력한다(뒤의 Ⅲ.). 필자는 여기서 다루는 문제에 대한 「판례」의 태도, 즉 Ⅱ.에서 확인·예측하는 바의 태도에 대하여 수긍할 수 없는 점을 피력하고, 그에 대한 해석론상의 대안을 제시하여 보고자 한다. 이 부분은 말하자면 「있어야 할 법」을 제시하는 평가적 주장에 해당한다. 그리고 마지막으로 결론을 덧붙인다(Ⅳ.).

Ⅱ. 私立學校法 제28조 제 1 항의 「義務의 負擔」에 대한 判例의 態度

1. 基本的 態度

(1) 對象規定에 대한 판례의 기본적 태도는 다음과 같이 要約될 수 있다.

첫째, 학교법인의 행위에 의하여 학교법인이 의무를 부담하게 되는 모든 경우가 교육부장관의 허가가 요구되는 「의무의 부담」에 해당한다고 할 수 없다. 이를 일단 「제한적 해석의 원칙」이라고 부르기로 한다.

둘째, 어떠한 사항이 「의무의 부담」에 해당하는지 여부는, "학교법인 재산의 원활한 관리와 유지·보호를 기함으로써 사립학교의 건전한 발전을 도모하려는" 사립학교법의 입법목적에 비추어 개별적·구체적으로 결정되어야 한다. 이를 일단 「개별적 해석의 원칙」이라고 부르기로 한다.

(2) 이상의 「기본적 태도」는 특히 다음의 세 대법원판결로부터 명확하게 읽을 수 있다(강조는 인용자가 붙였고, 꺾음괄호 안은 인용자가 부기한 것이다. 그 이하도 같다).

[1] 大判 78. 5. 23, 78다166(集 26-2, 59)

"원래 사립학교법 제28조 제 1 항에서 학교법인이 '의무의 부담이나 권리의 포기를 하고자 할 때에는 감독청의 허가를 받아야 한다'고 규정하고 있는 것은 학교법인 재산의 원할한[원활한] 관리와 그 재산의 유지보고[보호?]를 기하므로써 제 1 조에서 규정하고 있는 '사립학교의 건전한 발달을 도모'하자는 데 그 목적이 있다고 할 것이므로, 위 법조에서 말하는 '의무의 부담'이라는 것은 위 목적과 대조하여 구체적으로 그 해당 여부가 결정되어야 할 것이지 학교법인의 유상계약 체결에 따르는 모든 의무가 일률적으로 이에 해당한다고 단정할 수는 없다"

[2] 大判 87. 4. 28, 86다카2534(공보 802, 887)

"사립학교법 제28조 제 1 항에서 학교법인이 "의무의 부담이나 권리의 포기를 하고자 할 때에는 감독청의 허가를 받아야 한다"고 규정하고 있는 것은 학교법인 재산의 원활한 관리와 그 재산의 유지·보호를 기함으로써 사립학교의 건전한 발달을 도모하자는 데 그 목적이 있다고 할 것이므로 위 법조에서 말하는 의무부담에 해당하는가 여부는 위 목적과 대조하여 구체적으로 결정되어야 하고 학교법인의 행위에 의하여 발생하는 모든 의무가 일률적으로 이에 해당한다고 단정할 수는 없다"

[3] 大判 77. 12. 27, 77다511등(集 25-3, 414)

"법 제28조의 규정은 그 취지가 사립학교의 건전한 발달을 도모하기 위하여 학교에 필요한 시설, 설비를 갖추고 그 운영에 필요한 재산을 확보하기 위하여 감독청이 일정한 한도에서 학교재산 관리에 관여하려는 데 있다고 할 것이므로 그 취지의 범위를 벗어나지 아니하는 한도에서는 학교법인은 감독청[원문대로]의 허가 없이 재산의 처분 또는 의무의 부담행위 등을 할 수 있다고 해도 무방하다고 할 것…"

2. 「義務의 負擔」에 해당하는 또는 해당하지 않는 事項

개별적으로 학교법인의 어떠한 의무부담이 對象規定에 의하여 관할청의 허가를 요하는가에 대하여 판례의 태도를 알 수 있는 범위에서 정리하여 보면 다음과 같다. 이하의 논의는 성질상 필연적으로 망라적일 수 없고, 실제의 사건에서 문제가 되었던 사항에 한정된다.

(1) 우선 對象規定에서 말하는 「의무의 부담」은 **학교법인의 기본재산에 관한 것에 한정되지 않는다.**

> [3] 大判 77.12.27, 77다511등(集 25-3, 414)
> "위 의무부담 또는 권리포기가 기본재산에 관한 것에 한해서 감독청의 허가를 받아야 한다는 것이라고 할 것이 아니라 함이 상당…"

그 외에 [4] 大判 77.10.11, 77다1357(集 25-3, 213)도 같은 취지로 판단하고 있다.

(2) 학교법인의 **금전차용행위**는 그 액수의 과다, 변제기한의 장단, 예산편성의 범위 내인지 여부를 불문하고 관할청의 허가를 얻어야 하는 「의무의 부담」에 해당한다.

> [2] 大判 87.4.28, 86다카2534(공보 802, 887)
> "학교법인이 타인으로부터 금전을 차용하는 행위는 학교운영상의 통상적인 거래행위도 아닐 뿐만 아니라 그로 인하여 학교법인은 일방적인 의무부담의 대가로 소비에 용이한 금전을 취득하는 결과가 되어 이를 감독하지 아니하면 학교의 원활한 유지·보호를 기할 수 없음이 분명하므로 그 차용액수의 과다, 변제기간의 장단, 예산편성의 범위 내인지의 여부에 관계없이 위 법조에 의하여 감독청의 허가를 받아야 할 의무부담행위에 해당하는 것으로 해석하지 않을 수 없다."

그 외에도 [5] 大判 78.11.28, 78다1339(集 35-1, 349); [6] 大判 80.4.3, 79다1431(공보 633, 12774) 등을 이러한 취지의 재판예로 들 수 있다.[2)]

(3) 학교법인이 **타인의 채무를 인수하는 행위**도 역시 對象規定에서 정하는 「의무의 부담」에 해당하여, 관할청의 허가를 얻어야 한다.

---

2) 大判 98.12.8, 98다44642(공보 99상, 107)도 마찬가지이다.

[7] 大判 74.6.25, 74다235(集 22-2, 144)

"피고 법인의 위 채무인수나 그를 담보하기 위한 약속어음 발행이 사립학교법 소정 절차를 밟지 아니하여 무효이며 이 무효를 소론 선의 또는 악의에 관계없이 원고에게 주장할 수 있다는 취의의 원판결 판결은 정당"하다고 판단하였다.

(4) 학교법인이 타인으로부터 금전을 차용하거나 타인의 채무를 인수하는 행위가 對象規定에서 정하는「의무의 부담」에 해당한다는 것이 판례의 태도임은 앞의 (2)와 (3)에서 본 바와 같다. 그러면 학교법인이 그러한 금전차용이나 채무인수와 관련하여 그 채무를 담보하거나 이행하기 위하여 약속어음을 발행하는 등으로 **어음상 채무를 부담하는 행위**(이하 단지「어음행위」라고 한다)는 어떠한가?

(a) 이에 대하여는, 앞의 (3)에서 본 대로, [7] 大判 74.6.25, 74다235(集 22-2, 144)이 "피고 법인의 위 채무인수나 그를 담보하기 위한 약속어음 발행이 사립학교법 소정 절차를 밟지 아니하여 무효 …"라고 판시하고 있다.

이 사건의 사실관계는 다음과 같다. 피고 학교법인의 이사장인 갑은 동시에 소외 을 주식회사의 대표이사이기도 하다. 그런데 갑은 피고 법인을 대표하여 을 회사가 원고에 대하여 부담하는 채무를 인수하고, "이 인수한 채무의 지급을 위하여" 피고 법인 명의의 약속어음을 발행하여 원고에게 교부하였으나, 피고 법인은 이 채무인수 및 어음발행에 대하여 전혀 관할청의 허가를 얻지 아니하였던 것이다. 이에 대하여 대법원은 앞의 (3)에서 본 대로 판시하여 원고의 약속어음금 청구를 기각하였다.

그런데 이 사건의 사실관계에는 다음과 같은 몇 가지 특유한 점이 있고, 따라서 이 판결이 그러한 점까지를 모두 고려한 끝에 위와 같이 판시한 것인지에 의문이 있는 것이다. 따라서 위의 이 판단부분만을 가지고 「판례」가 어음행위도 對象規定에서 정하는 「의무의 부담」에 해당한다는 태도를 취한다고 말하는 것은 적절하지 아니하다.

(aa) 하나는, 위 사건에서는 雙方代表行爲가 행하여졌다. 즉 갑한 사람이 각각 소외 회사와 피고 학교법인의 대표자 자격으로 소외 회사의 채무를 피고 법인이 인수하는 계약을 체결한 것이다.

이와 같은 쌍방대표행위는 사립학교법의 규정을 들출 필요 없이 이미 법인(또는 회사)의 대표에 관한 일반법리에 의하여 효력이 없는 것이다. 민법 제124조 본문은 "대리인은 본인의 허락이 없으면…동일한 법률행위에 관하여 당사자 쌍방을 대리하지 못한다"고 정한다(동조 단서는 "그러나 채무의 이행은 할 수 있다"고 규정하는데, 이 단서 규정이 채무인수나 약속어음 발행과 무관함은 명백하다). 그런데 일반적으로 "법인의 대표에 관하여는 대리에 관한 규정을 준용한다"(민법 제59조 제2항). 그리고 위 雙方代理의 금지에 관한 민법 제124조가 법인의 대표에 대하여 준용됨은 물론이다.[3] 그러므로 이 사건에 있어서 갑이 학교법인을 대표하여 을 회사의 채무를 인수하려면 이미 민법의 규정에 의하여 적어도 이사회의 결의를 얻었어야 했을 것이다.

뿐만 아니라 가령 大判 96. 5. 28, 95다12101(공보 96하, 1977)(속칭 한국중공업 사건)은, 갑·을 두 회사의 대표이사를 겸하고 있던 동일인 A에 의하여 갑 회사와 을 회사 사이에 갑 회사 소유의 토지 및 건물에 대한 매매계약이 체결되고 을 회사 앞으로 소유권이전등기가 경료된 사안에 대하여, "위 매매계약은 이른바 [상법 제398조의 적용을 받는] 「이사의 자기거래」에 해당한다고 할 것이고, 달리 특별한 사정이 없는 한 이는 갑 회사와 그 이사인 A와 사이에 이해충돌의 염려 내지 갑 회

3) 우리 나라에는 이 문제를 다루는 문헌이 별로 없으나, 독일의 판례이고 통설이다. 우선 MünchKomm/Schramm, § 181 BGB Rn. 33(3. Aufl., Bd. 1(1993), S. 1538)(同旨의 판례로 독일연방대법원의 BGHZ 33, 189과 BGHZ 56, 97를 인용하고 있다) 참조.

사에 불이익을 생기게 할 염려가 있는 거래에 해당한다 할 것인데 위 거래에 대하여 갑 회사 이사회의 승인이 없었음을 알 수 있으므로 위 매매계약의 효력은 갑 회사에 대한 관계에 있어서 무효라고 할 것"이라고 판시한 바 있다. 이러한 태도는 이미 예를 들면 大判 84. 12. 11, 84다카1591(集 32-4, 174)에서도 두 회사의 대표이사를 겸직하고 있는 사람이 그 중 한 회사를 대표하여 다른 한 회사의 채무를 보증한 사안에 대하여 표명되고 있다.

이상은 모두 타인의 사무를 처리하는 지위에 있는 사람이 그 본인의 이익을 위태롭게 할 추상적인 위험이 있는 행위를 하는 것은 애초 금지되며 그것을 함에는 특별한 수권이 필요하다는 일반적 법리(앞서 본 민법 제124조나 상법 제398조 외에도, 가령 부재자 재산관리인에 관한 민법 제25조 및 이를 준용하는 민법 제918조, 제994조, 제1023조, 제1047조, 제1053조, 나아가 친권자의 이익상반행위를 금지하는 민법 제921조 등은 이 일반법리를 개별적으로 실정화한 것이다)의 표현인 것이다.

그러므로 학교법인의 대표가 자신이 대표이사로 있는 회사의 채무를 법인을 대표하여 인수함에 있어서는 별도의 수권이 필요한 것이고, 이를 결한 행위는 효력이 없다고 할 것이다(학교법인의 이사장 등과 학교법인 자신의 이해관계가 상반하는 경우에 관한 사립학교법 제16조 제 2 항도 이를 전제로 한다). 그러므로 위 사건의 경우에 학교법인의 어음발행은 관할청의 허가를 받지 않았다는 이유가 아니라도 효력이 없는 행위인 것이다.

(bb) 또 다른 하나는, 피고 법인의 채무인수는 반대급부의 약정 없이 행하여진 無償行爲라는 점이다. 그러므로 이러한 무상의 채무인수에 대하여는 對象規定의 해석(「있어야 할 법」의 주장)으로 그것이 관할청의 허가를 얻어야 하는 「의무의 부담」에 해당함에 의문이 없다(뒤의 Ⅲ. 2. (3) 참조).

그런데 이 사건에서는 어음행위의 당사자인 피고 법인과 원고 사이에 어음발행행위의 효력이 다투어졌다. 그러므로 만일 학교법인의 어음행위가 일반적으로 對象規定에서 정하는「의무의 부담」에 해당하지 않는다고 해석되는 경우에라도, 피고 법인은 그 어음발행의 원인관계에 존재하는 하자를 주장하여 원고의 어음금청구를 물리칠 수 있었던 것이다. 어음행위의 당사자 사이에서는 그 원인관계의 하자를 언제라도 주장할 수 있다는 것은, 大判 65.10.19, 65다1594(要集 민Ⅱ, 641); 大判 73.1.30, 72다1355(同所, 642) 등 확고한 판례의 태도이고, 또 우리 통설도 같은 견해를 취하고 있는 것이다.

(**cc**) 이상과 같이 보면 앞의 [7] 판결을 가지고 대법원이 사립학교법 제28조 제1항 본문의 해석으로 학교법인의 어음행위가「의무의 부담」에 해당하여 관할청의 허가를 요한다는 태도를 취한다고는 할 수 없다고 볼 것이다.

(**b**) 나아가 [8] 大判 75.8.19, 75다666(集 23-2, 220)도 혹 여기서 다루어지고 있는 문제와 관련이 있다고 할는지 모른다.

이 판결은, 원고가 피고 학교법인의 대표이사 갑이 피고 법인이 경영하는 학교의 운동장 확장 등 공사비에 사용할 목적으로 피고 법인이 돈을 빌린다는 말을 믿고 금전을 피고 법인에 대여하고 "그 지급의 확보를 위하여" 피고 법인의 이사장 갑 명의로 발행된 당좌수표를 교부받았는데, 그 후 원고가 수표금의 지급은 물론이고 대여금의 반환도 받지 못하자 원고가 법인 대표자의 불법행위를 이유로 한 손해배상청구소송을 제기한 사안에 대한 것이다. 이에 대하여 대법원은 "원심이 … 피고 법인은 갑이 … 원고로부터 금원을 차용하고 수표를 발행함에 있어 사립학교법 제16조 및 제28조가 정하는 이사회의 결의를 거치지 아니하고 감독관청의 허가를 받지 않은 잘못으로 인하여 원고가 입은 손해를 불법행위자로서 배상할 의무가 있다고 하였음은 정당"하다고 판시하였다.

그런데 위 사건에서는 그 사건명이「손해배상청구」로 되어 있어 원고는 애초 어음금이 아니라 손해배상금을 청구하는 소송을 제기한 것으로 추측된다. 그렇다면 위 사건에서는 학교법인의 수표 발행에 대하여 관할청의 허가가 필요한가의 문제가 적어도 정면으로는 다루어지지 않았다고 보아야 할 것이다. 다만 학교법인의 불법행위책임을 인정하려면 그 손해의 발생이 인정되어야 할 것인데, 만일 수표 발행이 관할청의 허가 없이도 유효하여 피고 법인이 수표금채무를 부담한다고 한다면 원고에게 과연 손해가 있다고 할 수 있을 것인가 하는 의문은 남는다. 그리하여 만에 하나 위 판결에 그와 같은 간접적·소극적 판시까지도 읽어낼 수 있다고 가정하더라도, 그것이 하급심이나 나아가 대법원 자신의 장래의 판단을 기속하는「판례」 또는「선례」라고 할 수는 없을 것이다.

뿐만 아니라, 위 판결은, 금전대여자 자신이 수표의 소지인인 사안에 대한 것이다. 그러므로 학교법인의 금전차용행위에 대하여 관할청의 허가를 요한다는 대법원의 태도를 적용한다면, 피고 학교법인은 원고의 수표금청구에 대하여 수표발행의 원인관계에 하자가 있다는 인적항변사유를 주장할 수 있었을 것이다. 그러므로 위 판결은 수표행위의 원인관계의 직접 당사자가 아닌 수표의 정당한 소지인과의 관계에서 수표행위자가 위와 같은 사유를 들어 수표금의 지급을 거절할 수 있는지 하는 문제에 대하여 구속력 있는 판단을 보이고 있다고는 할 수 없음은 자명하다.

(c) 또한 비록 하급심재판이기는 하지만, **[9]** 大邱高判 86.6.4, 85나1692(下集 2, 81)도 문제삼아 볼 만하다.

이 판결은, 피고 학교법인이 그 운영의 중학교의 이전계획을 수행하는 과정에서 校舍의 신축공사를 갑에게 도급주었는데, 갑이 원고 회사로부터 위 공사에 사용하기 위하여 공급받는 레미콘대금을 피고 법인이 보증하기로 하고 갑이 발행한 어음에 배서하여 원고에 교부한 사안에 대한 것이다. 원고는 이 사건에서 주청구로서 약속어음 배서인으로서의 소구의무의 이행을, 제1차 예비적 청구로서 레미콘대금 보증채무의 이행을, 제2차 예비적 청구로서 손해배상채무의 이행을 청구하였다. 위 판결에서 대구고법은, 주청구 및 제1차 예비적 청구에 대하여는 "학교법인이 의무부담행위를 하려면 감독청의 허가를 받아야만 하고, 허가를 받지 아니한 의무부담행위는 무효라고 할 것인데 … 피고 법인의 위 어음배서 및 레미콘대금의 지급보증에 관하여는 감독청의 허가가 없었음을 인정할 수 있"다고 하여 이를 기각하였다.

이 판결도 갑이 원고에 대한 채무를 보증한 사안에 대한 것이어서, 무상행위가 문제되었던 것이다. 또한 어음행위의 직접 상대방이 어음상 채무의 이행을 구한 것이어서, 위의 (a) 또는 (b)에서 살펴본 것과 같이 역시 여기서 논의되는 문제에 대한 「판례」 또는 「선례」라고 하기는 어렵다고 할 것이다.

(**d**) 그러나 對象規定이 이 사건 사실관계에 적용될 때 대법원이 어떠한 결론을 내릴 것인지를 미리 예측한다는 관점에서 본다면, 금전차용행위나 채무인수행위와 관련하여 행하여진 어음행위는 역시 「의무의 부담」에 해당하여 관할청의 허가를 요한다는 태도를 취하기 쉬울 것이라고 여겨진다.

(**aa**) 그것은 주로 다음과 같은 관점에서 설명될 수 있다. 우리 법에는 법인 기타 일정한 단체의 금전차입행위에 대하여 일정한 절차를 밟도록 하거나 또는 관할감독청의 허가를 얻도록 하는 규정이 적지 않게 존재한다. 이러한 규정에 관하여 판례는, 그 규정을 강행법규로 이해하는 한, 대체로 금전차입행위 그 자체는 물론 그와 관련하여 행하여진 어음행위도 그 규정에 의하여 무효가 된다는 태도를 취한다.

예를 들면 大判 65. 7. 20, 65다992(集 13-2, 34)은 토지개량조합이 당시의 土地改良事業法 제30조 제 3 호(起債에 토지개량조합 評議會의 결의를 요한다), 부칙 제10항(평의회가 구성되지 않고 있는 동안에는 도지사의 승인을 요한다)에 반하여 수표를 발행한 경우에 대하여,[4] 大判 82. 6. 8, 82다150(集 30-2, 113)은 특수농업협동조합의 대표자 甲이 당시의 農業協同組合法 제125조 제 3 항(자금 차입을 중앙회 또는 군조합으로부터만 할 수 있도록 정한다)에 반하여 乙의 자금 융통을 도울 목적으로 어음을 발행하여 乙에게 교부하고 원고가 이를 乙로부터 배서·양도받은 사안에 대하여,[5] 大判 85. 2. 26, 84다카527(集 33-1, 79)은 새마을금고가 당시의 새마을金庫法 제13조 제 3 항 제 3 호(자금 차입에 이사회의 결의를 요한다), 제16조 제 1 항 제 1 호(신용사업의 자금을 회원으로부터의 예탁금 등에 한정하고 있다)에 반하여 제 3 자로부터 자금을 차입하고 그 담보로 어음에 배서·양도한 경우에 대하여[6] 그와 같은 취지로 판시하고 있는 것이다. 이들 판결은 (i) 단순한 무상행위라고 할 수 없는 금전차용행위에 대한 것이거나, 또는 (ii) 어음행위의 원인

4) "수표가 無因證券이라 하여도 토지개량조합이 적법하게 부담한 채무의 이행에 대신하거나 그 이행을 확보하기 위하여 발행하는 경우 또는 이와 동일시할 수 있는 경우를 제외하고는 토지개량조합이 수표를 발행하는 것은 토지개량사업법 제30조 제 3 호 소정 사유에 해당한다고 봄이 상당하다고 할 것이며 따라서 토지개량조합 평의회 의결을 요하는 사항이라 할 것이고 같은 법 부칙 제10항에 의하여 도지사의 승인이 필요하다 할 것이므로 **도지사의 승인 없이 발행된 위와 같은 수표는 무효**일 것이어서 토지개량조합은 아무런 수표채무를 부담하지 아니한다 할 것이고 그 수표소지인의 위와 같은 사유의 유무에 관한 선의 악의 여하에 불구하고 토지개량조합은 그 수표 발행의 무효를 주장할 수 있다…"

5) "갑이 을의 자금 융통을 위하여 이 사건 어음을 발행한 행위는 차입에 속하는 채무부담행위로서 무효라고 할 것…"

6) 이 사건은 새마을금고의 이사장 갑이 개인 명의로 발행한 약속어음에 담보의 목적으로 새마을금고 이사장의 자격으로 배서하여 을에게 양도한 어음을 원고가 후에 취득하여 소지인이 된 사안에 대한 것이다. 원심이 새마을금고법의 관계 규정을 효력규정이 아니라고 하여 원고의 청구를 인용한 것을, "이사회의 결의 없이 한 비조합원으로부터의 **자금 차입이나 약속어음 배서행위는 무효**라고 해석함이 상당하다"고 판시하여 파기환송하였다.

관계의 직접 당사자가 아닌 그 후의 제3자, 즉 어음의 정당한 소지인과의 관계에서 어음금청구가 행하여진 사안에 대한 것이어서, 앞의 (a) 내지 (c)에서 살펴본 경우와는 달리 그「판례」또는「선례」로서의 의미를 긍정하지 않을 수 없는 것이다.

또한 약간 초점이 다른 것이기는 하나, 大判(全) 85.11.26, 85다카122(集 33-3, 177)은 주지하는 대로, 상호신용금고가 금전을 차입하는 경우의 한도액 및 절차 등에 관하여 정하는 당시의 상호신용금고법 제17조의 강행성 여부를 둘러싸고 다수의견과 소수의견으로 견해가 대립되었던 것인데,「타인의 채무 보증을 위한 어음배서」도 그 규정에서 말하는「차입」에 해당함에는 異論이 없었던 것이다.[7]

(**bb**) 이렇게 보면, 대법원이 對象規定에 대하여 자금차입행위를 관할청의 허가를 요하는「의무의 부담」에 해당한다고 해석하는 한에는, 다른 경우와는 달리 학교법인에 관하여서만 태도를 달리하여 이 경우에는 어음행위가「의무의 부담」에 해당하지 않는다고 해석할 가능성은 별로 없다고 하여야 하지 않을까 생각된다. 앞의 [7] 판결이 "피고 법인의 위 채무인수나 그를 담보하기 위한 약속어음 발행이 사립학교법 소정 절차를 밟지 아니하여 무효…"라고 판시하는 것도, 비록 앞의 (a)에서 본 대로 無反省的일지는 몰라도, 종전부터 취해 왔던 유사한 규정들에 대한 해석태도와의 연장선상에서 나온 것이라고 추측해 볼 수 있을 것이다.

(**5**) 학교법인이 보유하는 재산에 관련한 소송의 위임으로 인하여 부담하게 된 변호사 보수는 對象規定에서 말하는「의무의 부담」에 해당하지 아니한다.

---

7) 물론 여기에는, 문제된 당시의 상호신용금고법 제16조 제3항이 거기서 정하는「차입」이란 契金 및 賦金의 受入 이외에 "그 명칭, 종류 및 방식 여하를 불구하고 채무를 부담하는 일체의 행위"를 말한다고 정의하고 있었다는 점도 중요하다.

[1] 大判 78. 5. 23, 78다166(集 26-2, 59)

"변호사에게 사건처리를 위임하였던 피고 법인으로서는 특별한 사정이 없는 한 응분의 보수를 그 변호사에게 지급할 의무가 있다고 함이 본원의 판례이고… 이러한 지급의무는 위에서 설시한 사립학교법의 입법취지에 비추어 그 제28조 제 1 항에서 규정한 감독관청의 허가를 요하는 "의무의 부담"에 해당하지 않는다고 봄이 상당하다…"

3. 學校法人의 一定한 事項에 대하여 管轄廳의 容認를 얻은 경우 그 事項에 관련한 義務의 負擔

對象規定에 관한 실무의 태도 중 극히 흥미로운 것은, 학교법인의 운영에 관한 일정 사항에 관하여 관할청이 허가 내지 승인 기타 일정한 容認行爲를 한 경우에 그 용인된 사항과 관련하여 행하여진「의무의 부담」은 별도로 관할청의 허가를 얻지 아니하여도 유효하다는 입장을 취하는 일련의 재판예가 존재한다는 점이다.[8)]

(1) 이러한 방향을 단적으로 보여 주는 것은 다음의 판결이다.

[4] 大判 77. 10. 11, 77다1357(集 25-3, 213)

"사립학교법 제 6 조, 제29조, 제30조, 제31조, 동법 시행령 제 2 조, 제14조 등 규정을 종합해 보면 학교법인이 수익사업을 경영하려면 사전에 사업의 종류와 계획 특히 사업의 경영방법, 연간 사업계획과 손익 추정 등을 감독청에 신고하여야 하고, 수익사업의 매 회계년도의 예산과 결산을 편성하여 감독청에 제출하고 그 승인을 받아야 하는 등 감독청의 강력한 통제를 받고 있음을 알 수 있는 바이므로

8) 물론 [3]의 大判 77. 12. 27, 77다511등(集 25-3, 414) 등에서와 같이, 학교법인의 정관에 감독관청의 허가 없이도 일정한 차입을 할 수 있다는 취지의 규정이 있고 그 정관에 관하여 법 제10조에 의한 문교부장관의 허가가 있다고 하여도, 정관에서 정한 차입에 대하여 이 사건 규정의 적용이 없다고 할 수 없다는 취지의 재판예는 여전히 존재한다.

[학교법인의 이미 허가받은][9] 수익사업체의 경영에 당연히 수반하는 통상경비에 관련된 이 사건 수표보증과 같은 의무부담행위는 이미 피고 법인의 수익사업 예산에 포함된 것이라고 보아 새삼스레 감독청의 허가를 받아야 할 필요는 없다"

그런데 이 판결에는, 문제의 수익사업체에 대하여 허가를 얻었다는 사실은 인정되고 있지 않으며, 단지 위에서 보는 바와 같이 수익사업체의 운영에 관하여 신고를 하고 그 예산·결산에 대한 승인을 얻어야 한다는 사실이 인정되고 있을 뿐이다. 그럼에도 불구하고 그러한 수익사업체의 "경영에 당연히 수반하는 통상경비에 관련된 이 사건 수표보증과 같은 의무부담행위"라고 하여 이에 대하여 관할 감독청의 허가를 얻을 필요가 없다고 판단하고 있다.

나아가 위 판결은, "피고 학교법인의 이사장이면서 동시에 피고 법인의 수익사업체인 … 맥주홀의 대표자"인 피고 갑이 원고로부터 차용한 맥주홀의 경영자금 및 위 맥주홀 옷보관소의 임차보증금의 각 반환채무에 대하여 이를 담보하기 위하여 피고 법인의 대표로서 법인 명의로 이 사건 수표에 보증을 한 사안에 대한 것이다. 이러한 경우에 경영자금이나 그 임차보증금이 과연「수익사업체의 경영에 당연히 수반하는 통상경비」에 해당한다고 할 것인지 전혀 석연하지 않다. 뿐만 아니라 그러한 수표보증은 무상행위로서, 그러한 행위가 과연 "학교법인 재산의 원활한 관리와 그 재산의 유지·보호를 기"하고자 하는 목적에 비추어「의무의 부담」여부를 판단하여야 한다는 앞의 [1] 또는 [2]의 대법원판결의 취지와 整合的인지에도 의문이 없지 않다.

그러면 대법원이 이 판결에서 문제된「수표보증」에 관할청의 허

9) 이 판결은『대법원판결집』에 수록됨에 있어서 그 판결요지가 "**학교법인의 이미 허가받은** 수익사업체의 경영에 당연히 수반되는 통상경비에 관련된 수표보증과 같은 의무부담행위는 학교법인의 수입사업예산에 포함된 것이므로 새로이 감독청의 허가를 받을 필요는 없다"는 것으로 정리되고 있다.

가를 요하지 않는다고 판단한 것은 부당하다고 할 것인가? 필자는 그렇게 생각하지 않으며, 이 판단은 적어도 그 출발점에 있어서는 납득할 만한 일정한 지향의 한 표현으로 이해되어야 할 것이다(뒤의 Ⅲ. 3. 참조).

(**2**) 한편 하급심재판이나, 앞의 2. (4)(c)에서 본 [**9**] 大邱高判 86. 6. 4, 85나1692(下集 2, 81)은, 학교법인이 관할감독청인 부산직할시 교육위원회로부터 학교의 이전계획을 승인받은 경우에 그 승인의 효과가 어디까지 미치는가와 관련하여, "이전계획의 수행을 위하여 체결하는 [이전갈 새로운 교사의 신축에 관한] 공사도급계약상의 공사금채무부담행위도 아닌 공사수급인의 제 3 자에 대한 공사자재대금의 보증행위에까지 미친다고는 할 수 없"다고 판단하였다.

이 판결은 학교 이전계획에 대한 승인이 있으면 그 계획 자체의 수행을 위한 공사대금계약으로부터 발생하는 채무에 관하여는 별도의 허가가 요구되지 않는다는 취지를 포함한다고 해석될 여지도 있는 것이다.

(**3**) 그렇게 보면 다음의 대법원판결도 중요한 의미를 지니게 된다.

[**10**] 大判 75. 5. 27, 75다카45(集 23-2, 99)

"피고 법인의 감독관청인 전라남도 교육위원회 교육감이 … 피고가 원고[농업협동조합중앙회]로부터 2,500만원을 기본재산을 담보로 하여 10년간 기간으로 허가일로부터 60일 이내에 기채하도록 허가한 사실을 인정할 수 있고 따라서 허가된 기간 및 기채한도금액 내에서는 피고 자신이 직접 채무자가 되지 않고 소외 갑의 원고에 대한 동액의 기존채무를 위하여 담보제공을 하는 동시에 동일 채무에 대하여 연대보증을 하였거나 채무인수를 하였다 하여도 이는 피고 법인으로 하여금 채무부담을 허용한 위 허가범위를 벗어난 것이라고 볼 수 없을 것…"

이 사건의 원심법원은 "허가취지를 살펴보면 피고가 원고로부터 돈을 차용하는 것을 승인한 것이고 원고 주장의 타인의 채무를 인수하거나 연대보증을 하는 것을 승인한 것으로는 인정할 수 없다"고 하여 원고의 청구를 기각하였었다. 그리고 사실 그 「허가취지」에 비추어 본다면 이러한 해석이 더욱 적절한 것임에는 거의 의문의 여지가 없다고 생각된다. 학교법인이 스스로 금전을 차용하여 학교의 운영에 사용하는 것과 단지 타인의 채무를 인수 또는 연대보증하는 것과는 실제의 경제적 효과라는 관점에서 보면 큰 차이가 있는 것이기 때문이다. 위 판결은, 채무인수 등의 대상인 채무에 관하여 그 채권자인 농업협동조합중앙회가 관할청이 허가한 기채의 상대방이었다는 것에서 자신의 결론을 정당화할 말하자면 「구실」을 찾았다. 그러나 그러한 사정은 아무리 해도 우연한 것 이상은 아니라고 할 것이다.

그리하여 여기서도 대법원은 문제의 행위에 대하여 관할청의 허가를 불필요하다고 한 진정한 이유는 무엇인가 하는 의문이 제기되지 않을 수 없다.

(4) 한편 특이한 예로는 [11] 大邱高判 75.4.1, 74나570(高集 민 1, 91)이 있다.

이 판결은, 피고 학교법인이 원고로부터 교사 건축비조로 차용한 금전이 실제로 교사 건축비로 사용된 사안에 대한 것이다. 법원은, 금전차용행위는 사립학교법에 반하여 무효이고 따라서 원고의 주청구인 대여금청구는 기각하였다. 그러나 이어서 "피고는 원고로부터 빌린 이건 돈 1백만원으로 피고 학원의 교사 건축비에 사용하므로써 법률상 원인 없이 원고의 손해로서 재산상 이득을 얻고 그 이익은 현존하는 사실을 인정할 수 있"다고 인정하여, 주청구와 같은 내용인 부당이득 반환의 예비적 청구를 인용하고 있는 것이다.

이러한 결론은 對象規定이 다른 일반적 법제도에 의하여 얼마든지 우회될 수 있고 또 실무에 있어서 실제로 우회되고 있음을 말하여 준다. 이는 결국 對象規定의 실제적 가치, 나아가서는 입법론적 정당성에 대한 심각한 도전인 것이다.

(5) 이상에 비추어 볼 때, 학교법인이 건물의 신축공사비를 마련하기 위하여 금전을 차용하고 어음을 발행하였는데, 이 건물신축계획에 대하여 관할청의 승인 등이 있었다면, 또는 금전차용 이전에 일정액을 기채하는 것에 대하여 포괄적인 허가가 있었다면, 대법원은 문제의 금전차용이나 어음발행에 대하여는 별도로 관할청의 허가를 얻지 않아도 된다는 결론을 낼 가능성도 없지 않다고 할 것이다.

Ⅲ. 私立學校法 제28조 제 1 항의「義務의 負擔」의 解釋論

1. 序

對象規定에 대한 解釋論的 提案을 미리 요약하면 다음과 같다.

첫째, 對象規定을 문언대로 해석한다면, 이는 헌법에 위반된다고 할 것이다.

둘째, 對象規定을 대법원의—실제의 또는 추정적인—태도대로 금전차용행위 또는 그로 인한 채무를 담보하거나 이행하기 위하여 행하여진 어음행위에도 관할청의 허가를 요한다고 해석한다면, 이 역시 헌법에 위반된다고 할 것이다.

셋째, 對象規定을 제한적으로 해석하여 헌법에 합치되도록 할 수 있는 길은, 對象規定에서 정하는「의무의 부담」을 무상행위로 인한 의무부담에 한정하는 것이다.

넷째, 어음행위에 한정하여 말하자면, 對象規定에서 정하는 「의무의 부담」에는 어음행위로 인한 어음상 채무의 부담은 포함되지 않는다고 해석되어야 한다.

2. 對象規定의 特異性과 違憲性

(1) 對象規定의 특이성은, 「의무의 부담」 일반에 관할청의 허가를 요하는 것으로 정한다는 점에 있다.

이는 예를 들면 「公益法人의 設立·運營에 관한 法律」 제11조 제3항이 "공익법인은 기본재산을 매도·증여·임대·교환 또는 용도변경을 하거나 담보로 제공하거나 대통령령이 정하는 일정금액 이상을 장기차입하고자 할 때에는 주무관청의 허가를 받아야 한다"라고 정하거나,[10] 舊 佛敎財産管理法(1962년 5월 31일 공포 법률 제1087호) 제11조 제1항이 "불교단체가 다음 각호의 1에 해당하는 행위를 하고자 할 때에는 閣令의 정하는 바에 따라 관할청의 허가를 얻어야 한다. … 3. 사찰의 운영상 그 예산의 범위 내에서 차입(당해 회계연도 내의 수입으로 상환하는 일시차입은 제외한다) 또는 제3자를 위하여 채무를 보증하고자 할 때…"라고 정하는 것과[11] 현저한 대조를 이룬다.

(2) 그런데 법인을 포함하여 어떠한 사람이라도 이 사회에서 그 존재목적을 추구·달성하면서 제대로 생존·활동하려면 다른 사람에 대하여 의무를 부담하지 않을 수 없다. 뒤집어 말하면, 의무의 부담은

10) 이를 받아서 同法 시행령 제18조 제1항은 "차입하고자 하는 금액을 포함한 長期借入金의 총액이 基本財產 총액에서 차입 당시의 負債總額을 공제한 금액의 100분의 5에 상당하는 금액 이상인 경우"에는 主務官廳의 허가를 얻어야 한다고 정한다.

11) 그 후의 傳統寺刹保存法(구 불교재산관리법을 폐기하고 새로이 제정된 법률) 제6조에서 「문화체육부장관의 허가」를 받아야 하는 사항으로 정하여진 것에는 "동산 또는 대통령령이 정하는 부동산의 대여·양도 또는 담보의 제공"은 포함되어 있어도(동조 제1항 제3호), 차입이나 보증은 그 자체가 제외되고 있다.

다른 사람으로부터의 급부에 의존하여 살 수밖에 없는 오늘날의 인간에 있어서는 그 생존의 기본조건이다. 그리고 이는 법인에 있어서도 하등 다를 바 없는 것이다.

그런데 사람이 의무를 부담하는 경우마다 매번 다른 사람의 동의나 결단을 얻어야 한다면, 이는 결국 그 생존 자체를 다른 사람의 의사에 맡기고 있다는 말이 된다. 그러므로 의무의 부담을 그러한 조건 내지 유효요건에 걸리도록 하는 법률규정은 인간을 그「다른 사람」의 노예로 만드는 것으로서, 자연인에게 인정된「인간의 존엄과 가치」(헌법 제10조 전단)를 부정하는 것으로서 헌법에 반한다.

한편 법인에 대하여도 위와 같은 의미의「기본권주체성」이 인정된다는 점에 대하여는 이론이 없는데,[12] 법인의 모든 의무부담에 관할청의 허가를 요한다는 對象規定은 그것이 문언대로 해석된다면 역시 법인에 보장된「일반적인 행동의 자유(allgemeine Handlungsfreiheit)」를[13] 본질적으로 해하는 것으로서 헌법 제10조 후단, 제22조, 제31조, 제37조 등에 반하는 위헌규정이라고 할 것이다.

---

12) 무엇보다도 憲裁決 91. 6. 3, 90헌마56(憲裁集 3, 289): "우리 헌법은 법인의 기본권 향유능력을 인정하는 명문의 규정을 두고 있지 않지만, 본래 자연인에게 적용되는 기본권 규정이라도 언론·출판의 자유, 재산권의 보장 등과 같이 성질상 법인이 누릴 수 있는 기본권은 당연히 법인에게도 적용하여야 할 것…" 그리고 학설로서는 우선 許營, 韓國憲法論, 新訂10版(1998), 238면 이하 참조(同書, 241면 이하: "우리 헌법의 해석으로도 법인의 기본권주체성을 인정할 수 있다고 본다. 물론 기본권의 성질상 법인에게 인정할 수 없는 기본권은 마땅히 제외된다. '人身權', '生命權', '良心의 自由' 등 '自然的인 人格'을 전제로 한 기본권들이 그것이다. 그러나 구체적으로 법인이 그 주체가 될 수 있는 기본권의 종류를 획일적으로 열거하는 것은 무의미하고 불필요하다. 왜냐하면 '法人'도 그 수행하는 사적·공적 기능이 다양할 뿐 아니라 '法人' … 등의 설립목적에 따라 그들에게 특별히 빼놓을 수 없는 기본권이 각각 다르기 때문이다").

13) 법인에도「일반적 행동의 자유」가 보장된다는 점에 대한 독일의 문헌으로 우선 Krüger, in: Sachs(Hrsg.), *Grundgesetz. Kommentar*(1996), Art. 19 Rn. 69 (S. 605) 참조.

3. 違憲的 規定의「效力維持的 縮小解釋」

(1) 문언에 따르면 위헌이라고 할 수밖에 없는 법률규정을 해석의 방법에 의하여 유효하게 하는 것, 즉「합헌적인」범위로 축소해석하는 것이 어떠한 경우에 어떠한 한도에서 가능한가에 대하여는 소위 憲法合致的 解釋(verfassungskonforme Auslegung)과 관련하여 여러 가지 논의가 있다.[14] 그러나 적어도 전통적인 법률해석의 원칙에 반하여 가능한 범위를 넘어설 수는 없다는 점은 일반적으로 인정되고 있다.[15]

대법원이 對象規定에 대하여 취하는 앞의 Ⅱ.에서 본 해석이 그러한 관점에서 볼 때 과연 허용되는 것인가에 대하여는 검토의 여지가 전혀 없지는 않다고 생각되기도 한다. 그러나 이에 대하여는 더 이상 논의하지 않기로 한다.

(2) 대법원이 일찍부터 앞의 Ⅱ. 1.에서 본 대로「제한적 해석의 원칙」을 취한 것은 어쨌거나 이해할 수 없는 바는 아니며, 특히 Ⅱ. 3.에서 든 일련의 재판예가 對象規定의 적용을 가급적「회피」하려는 태도를 취한 것은 그만한 이유가 있다고 하겠다.

그러나 금전차입행위 일반에 대하여 관할청의 허가를 요구하는 것은 헌법에 합치되는 해석이라고 할 수 없다고 여겨진다.

(a) 금전차입행위가 그 외의 의무부담행위와 구별되는 특성은 어디에 있는가?

앞의 [2] 大判 87. 4. 28, 86다카2534(공보 802, 887)은, "학교법인이 타인으로부터 금전을 차용하는 행위는 [i] 학교운영상의 통상적인 거래행위도 아닐 뿐만 아니라 [ii] 그로 인하여 학교법인은 일방적인 의무부담의 대가로 소비에 용이한 금전을 취득하는 결과가 되어 이를

---

14) 우선 許營(註 10), 76면 이하 참조.

15) 우선 독일에서 Sachs, in: Sachs(Hrsg.)(註 13), Einführung, Rn. 54(S. 61) 참조.

감독하지 아니하면 학교의 원활한 유지·보호를 기할 수 없음이 분명하므로 그 차용액수의 과다, 변제기간의 장단, 예산편성의 범위 내인지의 여부에 관계없이 위 법조에 의하여 감독청의 허가를 받아야 할 의무부담행위에 해당하는 것으로 해석하지 않을 수 없다"고 한다.

(aa) 그러나 과연 금전차용행위가「학교운영상의 통상적인 거래행위」가 아니라고 할 수 있는지 의문이다.

오늘날의 거래에 있어서 상대방으로부터 일정한 급부를 얻는 사람은 그 대가로 대체로 금전을 지급하며, 이는 학교의 운영에서도 마찬가지이다. 사립학교법 시행령을 보아도, 이러한 금전수요의 항목에 대하여 세세히 규정하고 있다(우선 제13조 제2호를 보라). 그런데 이러한 금전의 필요를 학교법인은 자신이 가지는 현금 또는 그에 준하는 수입만으로 처리하여야 한다는 말인가? 일시적 필요에 의하여 또는 장기적 계획의 수행을 위하여 일시적으로 또는 장기적으로 금전을 차용하여야 할 일은 일일이 들 수 없을 만큼 많을 것이다. 도대체 학교운영이 웬만한 기업의 운영만큼이나 복잡다단한 수입·지출의 활동을 수반하는 터에, 기업에 있어서 금전차용이「통상적 거래행위」임을 부인하지 아니하면서, 어떻게 금전차용을「통상적 거래행위」가 아니라고 할 수 있겠는가? 물론「통상」이라는 말의 의미가 모호함도 관련되기는 하지만, 위와 같은 판시는 실로 현실에 대한 안목에 의문을 품게 한다.

(bb) 또 설사 그것이「학교운영상의 통상적인 거래행위」가 아니라고 하더라도, 그렇다면「학교운영상의 통상적 거래행위」가 아닌 행위에 일반적으로 관할청의 허가를 요구하는 것이 타당하다고는 말할 수 없을 것이다.

가령 수억원 상당의 교내방송용 기자재를 구입하는 것, 낡은 것을 교체하기 위하여 수억원 상당의 새로운 책상·걸상을 사는 것, 校舍의 수리를 위하여 수억원 상당의 공사계약을 체결하는 것 등도 위 판결의 관점에서라면「학교운영상의 통상적인 거래행위」는 아닐 것이다. 그렇다면 이러한 일에 대하여도 일일이 관할청의 허가가 요구된다고 할 것인지 극히 의문이다. 만일 위와 같은 행위에 대하여 현금으로 대금 또는 보수를 지급하지 아니하고 외상으로 하는 것과 제 3 자로부터 금전을 차용하여 현금으로 그 대금을 지급하는 것 사이에 어떠한 차이가 있다고 할 수 있을까.

(cc) 위 판결은 "[금전차용행위는] 그로 인하여 학교법인은 일방적인 의무부담의 대가로 소비에 용이한 금전을 취득하는 결과가 되"기 때문에 관할청의 허가를 요구하여야 한다고 설시한다.

그러나 가령 학교법인의 재산을(기본재산의 경우도 다를 바 없다)[16] 제 3 자에게 임대하여 수억원의 보증금 또는 전세금을 받는 것은 그것이 "일방적인 의무부담의 대가로 소비에 용이한 금전을 취득하는 결과"가 되는 점에는 마찬가지일 것이다. 그러므로 이것과 금전차용행위 사이에 어떠한 차이가 있다는 것인지 이해하기 어렵다.

혹 위 판결 중「소비에 용이한 금전」운운하는 부분은 금전이 학교법인의 재산이 되어도 이는 재단측이 학교의 유지나 교육 이외의 목적, 특히 법인운영자의 개인적 목적에 직접 또는 간접으로 유용(流用)되기 쉬우므로 이를 막기 위하여 관할청의 허가가 필요하다는 취지로 이해될 수 있을지도 모른다. 그러나 유용의 우려는 차용된 금전에 대하여만 제기되는 것이 아니며, 등록금 등과 같은 금전수입에 대하여도 마찬가지이다. 또 허가는 기채를 할 것인지 여부에 대하여 행하여지고, 일단 실제로 차입하여 재단의 재산이 된 금전에 대한 유용의 우려를 관할청의 허가로써 저지할 수는 없는 것이다.

16) 이 사건 규정은 기본재산을「매도·증여·교환·용도변경·담보제공」하는 것에 대하여 관할청의 허가를 요할 뿐, 1990년 사립학교법 개정 이후에는 기본재산의 **임대차 또는 전세**에 대하여 그것을 요하지 않는다(賃貸借 등이 그 자체로 당연히「用途變更」에 해당한다고 해석하지 않는 한). 그러므로 기본재산이 아닌 학교법인의 재산의 임대차 또는 전세에 대하여는 더 말할 것도 없다.

(**dd**) 이렇게 보면 금전차용행위를 다른 의무부담행위와 구별하여 특별한 취급을 할 이유는 충분하지 않다고 할 수밖에 없다.

(**b**) 물론 학교법인이 자신도 감당하기 어려운 과대한 금전을 차용하는 경우에는 비록 그것이 학교교육에 사용할 목적이 있다고 하여도 경우에 따라서 이를 제대로 반환하지 못하는 때에는 그로 인하여 학교의 존립 자체가 위태롭게 되고 따라서 건전한 교육을 진작할 수 없음은 물론이다. 따라서 입법자는 자신의 입법재량으로 일정한 범위를 정하여 금전차용행위를 관할청의 허가 등 일정한 조건에 걸리게 하는 규정을 마련할 수 있음은 물론이다. 그러나 이러한 한계를 對象規定의 해석에 의하여 도출하는 것은 그 성질상 허용되지 않는다고 할 것이다.

(**aa**) 결국 **금전차용행위 일반**에 대하여 관할청의 허가를 받도록 하는 것은, 앞에서 말한 대로 학교법인의「일반적 행동의 자유」를 지나치게 광범위하게 제약하는 것으로서 허용될 수 없는 것이다. 그렇다고 해서 관할청의 허가를 얻어야 하는 금전차용의 조건이나 한도를 해석에 의하여 적출할 수는 없는 것이다. 그것은 앞서 본 대로 전통적인 해석에 의하여 가능한 범위를 넘어서는 것이 되기 때문이다.

(**bb**) 그런데 1997년 1월 13일의 사립학교법 개정법률에 의하여 비로소 추가된 동법 제28조 제1항 단서는 對象規定에 이어서 "다만, 대통령령이 정하는 경미한 사항은 이를 **관할청에 신고**하여야 한다"라고 새로이 정하고, 이를 받아 동법 시행령 제11조 제5항 제2호(이 규정은 1997년 8월 9일부터 시행되었다)는 "의무의 부담 또는 권리의 포기가액이 5,000만원 미만인 경우"를 위 규정의「경미한 사항」의 하나로 규정하고 있다.[17]

---

17) 나아가 1998년 11월 3일에 공포되어 그 날부터 시행된 대통령령 제15922호로 이 시행령 규정이 改正되어, "대학 또는 산업대학을 경영하는 학교법인의 경우"에는 다시 예외적으로 "의무의 부담 또는 권리의 포기가액이 3억원 미만인 경

그러나 이들 규정은 1997년 8월 9일 전에 행하여진「의무부담」의 행위에 대하여는 적용이 되지 아니한다. 뿐만 아니라, 오늘날 사립학교의 운영에 소요되는 자금의 일반적 규모에 비추어 생각하여 볼 때, 여기서 관할청의 허가를 얻지 아니하여도 된다는「5천만원 미만」은 지나치게 소액이라고 하지 않을 수 없다. 따라서 이러한 명목상의 예외만을 인정하는 규정은 위헌성의 유무를 판단하거나 또는 합헌적 해석(「효력유지적 축소해석」)을 수행함에 있어서 별다른 고려를 베풀 수 없다고밖에 할 수 없다. 오히려 이러한 예외규정의 新設은 그러한 제한적 해석의 필요를 더욱 切感하게 한다.

(**c**) 한편 앞서 본 [**4**] 大判 77.10.11, 77다1357(集 25-3, 213)의 원심판결인 서울민사지방법원 76나515사건(판결선고일자는 불명이다)(위『대법원판결집』25권 3집, 217면 이하에 수록되어 있다)은, 다음과 같은 흥미로운 판단을 하고 있다. 길더라도 원문대로 인용하기로 한다.

> "같은 법규[對象規定을 가리킨다] 소정이「의무」의 개념을 널리 해석하여 금전차입이나 보증행위 등 전반을 모두 포함시켜 위 법규 위반의 행위를 무효로 보는 견해(이하에서는 무제한설이라고 표시한다)가 있으며 그에 의하면 이 사건 수표보증도 무효라고 판단될 수밖에 없[다.] … 물론 무제한설의 입장이 학교법인의 재산을 보호하려는 데 주목적이 있음을 부정할 수 없다 하겠으나 무제한설의 입장을 관철시키다 보면 결과적으로 학교법인의 사경제적 활동은 전반적으로 관할청의 허가를 받아야 하는 것이 되고(예를 들면 학교교육에 필요한 사소한 기자재의 외상구입이나 비품수리를 위한 계약관계 등), 그렇게 되면 학교법인의 자율적 활동을 위축시킨다고 하지 않을 수 없

우"이면 관할청의 許可를 요하지 아니하고 申告만을 하도록 정하고 있다. 이로써 본문에서 말하는「學校法人의 一般的 行動의 自由」는 어느 정도 보장되었다고 할 수 있을지도 모르겠으나, 그래도 역시 위 개정 전에 행하여진「의무의 부담」에 대하여는 문제가 그대로 남고, 또한 특히 대학·산업대학 외에 중등학교나 초등학교를 경영하는 學校法人은 여전히「5천만원」의 제한을 받는다.

게 된다 할 것인데. 이런 현상이 결국은 일정한 교육목적에 바쳐진 재산에 관한 관리의 영속성과 독자성을 기하려는 학교법인제도의 존재의의를 부정시키는 결과가 되는 것은 말할 것도 없고 학교법인과 이해관계인 사이의 거래행위 대부분을 법의 보호권 밖으로 추방시키는 일이 된다고 하지 않을 수 없게 되므로 같은 법규 소정의 의무는 마땅히 학교법인의「기본재산」에 관한 매도, 증여, 임대, 교환 또는 용도변경이나 담보설정계약 등의 사립학교법 28조 제1항이 예로 든 전형계약이나 비전형계약 또는 무명계약이나 기타의 행위에 의한 의무부담 다시 말해서「기본재산에 관한 의무부담행위」로 한정하는 것이 옳다고 해석되며 이러한 해석의 정당성은 같은 법 28조 제2항 및 같은법 시행령 제11조, 제12조의 규정 등과 대조 검토해 보면 더욱 더 뒷받침된다고 하지 않을 수 없고 더욱이 아무리 여러 사람이 관계되게 되는 학교법인의 재산이라도 그 기본재산에 한하여서만 보호하는 것이 이해관계인의 보호와 형평을 이룰 수 있게 된다는 점을 상도하면 더 명백해진다고 할 것이므로 당원은 무제한설의 입장을 따르지 않기로 한다."

이러한 판시는 지극히 적절한 문제의식으로부터 나온 것임은 물론이다. 그러나 이 판결이 채택하는 해석이 타당한지는 역시 의문이다. 앞에서 본 [3] 大判 77.12.27, 77다511등(集 25-3, 414)이 적절하게 판시하고 있는 바와 같이, 무엇보다도 對象規定의 문법적 구조("기본재산을 매도, 증여, 임대, 교환 또는 용도변경하거나 담보에 제공하고자 할 때 또는 의무의 부담이나 권리의 포기를 하고자 할 때")에 비추어 보아서도 그「의무의 부담」을「기본재산에 관한 의무부담」이라고 해석할 수는 없는 것이다. 對象規定은 기본재산에 관한 행위로서 관할청의 허가를 얻어야 하는 태양을 "매도…" 운운하여 명시적으로 열거하고 있으며 그 다음에 나오는 "또는 의무의 부담"은 그 앞 구절의「기본재산」과는 무관한 행위를 가리킨다고 하지 않을 수 없는 것이다.

(3) 對象規定을 합헌적 범위에서 그 효력이 유지될 수 있도록 하는 유일한 방도는, 거기서 정하는 「의무의 부담」을 그 뒤에 나오는 「권리의 포기」와 평행되게 해석하여 무상의 의무부담을 가리킨다고 보는 것이라고 하겠다.

(a) 무엇보다도 「의무의 부담」이 「권리의 포기」와 대를 이루어 규정되고 있음에 적절한 고려가 베풀어져야 할 것이다. 그렇다면 여기서 의무부담이란 권리포기에 상응하는 의무부담, 즉 무상의 의무부담만을 의미한다고 해석하는 것은 하등 부자연한 일이라고 할 수 없다.

(b) 한편 무상의 의무부담은 그야말로 일방적으로 학교법인의 재산을 감소시키기만 하는 행위로서, 그 재정을 어렵게 할 현저한 위험을 안고 있는 것이다. 가령 제 3 자의 채무를 면책적으로 또는 중첩적으로 인수한다든가, 타인의 채무를 보증하는 행위 등이 일반적으로 이에 해당한다.

특히 이러한 행위는 학교법인의 운영자나 기타 관련자들이 개인적으로(또는 다른 회사 기타 법인의 대표자 기타 이해관계인으로서) 부담하는 채무에 관하여 행하여질 개연성이 적지 않으므로, 이를 통제할 필요가 있음은 쉽사리 이해될 수 있다. 앞의 Ⅱ.2.(4)(a)(aa)에서 본 대로 이러한 행위는 소위 利害相反行爲로서 일반적으로 금지되어 있으나, 다른 한편 (i) 학교법인의 이사회의 동의를 얻으면 이를 유효하게 할 수 있고, (ii) 설사 이사회의 동의를 얻지 아니한 경우에도 이는 무권대리행위에 불과하여 가령 표견대리의 요건이 갖추어지거나 학교법인이 후에 요건을 갖추어 이를 추인한 경우에는 유효하게 될 수 있으며, 나아가 (iii) 이러한 유효요건을 예외적으로 갖추지 못하였다고 하더라도 제 3 자에 대한 관계에서는 이를 주장하지 못하는 경우도 있다.[18)]

---

18) 예를 들면 商法 제398조에서 정하는 「理事의 自己去來」에 해당하는 경우에 대하여 大判 73.10.31, 73다954(集 21-3, 138); 大判 78.12.26, 77다907(集 29-3, 15) 등 판례와 통설은, 제 3 자가 악의임을 주장·입증하여야만 그에 대하여 그

그러므로 학교법인 재산의 유지·보호를 위하여는, 이러한 행위를 함에 관할 감독청의 허가를 요하도록 법률로 정하여 이를 얻음이 없이 행한 그러한 행위는 절대적·확정적으로 무효이도록 할 필요가 있는 것이다.

(c) 실제로도 對象規定이 적용된 재판예 중에는 이러한 행위에 해당하는 경우가 적지 않다. 예를 들면 앞의 [4], [7], [9] 등은 이에 해당하는 것이다. 그러므로 위와 같은 해석이 對象規定을 空洞化하여 그 실제적 효용성을 없애는 것이라는 우려는 근거가 없는 것이다.

4. 특히 어음行爲에 대하여

(1) 학설은 일반적으로, 어음행위가 강행법규에 위반되어 무효라는 사정은 소위 물적 항변에 속하여 그 어음행위자는 선의의 어음소지인에 대하여도 이를 대항할 수 있다고 이해하고 있다.[19] 그리고 판례도 대체로 같다. 가령 앞의 Ⅱ.2.(4)(d)(aa)에서 본 大判 65.7.20, 65다992(集 13-2, 34); 大判 82.6.8, 82다150(集 30-2, 113); 大判 85.2.26, 84다카527(集 33-1, 79) 등은 그와 같은 취지로 판시하고 있는 것이다.

한편 어음행위 자체가 아니라 원인행위만이 강행법규에 반하는 경우에는 그렇지 않다는 것이 통설이다. 또한 판례도 가령 이자제한법의 제한을 초과하는 이자액을 포함하여 약속어음이 발행되었다는 경우에 대한 大判 55.5.5, 4287民上359(要集 민Ⅱ, 641); 특히 1972년 8월 3일의「경제의 안정과 성장을 위한 긴급명령」(소위 8·3 조치)에 좇은 사채신고를 하지 아니한 채무에 대하여 그 지급담보조로 약속어

무효를 주장할 수 있다고 한다.

19) 우선 鄭東潤, 어음·手票法, 三訂增補版(1995), 42면; 鄭燦亨, 어음·手票法講義(1994), 566면 이하 참조.

음이 발행된 경우에 대한 大判 75. 1. 14, 74다1399(集 23-1, 1) 등에서 같은 취지로 판단하고 있다.

(2) 그런데 이러한 논의와는 별도로 특히 어음행위에 대하여는 對象規定에서 정하는「의무의 부담」에 해당하지 않는다고 해석하여야 할 것이다.

이는 무엇보다도 어음행위가 매매·소비대차 등 실질적 거래에서 생기는 법률관계를 결제하기 위한 **수단적이며 동시에 무인적인 성질**을 가진다는 점과 관련된다. 그러한 성질로 말미암아 어음행위 자체에 대하여는 그것이 유상으로 행하여졌는지, 무상으로 행하여졌는지를 검토하는 것은 일반적으로 무의미하게 된다. 이는 가령 융통어음의 경우에 전형적으로 드러난다.

다른 한편 학교법인의 약속어음 발행 등이 학교법인에 어음상 채무를 부담하게 함은 물론이다. 그러나 위와 같은 수단적·무인적 성질의 어음행위에 대하여 그 **원인관계상의 행위와는 별도로** 관할청의 허가를 받아야 할 필요가 없음은 명백하다고 생각된다. 여기서도 對象規定에서 정하는「의무의 부담」을 문언 그대로의 의미대로 해석할 수 없음이 단적으로 드러난다. 즉 어음행위는 그 자체로 학교법인에 어음상 채무를 부담시키므로 만일「의무의 부담」이라는 법문을 문언대로 해석한다면, 어음행위의 원인관계상의 행위와는 별도로 개개의 어음행위에 대하여 관할청의 허가를 받아야 할 것이기 때문이다.

(3) 그러면 어음행위의 원인관계에 대하여 관할청의 허가가 없다고 해서, 그 어음행위를 무효라고 하여야 할 것인가?

무엇보다도 이는, 앞의 2. 및 3.에서 누누히 살펴본 대로, 對象規定에 대한「효력유지적 축소해석」의 관점에서 도저히 허용되지 않는다고 하지 않을 수 없다. 그런데 특히 어음행위의 경우에는 앞의 (2)에서 말한 어음·수표의 수단성과 아울러, 오늘날의 거래에서 어음·수표가 가지는 보편적·일상적 기능에 비추어 볼 때, 이에 대하여 관할청의 허가를 얻어야 한다고 정하는 것은 학교법인의 자유롭고 활발한 활동의 자유를 극도로 제약하는 결과가 되지 않을 수 없다. 이러한 고려에는 어음·수표의 유통성 보장을 도모하여야 한다는 측면도 고려되어야 함은 물론이나, 오히려 그보다 더욱 중요한 것은 바로 위와 같은 법인의 활동의 자유에 대한 제약인 것이다.

Ⅳ. 小　結

이상의 논의를 요약하면 다음과 같다.

첫째, 대법원이 對象規定을 여기서 염두에 둔 사실관계에 적용할 때 어떠한 결론을 내릴 것인지를 미리 예측한다는 관점에서 살펴보면, 대법원이 對象規定에 대하여 금전차입행위를 관할청의 허가를 요하는 「의무의 부담」에 해당한다고 해석하는 한에는, 학교법인의 어음행위가 「의무의 부담」에 해당하지 않는다고 해석할 가능성은 별로 없다.

둘째, 이를 전제로 한다면, 학교법인이 금전의 차입을 위하여 관할청의 허가를 얻지 아니하고 약속어음을 발행하였다면 그 어음행위는 무효이고 이는 소위 물적 항변사유로서 어음소지인의 선의·악의를 불문하고 이를 그에게 대항할 수 있다.

셋째, 그런데 대법원의 태도를 전제로 하더라도, 학교법인이 교사의 신축을 위한 자금으로 금전을 차용하고 어음을 발행하였는데 그 전에 교사신축계획에 대하여 관할청의 승인이 있었다면, 또는 그 전에 일정액을 기채하는 것에 대하여 일반적인 허가가 있었다면, 대법원이 위 금전차용이나 어음발행에 대하여는 별도로 관할청의 허가를 얻지 않아도 된다는 결론을 낼 가능성도 없지 않다.

넷째, 그러나 對象規定이 어떠한 내용으로 해석되어야 할 것인가 하는 「있어야 할 법」의 평가적 주장이라는 관점에서 보면, 위와 같은 대법원의——실제의 또는 추정상의——태도에는 수긍할 수 없으며, 對象規定에 대한 헌법합치적 해석 내지 「효력유지적 축소해석」의 결과로 가능한 유일한 입장은, 對象規定에서 정하는 「의무의 부담」을 무상행위로 인한 의무부담에 한정하는 것이다.

다섯째, 특히 어음행위에 한정하여 말하자면, 對象規定에서 정하는 「의무의 부담」에는 어음행위로 인한 어음상 채무의 부담은 포함되지 않는다고 해석되어야 한다.

(人權과 正義, 271호(1999. 3), 104면 이하 所載)

12. 建物의 所有와 敷地占有

―大法院 1993년 10월 10일 판결 93다2483사건*

[判決要旨]

1. 사회통념상 건물은 그 부지를 떠나서는 존재할 수 없는 것이므로, 건물의 소유자는 그 부지가 된 토지를 점유하는 것으로 볼 것이다.

2. 건물의 소유권이 양도된 경우에는 특별한 사정이 없는 한 그 부지에 대한 점유도 함께 상실한다.

3. 그 경우에 건물의 종전 소유자가 건물을 계속 점유·사용하고 새로운 건물소유자는 건물이나 그 부지를 현실적으로 점거하지 않는 때에도, 건물의 종전 소유자는 그 부지의 점유를 상실한다.

4. 건물소유자의 소유권 상실에도 불구하고 그의 부지점유를 상실하지 아니한다고 인정할 수 있는 특별한 사정으로서는 예를 들면 건물의 소유자가 그 부지도 함께 소유하고 있다가 건물의 소유권만을 양도함으로써 그 부지에 대한 직접점유를 상실하였다고 하더라도 그 부지에 관하여 관습상의 법정지상권을 취득하게 되는 건물의 새로운 소유자를 통하여 그 부지를 간접점유하게 되는 경우를 들 수 있다.

---

* 법원공보 958호, 3163면.

[判決全文]

원심판결 광주지방법원 1992. 12. 3. 선고 92나5290 판결

주 문 원심판결을 파기한다.

사건을 광주지방법원 본원합의부에 환송한다.

이 유 **1.** 피고의 상고이유 제1점에 대한 판단

원심은, 원고가 1963. 12. 31. 전남 보성군 벌교읍 벌교리 874의 19 대 66m²(이 뒤에는 이 사건 대지라고 약칭한다)에 인접한 같은 리 624의 10 대 20평(이 뒤에는 이 사건 인접대지라고 약칭한다) 지상에 점포 겸 주거용 건물을 소유·점유하면서 이 사건 대지와 인접대지를 그 부지 및 마당으로 점유·사용하기 시작하였고, 1968. 9. 18.경에는 이 사건 대지 중 23m² 지상에 단층주택 1동을 신축하였으며, 현재도 이 사건 대지를 점유·사용하고 있는 사실을 인정하였는바, 원심판결이 설시한 증거관계에 비추어 보면, 원심의 위와 같은 사실인정은 정당한 것으로 수긍이 되고, 원심판결에 소론과 같이 심리를 제대로 하지 아니하거나 채증법칙을 위반하여 사실을 잘못 인정한 위법이 있다고 볼 수 없으므로, 논지는 이유가 없다.

2. 같은 상고이유 제2점에 대한 판단

(1) 원심은, 원고가 1963. 12. 31.부터 현재까지 계속하여 이 사건 대지를 소유의 의사로 평온·공연하게 점유한 것으로 추정되어 점유를 개시한 때로부터 점유취득시효기간 20년이 경과한 1983. 12. 31. 이 사건 대지를 시효취득하였다고 할 것이라고 판단한 다음, 원고의 이 사건 대지에 대한 점유는 이 사건 대지 및 인접대지 지상의 건물들을 소유하기 위한 것인데 원고는 이 사건 대지를 점유하는 중 위 건물들에 대한 소유권을 상실한 바 있으므로 그와 동시에 이 사건 대지에 대한 점유를 상실하였다고 할 것이고, 그렇지 않다고 하더라도 원고의 이 사건 대지에 대한 점유는 타주점유로 전환되었다는 피고의 항변에 대

하여 판단하기를, 이 사건 대지 및 인접대지 지상의 원고 소유의 위 각 건물이 1972. 3. 23. 소외 보성군농업협동조합에게 경락되어 3. 25.(10. 25.의 오기로 보인다) 위 조합의 명의로 소유권이전등기가 경료되었다가 다시 1974. 4. 19. 매매를 원인으로 원고의 명의로 소유권이전등기가 경료된 사실을 인정할 수 있지만, 위 조합이 위 각 건물을 경락받았다는 사실만으로는 원고가 이 사건 대지의 점유를 상실하였다고 보기 어렵고, 그 후 원고가 다시 위 조합으로부터 위 각 건물을 매수하는 등 그 점유를 계속한 이상 이 사건 대지의 점유가 타주점유로 전환되었다고 볼 수 없다는 이유로 피고의 위 항변을 배척하였다.

(2) 사회통념상 건물은 그 부지를 떠나서는 존재할 수 없는 것이므로 건물의 부지가 된 토지는 그 건물의 소유자가 점유하는 것으로 볼 것이고, 건물의 소유권이 양도된 경우에는 건물의 종전의 소유자가 건물의 소유권을 상실하였음에도 불구하고 그 부지를 계속 점유할 별도의 독립된 권원이 있는 등의 특별한 사정(예컨대 건물의 소유자가 그 부지도 함께 소유하고 있다가 건물의 소유권만을 양도함으로 인하여 그 부지에 대한 직접점유를 상실하였다고 하더라도 그 부지에 관하여 관습상의 법정지상권을 취득하게 되는 건물의 새로운 소유자를 통하여 그 부지를 간접점유하는 것으로 되는 등)이 없는 한, 그 부지에 대한 점유도 함께 상실하는 것으로 보아야 하며, 이 경우에 건물의 종전의 소유자가 그 건물에 계속 거주하고 있고 건물의 새로운 소유자는 현실적으로 건물이나 그 부지를 점거하지 아니하고 있더라도 결론은 마찬가지라고 할 것이다(당원 1981. 9. 22. 선고, 80다2718 판결; 1986. 7. 8. 선고, 84누763 판결; 1991. 6. 25. 선고, 91다10329 판결 등 참조).

(3) 이 사건의 경우 사실관계가 원심이 확정한 바와 같다면, 원고가 비록 1963. 12. 31.부터 이 사건 대지를 소유의 의사로 점유하여 왔다고 하더라도, 어디까지나 이 사건 인접대지상의 건물과 이 사건 대

지상의 건물을 소유·사용함에 따라 이 사건 대지도 함께 점유하는 것에 지나지 않는 것을 볼 수밖에 없는바, 위 각 건물의 소유권이 경락으로 인하여 위 조합에게 이전되었음에도 불구하고(기록에 의하면 이 사건 인접대지도 함께 경락된 것으로 보인다), 원고가 이 사건 대지를 계속 점유할 별도의 독립된 권원이 있음을 인정할 만한 자료를 기록에서 찾아볼 수도 없으므로(제1심 증인 왕봉민은 원고가 이 사건 대지를 이 사건 인접대지와 함께 피고의 피상속인인 소외 망 김상수로부터 매수하였다고 증언하고 있으나, 그대로 믿기 어려운 것으로 보인다), 결국 원고가 경락으로 인하여 이 사건 대지상의 건물의 소유권을 상실한 동안에는 설령 그가 그 기간 중에도 위 건물을 계속 점유·사용하고 있었다고 하더라도 이 사건 대지를 점유한 것으로 볼 수는 없다고 할 것이다.

(4) 그럼에도 불구하고, 원심은 이 사건 대지 및 이 사건 인접대지상의 원고 소유의 각 건물이 위 조합에게 경락되었다는 사실만으로는 원고가 이 사건 대지의 점유를 상실하였다고 보기 어렵고, 그 후 원고가 다시 위 조합으로부터 위 각 건물을 매수하여 계속 점유한 이상 이 사건 대지의 점유가 타주점유로 전환되었다고 볼 수 없다고 판단하였으니, 원심판결에는 건물의 소유자와 점유자가 다른 경우에 있어서의 그 건물의 부지의 점유관계나 점유로 인한 부동산소유권의 취득의 요건이 되는 점유에 관한 법리를 오해한 위법이 있다고 할 것이고, 이와 같은 위법은 판결에 영향을 미친 것임이 분명하므로, 이 점을 지적하는 논지는 이유가 있다.

3. 그러므로 원심판결을 파기하고 다시 심리판단하게 하기 위하여 사건을 원심법원에 환송하기로 관여법관의 의견이 일치되어 주문과 같이 판결한다.

대법관 천경송(재판장) 안우만
김용준(주심)

[研　　究]

I. 序

1. 事件의 槪要

(1) 원고는 1963년 12월 말에 전남 보성군에 있는 甲 대지 20평 위에 점포 겸 주거용의 건물을 소유 및 점유하면서, 그 대지 및 이에 인접한 이 사건 대지 66 평방미터를 그 건물의 부지 및 마당으로 점유·사용하기 시작하였다. 그 후 1968년 9월에는 이 사건 대지 위에 건축면적 23 평방미터의 단층주택 1동을 신축하였는데, 현재도 원고는 이 사건 대지를 그 단층주택의 부지 등으로 점유·사용하고 있다.

(2) 그런데 위 두 채의 건물(이하 합하여 「이 사건 건물」이라고 부른다)에 대하여 경매절차가 진행된 결과, 이들은 1972년 3월에 보성군 농업협동조합에 경락되었고 이를 원인으로 동년 10월에 이 사건 건물에 관하여 동 협동조합 앞으로 소유권이전등기가 경료되었다. 그 후 1974년 4월에는 이 사건 건물에 관하여 매매를 원인으로 원고 앞으로 소유권이전등기가 경료되었다.

(3) 원고는 이 사건에서, 1963년 12월부터 20년이 경과한 1983년 12월에 이 사건 대지에 대한 취득시효가 완성되었음을 원인으로 하여 피고를 상대로 소유권이전등기를 청구하였다.

이에 대하여 피고는, 우선, 원고가 이 사건 대지를 점유하던 중에 이 사건 건물에 대한 소유권을 상실함으로써 이 사건 대지에 대한 점유를 상실하였고, 나아가 이로써 원고의 이 사건 대지에 대한 점유는 타주점유로 전환되었으므로, 이 사건 대지에 대한 취득시효의 요건은 갖추어지지 못하였다고 다투었다.

2. 原審의 判斷

원심은 다음과 같은 이유로 피고의 주장을 배척하고 원고의 청구를 인용하였다.

"위 조합이 이 사건 건물을 경락받았다는 사실만으로 원고가 이 사건 대지의 점유를 상실하였다고 보기 어렵고, 그 후 원고가 다시 위 조합으로부터 이 사건 건물을 매수하는 등 그 점유를 계속한 이상 이 사건 대지의 점유가 타주점유로 전환되었다고 볼 수 없다."

3. 이 사건 大法院判決의 判斷趣旨

이에 대하여 이 사건 대법원판결(이하 「對象判決」이라고 한다)은 다음의 네 가지 점을 판시하여, 원심판결을 파기하였다.

(i) 건물의 소유자는 그 부지를 점유한다.

(ii) 건물의 소유권이 양도된 경우에 그 종전 소유자는 특별한 사정이 없는 한 부지에 대한 점유를 상실한다.

(iii) 이는 건물의 종전 소유자가 건물을 계속 점유·사용하고 또 그 새로운 소유자가 현실적으로 건물이나 그 부지를 점거하지 아니하는 경우에도 마찬가지이다.

(iv) 다만 건물의 종전 소유자가 그 부지를 계속 점유할 별도의 독립된 권원을 가지는 특별한 사정이 있는 경우에는 그는 부지를 계속 점유한다고 할 것인데 그 예로서는 그가 부지에 대하여 관습상의 법정지상권을 취득하는 건물의 새로운 소유자를 통하여 부지를 간접점유하는 경우를 들 수 있다.

4. 本稿의 基本立場과 敍述範圍

(1) 이 사건이 전체적으로 어떻게 해결되어야 하는가 하는 입장에서 보면, 대상판결과 같이 이 사건에서 문제된 건물 두 채(이하「이 사건 건물」이라고 한다)의 소유권이 경락으로 인하여 보성군농협에 귀속되고 있던 기간(1972년 3월 또는 10월부터 1974년 4월까지의 약 2년) 동안에는 원고가 이 사건 부지를 점유하지 아니하였다는 이유만으로 원고의 청구를 기각하는 방향으로 판단할 수는 없을 것이다. 설사 그 사이에 원고가 이 사건 부지를 점유하지 아니하였다고 하더라도, 그 후 원고가 이 사건 건물을 위 보성군 농협으로부터 매수하여 1974년 4월에 소유권이전등기가 원고 앞으로 경료되었다면, 원고는 위 보성군 농협이 이 사건 건물의 소유를 통하여 가지던 이 사건 대지에 대한 점유를 승계하였다고 주장함으로써(민법 제199조 참조) 역시「20년의 계속점유」를 인정받을 수 있었을 것이기 때문이다.1)

그런데 對象判決은 여기서 원고가 그 기간 동안 이 사건 대지를 점유하였는가라는 점만에 초점을 맞추어 판단하고 있는데, 원심판결과는 달리 이를 부정하는 태도를 밝히고 있다. 그 판단의 핵심은 위 판시 (ii) 및 (iii)에 있다. 그리고 이 판단은 취득시효의 요건으로서의 점유에 관한 한 타당하다고 생각된다.

(2) 그런데 위 판시 (iv)는 그 취지를 이해하기 어려운 점이 있다.

判決文으로 보면, 위 부분 설시는, 토지와 건물을 모두 소유하고 있던 사람이 건물만을 제3자에게 양도한 경우에 만일 판례의 법리에

---

1) 이는, 원고가 하는 취득시효 완성의 주장이 結論的으로 받아들여졌어야 했음을 말하고자 하는 것은 아니다. 무엇보다도 원고의 이 사건 대지에 대한 점유가 과연 自主占有이었는지에 대하여는, 특히 對象判決이 있은 후에 소위 無斷占有의 자주점유 추정(민법 제197조 제1항 참조)을 원칙적으로 부인하는 態度로 획기적으로 轉換한 大判 97.7.11, 97다15562(공보 97하, 2500); 大判(全) 97.8.21, 95다28625(集 45-3, 84)에 비추어 본다면, 보다 상세한 검토를 요한다.

좇아 건물양수인이 소위 慣習上의 法定地上權을 가지게 되는 경우에는 건물양도인 = 토지소유자가 「건물양수인 = 법정지상권자를 **통하여**」 토지를 간접점유하게 된다는 취지가 아닌가 추측된다. 그런데 이러한 취지는 한편으로 오히려 당연한 것이다. 가령 토지소유자가 갑에게 건물의 소유를 위한 지상권을 설정한 후에 지상권자가 그 지상에 건물을 건립하고 이를 지상권과 함께 제 3 자에게 양도한 경우에, 토지소유자가 여전히 토지를 間接占有한다는 점은 논의의 여지가 없는 것이다. 그런데 이 경우에 종전의 건물소유자는 여전히 **토지를 소유하고 있고,** 그는 바로 이러한 토지소유자의 지위에서 건물부지를 간접점유하고 있는 것이지(민법 제194조: "地上權 … 其他의 關係로 他人으로 하여금 物件을 占有하게 한 者는 間接으로 占有權이 있다." 점선은 인용자가 생략한 부분을 가리킨다. 이하 같다), 종전의 건물소유자의 지위에서는 점유가 인정되지 아니한다고 할 것이다.

그러나 對象判決의 사안도 그러한 것처럼, 건물소유자의 부지점유의 문제는 바로 건물소유자에게 그 건물의 소유라는 사실에 기하여 그 부지의 점유가 인정되는가 하는 관점에서 제기되는 것이다. 그러므로 위 판시 ⒤는 그 判示 자체가 再考나 批判의 여지가 있다고는 할 수 없으나, 그 說示할 論所가 적절하지 않다는 생각이 든다.[2)]

(3) 이하에서는 우선 법원실무에서 건물의 소유가 그 부지의 점유와 관련하여 가지는 여러 가지 의미에 관한 裁判例를 槪觀하고(Ⅱ.), 이어서 그 중에서 부지의 취득시효의 요건으로서의 점유에 초점을 맞추어 對象判決의 판시 (ii) 및 ⅲ이 妥當하다고 생각되게 하는 나름대로의 근거를 제시하여 보고자 한다(Ⅲ.).[3)]

2) 이 점에 대하여는 더 이상 論議하지 않기로 한다.

3) 한편 對象判決에서는 직접 언급되고 있지 아니하나, 原審判決은 보성군농협이 이 사건 건물의 소유권을 가지고 있는 동안에도 원고의 이 사건 대지에 대한 점유는 타주점유로 전환되지 아니한다고 판시하고 있다. 이 점은 對象判決이 그 동안의 원고의 대지점유 자체를 부인하였으므로 더 이상 논의의 여지가 없게 되었

여기서 미리 주의를 환기하고자 하는 것은, 이와 같은 「건물소유와 부지점유」의 문제는 토지의 소유권과 그 지상에 있는 건물의 소유권이 각기 다른 사람에게 속하는 경우에 비로소 제기된다는 점이다. 다시 말하면 「건물소유로 인한 부지점유」는, 건물소유자에 대하여 부지소유자가 그 소유권에 기하여 일정한 권리를 행사하거나 반대로 건물소유자가 부지소유자에 대하여 부지점유를 이유로 일정한 권리를 행사하는 경우에 그 권리 또는 그에 대한 대항사유의 발생요건으로서 다루어지는 것이다. 그러므로 이는 기본적으로 「建物所有者와 垈地所有者 사이의 法律關係」라는 보다 일반적인 문제의[4] 일환을 이룬다고 할 수 있다. 그렇게 보면 이 문제의 연원은, 우리 민법이 建物을 그 부지의 「구성부분」으로 보지 아니하고 그와는 별도의 獨立한 物件으로 파악하는 基本態度를 취하였다는 데 있는 것이다.[5]

Ⅱ. 建物所有者의 垈地占有가 問題되는 境遇

1. 建物所有者의 垈地占有

대법원은 종전부터 건물의 소유자는 그 부지를 점유하는 것이라

다. 일반적으로 大判 92.12.24, 92다26468등(공보 938, 596) 등 判例(최근의 大判 97.4.11, 97다5824(공보 97상, 1448)도 참조)는, 목적물을 매도하여 그 인도의무를 지고 있는 매도인의 점유는 특별한 사정이 없는 한 他主占有로 변경된다고 하므로, 이에 비추어 보면 이 사건의 경우에 설사 원고의 대지점유가 인정된다고 가정하더라도, 취득시효의 완성은 인정될 수 없었을 것이다.

4) 우리 나라에서는 토지 위에 건물이 건립되어 있는 경우에 토지소유권과 건물소유권의 관계와 관련하여 다수의 어려운 법문제를 제기한다. 가령 민법 제366조, 제305조가 정하는 法定地上權의 요건과 효력을 둘러싼 여러 가지 의문들은 그 대표적인 예이다.

5) 그러한 의미에서 이 문제에 대한 參考文獻도 이와 동일한 태도를 취하는 일본 이외에서는 쉽사리 찾을 수 없다.

는 태도를 취하여 왔다. 그리고 이는 그가 실제로 그 건물을 점유·사용하지 아니하는 경우에도 마찬가지이며, 특히 소유권이 讓渡擔保나 名義信託에 기하여 취득된 경우에도 같다는 태도를 취하고 있다.

이미 大判 67. 9. 19, 67다1401(공간되지 아니하여 私的으로 입수. 總覽 2-1(A), 437도 참조)은, "원심이 본건 토지상의 건물들이 피고 앞으로 소유권보존등기가 경료되어 있는 사실을 인정하고, 설령 피고 주장과 같이 위 건물들이 실제는 각 입주자들의 소유인데 피고의 입주자들에 대한 **채권을 담보하기 위하여 신탁적으로** 보존등기를 한 것이라고 하더라도, 제 3 자에 대한 관계에 있어서는 피고는 위 건물들의 소유자라 할 것이고, 따라서 그 건물의 소유자로서 본건 토지를 점유하고 있는 것이라는 취지로 설시한 것은 정당한 판단이라고 할 것이고, 또 건물의 소유자는 현실로 건물이나 그 부지를 점거하고 있지 않다 하더라도 건물의 부지를 점유하고 있는 것이라고 보아야 할 것"(강조는 인용자가 가한 것이다. 이하 같다)이라고 판시하였던 것이다.[6)]

그리고 이러한 태도는, 그 후에 對象判決에서도 인용되어 있는 大判 81. 9. 22, 80다2712(공보 981, 14373); 大判 86. 7. 8, 84누763(集 34-2, 特 217)(名義信託의 사안); 大判 91. 6. 25, 91다10329(공보 902, 2010)(讓渡擔保의 사안) 등에서도 그대로 유지되고 있다. 그러나 이들 판결에서의 이러한 판단은 각각의 사건에서 事實關係, 請求趣旨나 請求原因, 다루어진 爭點 등에 따라서 그 의미가 반드시 균일하다고는 할 수 없다. 여기서는 우선 ——對象判決에서 문제된 取得時效의 完成 여부(이에 대하여는 뒤의 Ⅲ. 에서 살펴본다) 외에—— 건물소유와 부지점유의

---

6) 1967년의 대법원판결은 그 판결문만으로는 事案을 알 수 없다. 그런데 사건명이 「손해배상」이고 건물 소유자인 釜山市가 피고로 되어 있는 점으로 미루어 보면, 물론 단정할 수는 없으나, 원고 소유의 토지가 건물 소유자에 의하여 권원 없이 점유되었음을 주장하여 손해배상 또는 부당이득반환을 청구한 것이 아닌가 추측된다. 그렇다고 하면 이는 뒤의 3.에서 살펴보는 문제와 맥락을 같이하는 사건이라고 하겠다.

문제가 제기되는 具體的인 法的 脈絡을 확인하여 두기로 한다.

2. 敷地所有者의 物權的 請求權의 相對方으로서의 「建物所有者」

(1) 토지 위에 건물이 건립되어 있는 경우에 토지소유자가 그 건물에 관하여 가지는 物權的 請求權에 관하여는 여러 가지 어려운 문제가 있다. 이러한 문제는 특히 건물의 소유자와 건물의 현실적인 사용자가 별개의 사람인 경우에 顯在化한다. 그리고 이는 소유물반환청구와 소유권방해배제청구와의 관계와도[7] 일정한 관련을 가지고 있다.

앞에서 본 대로 토지 위에 건물이 건립되어 있는 경우에 건물의 소유자가 그 부지를 「점유」하는 것이라면, 토지소유자는 건물소유자가 그 부지를 「점유할 권리」(민법 제213조 단서)를 가지지 않는 이상 그에 대하여 그 부지의 반환을 청구할 수 있다.

(2) 大判 62. 5. 3, 4294民上1500(集 10-2, 279)은, 피고가 의용민법 시행 당시에 원고의 所有地 위에 건립되어 있던 건물을 제 3 자에게 매도하고 이를 인도하였는데 원고가 그를 상대로 그 건물의 철거와 부지의 인도,[8] 그리고 임대료 상당 금전의 지급을 청구한 사실관계에 대

7) 이 문제에 대하여는 우선 民法注解[V](1992), 217면 이하(梁彰洙 집필) 참조.

8) 대지소유자가 소송에서 건물의 철거와 대지의 인도를 아울러 구하는 경우 그 소송물은 어느 것인가, 즉 소유물반환청구인가 소유권방해배제청구인가 아니면 兩者 모두인가. 이에 대하여 논하는 文獻은 별로 찾을 수 없으나, 위와 같은 청구는 단지 대지를 인도받기 위한 前提로서 건물의 철거를 요구하는 데 불과하므로, 역시 이는 하나의 所有物返還請求라고 하여야 하지 않을까. 다만 그 내용상 그 점유의 반환에 있어서 요구되는 피고의 여러 행위 중에서 별도의 독립한 물건인 건물을 종국적으로 처분하는 「철거」라는 중요한 사항(건물이 존재하는 한 垈地의 引渡는 불가능하다)을 특히 적시한 것에 불과하다고 보면 족하지 않을까 생각되기도 한다. 만일 그렇게 解하지 않으면, 가령 원고가 애초에는 대지의 인도만을 구하였다가 후에 건물의 철거를 아울러 구하는 것은 請求의 倂合(民訴 제230조)에 해당하고, 또 가령 訴價를 산정함에 있어서 양자의 청구의 가액을

하여 판단하고 있다. 원심은 피고가 이를 점유하고 있지 않다고 하여 원고의 청구를 모두 기각하였다. 그러나 대법원은 "건물을 타인에게 양도하고 그 인도도 완료한 경우라 할지라도 법률상의 이유로 그 양도를 대항할 수 없는 때에는 그 양도인은 법률상 건물의 소유자로서 그 부지인 대지를 점유하고 있는 것"이라고 하여, 원심판결을 파기하였다.[9]

이러한 취지에 따른다면 현행민법 아래서도[10] 건물의 소유자가 이를 제 3 자에게 매도하고 인도하였어도 아직 소유권이전등기를 경료하지 아니하고 있는 동안에는 대지소유자는 그를 상대로 하여 건물의 철거와 대지의 인도를 청구할 수 있다고 할 것이다.

(3) 이와 관련하여 주의하여야 할 것은, 건물소유자로부터 그 건물을 순차로 매수하여(기타 소유권취득의 원인행위를 하여) 아직 移轉登記를 하지 아니한 채로 현재 그 건물을 점유하고 있는 자에 대하여 위와 같은 청구를 할 수 있는가 하는 문제이다.[11]

大判 65. 6. 15, 65다685(集 13-1, 196)은 事案은 불명이나, "부동산물권변동에 관하여 형식주의를 채택하고 있는 신민법 아래서는" 일단 현재의 등기상의 소유권자를 상대로 건물의 철거 등을 청구하여야 하며, "등기상의 소유권자에 대하여 내부적으로 소유권을 주장할 수 있

합산하여야 할 것이나, 과연 이렇게 보아야 할 것인지 의문이다.

9) 그런데 이 판결의 사실관계에서 원고는 1959년 5월 27일에 피고에 대하여 건물에 대한 處分禁止假處分을 하였다. 대법원이 본문에 인용한 부분에서「법률상의 이유」운운하는 것은 바로 이를 가리키는 것이다. 그렇게 보면 "이 판결은 [오히려] 의용민법 아래서 부동산을 賣渡하였으나 아직 登記를 이전하지 아니한 자를 상대로 하여 얻은 處分禁止假處分의 效力에 관한 것이라고 이해"될 수도 있다. 이 점에 대하여는 梁彰洙, "不動產物權變動에 관한 判例의 動向", 民法研究 제 1 권(1991), 218면 이하 참조.

10) 오히려 "법률행위로 인한 물권변동에 등기를 요하는 현행 민법 아래서는 더욱이나"라고 하는 것이 정확할 것이다.

11) 이에 대한 日本의 判例와 學說에 대하여는 우선 幾代通, "土地不法占據の責任と建物登記", 不動產物權變動と登記(1986), 70면 이하 참조.

는 것에 불과한 事實上의 所有者"는 이에 해당하지 않는다고 하여 엄격한 태도를 취하였다. 그러나 그 후 大判 66.10.18, 66다1538(총람 2-2(A), 485-3)은 **미등기건물**에 관하여, "前主로부터의 買受에 의하여 채권적으로 취득하였고 前主의 引渡에 의하여 이를 占據하게 되었다면" 그는 그 건물을 "법률상 또는 사실상 처분할 수 있는 지위"에 있다고 하여, 그를 상대로 한 건물철거청구를 인용하였다.[12] 나아가 大判 86.12.23, 86다카1751(공보 791, 41)은 **등기된 건물**에 대하여도, 소유권등기명의자로부터 매수하여 장기간에 걸쳐 점유하면서 그 일부를 增改築한 자에 대하여 건물의 철거 등을 청구할 수 있다고 하였다.

이들 판결은, 소유권에 기한 물권적 청구권은 소유권을 현실적으로 「방해」하는 자에 대하여 발생하는 것으로서, 그 「妨害」의 여부는 그 방해의 원인이 된 물건에 대한 추상적인 權利狀態와 어떠한 경우에도 반드시 일치하여야 할 필요는 없음을 밝힌 점에서 수긍될 수 있다고 하겠다. 이를 인정하지 아니하면, 첫째, 대지소유자로서는 등기명의자의 현재의 住所를 탐색하여야 하는 등 경우에 따라서는 소유권의 실현에 과도한 부담을 질 수 있고, 둘째, 또한 그 건물의 존속 여부에 대하여 현실적으로 가장 첨예한 利害關係를 가지는 현재의 점유자가 아니라, 이미 그것을 양도하고 대부분의 경우에는 그 代價를 취득하여 절박한 이해관계를 가지지 않는 登記名義者를 상대로 하여야 한다면, 그 소송상의 攻防이 形式에 흐를 위험이 있다.[13] 그러나 다른 한편으로, 建物을 철거하는 것은 결국 그 건물에 대한 終局的인 處分에 해당하므로, 處分權(즉 소유권)이 없는 자를 상대로 하는 건물철거청구를 일반적으로 승인할 것은 아니다. 이와 같이 보면, 결국 (i) 현재의 점유

---

12) 그 외에 역시 未登記建物에 관하여 大判 67.2.28, 66다2228(集 15-1, 179) 등 다수의 판결도 同旨.

13) 그렇다고 해서 登記名義人을 상대로 하여 얻은 確定判決을 현실적인 건물점유자가 따로 있다는 이유로 그 執行이 不能이라고 하면, 無益한 訴訟이 행하여진 결과가 된다.

자가 건물의 소유자로부터 순차로 매매 등 소유권취득의 유효한 원인행위를 하였고, (ii) 그 원인행위에 기하여 점유의 이전이 행하여졌으며, (iii) 건물의 소유자(등기명의인)가 그 매매대금을 모두 수령하는 등으로 그 건물을 보유할 현실적인 利害關係가 없는 경우에는, 현재의 점유자를 상대로 하여서 물권적 청구권을 행사할 수 있다고 할 것이다.

(4) 한편 건물의 소유자와 건물의 점유자가 서로 다른 경우에는 建物의 占有者가 동시에 垈地의 占有者이기도 한가 하는 문제가 제기된다. 이는 本稿의 問題도 관련이 없지 않으므로, 덧붙여 두기로 한다. 이는 경우를 나누어 살펴보아야 할 것이다.

(a) 그 건물의 소유자가 건물의 소유를 위하여 그 대지를 이용할 권한을 가지고 있는 경우에는, 어떠한 사람이 그 건물을 점유하고 있다고 하여도 그로써 그 垈地를 점유하는 것은 되지 못한다고 할 것이다. 이를 긍정하는 견해도 있다.[14] 물론 건물을 점유사용하는 자는 토지를 사실로 이용하는 것임에는 틀림이 없으나, 이것은 토지에 정착하고 있는 건물을 점유하는 것의 反射作用에 불과하며, 건물의 부지는 어디까지나 건물의 소유에 기하여 그 소유자의 事實的 支配 아래 있다고 하여야 하지 않을까?[15] 따라서 그에 대하여는 建物의 所有者만이 그 반환을 청구할 수 있고, 垈地所有者는 그 청구를 할 수 없다고 할 것이다.[16] 뿐만 아니라, 그러한 건물의 점유에 의하여 따로 대지의 소유권이 방해되고 있다고 할 것도 아니어서, 대지소유자는 그에 대하여

14) 廣瀨武文, "建物賃借人の敷地占有について", 借地借家法の諸問題(1959), 43면(건물의 소유를 목적으로 하는 借地權이 설정된 경우에 대하여 "借地人은 敷地所有者를 위하여 敷地를 직접점유하고, 借地上 建物의 賃借人은 借地人을 위하여 敷地를 직접점유하는 법률관계"라고 설명한다); 後藤清, "建物賃借人の敷地利用權", 私法學論集(上)(民商法雜誌 39권), 46면("건물을 점유사용하는 자는 당연히 그 부지를 점유사용한다"고 한다) 등.

15) 藤井正雄, "土地所有權に基ずく地上家屋居住者に對する退去請求", 民事法の諸問題 Ⅱ(1966), 32면 이하 참조.

16) 大判 76. 3. 9, 75다1950(공보 534, 9059)은 명확하게 이 점을 판시하고 있다.

방해배제청구권 등의 다른 물권적 청구권도 가지지 못한다고 하여야 할 것이다. 따라서 비록 건물의 점유자가 그 건물을「점유할 권리」를 가지고 있지 않다고 하더라도, 건물의 소유자가 아닌 대지의 소유자가 그 건물로부터의 退去를 청구할 수는 없다고 할 것이다.

(**b**) 건물이 토지에 대한 使用權 없이 존립하고 있는 경우는 어떠한가? 이 경우에도 역시 그 건물의 점유로써 대지까지도 점유하는 것은 아니고,[17] 오직 건물의 소유자만이 대지를 점유한다고 할 것이다. 그러나 이 경우에는 건물의 점유사용으로 인하여 대지의 소유권이「방해」당하고 있다고 할 것이고,[18] 따라서 대지소유자는 방해배제로서 그 건물로부터의 退去를 청구할 수 있다고 할 것이다.[19] 만일 이렇게 해석하지 아니하면, 대지소유자는 건물의 소유자에 대하여 그 건물의 철거와 대지의 인도를 청구하여 勝訴判決을 얻더라도, 현실로 건물을 점유하고 있는 자를 그 건물로부터 제거할 수 없게 되어서 그 所有權의 實現에 부당한 곤란을 겪게 된다.

---

17) 大判 65. 9. 28, 65다1571등(要集 민 Ⅰ-1, 416)은 건물의 점유자(건물거주자)에 대하여 그 건물로부터의 退去와 함께 "대지의 반환을 청구할 수 있"다고 하나, 의문이다.

18) 그런데 일본의 大阪地裁 1958년 6월 10일 판결(判例時報 160, 23)은, 건물점유자의 현재의 방해를 부인하고, 건물점유자는 건물소유자가 이것을 철거하려고 할 때 이로부터 퇴거할 의무가 있을 뿐이며, "撤去와 따로 떨어진 독립한 卽時無條件의 퇴거의무는 존재하지 않는다"고 한다. 그리하여 主文에서는 "피고는 원고에 대하여 … 건물이 철거되는 때에는 이로부터 退去하라"고 판시하였다.

19) 藤井正雄(註 15), 37면 이하도 同旨. 그러나 다른 한편 그러한 건물점유자는 대지소유자에 대하여 不法行爲로 인한 損害賠償義務를 부담하는 것은 아니라고 할 것이다. 이에 대하여는 일본의 最高裁 1956년 10월 23일 판결(民集 10, 1275)은, 地上權 있는 토지에 권원 없이 건물을 소유하는 자로부터 그 건물을 임차한 자에 대한 地上權者의 손해배상청구에 대하여, "지상권자가 토지를 사용수익할 수 없는 것은 건물이 존재하기 때문이고, 建物居住者가 그 건물을 점유사용하는 것과 지상권자가 토지를 사용수익할 수 없는 것과의 사이에는 특단의 사정(예를 들면 건물소유자가 건물의 철거 등을 하려고 하는 경우 건물거주자가 일부로 퇴거하지 아니하고 이를 방해하는 등)이 없는 한 相當因果關係가 없다"고 하여 그 청구를 기각하고 있다.

3. 土地所有權의 侵害를 原因으로 하는 損害賠償 등 請求의 相對方으로서의 建物所有者

(1) 大判 86. 7. 8, 84누763(공보, 782, 1005)은, 國有地 위에 갑 회사가 여객대합실 등으로 사용하기 위하여 건물을 축조하고 이를 점유·사용하고 있는데 그 소유권보존등기를 갑 회사의 대표이사 및 그의 처인 원고들 앞으로 한 사안에 대한 것이다. 그리하여 당해 관청은 원고들에 대하여 「국유재산무단사용변상금부과처분」을 하였는데, 원고들은 당해 대지를 현실로 점유하지 않고 있는 자신들에 대하여 위 처분을 한 것은 부당하다는 이유로 이 사건 소송에서 그 취소를 구하였다. 위 판결은, 원고들이 명의수탁자로서 이 사건 건물을 소유한다고 보고, "제 3 자에 대한 관계에 있어서는 수탁자는 그 수탁재산을 유효하게 처분할 수 있는 완전한 권리를 취득함과 동시에 수탁재산의 소유에 따르는 의무까지도 함께 부담한다 할 것이므로 그 수탁자가 그 앞으로 등기되어 있는 건물을 현실적으로 점유하지 않고 있다 하더라도 그 건물의 소유를 위하여 그 부지를 점유한다고 보아야 할 것"이라고 판단하여, 원고의 청구를 기각하는 결론을 내리고 있다.

여기서 문제된 行政處分은 국유재산법 제51조 제 1 항 본문에 근거를 둔 것이라고 추측된다. 그 규정에 의하면, "… 國有財產의 貸付 또는 使用·收益許可를 받지 아니하고 國有財產을 점유하거나 사용·수익한 者"에 대하여는 당해 재산에 대한 貸付料 또는 使用料의 100분의 120에 상당하는 辨償金을 징수하도록 되어 있다. 그러므로 원고들이 국유지를 실제로 사용 또는 수익하지 아니한 이 사건에서는, 원고들이 문제의 국유지를 「점유」한다고 할 수 있어야만 위와 같은 법규정상의 변상금징수요건을 충족하는 셈이 된다. 이러한 맥락에서 「건물소유자는 그 대지를 점유한다」는 논리가 동원된 것이다.

(**2**) 한편 大判 91.6.25, 91다10329(공보 902, 2010)은, 건물소유자(피고)가 그 대지의 공유자 중 1인(원고)으로부터 임료 상당의 손해배상을 청구당한 사건에 대한 것이다. 이 사건의 사안에서 특이한 점은, 피고가 현재 건물에 거주하고 있는 사람에 대하여 가지는 채권의 담보로 그 건물에 관하여 소유권보존등기를 경료하였다는 데 있다. 위 판결은, 피고가 비록 채권담보를 위하여 그 건물을 소유하게 되었다고 하여도, "토지의 소유자(공유자)인 원고에 대한 관계에 있어서는 피고가 위 건물의 소유권자이고 그 부지의 점유자"라고 한 다음, 이는 담보제공자가 위 건물에 거주하고 있다고 하여도 마찬가지라고 판시한다. 그리하여 원고의 청구를 인용하는 결론에 이르고 있다.

Ⅲ. 建物所有者의 垈地時效取得

1. 裁判例의 分析

건물소유자의 대지에 대한 취득시효의 완성 여부가 문제된 일련의 판결이 있다.

(**1**) 우선 大判 81.9.22, 80다2718(공보 668, 14373)에 대하여 본다.

(**a**) 이 판결은, ① 취득시효의 완성 여부가 다투어진 사건에서, ② **건물소유권의 상실**이 간접점유를 포함하여 대지에 대한 점유의 상실을 초래한다는 것을 인정하였다는 점에 관하여는 對象判決의 直接的인 先驅를 이룬다고 하겠다.

이 사건에서, 원고는 대지의 소유권에 기하여[20] 피고 소유 건물의

20) 원고가 이 사건 토지의 소유권을 취득한 경위는 판결문상으로는 명확하지 아니하다.

철거를 청구하였는데, 피고는 피고에게 건물을 매도한 사람의 다시 그 前者인 甲이 대지를 이미 시효취득하였다고 주장하였다. 그런데 甲은 1955년에 토지를 매수한 후 그 위에 건물을 신축하여 거기서 거주하다가 취득시효가 완성되기 전인 1970년에 그 건물의 소유권을 乙에게 이전하였고 피고는 1972년에 이를 乙로부터 취득하였다는 것이다. 原審은, 甲이 "위 토지를 위 건물의 부지로 乙 및 피고에게 사용케 하여 간접으로 그 토지를 점유하고 있다"고 하고 따라서 그는 토지에 대한 점유를 개시한 1955년부터 20년이 경과한 1975년에 토지를 시효취득하였다고 판단하여, 원고의 청구를 기각하였다.

그러나 대법원은, 우선 "건물의 소유자가 그 소유권을 타에 넘겨주었을 때에는 다른 특별한 사정이 없는 한 그 부지에 대한 점유도 함께 넘겨 주었다고 봄이 상당하다"고 전제하였다.[21] 그리고 이어서 "기록에 의하여도 甲이 건물의 소유권을 乙에게 넘겨 준 이후에도 계속 건물의 부지를 간접점유하였다고 인정할 아무런 증거가 없"다고 판단하였다. 따라서 甲의 시효취득의 요건이 갖추어졌다고는 할 수 없다고 하여, 원심판결을 파기하였다. 이 판결은 요컨대, 건물소유자가 그 건물을 다른 사람에게 양도하고 현실적인 점유를 이전한 경우에 그는 일반적으로 대지에 대하여 간접점유 기타 어떠한 종류의 점유도 가지지 않게 된다는 태도를 취하는 것이다.

(**b**) 그런데 다른 한편으로 사건 해결의 결론이라는 관점에서 보면 이 사건에서 피고측의 시효취득이 부정되어야 한다고 단정할 수는 없지 않은가 하는 생각이 든다. 즉 이 사건에서 甲이 건물의 소유권을 乙에게 이전함으로써 그 자신 이제 더 이상 그 부지를 점유(간접점유를 포함하여)하지 아니한다고 하더라도, 따라서 甲의 시효취득은 인정될 여지가 없다고 하더라도, 피고가 1972년에 乙로부터 건물의 소유권을

21) 그에 앞서서 일반적으로 "건물의 부지가 된 토지는 그 건물의 소유자가 이를 점유하는 것이라고 볼 것"이라고 판시하고 있다.

취득함으로써 위 부지에 대한 점유하기에 이르렀다고 한다면, 그로서는 乙과 甲의 각 점유의 승계(민법 제199조)를 주장함으로써 그 자신의 취득시효가 완성되었다고 할 수 있지 않은가 하는 것이다.

만일 그렇다면 역시 원고의 건물 철거 등의 청구는 그 대지를 시효취득한 피고에 대한 것으로서 인정될 여지가 없었을 것이다. 大判 88. 5. 10, 87다카1979(공보 826, 948) 등에서 보는 대로, 취득시효가 완성된 경우에는 아직 시효완성점유자 앞으로 소유권이전등기가 경료되기 전이라도 소유자는 그에 대하여 소유권에 기한 물권적 청구권을 행사할 수 없다는 것이 확고한 판례이기 때문이다.

(2) 대상판결이 나온 후의 大判 95. 11. 14, 95다23200(공보 96상, 13)이나 大判 96. 6. 14, 95다47282(공보 96하, 2160) 등도 건물의 소유자는 그 부지에 대한 점유를 가진다는 것을 당연한 전제로 하여 판단하고 있다.

특히 前者의 판결은 토지의 취득시효에 관하여 그 위에 건립된 건물의 소유권이 어떠한 의미를 가지는가를 여실하게 보여 준다. 이 사건에서는 지방자치단체(장성군)인 원고가 토지의 소유자인 피고를 상대로 하여 소유권이전등기를 청구하고 있다. 원고는 예비적으로[22] 이 사건 토지에 대하여 그의 취득시효가 완성하였다고 주장하였다. 그 지상에는 건물이 있는데 이에 관하여 피고 앞으로 1963년 11월 29일자로 소유권보존등기가 경료되어 있다. 원심은, 그 건물이 그 동안에 支署, 농촌지도소 支所, 향토예비군 중대, 노인회 등으로 사용되어 왔음을 인정하면서도, "원고가 위 건물의 지배주체로서 위 건물을 위와 같이 사용케 하였다고 인정할 만한 증거가 없"다고 하고 따라서 원고의 위 토지 점유가 인정되지 않는다고 하여 원고의 예비적 청구도 기각하

---

22) 主請求는 名義信託의 解止를 원인으로 한 것인데, 명의신탁의 사실이 인정되지 않았다.

였다.

그러나 대법원은 간단하게 원심판결을 파기하였다. 즉 “건물의 부지가 된 토지는 그 건물의 소유자가 점유하는 것으로 볼 것”이고 “위 건물은 원고 명의로 소유권보존등기가 경료되어 있으므로 일단 원고 소유로 추정”되는데도, 원심이 “건물의 소유자가 누구인지에 관하여는 명시적인 판단을 하지 아니한 채 원고가 건물을 점유하였다고 볼 수 없다 … 고 판단한 것은 건물 부지의 점유에 관한 법리를 오해”하였다는 것이다. 그러니까 원심이 말하는 바의「토지의 지배주체」이기 위하여는 그 위에 세워진 건물의 소유자이기만 하면 족하며, 그가 그 건물을 “다른 이로 하여금 사용하게 하”였다는 등의 사정은 요구되지 않는다는 것이다.

2. 對象判決에 대한 評價

(1) 어떠한 토지 위에 그 소유자의 소유가 아닌 건물이 존재하는 경우에 건물소유자가 건물을 점유(간접점유를 포함한다)하지 않는 한에서는 토지를 점유하는 것이 아니라고 한다면, 그 경우에 그 토지는 건물점유자가 점유하고 있다고밖에 할 수 없다. 나아가 그 건물점유자가 건물을 권원 없이 자주점유하고 있는 경우라면, 그 점유가 20년 계속됨으로써 건물점유자를 위하여 토지에 대한 취득시효가 완성함도 역시 인정하게 될 것이다. 그렇다면 이제 건물점유자가 토지에 관하여 시효완성을 원인으로 하는 소유권이전등기를 함으로써 토지소유권을 가지게 되고, 따라서 건물의 소유자는 토지용익권을 별도로 가지지 아니하는 한 건물을 철거할 의무를 부담한다고 할 것인가? 이를 긍정한다면, 이는 결국 건물점유자가 건물의 존재로 인하여 토지소유권을 취득하기는 하지만 일단 토지소유권을 취득하고 나면 이제 反轉하여 이에 기하여서 자신의 권리 취득의 기초가 된 그 건물 자체를 훼멸시킬

수 있게 되는 셈이다. 이는 명백히 앞뒤가 맞지 않는 법적 처리라고 하지 않을 수 없을 것이다.

이에 대하여는 위와 같은 경우에 건물점유자는 동시에 건물도 시효취득하게 될 것이므로, 결국 건물의 존립을 위하여서라도 그에 대하여 토지의 시효취득을 인정하여야 할 것이라는 主張도 想定할 수 있겠다. 그러나 이 주장의 전제, 즉 위의 경우에 건물점유자가 동시에 건물도 시효취득하게 된다는 것은 쉽사리 肯認될 수 없다. 무엇보다도 건물소유자가 건물점유자에 대하여 행한 청구 등 時效中斷事由는 건물에 대한 취득시효의 완성을 저지할 수 있을 뿐이고(시효중단사유의 相對效. 민법 제247조 제 2 항, 제169조 참조), 그로써 土地에 대한 取得時效를 중단시킬 수는 없는 것이다.

이렇게 보면, 건물소유자가 건물을 점유하지 아니하는 경우에도 그 부지를 점유한다고 해석하는 것은, 적어도 취득시효의 요건으로서의 점유라는 측면에 국한한다면, 거의 必然的으로 要請된다고 할 것이다.

(2) 그런데 다른 한편으로 건물소유권이 이전하였는데 종전 건물소유자가 건물의 점유를 계속하는 경우에 그가 토지를 계속 점유한다고 볼 수 있는가 하는 문제는 어떠한가?

그런데 취득시효의 완성 여하가 문제되는 한, 이 물음에 어떻게 답하느냐에 의하여 實際上으로는 별로 差異가 없다. 종전의 건물소유자는 이제 토지를 점유하지 않게 되었다고 하여도 현재의 건물소유자가 토지를 점유한다는 점에는 異論이 없다. 그렇다면 현재의 건물소유자는 앞의 1.에서도 말한 대로, 종전 건물소유자가 건물 소유로 인하여 가지는 토지점유의 기간을 자신의 점유기간과 아울러 주장할 수 있고(민법 제199조) 또 시효완성의 효력은 시효 기산의 시기로 소급되므로(민법 제247조 제 1 항), 취득시효의 완성과 관련하여 별다른 不利益을 받지 아니한다. 그러므로 위의 문제는 ——소송당사자가 「점유의 계속」을 주장하지 아니한 경우 法院의 審理範圍가 이로 인하여 제약을 받을지도 모른다는 문제를 제외하고는—— 실상 별다른 실제적 의미가 없는 것이라고 할 것이다.

이에 대하여는 혹 현재의 건물소유자에게 인정되는 점유에 「瑕疵」(가령 惡意占有, 他主占有 등. 민법 제199조 제 2 항 참조)가 있다고 하여야 할 경우에 종전 건물소유자의 점유에 그러한 瑕疵가 없는 때에는, 현재의 건물소유자는 前占有者에게서 이미 시효가 완성되었다고 주장할 수 있다면 이에 기하여 법적 이익을 얻을 가능성이 있다고 주장할는지로 모른다. 그러나 위의 (1)에서 본 대로 현재의 건물소유자가 비록 건물을 점유하지 아니하는 경우에도 그에게 토지의 점유가 인정되어야 한다는 입장을 취하는 이상, 종전의 건물소유자가 소유권을 상실한 후에는 그 부지점유가 부인되지 않을 수 없을 뿐만 아니라, 현재의 건물소유자에게 「하자」가 있다면 굳이 그로 하여금 종전 건물소유자의 하자 없는 점유를 원용하여 "법적 이익"을 주어야 할 필요는 없다고 생각된다. 단지 종전의 건물소유자에게서 이미 時效가 完成된 경우라면, 현재의 건물소유자가 경우에 따라 자신의 점유취득의 원인관계상의 권리에 기하여 종전의 건물소유자의 시효완성으로 인한 권리를 원용할 수 있도록 함으로써 족할 것이다.[23)]

(3) 오히려 문제가 될 수 있는 것은, 현재의 건물점유자가 건물소

---

23) 가령 종전 건물소유자에게서 토지에 대한 취득시효가 완성되었으면, 토지소유자는 비록 소유권이전등기가 아직 행하여지지 아니한 동안에도 종전 건물소유자 = 시효완성점유자에 대하여 그 건물의 철거 등을 청구할 수 없다. 이에 대하여는 앞의 1.(1)(b)에서 본 大判 88. 5. 10, 87다카1979(공보 826, 948) 등 참조. 그렇다면 토지소유자는 그 시효완성점유자로부터 건물을 양수한 자에 대하여도 역시 이를 청구할 수 없다고 할 것이다. 이는 토지의 소유자가 그로부터의 매수인이 그 토지 위에 건립한 건물을 양도받은 자에 대하여 소유권에 기하여 물건의 반환을 청구할 수 없는 것(大判 88. 4. 25, 87다카1682(공보 825, 889) 참조)과 같은 이치이다.

유권의 취득을 위한 유효한 원인행위에 기하여 건물을 인도받고 이를 사용·수익하고 있으나 아직 건물에 관한 소유권이전등기를 경료받지 아니함으로써 그 소유권을 취득하지 못하고 있는 경우의 처리라고 생각된다.

이와 관련하여서는 大判 96. 11. 26, 96다29335등(공보 97상, 51)이 참고가 된다. 이 판결은, 대지에 대하여 설정된 저당권의 실행으로 제 3 자가 대지소유권을 競落取得하였는데 피고가 그 저당권의 설정 후에 대지 및 건물(미등기건물로 추측된다)을 매수하여 대지소유권에 대하여는 소유권이전등기를 경료하고 건물은 인도만을 받아 이를 점유·사용하고 있는 사안에 대한 것이다. 이 사건에서 문제된 것은 저당권이 설정된 대지(갑 토지) 그 자체가 아니며, 위 건물이 8.5평 정도를 침범하고 있는 인접 토지(을 토지)(원고가 그 소유자이다)에 대하여 피고가 자주점유하고 있는가 하는 점이다.

이에 관하여 위 판결은 결국 自主占有를 부정하였다. 그 이유는 “저당권에 기하여 임의경매가 개시된 이래 부동산의 소유자가 경매의 실행을 저지하지 아니한 채 절차가 진행되어 그 부동산이 제 3 자에게 경락되고 대금이 납부되어 종전 소유자의 소유권이 상실되었다면 종전 소유자가 제 3 자의 소유로 귀속된 부동산을 계속 점유하고 있다고 하더라도 그 점유는 달리 특별한 사정이 없는 한 타주점유로 봄이 상당하다”고 전제하고, 그러므로 피고는 갑 토지를 타주점유하고 있다고 한 다음, 을 대지에 관하여는 “피고가 이 사건 건물의 사용과는 별도로 28.8m²에 불과한 이 사건 계쟁대지 부분[을 대지를 말한다]만을 분리하여 계속 점유할 아무런 경제적 이익도 없다고 인정되는 이 사건에서는, 피고가 이 사건 계쟁대지 부분을 침범하여 점유하고 있다고 하더라도 이는 피고가 이 사건 건물을 사실상 소유·사용함에 따라 갑 대지와 더불어 부수적으로 이 사건 계쟁대지 부분도 함께 점유하는 것에 지나지 아니함이 명백하므로, [위와 같이] 갑 대지 중 이 사건 건물부지 부분에 관한 피고의 점유가 타주점유로 전환되었다면 달리 특별한 사정이 없는 한 이 사건 계쟁대지 부분에 관한 피고의 점유도 타주점유로 전환되었다고 보아야 할 것"이라고 판단하였다.

여기서 本稿의 問題關心에서 흥미로운 것은, 이 사건 건물에 대하여 소유권을 가지지 않으며 단지 未登記建物을 轉轉買受하여 이를 "事實上 所有·使用"하는 피고에 대하여 그 부지에 대한 「점유」를 인정하고 있다는 점이다. 이는 앞의 Ⅱ.2.(3)에서 보는 물권적 청구권의 상대방, 즉 「방해자」로서의 건물소유자에 관한 판례의 태도와 맥을 같이하는 것이다.

Ⅳ. 小 結

1. 점유이론의 모국인 독일에서는 종전부터 일반적으로 「점유」는 原初概念(Elementar- oder Urbegriff)에 속하여 이를 정확하게 규정하는 것은 불가능하며, 단지 누가 사실상의 지배(자기의 의사대로 물건에 영향을 미치고 또한 타인의 영향을 배제할 수 있는 가능성)를 가지는가에 대한 일반의 거래관념에 의하여 정하여질 수밖에 없다고 설명되고 있다.[24] 나아가 가령 헤크 같은 학자는 점유는 하나의 白地概念(Blankettbegriff) 또는 「境界設定이 없는 概念(unabgegrenzter Begriff)」에 불과하여 "법관이 제반이익을 형량하여 법률의 가치판단에 좇아 입법자가 [의도적으로] 남긴 그 공백을 보충하여야 하며", 「사실상의 지배에 관한 일반

---

24) 우선 Wieling, *Sachenrecht,* Bd.1(1990), §4 I 1a(S.131ff.) m.w.N. 참조. 우리 나라에서 가령 郭潤直, 物權法, 新訂版(1992), 246면이 "事實上의 支配의 有無는 여러 사정을 고려하여 社會觀念에 따라서 정하여지는 것이고 이를 결정하는 데 관한 특별한 표준은 없"다고 하는 것도 같은 입장에서일 것이다.

의 거래관념」같은 종래의 통설이 말하는 기준은 존재하지도 않는다고도 말한다.[25] 「사실상의 지배에 관한 일반의 거래관념」의 확정이든 「백지의 보충」이든 간에, 점유의 문제와 관련하여 判例法 내지 法官法이 가지는 역할은 다른 법영역에 비하여 상대적으로 크지 않을 수 없다고 할 것이다.

對象判決은 그러한 판례법 형성의 한 모습을 드러내 주는 것이라고 하겠다.

2. 金容俊 헌법재판소장님은 필자를 司法硏修院에서 지도하신 이래 변함없는 愛護를 베푸셨을 뿐 아니라, 무엇보다도 필자가 그 동안 읽을 수 있었던 많은 판결로써 늘상 裁判實務의 內奧에 대하여 생각해 볼 기회를 주셨다. 이제 소장님의 華甲에 즈음하여, 그 분의 판례법 형성에의 크나큰 寄與와 獻身을 기리면서 감사의 마음을 담아 이 보잘것없는 글을 드린다.

(재판의 한길: 金容俊 憲法裁判所長 華甲紀念論文集(1998), 692면 이하 所載)

[後　　記]

本稿는 위에 적은 바와 같이 金容俊 헌법재판소장(전 대법관)의 화갑을 기념하는 논문집에 수록된 것이다. 위 논문집의 편집위원회는, 그가 그 동안에 한 재판 중에서 의미 있다고 생각되는 것을 선정하여

25) Heck, *Grundriß des Sachenrechts*(1930), §5, 4 und 5(S.19ff.) 참조(인용문은 同書, §5, 5(S.21)에서).

그에 대한 判例硏究 또는 評釋을 기고자들에게 의뢰하였다. 그리고 글의 형식을 통일하여 判決要旨와 判決全文을 수록하도록 하였다. 이 글 앞에 判示事項(이 역시 미리 주어졌다)을 붙이고 이어서 判決의 주문과 이유를 그대로 옮겨 실은 것은 위 논문집의 편집 취지에 좇은 때문이다.

13. 內容이 變動하는 集合的 動產의 讓渡擔保와 그 產出物에 대한 效力

——大法院 1996년 9월 10일 판결 96다25463사건*

[事實關係]

1. 原審이 인정한 事實關係는 다음과 같다.

원고는 A에 대하여 도합 6천만원의 대여금채권을 가지고 있었다. 1993년 7월에 원고는 A로부터 위 채권의 담보로 경기도 평택군에 소재하는 A의 豚舍에 있는 그 소유의 돼지(雄豚 10두, 母豚 90두, 子豚 280두, 育成豚 300두)를 제공받았다. 원고는 점유개정의 방식으로 점유를 이전받음으로써 소유권을 취득하였으며, A는 이를 계속하여 점유·관리·사육하기로 정하였다. 그 후에도 A는 이들 돼지를 사육하고 판매하는 일을 계속하여 왔다.

그런데 1994년 7월에 이르러 피고 조합이 당시에 위 돈사에 있던 돼지 전부(웅돈 5두, 모돈 60두, 자돈 250두, 육성돈 450두)에 대하여 압류집행을 하였다. 일반적으로 돼지를 사육·판매하는 농가에서는 생후 10개월부터 약 3년까지 그 역할을 하는 수퇘지종돈(이것이 위에서 말한 「웅돈」이다), 새끼를 낳는 암퇘지(「모돈」)를 두고, 그 사이에서 난 돼지를 5개월 내지 6개월 동안 사육하여 「육성돈」으로서 출하처분하는데, 아직 거기까지 자라지 아니한 돼지를 「자돈」이라고 한다. 그런데

* 판례공보 1996하, 3012면.

이 사건에서 A가 원고에게 양도담보로 제공하였던 원래의 돼지 중에서 육성돈은 그 사이에 성장한 자돈과 함께 이미 출하판매되었고, 원래의 웅돈과 모돈 중에서도 일부는 외부에 판매되었다. 그리하여 피고 조합이 위와 같이 압류한 돼지는, 원래의 웅돈 및 모돈 중에서 아직 남아 있던 것과 원래의 모돈에서 출산하여 성장한 자돈 및 육성돈이었던 것이다.

이 사건에서 원고는 위 압류의 목적물이 원고와 A 사이의 양도담보계약의 효력이 미치는 범위 내의 것으로서 원고의 소유라고 주장하고, 피고 조합을 상대로 강제집행의 배제를 구하는 第3者異議의 訴를 제기하였다.

2. 제1심 법원은 원고의 갑에 대한 채권은 실제로는 존재하지 않은 假裝債權이라고 사실인정하여, 원고의 청구를 기각한 바 있다. 그러나 원심법원(수원지법 1996년 5월 8일 판결 95나1160사건)은 다음과 같이 판시하여 원고의 청구를 인용하였다.

> "모돈이 출산한 새끼돼지는 그 모돈의 天然果實로서 그 소유권이 특별한 사정이 없는 한 原物인 모돈의 소유자에게 귀속한다 할 것이므로 달리 양도담보된 모돈으로부터 출산된 새끼돼지의 소유권원에 대한 주장, 입증이 없는 이 사건에 있어서는 양도담보로 제공된 모돈으로부터 출산된 새끼돼지가 성장한 자돈 및 육성돈에게도 양도담보의 효력은 미친다 할 것이고, 따라서 피고 조합의 압류는 원고에게 이미 양도담보로 제공된 원고 소유 돼지에 대하여 한 것"이 된다는 것이다.

3. 대법원은 다음과 같이 판시하여 원심판결을 파기하고 이를 원심법원에 환송하였다.

[判決趣旨]

"일반적으로 물건을 양도담보의 목적으로 양도한 경우 특별한 사정이 없는 한 목적물에 대한 사용수익권은 양도담보설정자에게 있는 것이고(당원 1988. 11. 22. 선고 87다카2555판결), 더군다나 이 사건에 있어 갑 제3호증(양도담보부 금전소비대차계약 공정증서)에 의하면, … A가 이 사건 양도담보목적물인 돼지를 점유하는 동안 이를 무상으로 사용수익하기로 약정한 사실을 인정할 수 있는바, 그렇다면 양도담보목적물로서 원물인 돼지가 출산한 새끼돼지는 천연과실에 해당하고 그 천연과실의 수취권은 원물인 돼지의 사용수익권을 가지는 양도담보설정자인 A에게 귀속되는 것이므로, 달리 원·피고 사이에 특별한 약정이 없는 한 천연과실인 위 새끼돼지에 대하여는 양도담보의 효력이 미치는 것이라고 할 수 없다. 그럼에도 불구하고 원심이 천연과실인 위 새끼돼지에 대하여도 양도담보의 효력이 미친다고 판단한 것은 양도담보 목적물의 사용수익 및 천연과실의 수취권에 대한 법리를 오해한 것"이다(점선은 引用者가 생략한 부분을 가리킨다. 이하 같다).

[研　　究]

Ⅰ. 序

1. 원심판결의 법률론과는 달리, 이 사건 대법원판결(이하 「對象判決」이라고만 한다)이 양도담보에서 일반적으로 그 목적물의 천연과실이 양도담보의 목적물이 되지 않는다고 판단한 것에는 찬성이다. 그리고 원심판결을 파기하여 환송한 대상판결의 결론도 원고의 주장에의

구속 등 소송법상의 제약을 고려하면 아마도 불가피한 것이라고 하여야 할는지도 모른다.

그러나 이 사건 해결의 종국적인 결론이 과연 원고의 청구가 기각되어야 하는 것인가에 대하여는 의문이 제기될 여지가 있다고 생각된다. 그러한 의문은, 이 사건 사실관계를 원심법원이 인정한 것과는 다른 관점에서 접근하여, 본건의 양도담보가 당해 계약서에 구체적으로 열기된 특정의 물건만을 목적으로 하는 것이 아니고, 앞으로의 증감을 예정하는 일정한 범위의 돼지를 목적물로 한다고, 즉 소위 「집합동산 양도담보」, 그 중에서도 「流動集合動產讓渡擔保」라고 해석할 가능성도 있지 않은가 하는 추측에 기초를 두고 있는 것이다.[1]

2. 對象判決이 정면에서 다루는 문제, 讓渡擔保目的物로부터의 天然果實이 일반적으로 누구에게 귀속되는가 하는 문제 일반에 대하여는 여기에서 다루지 아니한다. 다만 "天然果實은 그 元物로부터 分離하는 때에 이를 收取할 權利者에게 속한다"는 민법 제102조 제 1 항의 규정은 당연히 여기에도 적용된다는 것, 그리고 거기서 정하는 바의 「果實收取權」은 양도담보의 경우에는 담보제공자가 가진다는 것, 그것은 담보제공에 의하여 담보물의 사실적 「이용」(과실수취를 당연히 포함하는 가장 넓은 의미에서의)에 변화를 가져오지 아니하고 그것을 담보제공자에게 계속적으로 보장한다는 점에 양도담보가 담보형식으로 가지는 주요한 장점이 있다는 데서부터 자연스럽게 도출된다는 것만을 지적하여 두기로 한다.

3. 한편 이 사건에서 양도담보권자인 원고는 소유권에 기하여, 담보제공자에 대한 다른 채권자가 행한 강제집행의 정지를 구하는 第

---

1) 이러한 의미에서 이 글은 엄격한 의미에서의 判例硏究에 해당한다고 하기는 어려울 것이다.

3者異議의 訴를 제기하고 있다. 많은 학설은 일반적으로 동산양도담보권자는 그와 같은 제3자이의의 소(민사소송법 제509조)를 제기할 수 없으며 단지 優先辨濟請求의 訴(동법 제 526조 제1항 단서)만을 제기할 수 있다고 하여야 한다고 주장한다. 이는 특히 「假登記擔保 등에 관한 法律」(이하 「假登記擔保法」)이 나온 후에 동산양도담보에 대하여도 이를 신탁적 소유권으로가 아니라 擔保物權으로 법률구성한 귀결이다.[2] 이러한 배경에서 對象判決에 대한 평석 중에는 그러한 관점에서 이를 비판하고 있는 評釋도 있는 형편이다.[3]

그러나 判例는 양도담보권자가 제3자이의의 소를 제기할 수 있다는 태도를 취하고 있다. 특히 大判 94.8.26, 93다44739(공보 977, 2514)은 명확히 假登記擔保法 시행 후에 動産讓渡擔保가 행하여져서 이에 기하여 양도담보권자가 제3자이의의 소를 제기한 사안에서, 원심이 "양도담보권자는 淸算節次가 없는 한 소유자가 아니며 그 전에는 단지 우선변제청구의 소를 제기할 수 있을 뿐"이라고 하여 원고의 청

---

2) 양도담보의 법률구성에 관한 立場轉換을 가장 극적으로 보여 주는 것은, 郭潤直, 物權法, 全訂增補版(1980), 626면 이하의 서술과 同, 物權法, 再全訂版(1985), 682면 이하의 서술의 對比이다. 앞의 책에서는 讓渡擔保의 법률구성에 대한 "각 理論의 檢討"를 행하면서, 소위 「담보물권적 구성」에 대하여 "그 理論이라는 것이 너무 漠然하여, 앞으로 나아갈 하나의 方向提示로서는 몰라도, 現實의 理論으로서 받아들이기 어렵다"고 하고(627면), 이어서 "아직은 信託的 讓渡理論보다 합리적이라고는 할 수 없는 것 같다"고 하여, 결국 "가장 오랜 歷史를 지니는 信託的 讓渡理論이 현시점에서는 그런대로 讓渡擔保의 이론으로서 무난하다고 하여야 한다"고 결론지었었다(629면). 그러나 假登記擔保法이 시행된 후에 나온 뒤의 책에서는 양도담보목적물의 如何를 불문하고 전적으로 擔保權說을 취하고 있다. 즉 "債權者는 讓渡擔保權이라고 일컬을 수 있는 일종의 擔保權을 가질 뿐이고, 設定者에게는 所有權에서 이 讓渡擔保權을 뺀 權利가 殘存·歸屬하는 것으로 構成하여야 한다"(684면). 이러한 서술은 그 후의 同, 物權法, 新訂版(1995), 728면 이하에서도 그대로 반복되고 있는데, 다만 여기서는 「動産讓渡擔保의 法律構成問題」라는 항목을 하나 추가하여, 결론적으로 "目的物에 따라 그 理論構成과 規制가 각각 다르게 된다는 것은 도저히 합리적이라고 할 수 없다"고 하여, 動産讓渡擔保에 대하여도 마찬가지라고 할 것이라고 한다(730면).

3) 金天秀, "構成要素가 변동하는 集合物에 대한 讓渡擔保의 效力", 오늘의 法律 96호(1997.1), 3062면 이하 참조.

구를 기각하였는데, 대법원은 "동산에 관한 양도담보계약이 이루어지고 원고가 점유개정의 방법으로 인도를 받았다면 그 청산절차를 마치기 전이라도 목적물에 대한 사용수익권은 없지만 제 3 자에 대한 관계에 있어서는 그 물건의 소유권을 주장하고 그 권리를 행사할 수 있다"고 하여 원심판결을 파기하고 있다.

필자는 대법원의 태도가 타당하다고 생각하며, 학설상황의 변동에도 불구하고 대법원이 이러한 태도를 堅持하고 있는 데 대하여 敬意를 표한다. 假登記擔保法 제 4 조는 不動產讓渡擔保에만, 그것도 특히 민법 제607조에 반하는 부동산양도담보(동법 제 2 조 제 1 호 참조)에만 적용이 있다고 할 것이고, 動產이나 債權 등의 讓渡擔保에는 여전히 信託的 讓渡說이 타당하다. 당사자들은 제 3 자의 攻取의 排除, 채권만족의 방법·시기의 자유로운 선택의 필요 등 그럴 만한 합리적 이유에 기하여 信託的 讓渡를 의도한 것이며,[4] 이러한 의사는 법률의 규정이 없는 한 함부로 그 효력이 부정되어서는 안 된다. 한편 가등기담보법은, 그 자체의 「醜像」은 별론으로 하더라도,[5] 양도담보권을 부동산에 대하여만 설정될 수 있는 抵當權에 준하는 것으로 규정하고 있어서, 동산이나 채권 등의 양도담보에는 類推適用될 성질의 것이 아니다.

그러나 이 점에 대하여도 여기서는 더 이상 詳論하지 아니하기로 한다.

4. 이하에서는 집합동산양도담보의 추상적 법리보다는, 對象判決의 事案에 대한 적절한 「법적 파악」을 위한 전제적 작업으로 집합동산양도담보에 대한 종전의 裁判例를 살펴보고(Ⅱ.), 나아가 대상판결

4) 이 점을 지적하는 것으로, 무엇보다도 中野貞一郎, "讓渡擔保權者と第三者異議の訴", 強制執行·破產の硏究(1971), 97면 이하, 특히 115면 이하 참조.

5) 이 점에 대하여는 梁彰洙, "「假登記擔保 등에 관한 法律」의 現況과 問題點", 民法硏究 제 1 권(1991), 281면 이하 참조.

에서 문제된 담보계약이 과연 집합동산양도담보계약으로 해석될 수 있지 않을까에 대하여 몇 가지 근거의 제시를 시도하여 보기로 한다(Ⅲ.).

Ⅱ. 集合動産讓渡擔保에 대한 종전의 裁判例

1. 大判 88. 10. 25, 85누941(集 36-3, 170)

(1) 이 판결은, 원고 은행이 과세처분청을 상대로 제기한 법인세 등 부과처분의 취소청구에 대한 것이다. 이 사건에서 문제된 납세의무는 원래 甲 회사가 부담하는 것인데, 과세당국은 甲 회사의 재산을 양도담보로 취득한 원고 은행에 대하여 국세기본법 제42조(同 제1항 본문: "… 納稅者에게 讓渡擔保財産이 있는 때에는 그 納稅者의 다른 財産에 대하여 滯納處分을 執行하여도 徵收할 金額에 부족한 경우에 한하여 … 그 讓渡擔保財産으로써 … 徵收할 수 있다")에 의하여 제2차 납세의무(물적 납세의무)를 과하였던 것이다. 甲 회사는 製鋼會社로서, 1977년 8월에 원고 은행과의 사이에 "어음대출, 어음할인 등 금융거래를 하면서 그 채무의 담보로 延熱코일 등 반입자재에 관하여 한도액 50억원의 양도담보계약을 체결하고 점유개정의 방법으로 이를 원고은행에 인도" 하였는바, 그 계약에 있어서 "그 후 甲 회사가 새로이 반입하는 연열코일 등 반입자재와 換置되는 자재 등도 그 담보목적으로 하기로 특약"하였다는 것이다. 그런데 위 양도담보계약 당시 위 회사에 있던 자재들은 "甲 회사가 가공하여 2, 3개월 이내에 이미 [제3자에게] 매도"(꺾음괄호 안은 引用者가 부가한 것이다. 이하 같다)되어 現存하지 않게 되었다.

原審은, "양도담보설정계약 후에 반입되는 원자재가 담보목적물로 되려면 원고의 양도담보목적물에로의 **특정의 절차**가 필요한데 그 특정의 절차가 없었"(고딕체에 의한 강조는 引用者에 의한 것이다. 이하 같다)다고 판단하고, 따라서 원고를 이 사건 과세처분 당시 점유하고 있던 原資材에 대한 담보권자라고 볼 수 없다고 하여(이는 곧 앞서 본 國稅基本法 제42조 제1항 본문에서 물적 납세의무의 요건으로 정하는 바의 "納稅者에게 讓渡擔保財産이 있"음을 否定하는 판단이다), 피고의 과세처분을 취소한다는 판결을 내렸다.

大法院은 우선 다음과 같이 판시하여 원심의 판단과는 달리 양도담보계약 후에 반입된 원자재가 양도담보의 목적물이 되며 원고는 그에 대하여 양도담보권을 가진다고 판단하였다.

> "제강회사가 제품 생산에 필요하여 반입하는 원자재를 일정 기간 계속하여 채권담보의 목적으로 삼으려는 소위 집합물양도담보권설정계약에 있어서는 목적 동산의 종류와 수량의 범위가 지정되고 그 소재 장소가 특정되어 있으면 그 전부를 하나의 재산권으로 보아 담보권의 설정이 가능하다고 보아야 할 것이고 그러한 경우 양도담보권자는 담보권설정계약 당시 존재하는 원자재를 점유개정에 의하여 그 점유를 취득하면 제3자에 대하여 그 동산의 소유권(담보권)을 주장할 수 있는 것이고 그 후 새로이 반입되는 개개의 물건에 대하여 그 때마다 점유개정의 표시가 있어야 하는 것은 아니라고 할 것이다."

그리고 이어서 원고 은행과 甲 회사 사이의 양도담보계약에서 "채무자가 담보물건의 전부 또는 일부를 바꾸거나 또는 장래 신규로 반입할 경우에는 원고 은행의 승낙을 받겠"다는 약정을 하였어도, 채권자의 승낙이 있기 전까지는 채권자가 담보권을 취득할 수 없다고는 할 수 없다고 판단하였다.

그러나 대법원은 결국 상고를 기각하였는데, 그것은 국세기본법 제42조 제1항 단서("그 國稅의 納付期限으로부터 **1년 전**에 담보의 목적이 된 讓渡擔保財產에 대하여는 그러하지 아니하다")를 적용한 결과이다. 즉 원고가 양도담보권을 취득한 것은 애초의 계약일인 1977년 8월인데, 甲 회사에 대하여 징수할 稅金의 納期는 1983년 5월이므로, 위 단서 규정에 의하여 양도담보권자인 원고 은행은 제2차 납세의무를 부담하지 않는다는 것이다.

(2) 이상은, 비록 行政事件에서 행하여진 것이나, 집합동산양도담보에 관하여 본격적으로 행하여진 대법원 최초의 판단으로서 극히 중요한 의미가 있다.

첫째, 「집합물양도담보」라는 새로운 개념을 인정한 것 자체가 의미가 적지 않다. 이에 대하여 우리 나라에서는 학설에서조차 별로 논의되지 않았으나,[6] 특히 일본에서는 이미 1950年代 중반부터 특히 금융법률실무가를 중심으로 하여 원료·반제품·제품 등을 집합적으로 담보목적물로 파악함에 따르는 법률문제가 다양하게 논의되고 있다.[7]

둘째, 집합동산양도담보가 효력을 가지기 위하여는 그 목적물이 「특정」되어야 한다는 점에는 이론이 없는데, 그와 관련된 중요한 論點 중의 하나가 그 「특정」 여부는 어떠한 기준에 의하여 판단할 것인가 하는 점이다. 위 판결은 이에 대하여 ① 목적 동산의 종류, ② 그 수량, ③ 소재 장소의 세 가지 점이 모두 지정되어 있으면 족하다는 기준을 제시하고 있다. 그런데 구체적으로 이 사건에서 대법원이 「제강회사가 제품 생산을 위하여 반입하는 원자재」라는 것만으로써 이 기준을 충족한다고 판단한 것인지 반드시 명확하지 아니한 점이 있다고 생각된다.

셋째, 위 판결은, 「집합동산」은 "그 전부를 하나의 재산권으로 보

6) 다만 이 판결을 전후하여 주로 일본의 문헌을 참고하여 쓰여진 金在協, "集合動產讓渡擔保", 司法研究資料 16집(1989), 71면 이하가 있을 뿐이다.

7) 現代財產法研究會 編, 讓渡擔保の法理, ジュリスト 增刊(1987)의 末尾에 정리된 「讓渡擔保關係文獻一覽表」(290면에서 거슬러 옴)를 보면 이를 알 수 있다.

아" 그 위에 담보권을 설정할 수 있다고 판시하고 있다. 이는 결국 집합동산양도담보의 법률구성에 관하여 소위 集合物說을 택한 것이라고 할 수 있다.

넷째, 집합동산양도담보에서는 위에서 본 「특정」의 범위 내에서 목적물의 구체적인 내용이 증감변동한다. 집합동산양도담보에 관한 법리는, 결국 ① 「집합동산」을 구성하는 구체적인 동산에 대하여 담보설정자에게 통상적인 영업의 수행에 좇은 처분에 의하여 담보의 구속을 벗어나는 것을 인정하되, ② 담보설정자가 새로이 취득한 개개의 동산에 대하여는 담보권자를 위하여 어떠한 새로운 담보취득행위를 요함이 없이 그것이 바로 담보의 구속을 받도록 하며, ③ 담보권을 제 3 자에 대하여 대항할 수 있도록 한다는 세 가지의 요구를 충족하는 것을 목표로 하는 것이다. 위의 판결은 이 중 ②의 문제에 대하여 "그 후 새로이 반입되는 개개의 물건에 대하여 그 때마다 점유개정의 표시가 있어야 하는 것은 아니라고 할 것"이라고 하여, 「특정의 절차」가 있어야만 비로소 담보목적물이 된다는 원심판결의 태도를 배척하고 있는 것이다.

이와 관련하여서는, 양도담보계약에서 목적물의 「換置」에 담보권자의 동의가 있어야 한다고 하는 약정이 위와 같은 법리의 인정에 장애가 되지 않는다고 판시한 부분도 의미가 없지 않다고 할 것이다. 이는 그 약정이 전적으로 담보권자의 이익을 위한 것이라는 점에 비추어 보면, 수긍되는 판시라고 하겠다.

다섯째, 위의 판결은 양도담보계약 후에 담보설정자가 「집합동산」에 새로이 편입시킨 개별 물건에 대하여도 담보권자가 이미 담보계약 당시에 양도담보권을 취득하는 것이라고 판시하고 있다. 이는 물론 국세징수법 제41조 제 1 항 단서의 해석과의 關聯 아래서만 이해되어야 하는 판단이라고 할 수 있을지 모른다. 그러나 그와 같은 새로운 개별 물건에 대하여 언제 양도담보권이 설정될 것으로 볼 것인가 하는 문제에 대하여[8] 見解의 對立이 있음을 배경으로 하여 본다면, 집합동산양도담보에 관한 일반법리의 관점에서도 이 판시부분을 심상하게 볼 것은 아니다.

(3) 위 판결의 이상과 같은 판단은 대체로 그 판결 당시 일본의 判例와 多數說이 취하던 태도와 일치하는 것이라고 할 수 있다.[9]

이 점에 대한 日本의 리딩케이스는 最高裁의 1987년 11월 10일 판결(民集 41-8, 1559)이다. 이는 다음과 같이 설시하고 있다.[10]

> "구성부분이 변동하는 집합동산이라도 그 종류, 소재 장소, 양적 범위 등을 지정하는 등의 방법에 의하여 목적물의 범위가 특정되는 경우에는, 1개의 集合物로서 양도담보의 목적으로 할 수 있다고 해석할 것 … 그리고 채권자와 채무자 사이에서, 위와 같은 집합물을 목적으로 하는 양도담보권설정계약이 체결되고, 채무자가 그 구성부분인 동산의 점유를 취득한 때에는 채권자가 점유개정의 방법에 의하여 그 점유권을 취득한다는 합의에 기하여, 채무자가 위 집합물의 구성부분으로 현재 존재하는 동산의 점유를 취득한 경우에는, 담보권에 대하여 對抗要件을 구비하기에 이른 것이라고 할 수 있고, 이 대항요건 구비의 효력은 그 후 구성부분이 변동한다고 하여도, 집합물로서의 동일성을 해치지 않는 한, 새로이 그 구성부분이 된 동산을 포함하는 집합물에 대하여 미치는 것이라고 해석할 것이다."

여기서는 일본민법상의 물권변동의 일반법리에 좇아 점유의 취득

8) 이는 예를 들면 詐害行爲取消權이나 破産法上의 否認權에 있어서 사해성 판단의 기준시점이나 권리행사기간의 제한(민법 제406조 제2항) 등과 관련하여 의미가 있다. 이 점에 대하여는 우선 金在協(註 6), 101면 이하 참조.

9) 한편 일본의 학설에 대하여는 우선 金在協(註 6) 참조.

10) 이 설시에 이어서, 당해 사안에서의 목적물이 일본민법에서 인정되고 있는 動産賣買先取特權의 부담을 받는 동산인 관계로, 이 선취특권과 양도담보권의 優劣에 관한 판단(특히 動産先取特權의 追及效를 제한한 日本民法 제333조의 해석과 관련되는 판단)이 행하여지고 있다.

이「대항요건」이라고 판시되고 있는 점이 다를 뿐이고, 앞의 (1), (2)에서 본 대법원 판결의 내용과 크게 다를 바 없다. 그러나 자세히 읽으면「집합동산」의 특정에 관한 기준에 대하여 뉘앙스의 차이가 있음을 알 수 있다.

2. 大判 88. 12. 27, 87누1043(공보 842, 244)[11]

(1) 이 역시 행정사건에 대한 판결로서, 앞의 大判 88. 10. 25.의 사안에서와 마찬가지로(이 사건의 사안은 앞의 大判 88. 10. 25.와 기본적으로 동일하다. 즉 같은 일신제강주식회사가 채무자이고, 양도담보목적물도 그 회사 공장의 原資材나 製品 등이다), 국세기본법 제42조에 의한 讓渡擔保權者의 物的 納稅義務의 존부가 다투어졌다. 이 사건에서 행하여진 양도담보계약은 "채무자의 3개의 製鋼工場에 있는 延熱코일 등의 원자재와 제조과정에 있는 물건"을 목적으로 하는 것으로서, "목적물의 전부 또는 일부의 換置 또는 장래 신규로 반입할 경우에는 원고의 승낙을 받겠으며 그 환치물건과 신규반입물건 또는 그 물건으로 장래 가공제조되는 반제품, 완제품에 대하여도 **따로 계약하지 아니하고** 전부 소유권을 원고에게 양도"한다는 내용이었다.

다만 이 사건에서는 집합동산양도담보계약이 1977년과 1980년에 각기 다른 채권자와의 사이에 二重으로 행하여졌는데, 조세 당국은 그 후인 1982년 5월에 이르러 그 중 뒤에 양도담보계약을 체결한 원고 은행을 物的 納稅義務者로 지정하여 채무자의 3개 공장에 있는 원자재, 반제품, 완제품을 체납처분으로 압류하고, 같은 해 11월에 원고 은행에 과세처분을 하였다는 것이다. 爭點은 먼저 집합물양도담보계약을 체결한 X 은행이 양도담보에 기하여 이미 채무자의 원자재 등에 대하

---

11) 법원공보는「同旨의 참조판례」로 大判 88. 12. 27, 87누946을 들고 있다. 그러나 이 판결은 公刊된 바 없다.

여 소유권을 취득하였으므로, 원고 은행으로서는 양도담보권을 가지지 못한다고 하여야 할 것이 아닌가 하는 점이다.

대법원은 우선 집합동산양도담보에 관하여 앞의 大判 88.10.25.와 기본적으로 일치하는 판단을 한 다음, 나아가 "이와 같이 같은 집합물에 대하여 X 은행보다 후에 원고 은행이 채무자 회사와의 사이에 이중으로 이 사건 양도담보계약을 체결한 바에야 특별한 사정이 없는 한 원고 은행으로서는 그 담보권을 적법히 취득할 수 없는 것"이라고 판시하여, 피고의 과세처분을 위법한 것이라고 결론짓고 원고의 청구를 인용하였다.

(2) 이 판결의 판시는 내용적으로 앞의 大判 88.10.25.와 크게 다를 바 없다. 그러나 이 판결은 앞서 본 일본최고재 판결의 설시에 더욱 근접하고 있다. 가령 「특정성」의 기준에 관하여 "그 목적 동산을 그 종류, 장소 또는 수량지정 등의 방법에 의하여 특정할 수만 있으면 …"이라고 판시하는 부분(앞의 大判 88.10.25.에서는 종류, 장소, 수량의 세 가지 점 모두의 지정이 있어야 「특정성」을 갖추는 것처럼 설시하였었다)이나, "그 집합물을 구성하는 개개의 물건이 변동되거나 변형되더라도 한 개의 물건으로서의 동일성을 잃지 아니한"다는 부분 등이 그러하다.

흥미로운 것은, 대법원 재판연구관의 이 판결에 대한 「판례해설」이다.[12] 이에 의하면, "本件 大法院判決은 … 集合物說의 立場에 서 있는 것이고, 그 對象物의 장소, 종류, 수량 등에 의한 指定에 의한 특정이 필요하고 집합물에 대한 占有改定의 公示效力으로 일단 讓渡擔保가 설정된 이상 그 후 집합물에 가입하는 개개의 물건에 대한 別途의 公示方法을 요하지 아니한다고 본 本件 大法院判決은 集合物說에

12) 李正九, "集合物에 대한 讓渡擔保", 대법원 판례해설 1989년 상반기(통권 제11호)(1990), 369면 이하(인용문은 379면).

따른 자연스러운 結論을 도출한 것으로 볼 것"이라고 한다. 이 판결이 앞의 大判 88. 10. 25.에서와 같이 집합물설의 입장에 선 것에는 의문이 없다. 그러나 이 판결의 판시내용이 집합물설의 입장에서만 끌어낼 수 있는 것인지, 나아가 과연 집합물설이 집합동산양도담보의 법률구성으로 타당한 것인지 여부는 보다 면밀한 검토를 요한다.

기본적으로 필자는 集合物說에 찬성할 수 없다.

민법은 소유권 기타의 물권은 하나의 특정한 물건에만 성립할 수 있다는 原則, 따라서 다수의 개별 물건의 「결합」에 하나의 물권이 인정되지 않는다는 原則에서 출발하고 있으며, 「集合物」(Sachgesamtheit; Sachinbegriff)이라는 것은 민법이 인정하고 있는 법개념이 아니다.[13] 위의 원칙은 이를 물리쳐야 할 합리적인 근거가 없는 한 함부로 변경되어서는 안 된다. 그런데 집합동산양도담보에 특유하게 제기되는 법적 문제(앞의 1.(2) "넷째" 참조)는 「집합동산」을 하나의 물건으로 본다는 體系破壞的 構成에 의하지 아니하더라도 처리될 수 있다. 집합물설의 要諦는 계약 당초에 구비된 擔保의 對世的 效力을 그 후 채무자가 취득한 동산에 「자동적으로」 미치게 하는 데 있는데(이 점은 집합물설이 통설적 지위를 차지하고 있는 일본에서도 인정되고 있다[14]), 이는, 독일에서 논의의 여지 없이 인정되고 있는 대로,[15] 애초의 담보계약의 내용으로 장래 채무자가 취득할 동산 각각에 대하여 미리 包括的인 「事前占有改定約定(antezipiertes Besitzkonstitut)」이 체결된 것으로 해석함으로써 달성될 수 있다. 이것은, 가령 매도인이 장래 제3자로부터 인도받음으로써 소유권을 취득할 물건에 대하여 미리 매수인과의 사이에 물권적 합의와 아울러 "장차 매도인이 그 제3자로부터 직접점

13) 우선 Baur/Stürner, *Lehrbuch des Sachenrechts,* 16. Aufl.(1992), §24 I 2 (S.233); §57 Ⅲ 2 (b)(S.622ff.) 참조.

14) 가령 高木多喜男, 擔保物權法(1984), 346면 참조.

15) 이에 대하여는 우선 Baur/Stürner(註 13), §51 V 6(S.507f.) 참조.

유를 이전받는 경우에는 매도인이 ──가령 賃借人으로서── 이를 매수인을 위하여 직접점유하기로" 약정하는 것(따라서 실제로 매도인이 제3자로부터 물건을 인도받으면 매수인은 바로 간접점유의 취득과 아울러 소유권자가 된다)이 당연히 허용됨에 비추어 보아서도, 그 적법성에 의문이 없다. 이로써 物權的 合意와 占有移轉이 特定된 物件에 대하여만 행하여질 수 있다는 원칙은 집합동산양도담보에 대하여도 유지되는 것이다.

집합물설에서는 "집합물의 양도담보에 관하여 物權의 형식이론에 치우쳐 그 개념을 否定하거나 당사자의 의사를 무시하고 집합물을 구성하는 개개의 동산으로 분해하여 개개의 물건에 대응하는 複數의 讓渡擔保가 설정되고 이것들이 一括하여 효력을 발생하는 것이라고 보는 것은 타당하다고 할 수 없고, 物件이 集合하여 客觀的으로 單一한 經濟的 價値를 가지고 去來上으로 一體로서 다루어지는 경우에는 法的으로 이를 하나의 물건으로 다룰 수 있는 것"이라고 주장하나,[16] 그렇다면 예를 들어 垈地와 그 地上建物을 각각 별개의 물건으로 다루는 것은 어째서 당사자의 의사를 무시하고 물권의 형식이론에 치우친 것이 되지 않는지, 「객관적으로 단일한 경제적 가치를 가지고 거래상으로 일체로서 다루어지는」 대지와 건물을 왜 하나의 물건으로 다루어서는 안 되는지 이해할 수 없다. 또한 對象判決이나 그 전의 대법원판결의 사안에서도 보는 것처럼, 그 전부가 통채로 한꺼번에 처분되지 아니하고 조금씩 또는 하나씩 생산되고 출하·판매 기타 처분되고 있는 형편에, 과연 같은 工場 안에 있는 원자재나 반제품 또는 완성품 전부나 豚舍 안에 있는 돼지 전부가 과연 「객관적으로 단일한 경제적 가치를 가지고 거래상으로 일체로서 다루어지는 것」인지 의문이다(이러한 물건들의 결집은 가령 工場抵當法의 적용을 받는 공장의 대지·건물 또 그 안의 기계·공구 등의 집합과는 결정적으로 다르다).

---

16) 李正九(註 12), 379면. 그 외에 金在協(註 6), 81면 이하, 84면 이하도 참조.

나아가 집합동산을 1개의 물건이라고 하면서 이를 구성하는 개개의 동산을 ――아무런 「分離」의 행위도 없이―― 단독으로 「처분」할 수 있는 것은 어떻게 해서 가능한지에 대한 설명이 궁색하다. 이에 대하여 일본에서는 "개별동산은 집합동산에 귀속되고 있는 한 양도담보의 구속을 받지만, 개별동산으로서의 독립성을 가지는 관계에서는 독립한 권리변동에 따른다"는 소위 「個別動產의 二重的 性格」으로 설명하는 견해가 있는데,[17] 이와 같이 하나의 물건이 다른 물건의 일부이면서 동시에 1개의 독립한 물건이라는 「物件의 同一性의 關係的 分裂」이야말로 法律構成上의 怪物이라고 할 수밖에 없는 것이다.

또한 가령 담보계약에서 채무자가 집합동산을 구성하는 물건을 처분하는 경우에는 그에 관한 채권(가령 매매대금채권)이 원래의 물건에 갈음하여 담보목적물이 된다는 약정을 한 경우(독일에서 所有權留保去來와 관련하여 중요하게 다루어지는 소위 「延長된 所有權留保(verlängerter Eigentumsvorbehalt)」의 유형이[18] 이에 속한다), 또는 채무자가 물건과 아울러 다수의 채권을 합하여 내용이 변동하는 재산을 담보로 양도한 경우 등에 대하여는 과연 그 다수의 물건과 채권을 통틀어서도 「集合物」이라고 할 수 있는지 극히 의문이다.

결국 集合物說은 전통적인 법장치 또는 법기술이 새로운 사태에 자신을 적응시킬 수 있는 能力이 어느 만큼인지를 충분히 음미하여 보지 아니한 채, 성급하게 자신의 「在庫가 가진 가능성」을 포기하고, 「새로운」 장치 또는 기술을 찾아나서는 태도에서 나온 것이라고 생각된다. 法解釋은 "이미 생각된 것을 끝까지 생각하여 보는 것(Zuendedenken eines Gedachten)"이라는 라드부르흐의 말을[19] 여기서 상기

---

17) 가령 米倉明, 讓渡擔保の硏究(1976), 114면 이하.

18) 이에 대하여는 우선 Bruno Rimmelspacher, *Kreditsicherungsrecht,* 2. Aufl.(1987), Rn.202ff.(S.52ff.) 참조.

19) Radbruch, *Rechtsphilosophie,* 5. Aufl.(1956), S.211.

할 필요가 있을 것이다.

(3) 한편 위 판결은, 二重의 動産讓渡擔保에서 먼저 행하여진 양도담보의 우위("시간적으로 앞선 이가 권리에서도 앞선다(Prior tempore potier jure)"는 법원칙)를[20] 일반적으로 인정하고 후에 양도담보계약을 체결한 채권자의 권리, 특히 선의취득을 부인한 점에서도 중요한 의미가 있지 않은가 생각된다.

3. 大判 90. 12. 26, 88다카20224(集 38-4, 215)

(1) 이 판결에서는 공장에 있는 원자재나 제품이 아니라, 對象判決의 사안과 유사하게 養鰻場의 뱀장어가 담보로 제공되었다. 이 사건에서 원고는 1985년 3월에 A에 대한 현재 및 장래의 채권을 14억원의 한도에서 담보할 목적으로 A가 운영하는 양만장 내에 있는 뱀장어에 대하여 이를 "약 1백만 마리로 추산하여 이를 일괄하여" 소유권을 양도받으면서, "A가 계속하여 위 뱀장어를 점유하고 관리, 사육하면서 원고의 승낙 하에 이를 처분할 수 있음과 동시에 장래에 있어서 위 양만장에 入殖하는 뱀장어도 위 담보의 목적으로 하기로" 약정하였다. 그런데 그 후 1986년 6월에 A에 대한 다른 채권자가 위 양만장에 있는 뱀장어에 대하여 假押留를 하였는데 집달관이 같은 해 9월에 「사육불능으로 인한 특수보전처분」으로 당시 위 양만장에 있던 뱀장어 26,500 킬로그램을 경매하여 그 換價金을 보관하자 이 보관금에 대하여 피고들이 강제집행을 하였다. 이에 대하여 원고가 제3자이의의 소를 제기한 것이 이 사건이다.

原審은, "양도담보계약의 목적물은 A의 다른 재산과 구별되는 위

---

20) 이 法原則에 대하여는 Henri Roland/Laurent Boyer, *Adages du droit français,* 3e éd.(1992), p. 679 et suiv.; Andreas Wacke, Wer zuerst kommt, mahlt zuerst——Prior tempore potier jure, in: *Juristische Analysen* 1981, S. 94ff. 참조.

양만장 내의 뱀장어 1백만 마리로 한정되어 있고 또한 위 뱀장어는 위 양만장 내의 개개의 뱀장어를 떠난 1백만 마리의 한도 내에서 증감변동하는 집합동산으로서 계속적으로 단일한 경제적 가치가 유지되어 양도담보계약의 목적물로 될 수 있을 정도로 특정되어 위 양도담보계약은 유효한 계약이라고 할 것이고, 따라서 피고들이 위와 같이 강제집행할 당시의 위 양만장 내의 뱀장어 약 26,500 킬로그램 상당은 원고의 소유"라고 인정하여, 원고의 청구를 인용하였다.

대법원은 피고들의 상고를 기각하였다. 대법원은 우선 증거를 종합하여 보면 이 사건 양도담보는 원심의 인정과는 달리 위 양만장 내에 사육 관리되고 있는 뱀장어 중 1백만 마리에 제한되는 것이 아니라, "위 양만장 내의 뱀장어 등 어류 전부를 그 목적으로 하였다고 봄이 당사자의 의사에 합치된다"고 판단하고, "계약서에 기재된 수량은 단순히 위 계약 당시 위 양만장 내에 보관되고 있는 뱀장어 등의 수를 개략적으로 표시한 것에 불과"하다고 설시하였다. 그리고 나아가 그렇다면 "비록 성장을 계속하는 어류일지라도 기본적으로는 원자재, 제품의 원료, 재고상품과 달리 볼 아무런 이유가 없어 집합물양도담보의 대상이 될 수 있다 할 것"인데, 이 사건 양도담보계약은 "위 양만장 내의 뱀장어 등 전부"를 목적으로 한 것으로서 그 담보목적물이 특정되었다고 할 것이므로 위 담보계약은 유효하다는 것이다. 따라서 피고들의 강제집행은 채무자가 아니라 원고에게 속하는 물건의 환가금에 대하여 행하여진 것으로서 부당하므로, 원심의 판단은 결론에 있어서 정당하다는 것이다.

(2) 이 판결이 설시하는 집합동산양도담보에 대한 추상적 법리는 大判 88.10.25.나 大判 88.12.27.와 기본적으로 다를 바가 없다. 그러나 그 구체적인 적용에 있어서는 여러 모로 흥미로운 점을 담고 있다.

우선, 앞의 두 판결의 사안에서는 당사자 사이의 계약이 모두 「집합동산」을 목적물로 한다는 점에 별다른 의문이 없었다. 이는「합리적 경영(rationaler Betrieb)」에 큰 관심을 두어 거래내용을 명확하게 문언화하려고 애쓰는 經營資本主義("근대의 합리적인 경영자본주의는 계측가능한 기술적 노동수단 외에도 형식적 규칙에 기한 계측가능한 법과 행정을 필요로 한다"[21])의 精神을 가진 은행이 그 일방당사자라는 사실과 관계가 없지 않을 것이다. 그러나 위 사건에서는 그 해석에 관련하여 대법원과 원심의 판단이 갈릴 만큼 계약내용에 명확하지 아니한 점이 있었다. 이 점은 對象判決의 사안을 생각함에 있어서도 시사하는 바가 있다.

나아가, 이 판결은「성장을 계속하는 어류」라도 工產品과 마찬가지로 집합동산양도담보의 대상이 될 수 있다고 설시한다. 그런데 집합동산양도담보의 기본적인 특징은 하나의 기업이 보유하게 되는 일정한 범위 안에서 증감변동하는 다수의 동산이 그 내용의 변화에 관계없이 전체적으로 제공된다는 점에 있다. 그러므로 목적물이 농수산품인지 공산품인지 여하에 의하여 차이를 둘 이유는 없고, 위의 설시는 당연하다고 하겠다. 위 판결이 사실인정한 것처럼 뱀장어 양식이 새끼뱀장어를 구입하여 1년 내지 1년 6개월을 사육한 것을 成鰻으로 출하하는 방식으로 행하여진다면, 이것은 통상의 생산공장에서 물건을 제조하여 가는 工程과 기본적으로 다를 바 없는 것이다. 이는 對象判決에서 문제된 돼지 사육의 경우도 마찬가지라고 하겠다.

또한, 이 판결은「양만장 내의 뱀장어 전부」라는 목적물의 지정이 집합동산양도담보를 유효로 하기에 충분할 만큼「특정」된 것이라는 판단을 담고 있다.

이 사건 담보계약의 해석에 관련하여 무엇보다도 중요한 것은, 계약서에 담보목적물을 계약 당시 양만장에 있던 뱀장어의 수를 "概略的

21) Max Weber, *Gesammelte Aufsätze zur Rechtssoziologie,* Bd. 1, Vorbem. S. 11.

으로 推算"한 바의 「약 1백만 마리의 뱀장어」라고 표시하였다고 하더라도, 그것이 계약 당시의 뱀장어에 한정된다는 의미가 아니며, 그 후 "成長을 繼續하는" 뱀장어의 수가 담보제공자의 영업활동으로 말미암아 증감변동되더라도 여전히 그 양만장 내에 현존하는 뱀장어 전부가 담보의 목적이 되는 것으로 意思解釋하였다는 점이다. 이 점은 對象判決과 관련하여서도 현저히 중요한 의미가 있다고 생각된다.

Ⅲ. 對象判決의 事案에서의 契約解釋

1. 과연 대상판결의 사안에서 당사자들이 체결한 양도담보약정은 「집합동산」을 목적물로 한 것인가, 아니면 계약 당시 A의 豚舍에 존재하던 돼지 중에서 계약서에 기재된 종류와 수에 한정되는 것인가. 필자는 대상판결에 나타난 사정만으로 보아도 後者로 해석되기는 어렵다고 생각한다.

(1) 원심판결이 인정한 바에 의하면, A는 돼지를 사육하는 豚舍를 가지고 있는데, 거기에 있는 돼지를 담보로 제공한 후에도 그가 이를 계속 「점유, 관리, 사육」하기로 하였다는 것이다. 그것은 계약 체결 후에도 A가 돼지의 사육과 관련한 사업을 계속 영위할 수 있음을 의미한다고 하여야 할 것이다. 실제로 동산양도담보에 있어서는 대부분의 경우에 피담보채무의 변제를 위한 자금 자체가 채무자가 사업을 계속 행함으로써 획득·조달될 것으로 예정되므로, 이를 배제한 자금융통이나 담보제공이라고 하는 것은 일종의 二律背反인 것이다.

이 사건에서 A의 영업은 결국 돼지의 구입, 사육, 출하·판매로써 이루어진다. 그렇다면 계약서에 열기된 것 중 적어도 育成豚과 子豚은 계약 후에라도 여전히 이를 출하·판매할 수 있다는 것이 전제되어 있다고 할 수 있다. 이 사건에서도 A는 이 사건 양도담보에 의하여 그 소유권이 원고에게 양도된 후에도 목적물 중 자돈, 육성돈은 “이미 성장하여 출하, 처분”하였다고 한다. 만일 이 사건 양도담보의 목적물이 애초 계약서에 열기된 돼지에 한정되는 것이라고 하면, 이 「처분」은 원고의 소유권을 침해하는 違法行爲로서 형사처벌과 아울러 민사상의 불법행위책임을 지지 않으면 안 된다. 과연 그러할까. A가 이와 같이 종전에 해 온 대로 사업을 계속한 것은 위 계약의 내용이 그것을 허용하는 것이었기 때문이었을 것이다.

만일 그렇다면, 시간이 경과함에 따라 담보목적물은 점차로 채무자의 소유를 벗어나서 더 이상 채권자의 채권의 만족을 보장하여 줄 수 없게 된다. 과연 이 사건 담보계약의 당사자들은 계약 당초부터 당연히 예기될 수 있었던 이와 같은 「담보물의 이탈」에 대하여 아무런 대비를 하지 아니하였을 것인가? 이와 같은 「담보물의 이탈」을 벌충하는 것으로서 당사자들은 당연히 역시 A의 영업에 의하여 새로이 얻어지는 목적물, 즉 새로이 출생하는 자돈과 새로이 사육된 육성돈을 예정하였다고 하여야 하지 않을까? 이러한 補償物 내지 代替物이 있었기에 비로소 영업의 계속 수행에 따른 「담보물의 이탈」을 감내한 것이 아니겠는가? 그러므로 이 사건 담보계약은 A가 정상적인 영업활동의 범위 내에서 취득할 돼지를 당연히 목적물에 포함시키는 것으로 하여 체결된 것이라고 해석하여야 하지 않을까?

앞의 大判 88. 12. 27.의 사안에서 명확하게 드러나는 대로, 은행은 이와 같은 경우에 대하여 “환치물건과 신규반입물건 또는 그 물건으로 장래 가공제조되는 반제품, 완제품에 대하여도 **따로 계약하지 아니하고** 전부 소유권을 원고에게 양도”한다는 약정을 계약서에 부가하였다. 그러나 이러한 약정은 반드시 계약서에 명문으로 기재되어야 인정될 수 있는 것이 아니며, 그러한 명문의 약정이 없어도 바로 당사자들이 체결한 담보계약의 합리적인 의미로부터 인정될 수 있는 것이다.

(2) 이 사건 계약서는 ――필자가 입수한 바에 의하면――「양도담보부금전소비대차계약공정증서」라는 제목을 달고 있는 공증된 문서로서, 주된 내용이 인쇄되어 있는 標準書式(내용난 위에 "[제27-1호 서식]" 내지 "[제27-3호 서식]"이라는 표시가 있다)에[22] 당사자들이 개별적으로 약정한 사항만을 별도로 기입하여 작성된 것이다. 거기에는 담보목적물을 기재한 별지 목록이 붙어 있는데, 그 계약서 제 9 조는「양도담보」라는 表題로 "채무자는 위 채무의 이행을 담보할 목적으로 그의 소유인 별지 목록 기재의 물건의 소유권을 점유개정의 방법으로 채권자에게 양도하였고 채권자는 이를 양수하였다"는 것을 정하고 있다. 명백히 이 서식은 집합동산양도담보계약에 적합하지 아니한 것이라고 생각된다. 그것은 특히 위의 大判 88. 12. 27.의 사안에서 본 바 있는 契約에서와 같은 담보물의 변동에 관한 조항을 담고 있지 않은 데서 그러하다.

그러나 그렇다고 해서 이 사건 담보계약을 집합동산양도담보에 관한 계약이 아니라고 할 것은 아니고, 오히려 공증사무의 담당자들이 사무를 효율적으로 처리하기 위하여 마련한 契約書式 중에 집합동산양도담보에 관한 것이 아직 없는[23] 등의 이유로 이 사건 계약서가 당사자들의 진정한 의사를 적절하게 반영하지 못하였던 것이 아닌가 추측된다.

한편 계약서에 계약 당시 담보제공자에게 현존하는 목적물을 列記한 것이 반드시 담보의 목적이 거기에 한정되는 의미를 가지는 것이

---

22) 이 서식은 大韓公證協會, 1993년 改正版 公證便覽(1993), 194면 이하에 "附錄 1"로 수록되어 있는「公證書式集」중 [제27-1, 2, 3호 서식](268면 이하. 연결하여 사용하도록 되어 있다)과 일치한다.

23) 前註에서 본 公證便覽의「公證書式集」에는 집합동산양도담보에 관한 것은 보이지 않는다.

아님은 이미 앞서 본 大判 90. 12. 26.에 의하여 명백하다.

그 외에도 이 점에 대하여 참고가 될 만한 裁判例로서 大判 78. 12. 13, 78다1816(集 26-3, 312)이 있다. 이 사건에서 원고는, 피고의 夫(피상속인)가 원고에 대하여 부담하는 차용금채무가 包括遺贈에 의하여 그대로 피고에게 승계되었다고(민법 제1078조 참조) 주장하여, 피고를 상대로 貸與金請求를 하였다. 여기서는 피상속인이 작성한 유언증서의 내용이 포괄유증에 해당하는가 아니면 특정유증에 불과한가가 다투어졌다. 원심법원(同所, 315면 이하)은, 유언증서에 표시된 유증목적물이 특정토지와 그 지상건물 및 특정한 하천부지의 점용권이라는 사실을 들어 이를 特定遺贈이라고 판단하였다. 그러나 대법원은 이를 파기하면서, "유증한 재산이 개별적으로 표시되었다는 사실만으로는 특정유증이라고 단정할 수 없고 망인의 상속재산이 얼마가 되느냐를 심리하여 다른 재산이 없다고 인정되지 않는 한[이는 아마도 「인정되는 한」의 잘못일 것이다] 이를 포괄적 유증으로 볼 수도 있는 바"이라고 설시하였다.

(3) 그러므로 가령 이 사건 담보계약서에 기재된 「웅돈 10두, 모돈 90두, 자돈 280두, 육성돈 300두」가 계약 당시 A의 돈사에 있는 돼지 전부를 "개괄적으로 추산"하여 표시한 것에 불과하다는 등의 사정이 인정될 수 있다면 더욱이나, 이 사건 담보계약은, 개개의 돼지가 豚舍로부터 이미 출하·판매되었는가, 새로이 들여오고 또는 새로이 출산·사육되었는가와는 관계 없이(위의 大判 88. 12. 27.의 표현에 의하면, "집합물을 구성하는 개개의 물건이 변동되거나 변형되더라도"), 그 전부를 그때그때의 상태에서 목적물로 파악하는 것으로 해석되어야 할 것이다.

Ⅳ. 小　　結

이 사건에서 원심법원이 이 사건의 담보계약을 단순한 양도담보가 아니라 그 특수한 유형으로서의 집합동산양도담보라는 관점에서 파악하고 이 관점을 관철하였다면, 계약체결 후 母豚에서 출생한 새끼돼지를 양도담보목적물인 元物로부터 산출된 天然果實이라고 하여 「양도담보목적물의 천연과실의 소유권 귀속」이라는 법률문제로 나아갈 필요 없이, 애초 그 **계약의 해석상** 그것이 담보의 목적물에 포함되는지 여부를 바로 판단하였을 것이다.

그러한 의미에서 對象判決은 법관이 개별적 사실관계를 파악하는 「준거틀」로서의 法的 前理解(Vorverständnisse)가 매우 중요한 의미가 있음을 알게 한다.[24] 우리가 재판에서 「사실관계」라고 부르는 것은 문자 그대로의 사실이 아니라 실제로는 그것을 이미 법관의 어떠한 법적 전이해에 비추어 해석한 결과의 加工物이다. 예민한 實務家라면 다 알고 있는 대로, 그러한 「사실관계」의 인정이 초점을 잃어 사태를 제대로 반영하지 못하고 있으면, 이에 대하여 적용하는 「법」이 아무리 整然하고 納得할 만한 것이라도, 그 적용이 때로는 허공에 대고 칼을 휘두르는 것과 같은 결과를 낳을 수도 있는 것이다.

(저스티스 30권 1호(1997), 107면 이하 所載)

---

24) 이 문제에 대하여는 우선 Josef Esser, *Vorverständnis und Methodenwahl in der Rechhtsfindung. Rationalitätsgarantie der richterlichen Entscheidungspraxis*, 2. Aufl.(1972) 참조.

14. 債權假押留 後 債務者와 第3債務者 간의 契約關係 消滅에 관한 合意의 效力

──大法院 1998년 1월 23일 판결 96다53192사건*

[事實關係]

대법원판결로부터 이 사건 사실관계를 파악하면 대체로 다음과 같다.

소외 세중유통주식회사가 피고로부터 이 사건에서 문제된 상가 건물을 매수하여 피고에 대하여 소유권이전등기청구권을 가지고 있었다. 원고는 소외 회사의 피고에 대한 소유권이전등기청구권을 가압류하는 명령을 받았고, 이 명령은 제3채무자인 피고에게 송달되었다. 소외 회사는 이 사건 상가를 점포별로 나누어 제3자들에게 분양하는 계약을 체결하였다. 위 가압류명령의 송달이 있은 후 피고와 소외 회사는 소외 회사의 위와 같은 분양계약상의 당사자 지위를 피고가 인수하는 계약을 체결하였고, 분양계약의 상대방 당사자들, 즉 점포의 受分讓者들은 이 인수에 동의하였다. 그리고 피고는 이에 기하여 위 상가 점포들에 관하여 직접 수분양자들 또는 그들이 지정하는 사람들에게 소유권이전등기를 경료하여 주었다.

원고는 이 사건에서 피고가 이러한 소유권이전등기에 의하여 위

* 판례공보 1998상, 583면.

가압류상의 권리를 침해하였다고 주장하고 불법행위를 이유로 하는 손해배상청구를 한 것으로 추측된다. 원심법원은 이 청구를 기각하였다.

대법원은 다음과 같이 판시하여 원고의 상고를 기각하였다.

[判決趣旨]

"채권의 가압류는 제3채무자에 대하여 채무자에게 지급 금지를 명하는 것이므로 채권을 소멸 또는 감소시키는 등의 행위는 할 수 없고 그와 같은 행위로 채권자에게 대항할 수 없는 것이지만, 채권의 발생 원인인 법률관계에 대한 채무자의 처분까지도 구속하는 효력은 없다고 할 것이다. … 위와 같이 계약인수가 적법하게 이루어진 이상 소외 회사는 계약관계에서 탈퇴하고 계약인수 후에는 특별한 사정이 없는 한 피고나 피분양자들과 소외 회사 사이에는 계약관계가 존재하지 않게 되며 그에 따른 채권·채무관계도 소멸하는 것이[다.] … 그 가압류의 효력은 위와 같이 계약인수에 의하여 소유권이전등기청구권의 발생 원인인 소외 회사와 피고 사이의 매매계약에 따른 채권·채무관계를 소멸시키는 것까지 구속하는 것은 아니므로, 피고가 계약인수에 따라 이 사건 상가의 점포들에 관하여 소외인들[즉 수분양자들 또는 그들이 지정한 사람들] 앞으로 소유권이전등기를 경료하였다고 하여 그러한 사실만으로 가압류채권자인 원고들에 대하여 불법행위가 성립한다고 볼 수는 없다."(점선은 인용자에 의한 생략을, 꺾음괄호 안은 인용자에 의한 부기를 가리킨다. 이하 같다)

[研　　究]

Ⅰ. 序

1. 우선 이 사건 계약인수의 내용과 관련하여 다음과 같은 점을 지적하여 두기로 한다.

(1) 이 사건 대법원판결(이하「對象判決」이라고 한다)과 같은 結論은, 대상판결이 판시하는 法律論을 전제로 하더라도, 단지 피고가 소외 회사의 분양계약상의 당사자의 지위를 인수하여 피고가 수분양자들에게 대하여 소유권이전등기의무를 부담하게 되었고 이제 소외 회사는 그 의무를 부담하지 않는다는 것만으로는 도출되지 아니한다. 이 사건 가압류명령의 대상은 소외 회사가 피고에 대하여 가지는 매매계약에 기한 소유권이전등기청구권이라는 것인데, 수분양자들이 위 계약인수에 의하여 피고에 대하여 직접 소유권이전등기청구권을 가지게 되었다고 해서, 그것으로부터 바로 가압류된 위의 청구권이 소멸한다거나 하는 귀결은 도출되지 않는 것이다.

對象判決은 "계약인수 후에는 특별한 사정이 없는 한 피고나 피분양자들과 소외 회사 사이에는 계약관계가 존재하지 않게" 된다고 설시한다. 그러나 계약인수로 인하여 脫退當事者가 벗어나게 되는「계약관계」란 계약인수의 대상인 바의 그 계약관계에 한하는 것이며, 탈퇴당사자와 잔류당사자 사이에 존재하는 다른 계약관계가 당연히 소멸하는 것은 아니다. 대상판결이 참조로 인용하고 있는 大判 87.9.8, 85다카733등(공보 811, 1544)도, 그 事實關係에 비추어 보면, 탈퇴당사자와 잔류당사자 사이에는 인수계약의 대상이 된 당해 계약관계가 존재하지 않게 된다는 점(구체적으로는 탈퇴당사자는 계약해제권을 가지지 못한다는 점)을 판시하고 있는 것에 그치는 것이다. 그러므로 이 사건에서 보면, 비록 분양계약의 당사자 지위가 소외 회사로부터 피고에게 인수되었다고 해서, 소외 회사와 피고 사이의 이 사건 상가에 관한 매매계약관계가 당연히 소멸한다고는 할 수 없다.

對象判決은 사실관계의 파악에 있어서 피고와 소외 회사 간의 이 사건 계약인수계약 속에는, 분양계약의 당사자 지위의 인수 외에도, 피고와 소외 회사 간의 매매계약을 소멸시키기로 하는 합의, 즉 合意解除의 約定이 포함되어 있었음을 암묵적으로 전제한 것으로 해석된다. 이는 대상판결이 "[분양계약에 대한] 계약인수에 의하여 … 소외 회사와 피고 사이의 매매계약에 따른 채권·채무관계를 소멸시키는 것"이라고 설시하는 데서도 드러난다. 이 점을 아울러 고려할 때 비로소 대상판결은 논리적인 설명의 고리를 다 갖추게 되는 것이다.

(2) 대상판결의 위와 같은 사실관계 파악은, 아마도 이 사건 계약인수가, 피고로부터 이 사건 상가 건물을 매수한 소외 회사가 다시 이를 점포별로 분양하였다는 빈번히 발견되는 거래형태를 기초로 하여 이루어졌으므로, 최초의 매도인인 피고와 최종 매수인인 수분양자들 사이에 ―계약인수에 의하여― 직접의 채권채권관계가 발생됨으로써 피고와 소외 회사 사이의 매매계약관계는 소멸하는 것으로 합의하였을 것이라는 이해에 입각한 것이 아닌가 추측된다.

만일 이러한 추측이 타당한 것이라면, 여기서 만일 피고와 소외 회사 간의 「합의」를 계약인수로서가 아니라 다르게 법적으로 구성하여, 가령 중간생략등기에 관한 합의로 파악할 수도 있지 않았을까 하는 의문을 자연스럽게 제기한다. 그리고 이러한 의문은, 그러한 파악이 허용될 수 있다면, 이는 이 사건에서 문제된 가압류의 효력에 대하여도 의미 있는 영향을 미치지 않았을까 하는 의문으로 이어진다.

그러한 관점에서 보면, 여기서 제기한 문제는 이 사건 評釋의 趣旨와도 결코 무관한 것은 아니다. 즉 이 사건「합의」가 계약인수로도 중간생략등기의 합의로도 파악될 수 있는 내용의 것이라면 더욱이나, 후자의 경우에 당연히 인정되어야 할 가압류의 처분금지효 위반의 점은 전자의 경우에도 인정되어야 하지 않는가 하는 것이다.

2. 한편 이 사건에서와 같이 소유권이전등기청구권이 가압류된 경우와 관련하여서 우선 몇 가지 지적하여 두기로 한다.

(1) 소유권이전등기청구권의 押留에 대하여는 民事訴訟法 제577조 제2항 이하가 정한다.[1] 한편 가압류의 집행에 관하여는 원칙적으로 본래의 강제집행에 관한 규정을 준용하도록 정하여져 있다(民訴 제707조). 그러나 소유권이전등기청구권의 가압류에 대하여는 위 규정이 성질상 준용될 수 없고, 오히려 채권가압류 일반에 관한 법리가 적용되어야 한다고 이해되고 있다.[2] 그런데 채권가압류에 관한 민사소송법 제709조 제3항은 "債權의 假押留에는 第三債務者에 대하여 債務者에게 支給함을 禁하는 命令만을 하여야 한다"라고 정하여, 가압류명령에는 본압류명령과 같이 채무자에 대하여 "債權의 處分과 領收를 禁"하는 명령(民訴 제561조 제1항 참조)은 발하여지지 아니한다.[3] 그럼에도 불구하고 채권가압류명령은 본압류에서와 같이 채무자에 대하여 채권

1) 이에 대하여는 우선 金相哲, "所有權移轉登記請求權에 대한 押留 및 假押留의 效力", 民事判例研究 13집(1991), 269면, 273면 이하 참조.

2) 우선 改正增補 法院實務提要: 強制執行(下)(1993), 642면("가압류의 성질상 보관인을 선임하여 권리이전을 받게 하거나 추심명령을 받아 권리이전을 하게 할 수는 없고 [이는] 본압류로 전이된 후에나 가능하다고 할 것이다)" 및 同 642면, 641면("일반 지명채권의 가압류와 같이 발령법원이 집행법원이 되어 제3채무자에게 결정정본을 송달함으로써 집행한다") 참조.

3) 實務提要(註 2), 642면에 의하면 그 主文은 다음과 같다: "채무자의 제3채무자에 대한 별지목록 기재 부동산의 소유권이전등기청구권을 가압류한다. 제3채무자는 채무자에게 위 부동산에 관한 소유권이전등기절차를 이행하여서는 아니된다." 또한 同 567면도 참조.

의 처분 특히 추심을 금지하는 효력을 가진다고 이해되고 있다. 그 전제로 가압류명령을 債務者에게 송달할 것이 요구되는데, 이는 실무상 행하여지고 있다.[4)]

(2) 소유권이전등기청구권이 압류 또는 가압류된 경우에 이에 위반하여 행하여진 소유권이전등기의 효력에 관하여는 종전에 특히 서로 상반하는 듯한 대법원판결들을[5)] 둘러싸고 논의가 없지 않았다. 그러나 大判(全) 92.11.10, 92다4680(集 40-3, 134)에 의하여 일단 판례의 태도는 정리되었다고 보아도 좋을 것이다. 이에 의하면 소유권이전등기청구권의 압류나 가압류는 부동산 자체의 처분을 금지하는 對物的 效力이 없으며, 따라서 압류채권자 등은 제3채무자나 채무자로부터 소유권이전등기를 넘겨받은 제3자에 대하여 그 등기가 원인무효라고 주장하여 말소를 청구할 수 없다는 것이다.[6)] 그러므로 제3채무자가 채무자를 거치지 않고 제3자에게 막바로 부동산을 양도하고 소유권이전등기까지 경료하여 준 경우에도 가압류채권자는 그 등기의 말소를 청구할 수 없게 된다.[7)]

그러면 소유권이전등기청구권을 가압류한 채권자는 가압류를 무의미하게 하는 위와 같은 사태에 처하여 어떠한 구제수단을 가지는가?

---

4) 實務提要(註 2), 636면 이하. 鈴木忠一 等 編集, 注解 強制執行法(4)(1978), 368면, 371면 이하(時岡泰 집필)도 참조.

5) 大判 89.5.9, 88다카6488(集 37-2, 41; 공보 851, 895)(단 처분금지가처분의 사안); 大判 90.6.22, 89다카19108(集 38-2, 89; 공보 878, 1538). 앞서 본 註 1의 글은 후자의 판결을 비판한 判例硏究이다.

6) 그 이유는 요컨대 "소유권이전등기청구권에 대한 압류나 가압류는 채권에 대한 것이지 등기청구권의 목적물인 부동산에 대한 것이 아니고, 채무자와 제3채무자에게 결정을 송달하는 외에 현행법상 등기부에 이를 공시하는 방법이 없는 것으로서 당해 채권자와 채무자 및 제3채무자 사이에만 효력을 가지며, 압류나 가압류와 관계 없는 제3자에 대하여는 압류나 가압류의 처분금지적 효력을 주장할 수 없"다는 것이다.

7) 정연욱, "假押留된 債權의 履行請求와 所有權移轉登記請求權에 대한 押留나 假押留에 위반되는 登記의 效力", 대법원판례해설 18호(1992년 하반기)(1993), 425면, 437면 이하 참조.

위 판결에 의하면, "이전등기청구권에 대한 가압류가 있으면 그 변제금지적 효력에 의하여 제 3 채무자는 채무자에게 임의로 이전등기를 이행하여서는 안 될 것이고, 이를 이행하여 채무자가 이를 처분한 결과 채권자에게 손해를 입힌 때에는 배상책임을 진다고 보아야 할 것"이라고 한다.[8] 이 사건에서 가압류채권자인 원고가 제 3 채무자인 피고를 상대로 하여 不法行爲를 이유로 하여 손해배상청구를 하는 것은 바로 이러한 法理를 배경으로 한 것이라고 추측된다.

3. 本稿에서는 소유권이전등기청구권이 가압류된 경우를 떠나 보다 일반적으로 채권압류(또는 가압류) 후에 채무자와 제 3 채무자가 채권 발생의 원인이 되는 계약관계를 소멸시키기로 하는 합의를 한 경우에 그 합의가 압류의 처분금지효에 위반되지 않는가 하는 문제를 다루어 보고자 한다. 그 전에 민사소송법이나 강제집행법을 전공으로 하지 아니하는 筆者가 이러한 문제에 대하여 관심을 가지기에 이른 事實的 經過를 약술함으로써 혹 있을지도 모를 「領域侵犯」의 비난에 대하여 변명하고자 한다.

(1) 필자는 전부터 債權의 第三者效라는 문제와 관련하여 소위 「相對的 無效(relative Unwirksamkeit)」라는 法構成에 대하여 관심을

8) 이 「배상책임」은 不法行爲의 성질을 가지는 것이라고 하겠다. 이 판결에 대한 「판례해설」에 의하면, 가압류채권자가 현재의 등기명의인에게 그 말소를 청구할 수 없다고 하더라도 "제 3 채무자에 대하여 배임의 책임을 묻[을]··· 수 있음"은 별론으로 한다는 것이다. 정연욱(註 7), 437면 참조. 또한 최근의 大判 98. 5. 29, 96다11648(공보 98하, 1738)도 "불법행위를 구성"한다고 明言한다. 한편 金相哲(註 1), 282면 이하는, 제 3 채무자가 채무자에게 소유권이전등기를 경료한 경우에 대하여, ① "제 3 채무자는 압류채권자에 대한 관계에서 채무자에 대한 所有權移轉登記義務의 이행불능으로 인한 손해배상의무를 부담하게 되"는데, ② "위 손해배상채권에 대하여 所有權移轉登記請求權의 假押留, 押留의 效力이 미치"므로, ③ 압류채권자는 "위 손해배상채권에 대하여 推尋命令, 押留命令을 얻어 채권의 만족을 얻어야 할 것"이라고 한다. 그러나 ①이 무엇을 의미하는지 잘 이해되지 아니하고, 과연 ②와 같은 효력이 허용되는지 의문이며, ③은 압류채권자에게 지나치게 번거로운 절차를 강요하는 것이 아닌가 생각된다.

가지고 있다. 이 문제를 탐색하여 가다 보면, 그 법구성을 실정적으로 채택한 것으로 이해되고 있는 독일민법 제135조, 제136조에 부딪치게 된다. 독일민법 제135조 제1항 제1문은 "어떠한 대상에 대한 처분이 특정한 사람의 보호만을 목적으로 하는 법률상 양도금지(gesetzliches Veräußerungsverbot)에 위반하는 경우에는 그 처분은 **그에 대하여서만** 효력이 없다"라고 정하고,[9] 제136조는 "법원이나 기타의 관청이 그 권한 내에서 명한 양도금지도 제135조에서 정하여진 종류의 법률상 양도금지와 同視된다"고 정한다. 그리하여 제135조 제1항 제1문이 실제에 있어서 주로 적용되는 것은 법원이 명한 처분금지, 즉 押留 또는 假押留나 假處分의 경우이다(독일민사소송법 제829조 제1항 제2문, 제935조, 제938조 참조. 그 외에 同法 제803조, 제1019조, 독일강제집행법 제20조, 제23조도 참조).[10] 결국 제135조의 법적 의미는 압류·가압류·가처분의 효력이 무엇인가를 탐색하는 것을 통하여 보다 명확하게 이해될 수 있는 것이다.

(2) 한편 합의해제(또는 해제계약)나 합의해지(또는 해지계약)에 대하여는 그 효력을 해제권 등의 행사로 하는 해제 등과 동일하게 파악하는 것이 종래의 판례나 학설의 일반적 태도라고 생각된다. 그러나 필자는 이에 대하여 의문을 가지고 있다. 이 글은 그 의문의 一端을 표명한다는 의미도 있는 것이다.

---

9) 여기서는「양도금지」의 경우만이 明定되고 있다. 그러나 同項 제2문("강제집행 또는 가압류에 의하여 행하여지는 처분도 법률행위에 의한 처분과 동시된다")이나 입법자의 의사 등에 비추어 볼 때, 同規定은 단지「양도」가 금지된 경우에 한정되지 아니하고 소멸(포기와 같은) 또는 부담설정을 포함하여 넓게「處分(Verfügung)」이 금지된 경우도 포함한다고 일반적으로 이해되고 있다. 우선 Karl Larenz, *Allgemeiner Teil des deutschen Bürgerlichen Rechts,* 7. Aufl.(1989), § 23 Ⅳ(S.472) 참조.

10) 우선 Larenz(前註), 同所: "제135조가 전제하는 대로, 일정한 사람의 보호만을 목적으로 하는 직접 법률에 기한 처분금지가 존재하는지 의문이다. 그러한 법률상 금지에 대한 설득력 있는 예는 찾아보기 어려운 것이다. … 그러므로 제135조의 主意味는 제136조와의 결합에서 찾게 된다."

Ⅱ. 우리 나라의 裁判例와 學說

1. 裁 判 例

우리 실무는 다음에서 보는 대로 이 문제에 대하여 확고한 태도를 취하고 있다. 요약하면 채권의 가압류는 채무자에 대하여 채권 그 자체을 처분하는 효력을 가지나 채권의 발생원인인 계약관계에 대한 채무자의 처분을 금지하는 것은 아니며, 거기서 허용되는 「처분」에는 계약의 합의해제나 합의해지 또는 계약당사자지위의 인수 등도 포함된다는 것이다. 이하에서 살펴보는 우리 나라의 재판례는 모두 일회적 급부를 내용으로 하는 계약관계에 관하여 채권압류 후에 이 계약을 소멸시키는 합의가 행하여진 사실관계에 대한 것이고, 이 점은 留念할 만하다.

(1) 大判 82. 10. 16, 82다카508(集 30-3, 179)

이 煩瑣하기 짝이 없는 판결의 사실관계를 요약하면 대체로 다음과 같다.

A 회사가 서울시로부터 대형 상가의 건립용지로 41억원에 2만여 평방미터의 토지를 매수하는 계약을 체결하고, 대금을 5차에 걸쳐서 나누어 지급하되 매수인의 책임 있는 사유로 계약이 해제되는 경우에는 계약금(제1차 대금)의 반환을 청구하지 못한다는 내용으로 약정하였다. 피고(신용보증기금)는, A 회사가 위 계약이 해제되는 경우에 반환받을 매매대금 중 16억여 원에 대하여 채권가압류결정을 받았다. 그런데 A 회사는 계약금만을 지급하고 나머지 대금을 기일에 지급하지 못하자 원고에게 그 지급을 의뢰하여, 원고가 A 회사의 이름으로 14억여 원을 납입하였다. 그 후 원고는 한편으로 A 회사와의 사이에, A

회사가 지급한 대금 등을 원고로부터 정산받는 한편으로 A 회사로부터 나머지 대금지급채무를 인수하는 것 등을 내용으로 하는 계약을 체결하였다. 이어서 원고는 A 회사 및 서울시와의 사이에 "市有財産賣買更新契約"(이하 「이 사건 갱신계약」이라고 한다)을 체결하여, 아직 지급하지 못한 매매대금 및 연체료의 지급시기 및 조건에 관하여 약정하였다. 그런데 원고가 그 약정을 지키지 못하자, 서울시는 이 계약을 해제하였다.

원고는 이 사건에서 第三者異議의 訴를 제기하였는데, 그것은 아마도 위 계약의 해제로 인하여 발생하는 매매대금반환채권은 원고에게 속하며 A 회사의 것이 아님을 청구원인으로 한 것이라고 추측된다.

原審은, 이 사건 갱신계약은 원래의 매매계약의 당사자로서의 지위를 인수하는 계약인데 그것이 위 가압류 후에 행하여졌으므로 이로써 가압류채권자인 피고에 대하여 효력이 없다고 하여 원고의 청구를 기각하였다. 大法院은 원고의 상고를 인용하여 원심판결을 파기하였는데, 여러 가지 이유를 대고 있다.

첫째, 이 사건 갱신계약에 대하여 그 법적 성질이 계약당사자 지위의 인수라고 하는 원심의 판단은 잘못이라고 한다. 왜냐하면 관련 계약서나 서울시의 계약해제통지서 등을 보면, 이 사건 갱신계약에도 불구하고 서울시와 A 회사 사이의 원래의 매매계약은 그대로 남아 있다고 해석될 여지가 있기 때문이다. 둘째, 장래의 채권도 가압류할 수는 있지만 적어도 "현재 그 권리의 특정이 가능하고 그 가까운 장래에 발생할 것임이 상당 정도 기대"될 수 있다는 요건을 갖추어야 하는데, 이 사건의 사실관계에 비추어 보면 이 사건 가압류가 그 요건을 갖추었다고 볼 수 없다고 한다. 셋째, "채권의 가압류는 제3채무자에 대하여 채무자에게 지급금지를 명하는 것이므로 임의변제, 강제집행에 의한 변제의 수령, 채권의 이전행위, 면제, 상계 등 채권을 소멸시키는 행위나 채권의 가치를 감소시키고 또는 조건의 성취를 방해하는 등의 행위를 할 수 없고 이와 같은 사실을 채권자에게 대항할 수는 없다고 하더라도 채권의 발생원인인 법률관계에 대한 채무자의 처분까지 구속할 효력은 없다"고 전제하고, 원심판결에는 "채권 발생의 원인 되는 법률관계와 그 채권을 혼동한 흠이 있"다고 하였다.

本稿에서 다루는 문제와 관련되는 것은 이 중 「셋째」임은 물론이다. 그 의미는 반드시 명확하지 아니하나, 이를 일반화하여 말하자면 채권가압류에 있어서 채무자와 제 3 채무자가 제 3 자와 함께 이 사건 갱신계약과 같은 계약을 체결한 경우에는 그로 인하여 가압류의 대상인 채권에 불리한 영향을 미치더라도 그 계약의 효력은 가압류에 의하여 영향을 받지 아니한다는 것이 되지 않을까 생각한다. 그런데 이 대법원판결로부터는 이 사건 갱신계약에 의하여 가압류된 채권에 미치게 되는 「불리한 영향」을 미치는 것이 무엇인지를 전혀 알 수 없다. 그러므로 단순한 抽象論의 차원이 아니라 이 사건의 사실관계 아래서 위와 같은 설시가 타당한 것인지 여부는 쉽사리 판단할 수 없다.

그 외에도 위 대법원판결이 가지는 先例로서의 價値 또는 意味를 크게 평가할 수 없게 하는 다른 사정들이 있다.

우선 위 「셋째」의 판시는 그야말로 부가적인 판단, 즉 傍論에 불과하고, 사건 해결에 영향을 미치지 아니한다. 만일 「둘째」의 판시에서 보는 대로 위 가압류가 가압류적격이 없는 대상에 대하여 행하여진 것이어서 효력이 없다고 한다면, 더 나아가 과연 그 후에 행하여진 이 사건 갱신계약에 대하여 그 가압류가 어떠한 효력을 가지는가를 굳이 판단하여야 할 이유는 없는 것이다.

또 보다 중요한 것은 위 「첫째」의 판시에서 보는 대로 만일 이 사건 갱신계약에도 불구하고 원래의 매매계약이 그대로 존속하는 것이라면 이 사건 갱신계약에 의하여 가압류된 채권의 발생원인이 된 법률관계에 대하여 무슨 처분이 있다고 하기는 어렵지 않을까. 만일 그렇다면 가압류채무자가 그 법률관계에 대하여 한 처분이 가압류채권자에 대한 관계에서 효력이 있는가 하는 문제는 애초 제기될 필요가 없는 것이다. 이 「첫째」의 판시는 단지 채증법칙 등의 위반을 지적하는 것뿐이므로 혹 사건을 환송받은 원심이 이 사건 갱신계약을 그대로 계약당사자 지위의 인수라고 해석할 것에 대비하여 주의적으로 「셋째」의 판시를 덧붙인 것인지도 알 수 없으나, 어쨌거나 釋然치 않은 점이 있다.

(**2**) 大判 91.11.12, 91다29736(공보 911, 109)

이 사건에서는 B 회사가 피고(한국수출산업공단)로부터 공업단지관리법에 따라 공업단지 내의 공장부지를 매수하는 계약을 체결하였는데, 그 후 원고가 B 회사의 피고에 대한 소유권이전등기청구권을 가압류하였다. 그 후 피고와 B 회사는 "위 계약이 없었던 것으로 합의하고" 피고는 B 회사에게 분양대금 등을 모두 반환하였다. 원고는 이 사건에서 피고를 상대로 손해배상청구를 하였다.

대법원은, 위 (1)의 大判 82.10.26.을 인용하면서, 채권의 가압류는 채권의 발생원인인 법률관계에 대한 채무자의 처분을 구속하는 효력이 없다고 판시하고, 원고의 상고를 기각하였다.

이 사건의 사실관계에서 특이한 것은, 위 가압류가 있기 전에 이미 피고는 위 법의 규정에 기하여 B 회사와의 계약을 해제(판결문에서는 「해지」라고 하나, 의문이다)할 수 있는 권한을 가지고 있었다는 점이다. 그러므로 가압류채권자와의 관계에서 보면, 가압류된 소유권이전등기청구권은 피고의 의사에 좇아 소멸할 처지에 있는 것이었다. 피고는 위 계약을 해제한다는 의사를 표시하지는 아니하였지만, B 회사가 위 가압류결정이 있은 후 "還買申請"을 하자 이를 받아들여 위와 같은 합의를 하였다는 것이다. 이와 같이 피고는 위 계약을 소멸시킬 의사를 가지고 있었으므로 위 가압류는 목적을 어차피 달성할 수 없고, 따라서 결과적으로 가압류채권자인 원고로서는 그를 상대로 불법행위청구권을 가질 수 없을 것이었다.

그런데도 대법원은 "어차피 위 계약이 없었던 것으로 합의한 것은 바로 그 계약의 합의해제라고 보지 못할 바 아니"라고 판시하여, 문제의 抽象論이 바로 채무자와 제3채무자 사이의 계약해제의 합의에 적용이 있음을 정면으로 판시한 것이다. 그리하여 가령 『實務提要』는 이 판결을 인용하여 다음과 같이 말하고 있다.

> "채권가압류 집행 후에 채무자와 제3채무자와의 사이에 변제 이외의 방법으로 피압류채권을 소멸시키는 행위를 한 경우의 효력이 문제로 된다. 판례는 채권을 소멸 또는 감소시키는 등의 행위 등은 할 수 없고 이와 같은 사실을 가지고 채권자에게 대항할 수 없으나 채권의 발생원인인 법률관계에 대한 채무자의 처분(예컨대 계약의 **합의해제** 등)까지를 구속할 효력은 없다고 한다."[11](강조는 인용자. 이하 같다)

(3) 大判 97.4.25, 96다10867(공보 97상, 1564)

이 사건에서는 피고가 A로부터 A 소유의 주택을 보증금 2천5백만원, 기간은 1993년 7월 16일부터 1년으로 정하여 임차하는 계약을 체결하였다. 그런데 그 중 잔금 1천2백만원의 지급기일이 되기 전인 1993년 7월 7일에 원고가 A의 피고에 대한 위 잔금청구채권을 가압류하는 명령을 받았고, 이 명령은 동년 7월 16일 제3채무자인 피고에게 송달되었다. 그럼에도 임차인인 피고는 동년 7월 19일 잔금을 모두 임대인 A에게 지급하고 위 주택에 입주하였고 그 후에도 계약을 갱신하여 계속 거주하였다. 원고는 1995년 1월에 위 가압류를 본압류로 전이

11) 實務提要(註 2), 637면.

하는 압류 및 추심명령을 받았고, 이 명령은 동월 19일에 피고에게 송달되었다. 그리고 원고는 피고를 상대로 이 사건 추심금청구소송을 제기하였다. 그러자 이 소송이 係屬中인 동년 6월 피고는 임대차계약을 「해지」하고 보증금을 반환받음과 동시에 A에게 위 주택을 인도하였다.

원심법원은 원고의 청구를 기각하였는데, 대법원은 다음과 같이 판시하여 원고의 상고를 기각하였다.

> "채권이 가압류되면 그 효력으로 가압류채권을 처분하더라도 채권자에게 대항할 수 없고, 또 채무자는 가압류채권에 관하여 제3채무자로부터 변제를 받을 수 없으므로, 제3채무자인 피고가 가압류채무자인 A에게 임차보증금 잔금을 지급한 것은 가압류결정의 효력에 의하여 가압류채권자인 원고에게 대항할 수 없다. 그러나 피고로서는 임차보증금잔금채권이 가압류되어 있다고 하더라도 그 채권을 발생시킨 기본적 계약관계인 임대차계약 자체를 해지할 수 있는 것이고, 따라서 피고와 A 사이의 임대차계약이 해지된 이상 그 임대차계약에 의하여 발생한 임차보증금 잔금채권은 소멸하게 되고, 이를 대상으로 한 압류 및 추심명령 또한 실효될 수밖에 없다."

이 판결의 사안에서 피고가 한 「해지」가 法定解止인지 아니면 合意解止인지는 명확하게 드러나 있지 않다. 이 사건 임대차계약에는 住宅賃貸借保護法이 적용되는 것으로 보이는데, 그렇다면 임대차기간은 2년이 되므로(同法 제4조 제1항) 계약이 「해지」되었다는 1995년 6월에는 아직 그 기간이 만료하지 않았고, 달리 법정해지권이 인정될 만한 사정은 엿보이지 아니하여서, 아마도 위 해지는 합의해지라고 추측된다.

여기서 주목되는 것은, 압류된 대상이 임대인이 가지는 임대차보증금청구채권이라는 점이다. 임대차계약에서 보증금을 지급하여야 할 임차인의 의무는 차임지급의무와는 달리 一回的 給付義務이고, 또 보증금은 목적물 용익의 대가의 적어도 일부로서의 의미를 아울러 가지는데 이 사건 임대차계약에서는 보증금 외에 용익대가로 공여되는 것이 없으므로(그러한 의미에서 이 사건 계약은 傳貰契約이다) 그 지급의무는 매매에서 대금지급채무와 같은 지위를 차지한다. 물론 이미 지급된 보증금은 매매에서와는 달리 임대차관계가 종료되면 임차인에게 반환되어야 하나, 아직 지급되지 아니한 단계에서는 그렇게 말할 수 있다. 그러므로 이 사건에서 임대차계약이 합의해지되어 이제 보증금지급채무가 소멸하였다고 하여도, 이는 매매가 합의해제되어 아직 지급하지 아니한 대금채권이 소멸한 것과 마찬가지로 이해되어도 좋은 것이다. 그렇게 보면 이 판결은 결국 매매계약과 같은 一回的 급부를 내용으로 하는 계약에 있어서 그 계약상의 주채권이 압류된 후에 계약당사자가 그 계약관계를 소멸시키기로 하는 합의를 하더라도 이는 압류의 효력에 반하지 않는다는 태도를 밝힌 것이라고 이해될 수 있다.

그러한 의미에서 本稿에서 다루는 문제에 관한 「판례」는 이 판결로써 굳어졌다고 하여도 좋을 것이다.[12] 그리고 이에 沿하여 이제 對象判決이 나온 것이다. 여기서도 우리 나라에서 「判例」가 형성되어 가는 力學의 하나를 엿볼 수 있는데, 그것은 선행의 재판이 별다른 必然性도 없이 설시한 抽象的 法律論이 후행의 재판에서 그 자체로서 마치 하나의 법규정처럼 구속적으로 작용하여 결론을 좌우하는 불가결의 논리적 고리를 이루게 됨으로써 결국 이로써 正式의 「先例」로서의 의미를 가지게 된다는 것이다.

한편 위 판결의 결론은 일견 奇異한 느낌을 준다. 즉 피고가 임대차관계 존속 중에 A에게 보증금 잔금을 지급한 것은 일단 가압류의 효력에 반하는 것이었는데 임대차계약이 「해지」되자 돌연 이는 유효하게 되어서 오히려 압류의 효력이 상실되는 것이다. 그렇다면 채무자

12) 이 대법원판결은 아무런 참조판결도 인용하고 있지 않다.

와 제3채무자는 그 합의로 얼마든지 압류의 효력을 左右할 수 있다는 결과가 된다. 도대체 압류의 처분금지효란 그만큼 實이 없는 것인가, 또는 그만큼 實이 없어도 되는 것인가?

2. 學 說

우리 學說은 대체로 위와 같은 문제를 별로 의식하지 못하고 있는 듯하다. 債權押留의 채무자에 대한 효력과 관련하여서 "押留가 있다 하여도 被押留債權을 발생시킨 기본적 법률관계의 처분이 금지되는 것은 아니"라고 하는 서술은 일반적으로 발견될 수 있다.[13] 그런데 그 예로 드는 것은, 급료채권이 압류된 경우 退職을 한다든가 차임채권이 압류된 경우에 賃貸借契約을 해지하는 것 등이다.[14] 여기서 말하는 「退職」이 고용계약의 解止를 의미함에는 의문이 없는데, 그것이 과연 고용기간의 정함이 없는 경우에 당사자가 가지는 자유로운 解止權(민법 제660조 제1항 참조)을 의미하는 것인지, 아니면 合意解止와 같이 일방적 해지권의 행사에 의하지 아니한 경우를 포함하는지 명백하지 아니하다. 이는 임대차계약의 해지에 대하여도 마찬가지이다.

Ⅲ. 外國의 경우

여기서는 우리의 법리에 다소간 영향을 미치는 것으로 생각되는 독일과 일본의 경우에 한정하기로 한다.

---

13) 가령 朴斗煥, 新強制執行法(1991), 229면; 方順元, 全訂改版 民事訴訟法(下)(1987), 272면 등.

14) 方順元(前註), 同所는 "消費貸借契約, 賃貸借契約, 雇傭契約을 解止하거나 혹은 일단 廢棄하였다가 새로이 締結하는 것, 그 內容을 變更하는 것 등"의 예를 든다.

1. 獨　逸

독일민사소송법 제829조 제 1 항은 "金錢債權을 押留하는 때에는 法院은 第三債務者에 대하여 債務者에게 支給하는 것을 금지하여야 한다. 동시에 法院은 채무자에 대하여 債權의 處分, 특히 그 推尋을 금지하여야 한다"고 정한다. 이 규정의 해석과 관련하여, 가장 표준적인 註釋書는 "채무자에게 금지된 것은 압류된 채권과 그 從된 권리에 대한 처분만이다. … 그 채권이 기초적 법률관계의 구성부분에 불과한 경우에는, 이에 대한 처분이 채권에 영향을 미치는 경우에라도 원칙적으로 그 처분은 배제되지 아니한다"고 하면서도, 바로 이어서 그 具體的인 例로 드는 것은 다음과 같은 경우이다. "그러므로 특히 차임이나 급료 또는 이에 유사한 [독일민사소송법] 제832조의 금전채권의[15] 압류에 있어서는 채무자가 임대차관계나 고용관계를 종료시키거나, 나아가 그것이 **사실관계에 비추어 객관적으로 요청되는 경우**에는 이를 변경하는 것을 방해받지 아니한다. 또한 채무자는 압류 전에 약정된 해제권을 유효하게 행사할 수도 있다. [탈퇴시에 받을] 조합원의 持分價額償還請求權(Abfindungsanspruch)에[16] 대한 압류는 조합지분의 양도를 방해하지 아니한다."[17]

---

15) 독일민사소송법 제832조: "급료채권 또는 이에 유사한 繼續的 收入을 내용으로 하는 채권을 압류함에 의하여 성립하는 質權은 압류 이후에 변제기가 도래한 금액에도 미친다." 독일의 강제집행에서는 우리 나라와는 달리 채권자가 그 채권에 기하여 채무자의 동산이나 채권을 압류한 때에는 그 피압류목적물 위에 질권이 성립한다(同法 제804조). 이 질권을 押留質權(Pfändungspfandrecht)이라고 한다. 위 제832조에서 정하는 質權은 이 압류질권을 가리키는 것이다. 동산이나 채권의 假押留(Arrest)에 의하여서도 압류질권이 성립한다(同法 제930조). 즉 독일에서는 채무자에 대하여 가장 먼저 강제집행을 한 채권자가 이러한 압류질권을 취득함으로써 결국 다른 일반채권자에 우선하여 滿足을 얻을 수 있다.

16) 독일민법 제738조 참조. 조합원이 조합을 탈퇴하는 경우에 탈퇴조합원이 다른 조합원에 대하여 가지는 持分計算請求權을 말한다. 우리 민법에서는 제719조에서 정한다.

17) Stein/Jonas/Brehm, § 829 ZPO Rn. 95(21. Aufl.(1994)).

여기서는 우선 임대차·고용·조합과 같은 계속적 계약관계를 당사자가 그로부터 발생하는 개별적 채권이 압류되었음에도 불구하고 종료시킬 수 있음이 지적되고 있다. 여기서 終了原因에 따른 제한이 없는지에 대하여는 언급이 없어서, 가령 계약기간 종료 전에 合意解止하는 것이 가능한지는 명확하지 아니하다. 그런데 그 계약의 變更에 관하여 "사실관계에 비추어 객관적으로 요청되는 경우에는(soweit es durch die Sachlage objektiv geboten ist)"이라는 制限節을 달고 있어서, 그에 의하여 한정을 받는다는 의미가 아닌가 추측된다. 한편 매매와 같은 一回的 契約關係의 종료에 대하여는 단지 "압류 전에" 약정해제권이 유보되었으면 압류 후에라도 이를 행사할 수 있다고 할 뿐이다. 오히려 이는 압류 후에 합의해제를 하거나 새로이 해제권 유보에 관한 약정을 하여 그 행사로 계약을 종료시키는 것은 허용되지 않는다고 해석될 여지조차 있다.

나아가 다른 註釋書도, "채무자는 채권 자체에 대한 처분만이 금지된다. 그러므로 예를 들면 채권의 기초를 이루는 채권관계에 작용함으로써 압류를 무력하게 하는 것은 방해받지 아니한다. 왜냐하면 처분금지효는 채권의 기초적 법률관계는 대상으로 하지 아니하기 때문이다"라고 하면서도, 이어서 그 예로 "그러므로 채무자는 [독일민사소송법] 제832조에 따라 장래의 차임채권을 압류한 경우에는, 그가 제3채무자[즉 임차인]에 대한 관계에서 관련된 임대차법상의 요건이 갖추어졌다면, 임대차관계를 해지할 수 있고, 또는 독일민법 제326조 제1항 제2문 제2경우에[18] 기하여 발생하는 권리를 행사하여 계약을 해제할 수 있다"고 말하는 것이다.[19] 이렇게 보면, 집행채무자가 임대차관계 기타 계속적 계약관계를 소멸시킬 수 있다고 하는 것도 법률이

18) 이는 雙務契約에서 일방당사자의 채무의 履行遲滯를 이유로 하는 法定解除權의 발생을 정한다. 대체로 우리 민법 제544조 본문에 해당한다.

19) MünchKomm/Smid, § 829 ZPO Rn. 44(Bd. 3(1992), S. 177).

정하는 해지권의 발생요건이 갖추어졌다면 이를 행사할 수 있다는 것일 뿐이고, 또 이는 매매와 같은 일회적 계약관계의 경우에도 다를 바 없다는 것이다.[20]

나아가 약정해제권 또는 법정해제권이 있는 경우에 대하여는 보다 엄격하게 해석하여 압류 후에는 압류채권자의 동의를 얻어야만 유효하게 행사될 수 있다는 견해도 있다.[21] 이는 독일민법 제1276조를 준용한 결과인데, 同條는 권리질권에 있어서 入質된 권리를 법률행위에 의하여 소멸시키거나 그 내용을 불리하게 변경시키려면 질권자의 동의를 얻어야 한다고 정한다.[22] 그리고 이 견해는 이어서 "계약의 실효는 급부의무를 소멸시키는데, 이는 처분금지에 반하여 압류된 채권의 소멸을 일으키는 것"이라고 덧붙인다.[23]

이상으로 매우 부족하게나마 살펴보면, 오히려 독일에서는 적어도 매매와 같은 일회적 급부를 내용으로 하는 계약관계에 관한 한 압류된 채권의 발생원인인 계약관계를 해제권 등의 행사에 의하지 아니하고 합의해제하는 등으로 소멸시키는 것은 압류의 효력에 반하여 허용되지 않는다는 태도를 취하는 것이 아닌가 조심스럽게나마 推測하게 한다.

---

20) 그 외에 가령 Baur/Stürner, *Zwangsvollstreckungs-, Konkurs- und Vergleichsrecht*, 11. Aufl. (1983), Rn. 505(S.212f.)도 "債權이 발생한 법률관계(예를 들면 고용관계)를 해지할 수 있다"고만 한다.

21) Zöller/Stöber, § 829 ZPO Rn. 18(16. Aufl. (1990), S. 1931).

22) 대체로 權利質權에 관한 우리 민법 제352조("質權設定者는 質權者의 同意 없이 質權의 目的된 權利를 消滅하게 하거나 質權者의 利益을 해하는 變更을 하지 못한다")에 대응한다.

23) 반대로 Brox/Walker, *Zwangsvollstreckungsrecht*, 4. Aufl. (1993), Rn. 619(S. 363)은, "집행채무자는 일방적으로(예를 들면 임대차계약의 해지) 또는 제3채무자와의 합의(예를 들면 임대차계약의 변경)에 의하여 [압류된 채권이 그로부터 발생한] 법률관계에 작용하여서, 이를 통하여 압류된 채권이 영향을 받도록 할 수 있다"고 한다.

2. 日 本

(1) 우선 판례는 전체적으로 否定的인 立場에 기울어진다고 할 것이다.

우선 大審院의 1931년 4월 15일 판결(大審院裁判例 5권, 68면)은, 馬匹交換契約에 기한 40圓의 채권에 대하여 假押留執行이 행하여진 후 채무자와 제3채무자 사이에 위 계약을 "해제하는 합의는 가압류의 목적인 채권의 소멸을 목적으로 하는 것에 다름아니므로, 위 합의의 효력은 가압류신청의 基本인 상고인의 채권을 해치는 범위에서는 상고인에게 이를 대항할 수 없다"고 한다. 나아가 大審院의 1937년 7월 8일 판결(判決全集 4집 13호, 20면)도, "압류의 목적인 채권이 압류 당시 이미 그 채권 자체에 부착하고 있는 사유에 기하여 압류 후에 소멸하기에 이른 경우에는 그 소멸을 가지고 압류채권자에게 대항할 수 없으나, 압류 후에 채무자와 제3채무자 사이에 새로운 합의에 기하여 그 채권을 소멸시키는 내용을 약정하여도 그러한 계약은 압류채권자에 대하여는 효력이 없다"고 하고, 매매대금채권이 압류된 후 채무자와 제3채무자가 매매계약을 합의해제하는 등의 계약은 압류채권자에게 대항할 수 없다고 판시하였다.

한편 下級審인 名古屋高裁의 1953년 4월 13일 판결(下民集 4-4, 509)은, 賣買代金殘金債權이 압류되었는데 후에 매매계약이 합의해제된 사안에서 "민사소송법 제750조 제3항[우리 민사소송법 제709조 제3항]에 의하면, …라고 정하고 있어서 가압류채권자에 대하여 특히 실체법상의 물권 또는 채권을 취득시키는 것이라고 해석될 수 없으므로, 抗訴人은 [일본민법 제545조 제1항] 但書에서 말하는 제3자에 포함되지 않는다. 그렇다면 … 본건 가옥의 매매계약을 [합의에 의하여] 해제하는 것에 의하여 항소인이 가압류를 한 채권을 소멸시켰다고 하여도 항소인으로서는 이를 참는 수밖에는 없는 바라 할 것"이라고 한다. 그런데 이 판결은 가압류의 효력이라는 관점에서가 아니라, 가압류채권자가 계약해제가 있어도 영향을 받지 아니하는 우리 민법 제548조 제 1 항 단서의 "第三者의 權利"를 가지는가 하는 관점에서 문제에 접근하고 있다. 일반적으로 계약해제에 있어서 그 계약으로부터 발생한 채권에 대한 압류채권자는 위 규정에서 말하는「제 3 자」에 해당하지 않는다고 설명되고 있으나,[24] 이는 어디까지나 解除權이 행사된 경우에 관한 것이라고 이해된다.[25]

(2) 한편 이 문제에 대한 일본의 학설은[26] 반드시 歸一된 태도를 취한다고는 할 수 없다. 오히려 문제 자체가 명확하게 제시되고 있지 않다고 하는 것이 옳을는지도 모른다.[27]

이 문제에 관한 學說狀況에 대하여는[28] 대체로 임대차·고용 등

24) 우선 郭潤直, 債權各論, 新訂版(1995), 175면; 民法注解[XIII](1997), 317면(金龍德 집필) 참조.

25) 이러한 서술의 연원이라고 추측되는 日本의 大審院 1901년 12월 7일 판결(民錄 7-11, 16)은 도급계약에 있어서 "當事者의 一方이 解除權을 가지고 이를 行使한"(原文으로부터 인용) 사안에 대한 것이다.

26) 이 문제에 관하여는 1980년 10월부터 일본에서 시행된 民事執行法에 의하여 기본적으로 별다른 변화가 있다고 하기 어렵다. 債權押留에 관한 同法 제145조 등에 대하여 우선 中野貞一郞, 民事執行法, 제 2 판(1991), 534면 이하 참조.

27) 賀集唱, "債權假差押後, 債務者と第三債務者との間で被差押債權を合意解除しうるか", 判例タイムズ 197호(1966. 12), 146면 이하 참조.

28) 이에 대하여는 賀集唱(前註), 146면; 鈴木忠一 等 編集, 注解 強制執行法(2)(1976), 300면 註 83(稻葉威雄 집필) 참조. 그러나 宮脇幸彦, 強制執行法(各論)(1978), 122면은 "債務者·第三債務者 사이에서 채권발생의 원인인 법률관계(임대차·고용과 같은 繼續的 법률관계 외에도 매매·도급과 같이 一回的인 給付로 종료하는 계약관계도 포함한다)를 정당한 이유에 기하여 소멸·변경시키는 것은 채권압류에 의하여서도 방해를 받지 아니하며, 그 한도에서 압류의 효력은 상실된다"고 하는데(나아가 "예를 들면 집행채무자가 자발적으로 또는 해고에 의하여 퇴직한 경우에는 그 후의 급료채권의 압류는 실효하는데, 바로 제 3 채무자에게 再雇傭된 때에는 僞裝의 退職(민법 제94조[假裝行爲에 관한 우리 민법 제108조에 해당한다])으로 인정할 것이다. 또 제 3 채무자가 해제권·취소권·감액청구권 등을 행사한 경우도 마찬가지로 채권압류는 전부 또는 일부 실효한다. … 그러나 단순한 合意解除의 경우는 그러하지 아니하다"고도 한다), 그 취지는 계속적 계약관계에서도 정당한 이유가 없으면 합의해지를 할 수 없다는 것이 아닌가 추측된다.

계속적 계약관계로부터 발생하는 이자채권·차임채권·급료채권 등이 압류된 경우에 기초된 계약관계를 합의해지할 수 있음에는 "異論이 없다"고[29] 하고, 그러나 매매계약과 같은 일회적 급부를 내용으로 하는 계약에 있어서는 견해가 나뉜다고 하는 이해가 표시되고 있다.[30]

後者의 일회적 계약관계에 대하여 多數說은 合意解除를 할 수 없다고 한다.[31] 그런데 이와 관련하여서는 경우를 나누어, 매매대금채권이 압류되기 전에 매도인이 그 의무를 다 이행하였는데 그 압류 후에 매매계약을 합의해제하는 것은 매매대금채권의 포기와 같은 것이므로 이는 허용될 수 없으며, 매도인의 의무이행 전에 압류가 된 경우에는 압류 후에도 합의해제를 할 수 있다고 할 것이라는 見解도 있다.[32]

---

29) 兼子一, 增補 強制執行法(1951), 200면; 菊井維大, 民事訴訟法(二)(1953), 171면이 인용된다. 다만 그 경우에도 "債權者를 해할 의도를 가지고 일단 합의해지를 한 다음 종전대로 임차인에게 사용을 계속하게 하는 경우는 별도이다. 허위표시라고 인정되기 때문"이라고 한다. 兼子一, 同, 201면; 賀集唱(註 26), 147면 참조. 前註에서의 宮脇幸彦의 인용문도 참조.

30) 그러나 이러한 理解가 타당한지에는 의문이 없지 않다. 가령 前註에서 인용한 兼子一은 그 예로 "급료의 압류 후이어도 辭職할 수 있고, 차임압류 후라도 기간의 정함이 없는 임대차를 解約하는 것은 무방하다"고 할 뿐이다. 그런데 이들에 대하여는 우리 민법에서와 같이 일반적으로 근로자 또는 임차인에게 解止權이 인정되는 것이다(일본민법 제627조, 제617조 참조).

31) 우선 中務俊昌, "取立命令と轉付命令", 民事訴訟法講座 4권(1955), 1181면. 이에 의하면, 임대차계약과 차임채권과 같이 基本的 契約關係와 支分債權의 관계가 있는 경우에는 後者의 압류에 의하여 前者의 처분이 제한되지 아니하나, 그러한 관계가 없는 "賣買契約과 賣買代金債權에 대하여도 마찬가지로 解할 수 있는가는 특별한 사정이 없는 한 의문이라고 하지 않을 수 없"다고 한다. 또한 註 28 인용의 宮脇幸彦 견해도 同旨라고 이해된다.

32) 賀集唱(註 27), 147면. 한편 同所는, 압류 후에도 합의해제를 할 수 있다는 견해로 田倉, 不動產及び有體動產以外の財產權に對する強制執行手續の硏究(司法硏究資料 9집 3호), 37면(필자 未見)을 인용하고 있다. 그런데 그 인용에 의하면 田倉은 "基本債權과 支分權의 관계가 존재하지 아니하는 경우에는 계약해제를 인정하는 것에 의문을 가지는 [前註에서 본 바와 같은] 說도 있다. 그러나 法定의 節次에 의한 解除인 이상, 압류의 효력이 미치지 않는다고 解하는 길밖에는 없으므로 찬성할 수 없다"고 하여 「法定의 節次에 의한 解除」를 운운하고 있어서, 과연 그 견해가 합의해제에 관한 것인지 의문이 없지 않다.

Ⅳ. 債權押留 後 基礎契約에 대한 合意解除의 許容 與否

1. 一般的 論議

(1) 압류로 인하여 채무자는 피압류채권을 推尋하거나 기타 處分할 수 없게 됨은 물론이다. 허용되지 아니하는 처분에는 양도, 포기, 면제, 상계, 상계계약, 무권리자의 처분에 대한 추인 등과 같이 피압류채권을 소멸시키는 행위는 물론이고, 부담설정도 당연히 이에 해당되며, 나아가 가령 期限猶豫와 같이 권리의 「감소」에 해당하는 경우도 포함된다. 그 외에도 엄격한 의미의 처분이라고 할 수 없는 경우, 예를 들면 조건성취의 방해, 해지의 철회 등도 이에 속한다고 한다.[33]

(2) 이상에서도 알 수 있듯이 압류는 압류채권자를 위하여 집행채무자의 목적물에 대한 처분의 자유를 제약하는 것이다. 그러므로 압류로 인한 처분금지의 효력이 어느 범위에까지 미치는가를 정함에 있어서의 핵심적 문제는 압류채권자의 채권만족 확보(및 그것을 위한 집행절차의 편의라는 점도 함께 고려한)의 이익과 채무자의 행동의 자유라는 이익 사이의 較量인 것이다. 그렇게 보면 "채권의 압류는 채권의 발생원인인 법률관계에 대한 채무자의 처분까지도 구속하는 효력은 없다"는 一般論은 채권의 성질이나 「처분」의 내용·종류 등에 비추어 具體的으로 타당성이 음미되어야 할 것이다.

2. 支分的 權利의 압류와 基本的 法律關係의 처분

일반적으로 피압류채권이 어떠한 기초적 계약관계 또는 법률관계

---

33) 우선 Stein/Jonas/Brehm(註 17), § 829 ZPO Rn. 91 참조. 기한유예가 채권자의 손실을 목적으로 한 것이 아닌 경우에도 마찬가지라고 한다.

로부터 발생한 권리인 경우에 압류가 있었다고 하여 그 기초적 법률관계 자체를 전혀 어찌할 수 없다고 하는 것은 채무자의 자유에 대한 지나친 제약이 될 수 있다.[34]

(1) 가령 賃金債權이 압류되었다고 해서 근로자가 고용계약을 해지하지 못하고 그 결과로 어디까지나 당해 고용관계에 구속된다면, 이는 실제로 근로자의 직업선택의 자유를 박탈하는 것과 같은 결과가 된다. 이러한 관점에서 보면 相續債權이 압류된 경우에 상속포기가 허용되는가에 대하여도 마찬가지로 말할 수 있다. 그 경우에 상속인이 相續의 拋棄를 하지 못한다고 하면 이는 피상속인과의 인적 관계에 대한 고려 등에 기하여 임의로 행하여져야 할 상속의 승인 여부에 관하여 사실상 그 자유를 현저하게 제한하는 것이다.[35] 組合員의 이익분배청구권 등이 압류되었다고 해도 조합으로부터 탈퇴할 수 있는 것도 마찬가지로 설명될 수 있다.

한편 賃貸借와 같이 계속적으로 목적물을 이용하는 관계에서는 每期마다 발생하는 具體的 借賃債權이 압류되었어도 이는 임대차관계를 장래를 향하여 존속시킬 것인가에 관한 당사자의 자유로운 결정을 제약할 수는 없을 것이다. 그러므로 合意解止는 허용된다고 하여야 한다. 이는 利子債權이 압류된 경우에 집행채무자가 元本債權을 변제하거나 그에 대하여 면제계약을 체결하는 것이 허용되는 것과 마찬가지인 것이다. 일본의 학설이 말하는 대로, 일반적으로 支分的 權利가 압류되었다고 해서 基本的 權利에 대한 채무자의 처분이 제한된다고 할 수는 없다. 이를 허용한다면, 末로써 本을 제압하는 결과가 된다. 그리고 이들 경우에는 임대차관계가 종료하거나 원본채권이 변제되기까지

34) 이하에서 말하는 바는 압류채권자를 해하는 契約內容의 變更에 대하여도 마찬가지로 타당하다고 할 것이다.

35) 독일의 Brox/Walker(註 23), 同所도 同旨. 相續拋棄가 債權者代位權의 대상이 되지 않는 것도 유사한 고려에 기한 것이다.

에 발생하는 차임채권 또는 이자채권에는 여전히 압류의 효력이 미치므로, 압류채권자로서도「빈손으로 돌아가는」일은 통상 없을 것이다.

(2) 말하자면 압류채권자로서는 **피압류채권의 성질이 허용하는 한도를 넘어서** 압류의 효력을 주장할 수는 없다고 할 것이다.[36] 물론 당사자들이 해지 등을 단지 압류채권자를 해치기 위하여 僞裝으로 하는 경우에는 이는 虛僞表示로서 무효인 것이나,[37] 이는 압류의 효력과는 별개의 문제이다.

3. 一回的 給付의 法律關係에서의 債權押留의 효력

그러나 일회적 급부를 내용으로 하는 계약관계 등에서 契約上의 主債權이 채무자가 당해 계약을 해제할 수 있는가, 가령 매매대금채권이나 공사대금채권이 압류된 경우에 채무자가 매매계약이나 도급계약을 해제할 수 있는가 하는 문제는 이와는 달리 생각하여야 하지 않을까 한다.

(1) 우선 채무자가 매매계약을 해제할 법정의 권리를 가지는 경우에는 그것이 압류 전에 이미 발생한 경우는 물론이고 그 후에 발생한 것이라도 이를 적법하게 행사할 수 있다. 자신의 매매대금채권이 압류되었다고 하여도 제 3 채무자의 債務不履行責任을 묻는 것까지 제한될 이유는 없으며, 특히 계약해제에 의하여 당해 매매계약상의 반대채무로부터 해방되는 것에 대한 채무자의 이익은 존중되어야 한다. 이 또한 압류된 매매대금채권이 쌍무계약으로부터 발생하였다는 성질상의 제약에서 오는 귀결이라고도 할 수 있다.

---

36) 이는 債權讓渡에 있어서 양수인이 채무자로부터 양도의 목적인 채권에 성질상 부가된 제한의 대항을 받아야 하는 것과 궤를 같이한다. 가령 임대차보증금반환채권이 압류·전부된 경우에 대한 大判 88. 1. 19, 87다카1315(공보 819, 408) 참조.

37) 앞의 註 28 및 30의 宮脇幸彦, 兼子一의 설명 참조.

이상은 約定解除權에 관하여도 마찬가지라고 할 것이다. 다만 해제권의 약정이 압류 후에 행하여진 경우에 대하여는 논의가 있을 수 있겠으나, 그것이 바로 일방당사자의 의사만에 걸리는 해제권을 부여하는 한에서 뒤의 (2)에서 보는 합의해제와 同視하여야 할 것이 아닌가 생각된다.

(**2**) 그러나 채무자가 제3채무자와 사이에 매매계약을 합의해제하는 것은 원칙적으로 허용되지 않는다고 할 것이다.

우선 이를 허용한다면, 계약상 채권이 압류된 경우에는 실제에 있어서 이 사안과 같은 방법으로 이 압류의 효력을 얼마든지 空洞化할 가능성이 있다(앞의 Ⅱ.1.(3) 말미도 참조). 어떠한 계약으로부터 발생한 채권이 압류된 경우에 채무자와 제3채무자가 그 계약의 해제에 합의한다면 이제 그로 인한 被押留債權의 消滅은 압류채권자에 대하여 유효하게 주장될 수 있는 것이다. 압류채권자로서는 단지 제3채무자가 채무자의 계약소멸의 요구를 받아들이지 않음으로써 그 합의가 이루어지지 않기를 기대하는 수밖에 없게 된다.

나아가 매매계약과 매매대금채권 사이에는 임대차계약과 차임채권에서와 같은 기본적 계약관계와 그로부터 발생하는 지분적 권리라는 관계, 비유적으로 말하자면 뿌리와 가지의 관계가 존재하지 아니한다. 오히려 매도인의 대금채권은 매수인의 권리이전채권과 함께 언제나 매매계약 자체와 운명을 같이하는 그 주요부분이다. 이러한 경우에 계약을 합의해제하는 것은 곧 이 두 채권의 소멸에 관한 합의에 다름 아닌 것이다. 피압류채권을 포기하는 것이 위 (1)에서 본 바와 같이 허용되지 않는다고 한다면, 그와 함께 상대방의 채권을 포기하는 것, 즉 계약의 합의해제도 허용되어서는 아니될 것이다.

다만 위의 Ⅱ.1.(2)의 大判 91.11.12.의 事案에서와 같이 매매계약을 해제할 권리가 발생할 객관적 기초(가령 채무불이행 등)가 존재하기는 하나 당사자들이 그 법률관계를 간편하게 정리하기 위한 방편으로 다른 절차를 밟지 않고 바로 합의해제를 한 경우에는 예외적으로 합의해제도 압류의 효력에 반하지 않는다고 할 것이다.

(3) 위와 같은 이치는 계속적 계약관계로부터 나오는 채권이 압류된 경우라고 하여도 그 채권이 支分的 權利가 아닌 경우에는 마찬가지로 적용된다고 할 것이다. 가령 임대차보증금반환채권이 압류된 경우에 임대차계약의 당사자가 그 계약을 갱신하거나 그 기간을 연장하는 것은 압류채권자에게 대항할 수 없다.[38)]

Ⅴ. 小　　結

이렇게 보면 이 글의 주제가 된 문제에 관한 한 對象判決의 태도에는 찬성할 수 없다. 특히 앞의 Ⅰ. 1.(2)에서 말한 대로 이 사건 계약의 법적 성질이 그 사실관계에 비추어 볼 때 반드시 계약인수로 이해되어야 할 필연성이 있었던 것이 아니고 단지 채무의 이행방법에 관한 약정에 불과한 중간생략등기의 합의라고 파악될 가능성도 있었던 것이라면 더욱 그러할 것이다.

(저스티스 31권 2호(1998), 122면 이하 所載)

---

38) 이는 오히려 위의 1. (1)에서 본「조건 성취의 방해」에 해당하여 허용되지 않는다고도 할 수 있을 것이다. 한편 大判 89. 4. 25, 88다카4253(공보 850, 809)은, 임대차보증금반환채권이 양도된 경우에는 그 후 임대인과 임차인이 임대차계약을 갱신하거나 기간을 연장하였어도 보증금반환채무자인 임대인은 이로써 그 讓受人에게 대항할 수 없다고 판시한 바 있다. 물론 이는 채권양도의 事案이기는 하나, 처분금지효가 명문으로 정하여진 押留(임대차보증금반환채권이 압류된 경우를 생각하여 보라)에 있어서는 더욱 동일한 취지가 관철되어야 할 것이다.

명의신탁의 형사적 처리(124면 주 80 및 159면 주 40 관련)

(**1**) 등기명의신탁에서 수탁자가 신탁목적물을 양도하거나 그에 저당권을 설정하는 등으로 처분하면, 그는 부동산실명법 시행 전과 마찬가지로 횡령죄로 처벌된다. 大判 99. 10. 12, 99도3170(공보 하, 2384); 大判 2000. 2. 22, 99도5227(공보 상, 884)(이상 이른바 「2자간 명의신탁」); 大判 2001. 11. 27, 2000도3463(공보 2002상, 220); 2002. 2. 22, 2001도6209(공보 2002상, 833)(이상 이른바 「3자간 명의신탁」) 등. 이들 재판례는 모두 그것이 "신탁자에 대한 횡령죄"라고 설시한다.

(**2**) 계약명의신탁에서 부동산실명법 제 4 조 제 1 항 단서에 의하여 수탁자가 완전히 유효하게 신탁목적물의 소유권을 취득하는 경우에 그 수탁자의 처분 등은 횡령죄에도, 배임죄에도 해당하지 않는다. 大判 2000. 3. 23, 98도4347(집 48-1, 형277); 大判 2000. 9. 8, 2000도258(공보 하, 2160)(이상 횡령죄); 大判 2001. 9. 25, 2001도2722(미간행. 처분대금을 소비한 사안); 大判 2002. 4. 12, 2001도2785(미간행. 근저당권 설정의 사안) 등.

條文索引

裁判索引

[高等法院]

서울高法

대구高法

[地方法院]

서울地法 南部支院

事項索引

著者略歷

서울대학교 법과대학 졸업
법학박사(서울대학교)
서울대학교 법과대학 교수
현재 大法官

主要著述

(著) 民法硏究 제 1 권, 제 2 권(1991), 제 3 권(1995), 제 4 권(1997), 제 6 권(2001), 제 7 권(2003), 제 8 권(2005), 제 9 권(2007)
民法入門(第 5 版, 2008)
民法散考(1998)
민법산책(2006)
註釋 債權各則(Ⅲ)(1986)(분담집필)
民法注解 제 1 권, 제 4 권, 제 5 권(1992), 제 9 권(1995), 제16권(1997), 제17권, 제19권(2005)(분담집필)

(譯) 라렌츠, 正當한 法의 原理(1986)
츠바이게르트/쾨츠, 比較私法制度論(1991)
포르탈리스, 民法典序論(2003)
독일민법전──총칙 · 채권 · 물권, 2008년판(2008)
독일민법학논문선(2005)(編譯)
로슨, 大陸法入門(1994)(共譯)

民法硏究 第 5 卷

1999년 6 월 15 일 初版發行
2009년 4 월 15 일 四刷(修正)發行

著 者 梁 彰 洙
發行人 安 鍾 萬
發行處 博 英 社
서울特別市 鍾路區 平洞 13-31 番地
電話 (733)6771 FAX (736)4818
登錄 1952. 11. 18. 제 1-171 호(倫)

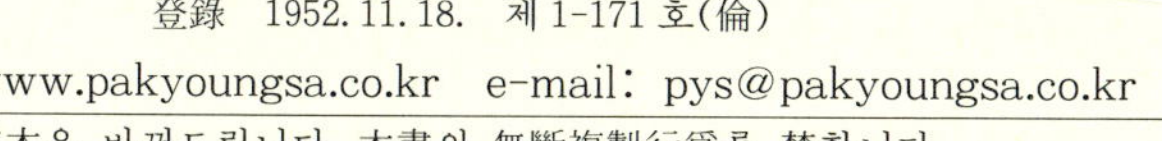
www.pakyoungsa.co.kr e-mail: pys@pakyoungsa.co.kr

定 價 30,000 원 ISBN 89-10-50648-2